알고 싶은
한국사

알고 싶은 **한국사**

A Question-Based Korean History
From Ancient to Modern Times

지은이	주진오
발행인	공경용
책임 편집	이유진, 김소영, 장현정, 윤혜인
번역	성수정
마케팅	김세훈, 이예주, 신영선, Flavia Pana, 윤성호
디자인	정계수, 서은아

발행처	공앤박 주식회사
주소	05116 서울시 광진구 광나루로56길 85
전화	02-565-1531
팩스	02-6499-1801
전자우편	info@kongnpark.com
홈페이지	www.kongnpark.com

초판 1쇄 인쇄 2026년 3월 13일
초판 1쇄 발행 2026년 3월 20일

ISBN 978-89-97134-81-6 (03910)

Publisher's Cataloging-in-Publication data

Names:	Chu, Chin Oh.
Title:	알고 싶은 한국사 A Question-Based Korean History From Ancient to Modern Times / Chin Oh Chu.
Description:	Seoul, Republic of Korea: KONG & PARK, INC., 2026.
Identifiers:	978-89-97134-81-6 (03910) (print)
Subjects:	LCSH: Korea--History. | Korea--History--Textbooks. | Korean language--Study and teaching--Foreign speakers
Classification:	LCC DS907.18 .C48 2026 | DDC 951.9 ǂ2 23

알고 싶은 한국사

A Question-Based Korean History
From Ancient to Modern Times

주진오 상명대학교 역사콘텐츠학과 명예교수 지음

KONG & PARK

머리말

K-컬처의 확산과 함께 한국어 교육에 대한 수요가 폭발적으로 늘고 있다는 것은 감사한 일입니다. 더불어 최근 한국어 교육과정에서 한국 역사와 문화 강의의 비중이 늘고 있다는 것도 반갑습니다. 언어는 사회·문화와 조응하며 발달해 왔고 지금 한국인이 사용하는 말들은 바로 역사 속에서 만들어진 결과물입니다. 저는 평생 역사를 연구하고 가르쳐 왔으며 검인정 역사 교과서를 오랫동안 대표 집필했던 학자로서, 한국어 교육이 한국의 역사·문화를 함께 이해할 수 있는 방향으로 범위를 넓혀 가는 것이 필요하다고 생각해 왔습니다.

저는 그동안 여러 차례의 해외 한글학교 특강에서 한국어 교육과 병행하여 한국사를 제대로 가르칠 필요가 있다는 점을 강조해 왔습니다. 그럼에도 불구하고 명확한 해법과 대안을 내놓지 못해 답답한 심정이었습니다. 배론원격평생교육원에서 한국어 교원 양성 과정으로서 〈한국사의 이해〉를 진행하면서, '한국어 교육에서 한국사 수업의 방향성'에 대한 고민을 함께 나누어 보기도 하였습니다. 이 책은 바로 '한국사 수업으로 한국어 문해력을 향상시키고, 한국 사회·문화 교육의 깊이를 더할 수 있다.'라는 문제의식에서 쓰게 되었습니다.

현재 한국의 법무부에서 주관하는 사회 통합 프로그램(KIIP: Korea Immigration & Integration Program)은 한국어 능력 및 한국사를 포함한 한국 사회·문화에 대한 이해를 중요한 학습 목표로 삼고, 한국에 정착하려는 많은 외국인들을 비롯하여 한국어 교육 현장의 외국인 학생들에게 소개되고 있습니다. 하지만 한국어 교육 내 한국사 교육 방법에 대한 저의 고민과, 역사 전공자가 아닌 한국어 선생님들의 어려움을 해결하기에는 아직 아쉬운 점이 남아 있습니다. 더욱이 3세대로 접어드는 재외 동포들을 대상으로 하는 교육의 일환으로도 그러합니다.

오천 년 한국의 역사를 한 권의 책으로 담는다는 것은 참 어려운 일입니다. 그래서 이 책은 통사로서, 한국사를 바라보는 세계인이 궁금해하는 대목을 질문으로 제시하고 그에 답하는 방식으로 서술하였습니다. 또한 세계인의 시선에서 사회 통합 프로그램의 주제를 바라보아, 한국사를 세계사와 연계한 다양한 활동으로 제안하였습니다. 대한민국의 2022년 개정 교육과정에 따른 최신 중·고등 역사 교과서 편제와 기준을 따랐고, 국제 통용 한국어 표준 교육과정에 따라 중·고급 어휘는 영어를 병기함으로써 독자들의 편리를 도모하였습니다.

이 책을 통해 국내외 한국어 교강사와 외국인 학생들이 오늘날까지 이어져 오는 한국 사회·문화를 교수·학습하는 데 도움이 되길 바랍니다. 나아가 재외 동포들과 다문화 가정의 구성원들 및 한국을 더 알고 싶은 외국인들이 한국의 역사에 좀 더 가까워지기를 바랍니다. 이 책을 출판하기까지 많은 분들의 도움이 있었습니다. 시대별로 원고를 검토해 주신 한국사 연구자 김미경·김인호·정두영·신주백·이유나 선생님께 깊은 감사의 말씀을 드립니다. 아울러 오랜 시간 동안 수고를 아끼지 않은 공앤박 출판사의 공경용 대표님을 비롯한 편집진에게 고마움을 전합니다.

2026년 3월, 서울에서 주진오 씀.

교재의 구성

단원	학습 목표	생각 열기
1장 한국 최초의 역사	1. 한국 최초의 나라와 함께 한반도에 생겨난 나라들에 대해 이해하고 설명할 수 있다. 2. 한국 초기 역사와 세계 초기 역사를 비교하고, 거석문화와 건국 신화에 대해 조사하여 쓰고 이야기할 수 있다.	1. 연표로 시대별 사건을 살피기 2. 핵심 용어를 확인하기
2장 고대 국가의 성립과 발전	1. 한국의 고대 국가가 어떻게 성립되고 발전하였는지 이해하고 설명할 수 있다. 2. 한국 고대 국가의 전성기 특징 및 고대 유적·유물의 문화적 가치를 살피고, 세계 고대사와 비교하여 관련한 내용을 쓰고 이야기할 수 있다.	1. 연표로 시대별 사건을 살피기 2. 핵심 용어를 확인하기
3장 통일 신라와 발해	1. 신라의 삼국 통일 후 남북국 시대에 통일 신라와 발해가 어떻게 번영하고 몰락하였는지 이해하고 설명할 수 있다. 2. 한국의 역사 속 명절 문화와 주거 문화 등의 특징을 살피고, 세계 역사 속 문화와 비교해 관련한 내용을 조사하여 쓰고 이야기할 수 있다.	1. 연표로 시대별 사건을 살피기 2. 핵심 용어를 확인하기
4장 고려의 성립과 발전	1. 후삼국을 통일한 고려 전기의 국내외적 상황에 대해 이해하고 설명할 수 있다. 2. 고려 전기 나라의 안정을 위한 정책 및 국제 관계 특징 등을 살피고, 세계 역사에서 나타난 비슷한 정책과 비교해 관련한 내용을 조사하여 쓰고 이야기할 수 있다.	1. 연표로 시대별 사건을 살피기 2. 핵심 용어를 확인하기
5장 무신 정변 이후 고려 사회의 변화와 국제 관계	1. 고려 후기 사회의 변화와 국제 관계에 대해 이해하고 설명할 수 있다. 2. 고려 후기 지배층의 변화와 기술의 발전 등을 살피고, 세계 역사 내 유사한 사례를 조사하여 쓰고 이야기할 수 있다.	1. 연표로 시대별 사건을 살피기 2. 핵심 용어를 확인하기
6장 조선의 성립과 사회상	1. 조선의 건국과 유교 중심 통치 체제, 그리고 국제 관계 및 임진왜란·병자호란의 진행 과정을 이해하고 설명할 수 있다. 2. 조선 전기의 유교 문화와 한국 화폐에 드러나는 상징 등을 살피고, 세계 화폐 속 문화 상징 등을 조사하여 쓰고 이야기할 수 있다.	1. 연표로 시대별 사건을 살피기 2. 핵심 용어를 확인하기
7장 전쟁 이후 조선 사회의 변화	1. 임진왜란과 병자호란 이후 조선의 정책 변화와 새로운 사상 및 문화를 이해하고 설명할 수 있다. 2. 전쟁 이후 조선의 부흥을 이끌었던 영조와 정조 시대 정책을 살피고, 조선 후기의 서민 문화에 나타난 특징 등을 조사하여 쓰고 이야기할 수 있다.	1. 연표로 시대별 사건을 살피기 2. 핵심 용어를 확인하기

용어 풀이	소단원	유용한 표현	확인 문제와 토의 활동
거친무늬 거울과 잔무늬 거울, 고인돌, 노비, 비파형 동검과 세형 동검, 순장, 움집, 형사취수제	1 한국 최초의 역사는 어떻게 전개되었을까? 2 한국 최초의 나라는 어떤 모습이었을까?	N + 을/를 일컫다 V + ㄴ/는다는 점에서, Adj + 다는 점에서, N + (이)라는 점에서 N + 을/를 바탕으로 N + 에 따르면	• 확인 문제 • 토의 활동 주제 1 거석문화 주제 2 건국 신화
골품제, 나·제 동맹과 나·당 전쟁, 첨성대, 충주 고구려비와 진흥왕 순수비, 칠지도	1 고대 한국에는 삼국이 있었다? 2 신라는 어떻게 삼국의 통일을 이루었을까?	V + (으)ㅁ로써 V + 고자 V + (으)ㄴ 채(로) N + (으)로 인해(서)	• 확인 문제 • 토의 활동 주제 1 고대 국가의 전성기 주제 2 고대 유적과 유물
관료전과 정전, 독서삼품과, 신라 촌락 문서, 신라도, 해동성국, 호족	1 통일 신라와 발해의 남북국 시대는 어떤 모습이었을까? 2 남북국 시대 사람들의 생활상은 어떠했을까?	N + 을/를 추구하다 N + 을/를 드러내다 V + 고 말다 N + 을/를 대상으로	• 확인 문제 • 토의 활동 주제 1 명절 문화 주제 2 주거 문화
과거제, 기인 제도와 사심관 제도, 노비안검법, 도병마사, 별무반, 전시과와 공음전, 향리	1 후삼국으로 나뉘었던 한반도를 통일한 고려는 어떤 나라였을까? 2 고려 전기 사회의 모습은 어떠했을까?	N + 에 비해(서) N + 을/를 등에 업다 N + 을/를 누리다 N + 을/를 동원하다	• 확인 문제 • 토의 활동 주제 1 나라의 안정화 정책 주제 2 외교의 달인
모내기, 〈봉사 10조〉, 《삼국사기》와 《삼국유사》, 삼별초, 성리학, 중방과 교정도감	1 고려 후기 사회는 어떻게 변화했을까? 2 '코리아'가 고려 때 생긴 이름이었다고?	N + 이/가 N + 을/를 부추기다 N + 을/를 수립하다 N + 을/를 일삼다 N + 이/가 그러하다	• 확인 문제 • 토의 활동 주제 1 바람직한 리더의 모습 주제 2 기술의 발전과 사회
《경국대전》, 경복궁, 비변사, 왕도 정치, 의정부 서사제와 6조 직계제, 훈민정음과 《훈민정음》(해례본)	1 고려 멸망 이후 등장한 조선은 어떤 나라였을까? 2 조선에는 어떤 정치적 변화와 전쟁이 일어났을까?	N + 을/를 수렴하다 N + 을/를 방지하다 N + 을/를 받들어 섬기다 N + 을/를 빌미로	• 확인 문제 • 토의 활동 주제 1 유교 문화의 특징 주제 2 화폐와 상징
대동법·영정법·균역법, 사상과 도고, 서얼과 노비종모법, 세도 정치, 탕평책	1 임진왜란과 병자호란 이후 조선은 어떻게 변화했을까? 2 조선 후기 사람들은 어떻게 살았을까?	N + 을/를 거치다 N + 이/가 중요한(큰) 역할을 하다 N + 이/가 활기를 띠다 V + 는 데 기여하다, N + 에 기여하다	• 확인 문제 • 토의 활동 주제 1 갈등과 해결 주제 2 서민 문화

단원	학습 목표	생각 열기
8장 19세기 국제 사회와 조선의 개화 정책	1. 19세기 국제 사회에 등장한 제국주의와 이들의 문호 개방 요구에 대응하는 조선의 모습을 이해하고 설명할 수 있다. 2. 19세기 조선의 개화 정책을 당대 세계 여러 나라의 태도와 비교·조사하여 쓰고 이야기할 수 있다.	1. 연표로 시대별 사건을 살피기 2. 핵심 용어를 확인하기
9장 근대 국가 수립 운동	1. 조선이 근대 국가로 나아가는 움직임과 당대 개혁 정책들을 이해하고 설명할 수 있다. 2. 조선의 근대화 과정에서 일어난 동학 농민 혁명과 대한 제국 성립을 둘러싼 일련의 사건을 살피고, 세계사 속 근대화 과정에서의 격변 등을 조사하여 쓰고 이야기할 수 있다.	1. 연표로 시대별 사건을 살피기 2. 핵심 용어를 확인하기
10장 제국주의의 침탈에 맞선 한국의 국권 수호 운동	1. 서구 열강과 일본의 국권 침탈에 맞선 한국인들의 국권 수호 운동의 흐름을 이해하고 설명할 수 있다. 2. 한국이 국권을 침탈당하고 이에 맞서 수호하려던 당시 국내외 정세를 살피고, 당대 건축물로서 현재 남아 있는 근대 건축물들이 어떤 의미를 갖고 있는지 조사하여 쓰고 이야기할 수 있다.	1. 연표로 시대별 사건을 살피기 2. 핵심 용어를 확인하기
11장 1910~1920년대 일제 식민지 지배 정책과 민족 운동	1. 1910~1920년대 일제의 식민지 지배 정책과 한국의 국내외 독립운동 흐름을 이해하고 설명할 수 있다. 2. 1910~1920년대 한국의 독립운동과 이를 위해 애쓴 인물들이 끼친 영향을 조사하여 쓰고 이야기할 수 있다.	1. 연표로 시대별 사건을 살피기 2. 핵심 용어를 확인하기
12장 1930~1940년대 일제 식민지 지배 정책과 민족 운동	1. 1930~1940년대 일제의 식민지 지배 정책과 한국의 국내외 독립운동 흐름을 이해하고 설명할 수 있다. 2. 일제 강점 후반기인 1930~1940년대 세계 각지에서 독립운동을 한 한국인들의 주요 활동을 조사하여 쓰고 이야기할 수 있다.	1. 연표로 시대별 사건을 살피기 2. 핵심 용어를 확인하기
13장 광복 이후 격동의 한국	1. 광복 이후 격동의 한국 상황을 이해하고 설명할 수 있다. 2. 광복과 6·25 전쟁으로 이어지는 격동의 한국을 보여 주는 자료를 살피고, 오늘날 현대인이 유념해야 할 점을 조사하여 쓰고 이야기할 수 있다.	1. 연표로 시대별 사건을 살피기 2. 핵심 용어를 확인하기
14장 현재와 미래의 한국	1. 정치적·경제적 발전과 함께 문화 강국으로 나아가는 현대 한국을 이해하고 설명할 수 있다. 2. 세계적으로 부상하는 K-컬처를 조사하여 쓰고 이야기할 수 있다.	1. 연표로 시대별 사건을 살피기 2. 핵심 용어를 확인하기

용어 풀이	소단원	유용한 표현	확인 문제와 토의 활동
근대화, 동도서기, 영사 재판권과 최혜국 대우, 제국주의와 이양선, 흥선 대원군과 척화비	1 19세기 조선을 둘러싼 국제 질서는 어떠했을까? 2 개화 정책이 실시된 이후 조선 사람들은 어떻게 살았을까?	N + (으)로나마, N + (이)나마 N + 은/는 N + 에 그치다 N + 을/를 무릅쓰다 N + 이/가 대두하다	• 확인 문제 • 토의 활동 주제 1 문호 개방과 대응책 주제 2 바람직한 국가 관계
〈교육 입국 조서〉, 군국기무처, 단발령, 사발통문과 집강소, 아관 파천, 항일 의병 운동	1 근대 국가로 탈바꿈하던 조선에서는 어떤 일들이 일어났을까? 2 독립 협회와 대한 제국에 대해 알아볼까?	V + 는 데(에) 한계가 있다 V + 게 한 N N + 을/를 북돋우다 N + 을/를 과시하다	• 확인 문제 • 토의 활동 주제 1 동학 농민 혁명과 사회 변화 주제 2 국호(나라의 이름)와 국기
《대한매일신보》, 덕수궁 석조전, 만국 평화 회의와 헤이그 특사, 〈을사늑약〉과 〈시일야방성대곡〉, 통감부, 〈한국 병합 조약〉	1 20세기 한국의 국권 수호 운동은 어떻게 전개되었을까? 2 개항 이후 경제 침탈과 사회 변화를 알아볼까?	V + (으)려(고) 들다 N + 이/가 심화되다 V + 는 정도에 이르다, Adj + (으)ㄴ 정도에 이르다 N + 을/를 가로채다	• 확인 문제 • 토의 활동 주제 1 국권 침탈과 국권 수호 운동 주제 2 한국 서울의 근대식 건축물 답사
〈3·1 독립 선언서〉, 대한민국 임시 정부, 무단 통치와 문화 정치, 민족 자결주의, 조선 총독부	1 일제의 식민지 지배 정책은 어떤 내용이었을까? 2 1920년대 한국 국내외에서 일어난 독립운동의 모습은 어떠했을까?	N + 이/가 구체화되다 기회로 삼다 N + 에야 N + 이/가 N + 에/에게/(으)로 번지다	• 확인 문제 • 토의 활동 주제 1 민족 자결주의와 독립운동 주제 2 노블레스 오블리주와 독립운동
〈국가 총동원법〉, 삼균주의, 식민 사관, 《조선말 큰사전》과 〈한글 맞춤법 통일안〉, 〈황국 신민 서사〉	1 한국이 1930년대부터 더 많이 수탈당한 이유는 무엇일까? 2 1930~1940년대 한국 국내외에서 일어난 독립운동의 모습은 어떠했을까?	N + 에 인접하다 N + (으)로/에 내몰리다 N + (으)로/(이)라고 간주하다 N + 을/를 표방하다	• 확인 문제 • 토의 활동 주제 1 시대와 사람들 1 주제 2 시대와 사람들 2
3·15 부정 선거, 38도선, 계엄, 반공주의, 인천 상륙 작전, 판문점	1 한국은 광복 후 대한민국 정부가 수립되기까지 어떤 과정을 거쳤을까? 2 6·25 전쟁은 어떻게 일어났고, 한국에 어떤 변화를 가져왔을까?	N + 을/를 가공하다 V, Adj + (으)므로 N + (으)로 떠오르다 V, Adj + (으)ㄴ 데다가, N + 인 데다가	• 확인 문제 • 토의 활동 주제 1 역사와 기억 1 주제 2 역사와 기억 2
K-컬처, 긴급 조치, 민주화 운동, 재벌, 전태일 분신 사건	1 '한강의 기적'이란 무엇일까? 2 세계적으로 뻗어 나가는 대한민국의 성장 과정을 알아볼까?	N + 이/가 거세지다 버팀목이 되다 N + 을/를 억누르다 엎친 데 덮친 격	• 확인 문제 • 토의 활동 주제 1 역사와 영화 주제 2 세계와 함께하는 K-컬처

교재의 활용

- 이 책은 한국어 중·고급 수준의 외국인 학습자를 대상으로, 총 14장에 걸쳐 한국의 모든 역사를 다루고 있습니다.
  This book provides an overview of Korea's history across 14 chapters, designed for intermediate and advanced Korean language learners.

- 읽기 전 활동으로서 '생각 열기'를 통해, 한국사와 세계사를 '연표'로써 비교하여 살필 수 있습니다.
  This pre-reading activity allows learners to compare Korean and world history using a timeline.

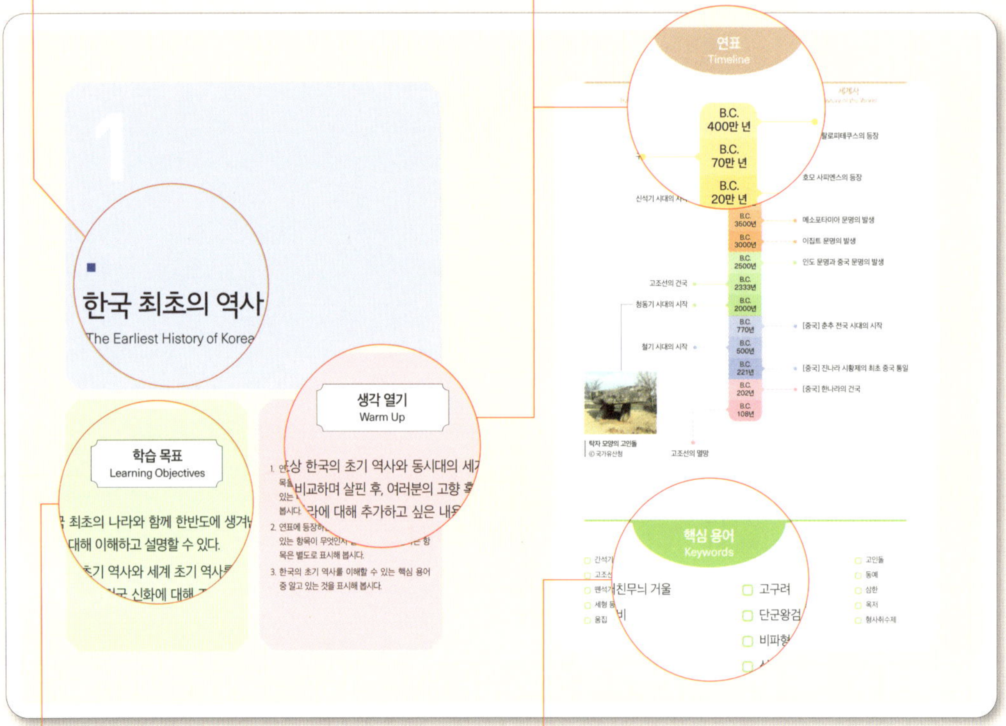

- 2022년 개정 교육과정에 따른 최신 중·고등 역사 교과서 및 사회 통합 프로그램(KIIP) 교재와 연계한 학습 목표를 제시하고 있습니다.
  This section presents the learning objectives of each chapter in relation to the 2022 Revised National Curriculum–based middle and high school Korean history textbooks, as well as the Korea Immigration & Integration Program (KIIP) textbooks.

- 각 장의 '핵심 용어'를 확인하며 배경지식을 활성화하도록 구성하였습니다.
  This section presents the 'Keywords' of each chapter, enabling learners to activate their background knowledge.

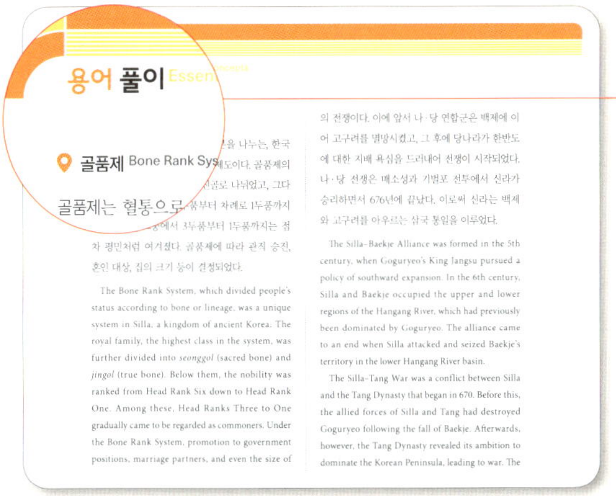

'용어 풀이'는 각 장의 핵심 용어 중 깊이 있게 이해해야 할 용어를 영문과 함께 가나다순으로 제시함으로써, 낯선 한국사를 친숙하게 접하도록 이끕니다.

This section presents selected key terms—those requiring deeper understanding—from each chapter's 'Keywords' section, listed in Korean alphabetical order to help learners engage more comfortably with unfamiliar aspects of Korean history.

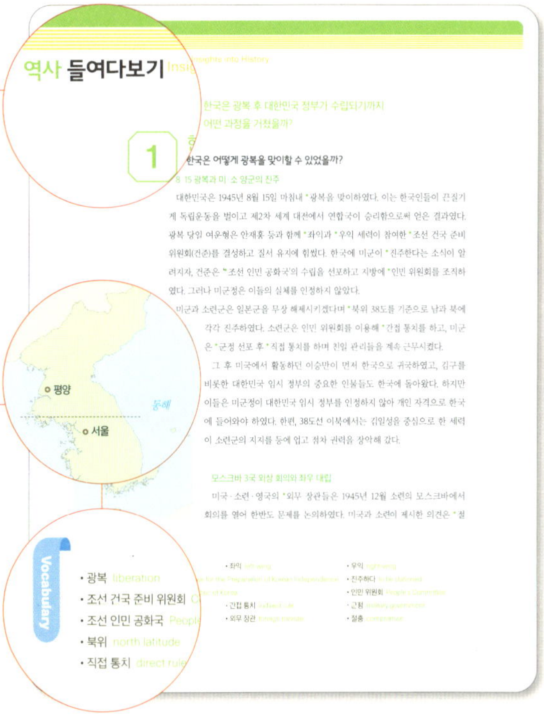

읽기 활동으로서 '역사 들여다보기'는 세계인의 시선에서 던지는 질문으로 시작하여, 학생이 그 답을 찾을 수 있도록 역사학자의 친절한 한국사 설명으로 이어집니다.

This main reading section begins with a question from a global perspective and follows with a historian's clear explanation to guide learners toward finding the answer.

학생들의 이해를 돕는 사진·그림 자료와 함께, 국제 통용 한국어 표준 교육과정에 따른 중·고급 어휘들을 국·영문으로 제시하였습니다.

This section provides various visual materials—such as photos, maps, and charts—to support comprehension, along with translations of intermediate and advanced levels of vocabulary based on the Standard Korean Language Curriculum for International Use.

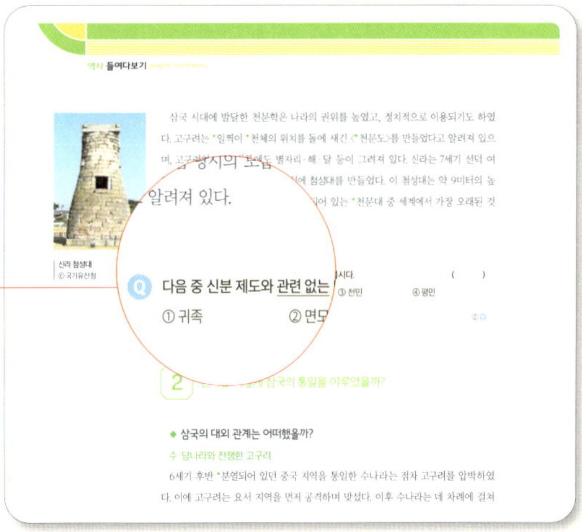

소단원마다 본문의 어휘 이해를 확인하는 문제를 수록하였습니다.

A vocabulary checkup question is provided at the end of each reading section to assess learners' understanding.

교재의
활용

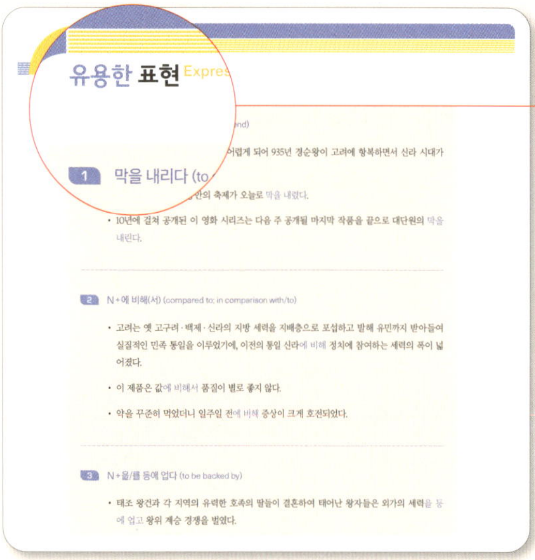
유용한 표현 Expres

1 막을 내리다 (to

어렵게 되어 935년 경순왕이 고려에 항복하면서 신라 시대가

안의 축제가 오늘로 막을 내렸다.

- 10년에 걸쳐 공개된 이 영화 시리즈는 다음 주 공개될 마지막 작품을 끝으로 대단원의 막을 내린다.

2 N+에 비해(서) (compared to; in comparison with/to)

- 고려는 옛 고구려·백제·신라의 지방 세력을 지배층으로 포섭하고 발해 유민까지 받아들여 실질적인 민족 통일을 이루었기에, 이전의 통일 신라에 비해 정치에 참여하는 세력의 폭이 넓어졌다.
- 이 제품은 값에 비해서 품질이 별로 좋지 않다.
- 약을 꾸준히 먹었더니 일주일 전에 비해 증상이 크게 호전되었다.

3 N+을/를 등에 업다 (to be backed by)

- 태조 왕건과 각 지역의 유력한 호족의 딸들이 결혼하여 태어난 왕자들은 외가의 세력을 등에 업고 왕위 계승 경쟁을 벌였다.

■ '유용한 표현'은 한국어의 문법과 관용적 표현을 다양한 예문과 함께 제시합니다. 이를 통해 독자들은 한국 역사·문화 콘텐츠 속 한국어 표현을 이해하고, 실생활에서 폭넓게 활용할 수 있습니다.

This section explains Korean grammar and idiomatic expressions through various example sentences. It helps learners understand expressions used in Korean historical and cultural content and apply them actively in real-life situations.

■ '확인 문제'를 통해 '역사 들여다보기'의 읽기 활동을 점검합니다. 다양한 유형으로 구성한 문제를 풀이하는 과정에서 이미 읽은 내용을 한 번 더 복습할 수 있고, 본문에서 다룬 어휘를 자연스럽게 다시 익힐 수 있습니다. 이를 통해 역사적 맥락을 이해하는 사고력을 기를 수 있습니다.

This section assesses learners' understanding of the main reading presented in the previous section. By working through various types of questions, learners can review what they have read and naturally reinforce the vocabulary covered in the text. This process also helps them develop the critical thinking skills needed to understand historical contexts.

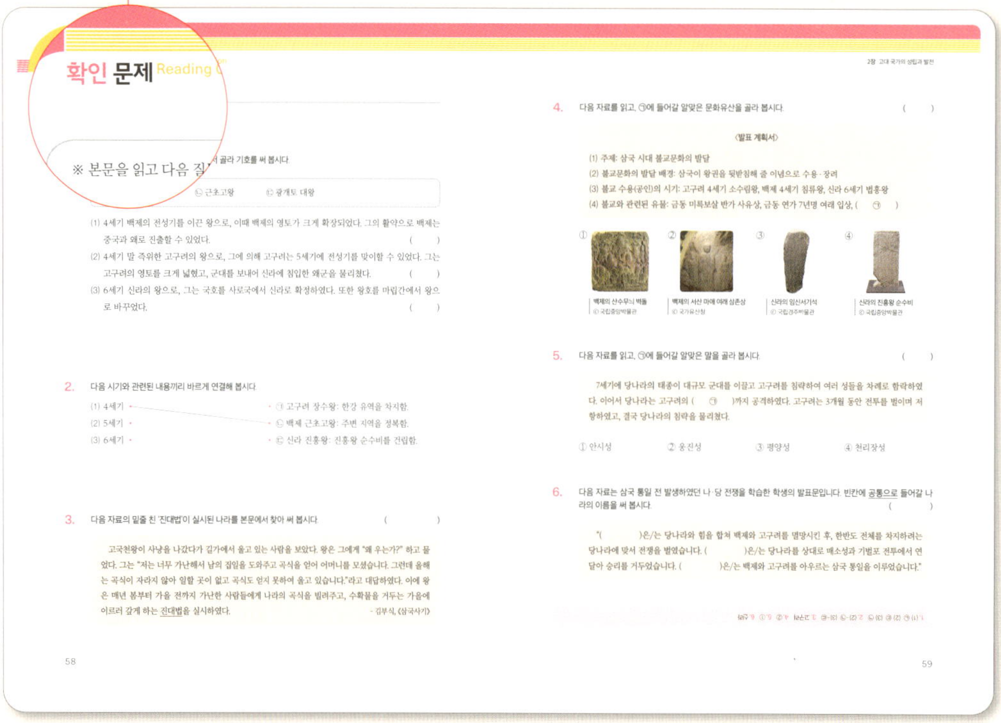
확인 문제 Reading C

2장 고대 국가의 성립과 발전

※ 본문을 읽고 다음 질 서 골라 기호를 써 봅시다.

㉡ 근초고왕 ㉢ 광개토 대왕

(1) 4세기 백제의 전성기를 이끈 왕으로, 이때 백제의 영토가 크게 확장되었다. 그의 활약으로 백제는 중국과 왜로 진출할 수 있었다. (　　)
(2) 4세기 말 즉위한 고구려의 왕으로, 그에 의해 고구려는 5세기에 전성기를 맞이할 수 있었다. 그는 고구려의 영토를 크게 넓혔고, 군대를 보내어 신라에 침입한 왜군을 물리쳤다. (　　)
(3) 6세기 신라의 왕으로, 그는 국호를 사로국에서 신라로 확정하였다. 또한 왕호를 마립간에서 왕으로 바꾸었다. (　　)

2. 다음 시기와 관련된 내용끼리 바르게 연결해 봅시다.

(1) 4세기 · · ㉠ 고구려 장수왕: 한강 유역을 차지함.
(2) 5세기 · · ㉡ 백제 근초고왕: 주변 지역을 정복함.
(3) 6세기 · · ㉢ 신라 진흥왕: 진흥왕 순수비를 건립함.

3. 다음 자료의 밑줄 친 '진대법'이 실시된 나라를 본문에서 찾아 써 봅시다. (　　　)

고국천왕이 사냥을 나갔다가 길가에서 울고 있는 사람을 보았다. 왕은 그에게 "왜 우는가?" 하고 물었다. 그는 "저는 너무 가난해서 남의 집일을 도와주고 곡식을 얻어 어머니를 모셨습니다. 그런데 올해는 곡식이 자라지 않아 일할 곳이 없고 곡식도 얻지 못하여 울고 있습니다."라고 대답하였다. 이에 왕은 매년 봄부터 가을 전까지 가난한 사람들에게 나라의 곡식을 빌려주고, 수확물을 거두는 가을에 이르러 갚게 하는 진대법을 실시하였다. - 김부식, 《삼국사기》

4. 다음 자료를 읽고, ㉠에 들어갈 알맞은 문화유산을 골라 봅시다. (　　)

〈발표 계획서〉
(1) 주제: 삼국 시대 불교문화의 발달
(2) 불교문화의 발달 배경: 삼국이 왕권을 뒷받침해 줄 이념으로 수용·장려
(3) 불교 수용(공인)의 시기: 고구려 4세기 소수림왕, 백제 4세기 침류왕, 신라 6세기 법흥왕
(4) 불교와 관련된 유물: 금동 미륵보살 반가 사유상, 금동 연가 7년명 여래 입상, (㉠)

① 백제의 산수무늬 벽돌 ⓒ 국립중앙박물관
② 백제의 서산 마애 여래 삼존상 ⓒ 국가유산청
③ 신라의 임신서기석 ⓒ 국립경주박물관
④ 신라의 진흥왕 순수비 ⓒ 국립중앙박물관

5. 다음 자료를 읽고, ㉠에 들어갈 알맞은 말을 골라 봅시다. (　　)

7세기에 당나라의 태종이 대규모 군대를 이끌고 고구려를 침략하여 여러 성들을 차례로 함락하였다. 이어서 당나라는 고구려의 (㉠)까지 공격하였다. 고구려는 3개월 동안 전투를 벌이며 저항하였고, 결국 당나라의 침략을 물리쳤다.

① 안시성 ② 웅진성 ③ 평양성 ④ 천리장성

6. 다음 자료는 삼국 통일 전 발생하였던 나·당 전쟁을 학습한 학생의 발표문입니다. 빈칸에 공통으로 들어갈 나라의 이름을 써 봅시다. (　　　)

"(　　　)은/는 당나라와 힘을 합쳐 백제와 고구려를 멸망시킨 후, 한반도 전체를 차지하려는 당나라에 맞서 전쟁을 벌였습니다. (　　　)은/는 당나라를 상대로 매소성과 기벌포 전투에서 연달아 승리를 거두었습니다. (　　　)은/는 백제와 고구려를 아우르는 삼국 통일을 이루었습니다."

58

59

토의 활동 Writing & Speaking

3장 통일 신라와 발해

주제 1 명절 문화

...인 추석에 대한 자료입니다. 이를 참고하여 한국의 다른 명절 중 하나를 골라 조사한 후 소...봅시다.

...owing information about Chuseok, a Korean holiday. Then, choose another Korean holiday, ...ch it, and write a paragraph introducing it.

① 차례상 ② 송편 ③ 강강술래 ④ 윷놀이
© 국립민속박물관(①, ②)
© 국가유산청(③)
© 셔터스톡(④)

추석은 가을에 풍성한 수확물을 거둘 수 있음을 감사하고 이를 기념하는 한국의 명절이다. 추석은 음력 8월 15일이며 '한가위'라고도 불린다. 한가위에서 '한'은 '크다', '가위'는 '가운데'라는 뜻으로, '가을의 한가운데에 있는 큰 날'이라는 의미이다. 이는 신라의 명절인 가배에서 유래하였다고 알려져 있다. 오늘날 한국에서는 추석이 되면 수확물로 여러 음식을 만들어 조상에게 차례를 지내고, 햅쌀로 송편을 빚어 먹는다. 또 강강술래와 윷놀이 등 한국의 전통 민속놀이를 하는 곳도 있다.

2. 여러분 고향의 명절을 떠올리며, 1번과 함께 이야기해 봅시다.
Think about the holidays in your hometown and compare them with Korean holidays.

82

주제 2 주거 문화

다음은 한국의 ...거 문화인 온돌에 대한 자료입니다. 이를 참고하여 세계의 독특한 주거 문화를 소...가 발달한 이유와 함께 조사 요약문을 써 봅시다.

...formation about ondol, a characteristic residential culture in Korea. Then, write a ...mary about unique residential cultures around the world, including the reasons why such cultures developed.

〈온돌의 구조〉

한국 고유의 난방 장치인 온돌은 아궁이에 불을 지피면 연기가 방고래를 통과하면서 방고래 바로 위에 얇게 깔아 방바닥을 만드는 돌인 구들장을 따뜻하게 하는 원리로 작동한다. 사실 온돌은 한반도의 철기 시대 집터에서 발견될 정도로 역사가 깊다. 온돌은 특히 북방의 추위에 대비해야 했던 고구려 유적지에서 많이 발견되었으며, 고구려를 계승한 발해의 수도였던 상경에 있는 궁궐 유적 등에서도 발견되었다. 온돌은 고려와 조선 시대를 거쳐 오늘날 한국 전통 양식의 집인 한옥에서 여전히 찾아볼 수 있을 정도로 한국의 오래된 주거 문화이다.

2. 1번을 친구들에게 발표해 봅시다.
Present your writing to the class.

83

■ '토의 활동'에서는 두 가지 주제로 한국과 세계의 사회·문화를 비교하는 글을 쓰고 발표하는 과정을 통해 '읽기-쓰기-말하기-듣기'의 통합 활동을 제안하고 있습니다. 특히 사회 통합 프로그램의 기본 및 심화 과정과 연계된 주제를 다루어, 관련 활동을 통해 국내외 한국어 교강사와 외국인 학생들이 한국의 문화 및 실생활을 깊이 있게 알아 나갈 수 있습니다.

This section provides an integrated activity that combines reading, writing, speaking, and listening through the process of writing and presenting articles comparing social and cultural differences between Korea and the world across two different topics. It focuses on themes related to the basic and advanced courses of the Korea Immigration & Integration Program (KIIP), enabling Korean instructors and learners to gain an in-depth understanding of Korean culture and real-life situations.

차례

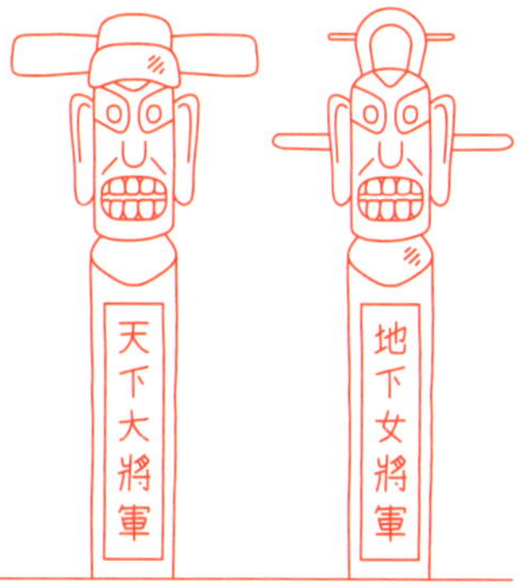
天下大將軍
地下女將軍

한국 최초의 역사

The Earliest History of Korea

학습 목표
Learning Objectives

1. 한국 최초의 나라와 함께 한반도에 생겨난 나라들에 대해 이해하고 설명할 수 있다.
2. 한국의 초기 역사와 세계 초기 역사를 비교하고, 거석문화와 건국 신화에 대해 조사하여 쓰고 이야기할 수 있다.

생각 열기
Warm Up

1. 연표상 한국의 초기 역사와 동시대의 세계사 항목을 비교하며 살핀 후, 여러분의 고향 혹은 알고 있는 나라에 대해 추가하고 싶은 내용을 표시해 봅시다.
2. 연표에 등장하는 한국의 초기 역사를 살펴, 알고 있는 항목이 무엇인지 말하고 친구가 말하는 항목은 별도로 표시해 봅시다.
3. 한국의 초기 역사를 이해할 수 있는 핵심 용어 중 알고 있는 것을 표시해 봅시다.

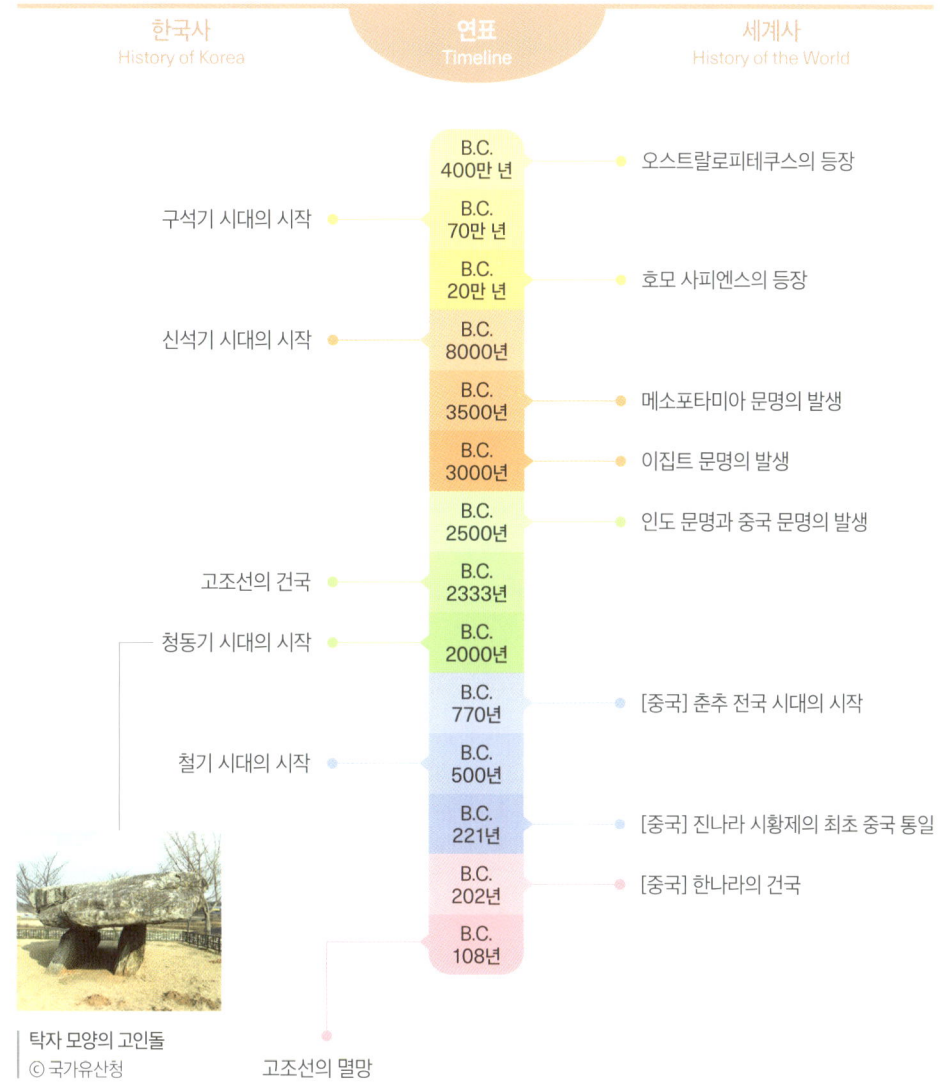

한국사 History of Korea	연표 Timeline	세계사 History of the World
	B.C. 400만 년	오스트랄로피테쿠스의 등장
구석기 시대의 시작	B.C. 70만 년	
	B.C. 20만 년	호모 사피엔스의 등장
신석기 시대의 시작	B.C. 8000년	
	B.C. 3500년	메소포타미아 문명의 발생
	B.C. 3000년	이집트 문명의 발생
	B.C. 2500년	인도 문명과 중국 문명의 발생
고조선의 건국	B.C. 2333년	
청동기 시대의 시작	B.C. 2000년	
	B.C. 770년	[중국] 춘추 전국 시대의 시작
철기 시대의 시작	B.C. 500년	
	B.C. 221년	[중국] 진나라 시황제의 최초 중국 통일
	B.C. 202년	[중국] 한나라의 건국
고조선의 멸망	B.C. 108년	

탁자 모양의 고인돌
ⓒ 국가유산청

핵심 용어 Keywords

- ▢ 간석기
- ▢ 고조선
- ▢ 뗀석기
- ▢ 세형 동검
- ▢ 움집
- ▢ 거친무늬 거울
- ▢ 노비
- ▢ 부여
- ▢ 순장
- ▢ 잔무늬 거울
- ▢ 고구려
- ▢ 단군왕검
- ▢ 비파형 동검
- ▢ 신석기 혁명
- ▢ 한반도
- ▢ 고인돌
- ▢ 동예
- ▢ 삼한
- ▢ 옥저
- ▢ 형사취수제

거친무늬 거울과 잔무늬 거울 Coarse-patterned Mirror & Fine Geometric-patterned Mirror

거친무늬 거울은 한국에서 가장 오래된 청동 거울로, 뒷면에 굵은 선의 톱니무늬가 있고 2~3개의 꼭지(손잡이)도 달려 있다. 철기 시대에는 무늬가 더 정교해진 잔무늬 거울이 출현하였다.

Coarse-patterned mirrors are Korea's oldest bronze mirrors, characterized by serrated, thick lines on the back and two to three projections. During the Iron Age, fine geometric-patterned mirrors appeared, featuring more sophisticated designs.

고인돌 Dolmen

고인돌은 청동기 시대 돌로 만든 무덤으로, 한국에는 세계에서 가장 많은 고인돌이 분포되어 있다. 고인돌의 형태는 다양하며, 그중 커다란 덮개돌 밑에 받침돌을 2개 이상 둘러 세운 모양이 대표적이다. 그 안에서 석기 같은 유물과 사람의 뼈가 발견됨으로써, 고인돌은 당시 지배층의 무덤이었을 것으로 추측된다.

Dolmens are stone tombs from the Bronze Age, and the largest number of them in the world are found in Korea. They exist in various types, but the most representative form consists of two or more supporting stones placed beneath a large capstone. The discovery of artifacts such as stone tools and human bones inside dolmens suggests that they served as tombs for the ruling class of the time.

노비 Slave

과거 한국의 신분 제도상 최하위층을 일컫던 '노비'에서 '노(奴)'는 남자 종, '비(婢)'는 여자 종을 뜻한다. 고대부터 노비가 있었다는 기록을 통해 한국에서 신분 계급이 오래되었음을 알 수 있는데, 이는 나라의 기관이나 왕실이 소유하는 '공노비'와 개인이 소유하는 '사노비'로 구분되었다. 노비는 재산으로 여겨 매매가 되었고, 그 신분은 대개 자녀에게 이어졌다.

In the word *nobi*, which referred to the lowest class in Korea's former status system, *no* denoted a male servant while *bi* denoted a female servant. Historical records show that slavery existed in Korea since ancient times, indicating that the status system had a long history. Slaves were divided into two categories: public slaves, owned by national institutions or the royal family, and private slaves, owned by individuals. They were regarded as property, could be bought and sold, and their status was typically passed down to their children.

비파형 동검과 세형 동검 Lute-shaped Bronze Dagger & Slim Bronze Dagger

위쪽이 가늘며 아래쪽은 넓고 둥근 모양으로 현악기인 비파를 닮은 비파형 동검은 한국 역사 최초의 나라인 고조선의 청동기 문화를 대표하는 유물이다. 주로 한반도에서 발견되어 '한국식 동검'이라고도 불리는 세형 동검은 철기 시대에 등장했으며, 비파형 동검에 비해 전체적으로 더 가느

다란 모양이다.

Lute-shaped bronze daggers, which are narrow at the top and resemble the pipa, a stringed musical instrument, represent the Bronze Age culture of Gojoseon, the first kingdom in Korean history. Slim bronze daggers, mainly discovered on the Korean Peninsula and also known as 'Korean-style bronze daggers,' appeared during the Iron Age and are generally thinner than lute-shaped bronze daggers.

순장 Retainer Burial

순장은 권력을 가진 사람이 죽었을 때 살아 있는 부인이나 노비를 무덤에 함께 묻는 장례 풍습이다. 이는 계급이 생기고 나라가 발생한 시기에 시작되었으며, 한국에서는 고조선에서 처음으로 행해졌을 것으로 추측된다. 순장을 통해 한국이 신분제 사회로 변화되었음을 알 수 있다.

Sunjang, or retainer burial, was a funeral custom in which a living wife or slaves were buried in the grave when a person in power died. This practice began with the establishment of social classes and the state, and it is presumed to have first appeared in Gojoseon, Korea's earliest kingdom. Such burial customs indicate that Korea had transformed into a status-based society.

움집 Pit House

움집은 땅을 파낸 다음 둘레에 기둥을 세우고 위로 지붕을 덮은 집으로, 한반도에서 신석기 시대부터 초기 철기 시대까지 살림집으로 사용되었다. 당시 사람들은 움집에서 비바람과 추위를 피하였다. 움집 안쪽에는 불을 피울 수 있는 화덕이 있어서 음식을 익혀 먹고 따뜻하게 지낼 수 있었다.

Umjip, or pit house, was a type of house built by digging into the ground, placing pillars around the pit, and covering it with a roof. It was used from the Neolithic Age to the early Iron Age on the Korean Peninsula. These houses helped people protect themselves from rain, wind, and cold. Inside, a hearth allowed them to make fires, cook food, and stay warm.

형사취수제 Levirate Marriage

형사취수제는 한국의 초기 나라인 부여와 고구려의 풍습으로, 형이 죽으면 남동생이 형의 아내인 형수를 자신의 아내로 삼는 제도이다. 이는 형이 죽은 후에 형의 아내와 자녀를 돌보기 위한 것으로 보기도 하고, 집안의 재산을 보호하기 위한 목적이었다는 견해도 있다.

Hyeongsa Chwisuje, or levirate marriage, was a custom practiced in Buyeo and Goguryeo, two of Korea's early kingdoms. When an elder brother died, his younger brother would marry the widow, thereby making his sister-in-law his wife. This practice is thought to have served both to provide care for the deceased brother's wife and children and to safeguard the family's property.

1 한국 최초의 역사는 어떻게 전개되었을까?

◆ 구석기 시대와 신석기 시대의 한반도 사람들은 어떻게 살았을까?

구석기 시대

•한반도와 그 주변 지역에 사람들이 살기 시작한 때는 약 70만 년 전으로, •구석기 시대부터라고 알려져 있다. 구석기 시대는 •기원전 70만 년에서 •신석기 시대가 시작되는 기원전 8000년 사이를 일컬으며, 이때 인류는 처음으로 돌을 깨서 만든 도구인 •뗀석기를 사용하였다. 구석기 시대의 사람들은 열매를 따서 먹거나 •주먹 도끼 · 찌르개 등을 사용하여 사냥하였고, 밀개 · 자르개 등으로는 사냥한 동물의 가죽이나 나무를 다듬으며 식량을 손질하였다.

이 시기 사람들은 무리를 지어 주로 동굴이나 바위 그늘에서 •거주하였다. 혹은 강가나 언덕에 나무줄기 같은 것들을 연결해 지은 •막집에서 살았다. 또한 이들은 식량을 찾아 이동 생활을 하였다. 경험이 많고 지혜로운 사람이 무리를 이끌었으며, 사람들 간의 관계는 평등하였다. 사람들은 불을 피우는 것을 알게 되면서 음식을 익혀 먹을 수 있었고, 추위와 어둠도 이겨 낼 수 있었다.

이들은 사냥의 성공과 •번성을 •기원하며 고래 · 물고기의 조각상 등 예술품을 만들었다. 한국에서 대표적인 구석기 시대 •유적지는 충청남도 공주 석장리와 경기도 연천 전곡리 등지에서 발견되고 있다.

신석기 시대

구석기 시대 이후 빙하기가 지난 기원전 8000년에서 기원전 2000년 사이를 신석기 시대로 구분한다. 신석기 시대에는 석기를 갈고 다듬는 기술이 발전하였다. 이 시

Vocabulary

- 한반도 Korean Peninsula
- 신석기 시대 Neolithic Age
- 거주하다 to live; to reside
- 기원하다 to wish; to pray
- 그물추 net sinker
- 구석기 시대 Paleolithic Age
- 뗀석기 flaked stone tool
- 막집 primitive hut
- 유적지 historic site
- 간석기 ground stone tool
- 기원전 B.C.; BCE
- 주먹 도끼 hand axe
- 번성 flourishing; prosperity
- 농기구 farm tools
- 채집 gathering; foraging

기 사람들은 •농기구인 돌낫·돌괭이와 무기인 화살촉·돌창·•그물추 등의 •간석기를 제작하였으며, 동물 뼈로 낚시 도구와 뼈바늘 등을 만들었다.

신석기 시대에도 식량을 구하는 데 •채집·사냥·고기잡이가 큰 비중을 차지하였다. 그러나 소규모의 •농경이 시작되었다는 점에서 '•신석기 혁명'이라고 부를 만큼 큰 변화가 있었다. 신석기 시대 사람들은 토기를 제작하기 시작하면서 음식을 저장하고 요리할 수 있게 되었다. 처음에는 무늬를 새기지 않은 토기를 만들다가 점차 •머리빗의 갈라진 모양처럼 선을 그어 무늬를 새긴 •빗살무늬 토기를 많이 만들었다.

신석기 시대의 빗살무늬 토기
© 국립중앙박물관

사람들은 도구를 발달시키고 농경을 시작하면서 강가나 바닷가에 정착하였다. 이들은 4~5명 정도의 가족이 거주할 수 있는 규모의 움집을 짓고 살았다. 여러 •씨족이 모여 •부족 단위로 생활하였으나 아직 •지배와 피지배 관계가 성립하지는 않았고, •연장자가 무리를 이끌었다.

신석기 시대 사람들은 자연과 여러 가지 사물에 •정령이 •깃들어 있다고 믿었으며, 죽은 조상을 •숭배하거나 특정 동식물을 자기 부족의 •수호신으로 삼아 숭배하였다. 이들은 이러한 •원시적인 •종교 의식을 바탕으로 동물 모양을 조각하거나, 흙으로 만든 얼굴 모습의 조각상과 동물 뼈·이빨로 만든 장신구 등 다양한 예술품을 만들었다. 한국의 신석기 시대 유적지는 서울의 암사동을 비롯하여 부산의 동삼동 등지에서 발견되고 있다.

◆ 청동기 시대와 철기 시대의 한반도 사람들은 어떻게 살았을까?

청동기 시대

한반도의 북쪽에 위치한 만주 지역에서는 기원전 2000년에서 기원전 1500년 사이에, 한반도 지역에서는 기원전 1000년 무렵에 •청동기 시대가 시작되었다. 청동기 시대에는 앞선 시대와 달리 청동으로 도구를 만들기 시작하였다. 청동기는 주로 지배층

- 농경 agriculture; farming
- 빗살무늬 토기 comb-patterned pottery
- 지배 rule
- 깃들다 to pervade; to seep
- 원시적인 primitive
- 신석기 혁명 Neolithic Revolution
- 씨족 clan
- 연장자 elder; senior
- 숭배하다 to worship
- 종교 의식 religious ceremony
- 머리빗 comb
- 부족 tribe
- 정령 spirit
- 수호신 guardian deity
- 청동기 시대 Bronze Age

의 무기나 종교 의식용 도구로 사용되었으며, 대표적인 •유물로는 비파형 동검과 거친 무늬 거울 등이 있다. 석기도 여전히 사용되었는데, 반달 돌칼·바퀴날 도끼 등 •정교한 석기를 농기구로 썼다. 토기는 형태가 다양하고 세련된 적갈색의 민무늬 토기와 붉은 간토기 등을 만들어 사용하였다. 대표적인 민무늬 토기는 미송리식 토기로, 이는 한반도 북쪽에 위치한 청천강 이북과 만주 일대에서 주로 발견된다.

청동기 시대 사람들은 보리와 수수 등의 •잡곡을 •재배했으며 •벼농사도 지었다. 이러한 농경의 발달로 •생산물이 증가하자, •사유 재산이 발생하면서 •빈부의 차이가 생겼고 계급이 나뉘었다. 세력이 강한 부족이 주변 부족을 •정복하면서 집단을 다스리는 '•군장'이라는 지도자도 등장하였는데, 군장은 정치적 지배자인 동시에 종교 의식을 •주관하였다. 군장이 죽으면 그의 권위를 상징하는 거대한 고인돌을 만들었다.

청동기 시대 사람들은 주로 강을 끼고 있는 산이나 •나지막한 언덕에 거주하면서, 땅을 판 깊이는 더 얕아지고 규모가 커진 움집에서 살았다. 이들은 •다산과 •풍요를 기원하는 다양한 예술품을 만들었는데, 그중 흙으로 만든 사람이나 동물 모양의 •토우가 대표적이다. 또한 이들은 사냥과 고기잡이의 성공을 기원하기 위해 바위에 그림을 그리기도 하였다. 2025년에 유네스코 세계 유산으로 •등재된 울산의 울주 대곡리 •반구대 암각화에는 호랑이·고래·거북·사람 등이 새겨져 있다.

1 2

1 울주 대곡리의 반구대 암각화
2 암각화에 표현된 호랑이와 고래
© 국가유산청(1)
© 국립문화유산연구원(2)

Vocabulary

- 유물 artifact; antiquity
- 재배하다 to cultivate; to grow
- 사유 재산 private property
- 군장 chieftain
- 다산 fertility; fruitfulness
- 정교한 exquisite; intricate
- 벼농사 rice cultivation; rice farming
- 빈부 wealth and poverty
- 주관하다 to host; to preside over
- 풍요 abundance
- 잡곡 mixed grain
- 생산물 produce; product
- 정복하다 to conquer
- 나지막한 low
- 토우 clay figure

철기 시대

사람들이 철기를 사용하기 시작한 기원전 500년 무렵부터는 •철기 시대라고 부른다. 청동기가 점차 의식용 도구로 사용되었고 철제 농기구의 사용으로 농업 생산력이 높아지며 인구가 증가하자, 사회 계층 간 •분화는 더욱 뚜렷해졌다. 강력한 철제 무기를 전투에 적극적으로 이용한 부족은 세력을 크게 확대하였으며, 여러 부족들을 통합하여 •연맹체를 이루기 시작하였다.

철기 시대에는 땅을 파고 지었던 움집의 형태가 땅 위에 짓는 •지상 가옥 형태로 변하였다. 움집의 가운데에 있던 •화덕도 벽면으로 옮겨졌다. 무덤으로는 구덩이를 파고 •널판으로 사각형 벽을 만든 •널무덤과, •항아리를 맞붙여 •관으로 사용한 •독무덤이 있었다. 토기는 민무늬 토기와 검은 간토기 등이 만들어졌으며, 청동기 시대에 사용하였던 비파형 동검에서 그 형태가 더 가늘어진 세형 동검과 얇은 선을 많이 그려 넣은 잔무늬 거울이 사용되었다.

한국의 철기 시대 유적지에서는 중국 춘추 전국 시대의 여러 나라에서 만든 화폐가 많이 발견되어 그 나라들과 활발히 교류하였음을 짐작할 수 있다. 무덤 안에서는 •붓이 발견되어 철기 시대에 •문자를 사용하였음도 알 수 있다.

Q 다음 빈칸에 들어갈 문맥상 가장 알맞은 단어를 〈보기〉에서 골라 써 봅시다.

〈보기〉 농경 번성 연장자

(1) 나이가 많은 ( )에게 예의를 갖추는 것이 당연하다.

(2) 나는 시골로 가서 농사를 지으면서 ( ) 생활을 하고 싶다.

(3) 구석기 시대 사람들은 ( )을/를 기원하며 다양한 예술품을 만들었다.

A (1) 연장자 (2) 농경 (3) 번성

- 등재되다 to be registered
- 철기 시대 Iron Age
- 지상 가옥 ground-level house
- 널무덤 plank coffin tomb
- 독무덤 jar coffin tomb
- 반구대 암각화 Petroglyphs of Bangudae Terrace
- 분화 division; separation
- 화덕 hearth
- 항아리 jar; pot
- 붓 brush
- 연맹체 confederation
- 널판 plank; board
- 관 coffin
- 문자 script; character

2 한국 최초의 나라는 어떤 모습이었을까?

◆ 한국 최초의 나라는 누가 다스렸을까?

한민족의 형성

•한민족이란 한반도와 그에 •딸린 섬에서 •대대로 살아온, 한국어를 사용하는 민족을 의미한다. 구석기 시대인 기원전 70만 년 전부터 한반도와 만주 등의 지역에서 살아온 사람들은 신석기 시대에 농사를 하면서 그동안의 이동 생활을 멈추고 정착 생활을 하게 되었다. 이들로부터 한민족의 •기원이 시작되었다고 할 수 있다. 당시의 사람들은 빗살무늬 토기를 사용하면서 이 지역에 •이주해 온 청동기를 사용하기 시작한 사람들과 •융합되어 하나의 •독자적인 문화적 •동질성을 가지게 되었다. 점차 한반도에는 비파형 동검으로 상징되는 청동기 •문화권이 형성되었으며, 기원전 1세기 무렵에는 한반도 •전역에 철기가 보급되었다.

《삼국지》의 〈위서 동이전〉에 따르면, 당시 중국 지역의 사람들은 한반도의 사람들을 자신들과 다른 문화를 가진 •종족으로 구분하여 '동이'로 부르기도 하고 '한·예·맥' 등으로 부르기도 하였다. 이처럼 한민족은 한반도와 주변 지역에 여러 나라를 •건국하며 역사를 이끌어 나갔다.

고조선의 건국

청동기 시대에는 강력한 권력을 가진 지도자인 군장이 주변의 세력들을 통합해 갔다. 그중 •단군왕검은 기원전 2333년에 한국 최초의 나라인 •고조선을 건국하였다고 한다. 고조선은 중국의 요동(랴오둥) 지역과 한반도의 서북부 지역에 걸쳐 자리 잡았다.

한국의 역사서들에는 고조선의 건국 신화가 담겨 있다. 하늘의 신을 숭배하는 이주

Vocabulary

- 한민족 Korean people
- 기원 origin
- 독자적인 independent; unique
- 전역 whole area; entire area
- 단군왕검 Dangun Wanggeom
- 딸리다 to belong to; to be part of
- 이주하다 to move; to migrate
- 동질성 similarity; homogeneity
- 종족 ethnic group
- 고조선 Gojoseon
- 대대로 for generations
- 융합되다 to be integrated
- 문화권 cultural region
- 건국하다 to establish a country
- 토착 native

집단이 곰을 숭배하는 •토착 세력과 결합하여 지배 세력을 형성하였고, 그들 사이에서 태어난 단군왕검이 나라를 세웠다는 내용이다. 단군왕검이라는 •호칭은 •제사장을 의미하는 '단군'과 정치적 권력을 가진 군장을 의미하는 '왕검'이 결합된 말로, 이를 통해 고조선이 제사(종교)와 정치가 분리되지 않고 한 사람에 의해 다스려지는 •제정일치 사회였음을 알 수 있다. 고조선이 내세웠던 건국 이념은 '널리 인간을 •이롭게 한다.'라는 •홍익인간이었다.

고조선의 세력 범위는 청동기 시대의 비파형 동검 · 거친무늬 거울 · 미송리식 토기 같은 유물과 탁자 모양의 고인돌 같은 유적이 발견되는 지역들을 통해 알 수 있다. 고조선은 기원전 7세기에 중국 춘추 전국 시대의 나라들 중 하나였던 제나라와 •교역하며 •선진 문물을 수용하고, 세력을 더욱 확장하였다. 기원전 4세기경에는 고조선의 세력이 중국의 연나라와 대립할 정도로 강력해졌다. 그러자 연나라는 고조선을 •침략하였으며, 이 과정에서 고조선은 서쪽의 넓은 영토를 잃고 •도읍(수도)을 옮겼다.

고조선의 정치와 사회

고조선은 기원전 3세기경 왕위를 아버지에서 아들로 •계승하는 •부자 상속 원칙을 확립하며 왕권을 강화시켰다. 왕 아래에는 상 · 경 · 대부 · 장군의 •관직을 두었다.

고조선은 8개 항목의 법(8조법)을 •제정하여 사회 질서를 유지하였다. 현재는 '남을 죽이면 즉시 죽음으로 갚는다.', '남에게 상처를 입히면 곡식으로 •배상한다.', '남의 물건을 훔친 사람은 노비로 삼고, 그 죄를 용서받으려면 50만 전을 내야 한다.'의 3개 내용만 전해지고 있다. 이를 통해 권력과 경제력의 차이가 생겨나고 사유 재산 제도가 확립되었으며, •형벌과 노비가 존재하였음을 알 수 있다.

고조선에는 무덤에 살아 있는 사람을 함께 묻는 순장의 풍습이 있었다. 고조선 영역이었던 요동반도 일대에 수많은 사람의 뼈가 묻혀 있는 무덤이 발견되기도 하였다.

- 호칭 title
- 이롭게 beneficially
- 선진 문물 advanced culture and institutions
- 계승하다 to inherit; to succeed
- 제정하다 to enact; to establish
- 제사장 priest
- 홍익인간 Hongik Ingan
- 침략하다 to invade
- 부자 상속 patrilineal inheritance
- 배상하다 to compensate
- 제정일치 theocracy
- 교역하다 to trade
- 도읍 capital city
- 관직 government position
- 형벌 punishment

고조선의 발전과 멸망

중국 전역에 나뉘어 있던 춘추 전국 시대의 여러 나라들은 기원전 3세기에 진나라에 의해 통일되었다. 얼마 지나지 않아 진나라는 •멸망하였고 한나라가 들어섰다. 이러한 진·한 •교체기에 많은 •유민이 고조선으로 이주해 왔다. 그 가운데 위만은 1,000여 명의 무리를 이끌고 고조선으로 들어와, 당시 고조선의 왕인 준왕의 •신임을 받았다. 위만은 세력을 확대하며 기원전 194년 준왕을 •몰아내고 왕이 되었는데, 이 시기부터를 '위만 조선'이라고 부르기도 한다. 철기 문화를 •본격적으로 받아들인 위만 조선은 주변 지역을 정복하면서 영역을 넓혔다. 또한 중국의 한나라와 한반도 중남부에 있던 진국 사이에서 •중계 무역을 하며 이익을 얻었다.

고조선의 세력이 점차 강해지자, 이에 불안을 느낀 한나라의 •황제인 무제는 대규모의 군사를 보내서 고조선을 공격하였다. 고조선은 1년 넘게 맞서 싸웠으나, 결국 기원전 108년에 멸망하였다. 이후 한나라는 고조선 땅에 행정 구역인 군현 4개를 설치하여 지배하였다. 그러나 •토착민의 •저항으로 군현 4개 중에 낙랑군을 제외하고 곧 옮겨 가거나 •폐지되었다.

◆ 철기 문화의 발전 이후 한반도에는 어떤 나라들이 있었을까?

부여

•부여는 기원전 2세기경 만주 북쪽의 쑹화강 상류쪽 넓은 •평야 지대에서 등장하였다. 부여는 농경과 목축이 발달하였고, 말·•주옥·•모피 등이 •특산물이었다. 부여는 •고구려와 대립하는 반면, 한나라와는 •우호적인 관계를 유지하였다. 1세기경에 왕권이 안정된 부여는 영토를 넓히며 세력을 키웠다. 왕 아래에는 각각 '말·소·돼지·개'의 동물 이름에서 따온 '마가·우가·저가·구가'라는 •부족장들이 있었다. 왕은 이 부족장들과 협의하여 나라의 일을 결정하였다. 5부족이 연맹한 나라인 부여는 왕이 중

Vocabulary

- 멸망하다 to fall; to collapse
- 신임 trust; faith
- 중계 무역 intermediary trade
- 저항 resistance
- 평야 plain
- 교체기 transition period
- 몰아내다 to expel; to drive out
- 황제 emperor
- 폐지되다 to be abolished
- 주옥 gems and jade
- 유민 refugees; displaced person
- 본격적으로 seriously; on a full scale
- 토착민 native people
- 부여 Buyeo
- 모피 fur

앙 지역을 다스렸고 마가·우가·저가·구가는 지방을 4개 구역으로 나누어 다스렸다. 흉년이 들면 부족장들이 왕에게 책임을 물을 정도로 부여의 왕권은 미약하였다.

부여의 법률은 엄격해서 살인자는 사형하고 그 가족을 노비로 삼았다. 또 물건을 훔치면 12배로 배상하게 하였다. 부여에는 순장의 풍습이 있었고, 형이 죽으면 형수를 아내로 삼는 형사취수제라는 풍습도 있었다. 부여는 매년 12월에 제천 행사인 '영고'를 열었다.

3세기 말에 만주와 몽골 지역에 살던 유목 민족인 선비족이 부여를 침략하여 수도가 함락되었다. 이후 국력이 약해진 부여는 494년 고구려에 완전히 병합되었다.

철기 문화의 발전 이후 한반도의 여러 나라
© 셔터스톡

고구려

고구려는 기원전 37년에 부여에서 이주해 온 집단과 한반도 북쪽 압록강 유역의 토착 세력이 졸본 지역에 도읍을 정하고 세운 나라로, 동명왕(주몽)이 시조이다. 고구려는 한나라 군현 중 하나인 현도군을 공격하고 요동 지역으로 몰아내며 세력을 넓혔다. 5부족을 토대로 연맹한 나라인 고구려는 왕이 각 부족의 지배자들과 나라의 중요한 일을 결정하였고, 왕 아래 상가·고추가·대로·패자 등의 관리들이 있었다.

고구려의 법률도 엄격하여 큰 죄를 지은 사람은 사형하고 그 가족을 노비로 삼았다. 고구려의 풍습으로는 부여와 마찬가지로 형사취수제가 있었고, 서옥제라는 혼인 풍습도 있었다. 서옥이란 '사위가 사는 집'을 뜻하는 말로, 장인의 집 뒤에 작은 집을 지어 이곳에 사위를 머무르게 하는 풍습이 서옥제이다. 부부가 낳은 자녀가 성장하면, 남편은 가족과 함께 원래 자신의 집으로 돌아가 생활하였다.

고구려는 10월에 '동맹'이라는 제천 행사를 열고, 왕과 신하들은 동명왕을 추모하

- 특산물 specialty product
- 부족장 tribal chief
- 제천 행사 heaven-worship rite
- 시조 ancestral founder
- 사위 son-in-law
- 고구려 Goguryeo
- 흉년 bad harvest year
- 함락되다 to be captured; to be taken
- 관리 government official
- 장인 father-in-law
- 우호적인 friendly
- 미약하다 to be weak
- 병합되다 to be merged
- 혼인 marriage
- 추모하다 to commemorate

는 의식을 치렀다. •산골짜기가 많아 농사짓기에 어려움이 있었던 고구려는 주변의 작은 부족들을 통합하면서 세력을 키웠고, 넓은 평야 지대인 국내성으로 수도를 옮겼다.

옥저와 동예

3세기경 지금의 한반도 북쪽에 위치한 함경도와 강원도의 동해안 일대에는 •옥저와 •동예라는 나라가 있었다. 옥저와 동예는 왕이 없고 읍군·삼로라는 군장이 •통치하였는데, 고구려의 •압박으로 정치적 성장이 늦어 연맹체를 이루지 못하였다.

옥저는 토지가 •비옥하고 소금과 해산물이 •풍부하였다. 옥저에는 열 살 정도의 여자아이를 •장차 결혼할 남자의 집에 미리 보내어 살게 하는 •민며느리제라는 혼인 풍습이 있었다. 여자아이가 성인이 되면 남자가 여자의 집에 물품이나 돈을 주고 •정식으로 결혼하는 민며느리제는 •매매혼의 한 형태였다.

동예는 씨족 사회의 풍습이 남아 있어서 같은 씨족이 아닌 다른 씨족과 결혼하는 •족외혼을 엄격하게 지켰다. 동예에는 다른 •읍락을 함부로 •침범하면 노비·소·말 등으로 •변상하는 •책화 제도도 있었다. 특산물로는 활·조랑말·바다표범의 가죽 등이 있었고, 10월에 '무천'이라는 제천 행사를 열었다.

삼한

기원전 3세기경부터 한반도 중남부 지역에 여러 •소국들이 있었고, 이들을 '진국'이라고 불렀다. 고조선이 멸망한 후에 유민들이 이 지역으로 •유입되면서 철기를 비롯한 발전된 문화가 전해졌고, 마한·변한·진한으로 구성된 •삼한 연맹체가 형성되었다.

마한은 오늘날 한국의 충청도와 전라도에 있었던 54개의 소국으로 이루어진 나라였다. 진한은 지금의 대구와 경상북도 경주 등 낙동강 동쪽에 위치하였고, 변한은 지금의 경상남도 김해와 창원 지역에 자리 잡았으며, 각각 12개의 소국으로 이루어져 있

Vocabulary

- 산골짜기 mountain valley
- 통치하다 to rule; to reign; to govern
- 풍부하다 to be abundant
- 정식으로 officially
- 읍락 village
- 옥저 Okjeo
- 압박 pressure; oppression
- 장차 in the future
- 매매혼 bride purchase marriage
- 침범하다 to invade
- 동예 Dongye
- 비옥하다 to be fertile
- 민며느리제 child bride fostering custom
- 족외혼 exogamy
- 변상하다 to compensate

었다. 그중 가장 •강성했던 마한의 목지국 지배자가 삼한 전체의 대표로서 한나라와 교류하였다.

삼한에 •속한 여러 소국들은 신지·읍차라고 불리는 각 지역의 지배자가 다스렸다. 그리고 이들과는 •별개로 천군이라는 제사장이 있었다. 천군은 •신성 지역인 소도를 관리하면서 하늘에 제사를 지냈는데, 소도는 정치 지도자의 세력이 •미치지 못하여 제사와 정치가 분리된 삼한 사회의 특징을 보여 준다.

삼한에서는 철제 농기구가 널리 보급되고 •저수지가 만들어져 벼농사를 중심으로 한 농업이 발달하였다. 해마다 씨를 뿌린 5월과 •추수를 끝낸 10월에는 하늘에 제사를 지냈으며, 변한에서는 질 좋은 철을 생산하여 한반도 북쪽의 낙랑 지역과 바다 건너의 왜(지금의 일본) 등에 수출하기도 하였다.

이후 마한은 소국들 중 하나였던 •백제를 중심으로 통합되었다. 한편 진한에서는 •신라가, 변한에서는 •가야가 성장하였다.

Q 다음 괄호 내 두 가지 중에서 문맥상 가장 알맞은 단어에 ○로 표시해 봅시다.

(1) 이 전시회에서는 전통문화와 현대 기술이 하나로 (융합되었다 / 침범하였다).

(2) 세력이 (강성했던 / 미약했던) 그 나라는 풍부한 자원을 안정적으로 활용해 더욱 번영을 누렸다.

A (1) 융합되었다 (2) 강성했던

- 책화 제도 boundary-violation compensation custom
- 유입되다 to enter; to flow in
- 속하다 to belong to
- 미치다 to reach
- 백제 Baekje
- 삼한 Samhan; Three Han States
- 별개로 apart from; separate from
- 저수지 reservoir
- 신라 Silla
- 소국 chiefdom
- 강성하다 to be powerful
- 신성 sacred
- 추수 harvest
- 가야 Gaya

유용한 표현 Expressions

1 N+을/를 일컫다 (to refer to ~)

- 구석기 시대는 기원전 70만 년에서 신석기 시대가 시작되는 기원전 8000년 사이를 일컬으며, 이때 인류는 처음으로 돌을 깨서 만든 도구인 뗀석기를 사용하였다.
- K-컬처는 '한국의 문화'를 일컫는 말이다.
- 주로 식물을 먹고 사는 동물을 일컬어 '초식 동물'이라고 한다.

2 N+을/를 손질하다 (to process; to trim)

- 밀개·자르개 등으로는 사냥한 동물의 가죽이나 나무를 다듬으며 식량을 손질하였다.
- 요리하기 전에 채소와 생선 등을 손질하였다.
- 오래된 가구를 손질하자, 새 가구처럼 깨끗해졌다.

3 V+ㄴ/는다는 점에서, Adj+다는 점에서, N+(이)라는 점에서 (in that ~; in terms of; regarding)

- 소규모의 농경이 시작되었다는 점에서 '신석기 혁명'이라고 부를 만큼 큰 변화가 있었다.
- 이 애플리케이션은 사용하기 쉽다는 점에서 긍정적인 평가를 받고 있다.
- 이번 경기는 세계 랭킹 1위와 2위 선수의 맞대결이라는 점에서 주목받고 있다.

4 N+을/를 바탕으로 (based on)

- 이들은 이러한 원시적인 종교 의식을 바탕으로 동물 모양을 조각하거나, 흙으로 만든 얼굴 모습의 조각상과 동물 뼈·이빨로 만든 장신구 등 다양한 예술품을 만들었다.
- 이 영화는 세계적으로 유명한 소설을 바탕으로 만든 것이다.
- 이 캠페인은 시민들의 자발적인 참여를 바탕으로 지역 사회 발전을 추구하고 있다.

---

5 N+을/를 짐작하다 (to guess; to assume)

- 한국의 철기 시대 유적지에서는 중국 춘추 전국 시대의 여러 나라에서 만든 화폐가 많이 발견되어 그 나라들과 활발히 교류하였음을 짐작할 수 있다.
- 오랜 친구 사이인 우리는 이제 얼굴만 봐도 서로의 기분을 짐작한다.
- 나이테를 통해 나무의 나이를 짐작할 수 있다.

---

6 N+에 따르면 (according to)

- 《삼국지》의 〈위서 동이전〉에 따르면, 당시 중국 지역의 사람들은 한반도의 사람들을 자신들과 다른 문화를 가진 종족으로 구분하여 '동이'로 부르기도 하고 '한·예·맥' 등으로 부르기도 하였다.
- 조사 결과에 따르면, 신제품에 대한 소비자들의 만족도가 높다고 한다.
- 친구의 말에 따르면, 그 가게는 올해를 끝으로 영업을 종료할 예정이라고 한다.

※ 본문을 읽고 다음 질문에 답해 봅시다.

1. 다음 한국의 초기 역사 전개도를 참고하여, 신석기 시대에 대한 설명으로 알맞은 것을 골라 봅시다. (　　　)

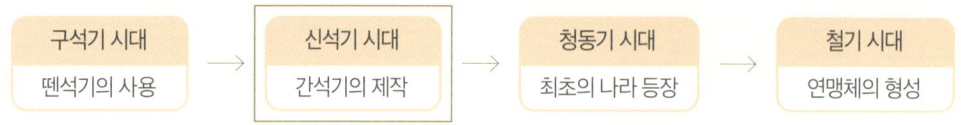

구석기 시대	→	신석기 시대	→	청동기 시대	→	철기 시대
뗀석기의 사용		간석기의 제작		최초의 나라 등장		연맹체의 형성

① 고인돌을 만들었다.
② 철제 무기를 사용하였다.
③ 주먹 도끼를 만들기 시작하였다.
④ 강가나 바닷가에서 움집을 짓고 살았다.

2. 다음 자료를 읽고, 빈칸에 들어갈 알맞은 말을 써 봅시다. (　　　)

〈박물관에서 볼 수 있는 (　　　　) 시대의 유물들〉

세형 동검 ⓒ국립중앙박물관	**잔무늬 거울** ⓒ국립전주박물관
세형 동검은 주로 한반도에서 발견되어 '한국식 동검'이라고도 부른다. 청동기 시대에 사용하였던 아래쪽이 넓고 둥근 비파형 동검에 비해, 세형 동검은 더 가늘어진 형태이다.	잔무늬 거울은 청동기 시대의 청동 거울인 거친무늬 거울에서 발전한 것으로, 무늬가 더 정교해졌다. 얇은 선을 많이 그려 넣어 세모나 네모 등의 다양한 무늬를 새겼고, 2~3개 꼭지도 달려 있다.

3. 다음 고조선에 대한 내용으로 옳으면 ○, 틀리면 ×로 표시해 봅시다.

(1) 고조선의 건국 이념은 '널리 인간을 이롭게 한다.'라는 홍익인간이었다. (　　)

(2) 고조선은 철기 문화를 받아들이지 않았고, 청동기 문화 단계에서 멸망하였다. (　　)

(3) 하늘의 신을 숭배하는 이주 집단이 곰을 숭배하는 토착 세력과 결합하여 지배 세력을 형성하였다. (　　)

4. 다음 자료를 읽고, 빈칸에 알맞은 말을 써서 '1줄 감상문'을 완성해 봅시다.

- 한국 최초의 나라는 고조선으로, 이를 다스린 단군왕검이라는 호칭은 제사장을 의미하는 '단군'과 정치적 권력을 가진 군장을 의미하는 '왕검'이 결합된 단어이다.
- 삼한에는 여러 소국들이 있었고, 신지 · 읍차라고 불리는 지배자가 다스렸다. 천군이라는 제사장은 소도를 관리하였는데, 소도에는 정치 지도자의 세력이 미치지 못하였다.

▶ 고조선은 제사(종교)와 정치가 분리되지 않은 □□□□의 사회였다. 반면에 삼한은 제정이 분리된 사회였다.

5. 다음 내용에 해당하는 나라의 이름을 써 봅시다.

(1) 왕과 함께 마가 · 우가 · 저가 · 구가라고 부르는 부족장들이 나라를 다스렸다. (　　　　)

(2) 장인의 집 뒤에 작은 집을 지어 이곳에 사위를 머무르게 한 서옥제라는 혼인 풍습이 있었다. (　　　　)

6. 다음 제시어를 관련된 내용끼리 바르게 연결해 봅시다.

(1) 옥저 •	• ㉠ 책화 제도
(2) 동예 •	• ㉡ 민며느리제
(3) 삼한 •	• ㉢ 마한 · 변한 · 진한

1. ④ 2. 철기 3. (1) ○ (2) × (3) ○ 4. 제정일치 5. (1) 부여 (2) 고구려 6. (1)-㉡ (2)-㉠ (3)-㉢

주제 1 거석문화

1. 다음은 한국의 거석문화에 대한 자료입니다. 거석문화 발달을 통해 알 수 있는 한국의 당시 시대상을 요약하여 써 봅시다.

Read the following text about Korea's megalithic culture. Write a summary of Korea's historical periods as reflected in the development of megalithic culture.

〈한국 고창·화순·강화의 고인돌 유적〉

1 바둑판 모양의 고인돌(고창)
2 덮개돌만 있는 고인돌(화순)
3 탁자 모양의 고인돌(강화)
© 국가유산청

청동기 시대 사람들은 큰 돌을 이용해 석상이나 무덤 등을 만들었는데, 이를 '거석문화'라고 부른다. 거석문화의 대표적인 예로 고인돌이 있다. 고인돌은 받침돌을 세로로 세우고, 그 위에 가로로 넓은 덮개돌을 올린 모양이 대표적이다. 이는 당시 권력자였던 군장의 무덤이자 종교 의식에 사용되었다고 여겨지며, 세계 각지에서 발견된다. 특히 한국에는 전 세계 고인돌의 절반 이상이 분포되어 있다. 한국의 고인돌은 주로 전라북도 고창·전라남도 화순·인천의 강화 지역에 집중되어 있는데, 이 세 지역의 고인돌은 유네스코 세계 유산으로 등재되었다.

▶

2. 세계의 거석문화를 조사하여 1번과 비교하고, 공통점과 차이점을 함께 이야기해 봅시다.

Investigate megalithic cultures around the world and compare them with the Korean megalithic culture described in the text. Discuss both the similarities and the differences.

주제 2 건국 신화

1. 다음은 한국 최초의 나라로서 고조선의 건국 신화인 〈단군왕검 신화〉 일부분입니다. 이를 참고해 여러분 고향의 건국 신화와 비교하여 공통점과 차이점을 써 봅시다.
Read the following text from the "Myth of Dangun Wanggeom." Then write a paragraph comparing it with the founding myth of your hometown, focusing on both the similarities and the differences.

> 환인이라는 하늘 신의 아들인 환웅이 인간을 널리 이롭게 하고자 3,000여 명의 무리를 이끌고 하늘에서부터 땅으로 내려왔다. 그는 바람 · 비 · 구름을 주관하는 신을 거느리고 와서, 곡식 · 질병 · 형벌 등을 맡아 관리하면서 인간 세상을 다스렸다. 이때 곰과 호랑이가 사람이 되게 해 달라고 환웅에게 빌었다. 환웅은 쑥과 마늘을 주고, 동굴 안에 살면서 이것들을 100일 동안 먹으면 사람이 될 수 있다고 말하였다. 이를 따르지 않은 호랑이는 사람이 되지 못하였고, 곰은 여인이 되었다. 환웅과 여인이 결혼하여 아들을 낳았으니, 그가 바로 '단군왕검'이다.
>
> - 일연, 《삼국유사》

▶ 공통점:

▶ 차이점:

2. 1번을 친구들에게 발표해 봅시다.
Present your writing to the class.

고대 국가의 성립과 발전

The Rise and Development of Ancient Kingdoms

학습 목표
Learning Objectives

1. 한국의 고대 국가가 어떻게 성립되고 발전하였는지 이해하고 설명할 수 있다.
2. 한국 고대 국가의 전성기 특징 및 고대 유적·유물의 문화적 가치를 살피고, 세계 고대사와 비교하여 관련한 내용을 쓰고 이야기할 수 있다.

생각 열기
Warm Up

1. 연표상 한국의 고대사와 동시대의 세계사 항목을 비교하며 살핀 후, 여러분의 고향 혹은 알고 있는 나라에 대해 추가하고 싶은 내용을 표시해 봅시다.
2. 연표에 등장하는 한국의 고대사를 살펴, 알고 있는 항목이 무엇인지 말하고 친구가 말하는 항목은 별도로 표시해 봅시다.
3. 한국의 고대사를 이해할 수 있는 핵심 용어 중 알고 있는 것을 표시해 봅시다.

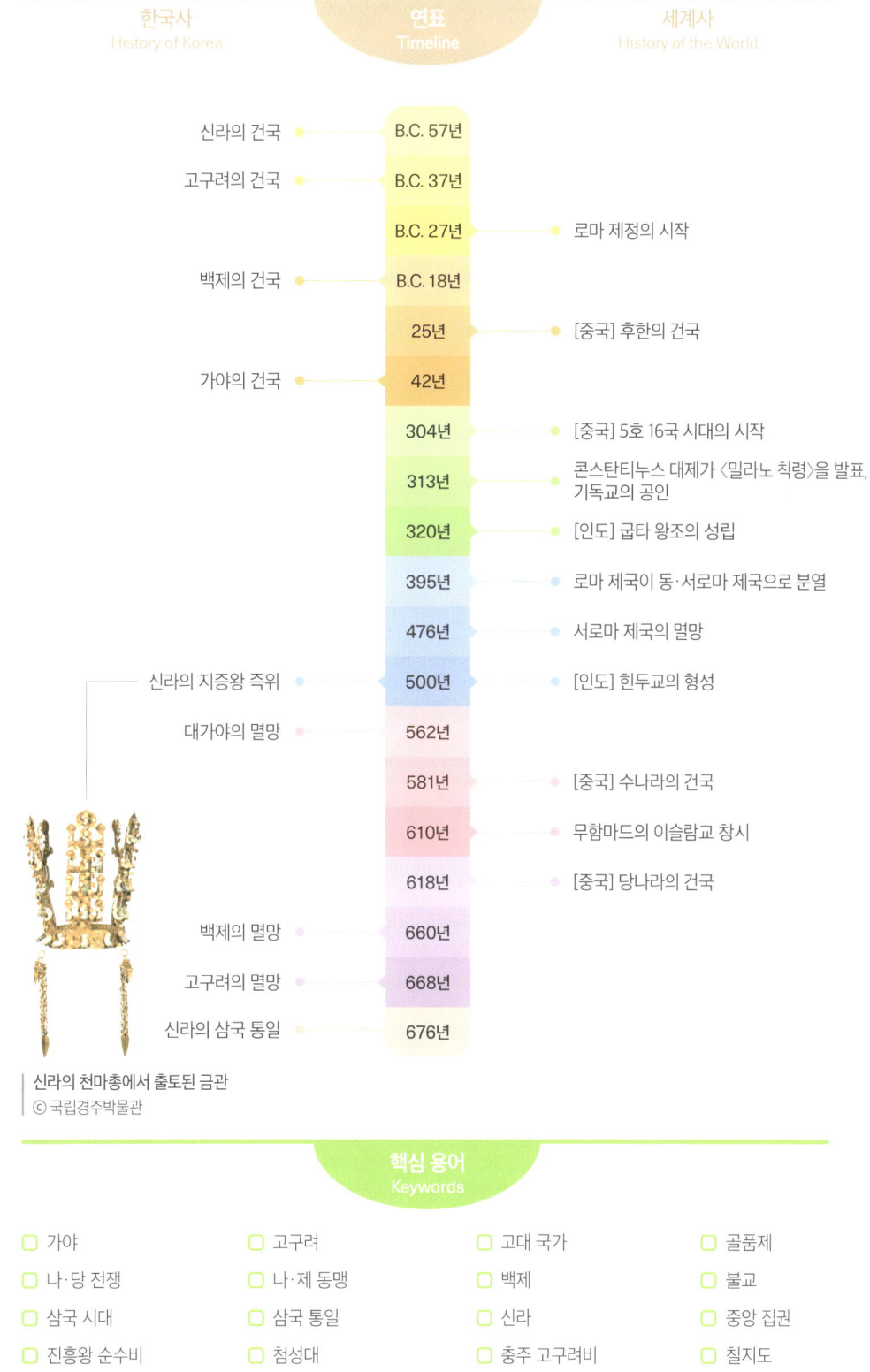

한국사 History of Korea	연표 Timeline	세계사 History of the World
신라의 건국	B.C. 57년	
고구려의 건국	B.C. 37년	
	B.C. 27년	로마 제정의 시작
백제의 건국	B.C. 18년	
	25년	[중국] 후한의 건국
가야의 건국	42년	
	304년	[중국] 5호 16국 시대의 시작
	313년	콘스탄티누스 대제가 〈밀라노 칙령〉을 발표, 기독교의 공인
	320년	[인도] 굽타 왕조의 성립
	395년	로마 제국이 동·서로마 제국으로 분열
	476년	서로마 제국의 멸망
신라의 지증왕 즉위	500년	[인도] 힌두교의 형성
대가야의 멸망	562년	
	581년	[중국] 수나라의 건국
	610년	무함마드의 이슬람교 창시
	618년	[중국] 당나라의 건국
백제의 멸망	660년	
고구려의 멸망	668년	
신라의 삼국 통일	676년	

신라의 천마총에서 출토된 금관
ⓒ 국립경주박물관

핵심 용어 Keywords

- [ ] 가야
- [ ] 나·당 전쟁
- [ ] 삼국 시대
- [ ] 진흥왕 순수비
- [ ] 고구려
- [ ] 나·제 동맹
- [ ] 삼국 통일
- [ ] 첨성대
- [ ] 고대 국가
- [ ] 백제
- [ ] 신라
- [ ] 충주 고구려비
- [ ] 골품제
- [ ] 불교
- [ ] 중앙 집권
- [ ] 칠지도

골품제 Bone Rank System

골품제는 혈통으로 사람의 신분을 나누는, 한국의 고대 국가였던 신라 특유의 제도이다. 골품제의 최상위층인 왕족은 성골과 진골로 나뉘었고, 그다음 지배층인 귀족은 6두품부터 차례로 1두품까지 나뉘었으며, 그중에서 3두품부터 1두품까지는 점차 평민처럼 여겨졌다. 골품제에 따라 관직 승진, 혼인 대상, 집의 크기 등이 결정되었다.

The Bone Rank System, which divided people's status according to bone or lineage, was a unique system in Silla, a kingdom of ancient Korea. The royal family, the highest class in the system, was further divided into *seonggol* (sacred bone) and *jingol* (true bone). Below them, the nobility was ranked from Head Rank Six down to Head Rank One. Among these, Head Ranks Three to One gradually came to be regarded as commoners. Under the Bone Rank System, promotion to government positions, marriage partners, and even the size of one's house were strictly determined.

나·제 동맹과 나·당 전쟁
Silla–Baekje Alliance & Silla–Tang War

나·제 동맹은 5세기 고구려의 장수왕이 남쪽으로 영토를 확장하려는 남진 정책을 실시할 때, 신라와 백제가 맺은 동맹이다. 신라와 백제는 6세기에 고구려가 장악하고 있던 한강의 상류와 하류를 각각 차지하였고, 이후 신라가 백제의 한강 하류 지역을 공격·점령하면서 나·제 동맹은 끝이 났다.

나·당 전쟁은 670년부터 시작된 신라와 당나라의 전쟁이다. 이에 앞서 나·당 연합군은 백제에 이어 고구려를 멸망시켰고, 그 후에 당나라가 한반도에 대한 지배 욕심을 드러내어 전쟁이 시작되었다. 나·당 전쟁은 매소성과 기벌포 전투에서 신라가 승리하면서 676년에 끝났다. 이로써 신라는 백제와 고구려를 아우르는 삼국 통일을 이루었다.

The Silla–Baekje Alliance was formed in the 5th century, when Goguryeo's King Jangsu pursued a policy of southward expansion. In the 6th century, Silla and Baekje occupied the upper and lower regions of the Hangang River, which had previously been dominated by Goguryeo. The alliance came to an end when Silla attacked and seized Baekje's territory in the lower Hangang River basin.

The Silla–Tang War was a conflict between Silla and the Tang Dynasty that began in 670. Before this, the allied forces of Silla and Tang had destroyed Goguryeo following the fall of Baekje. Afterwards, however, the Tang Dynasty revealed its ambition to dominate the Korean Peninsula, leading to war. The Silla–Tang War ended in 676 with Silla's victory at the battles of Maesoseong and Kibeolpo. Through this victory, Silla achieved the unification of the Three Kingdoms, incorporating both Baekje and Goguryeo.

첨성대 Cheomseongdae Observatory

삼국 시대에는 천문학이 발달하였는데, 그중 신라는 별을 관측하고자 돌을 높이 쌓아 올린 시설인 첨성대를 지었다. 현재 경상북도 경주에 있는 첨성대는 동양에서 가장 오래된 천문 관측 시설이다.

During the Three Kingdoms Period, significant advances were made in astronomy. In particular, Silla constructed Cheomseongdae Observatory, built of stacked stones to observe the stars. Today, Cheomseongdae Observatory, located in Gyeongju, Gyeongsangbuk-do, is recognized as the oldest existing astronomical observatory in the Eastern world.

충주 고구려비와 진흥왕 순수비
Chungju Goguryeo Monument & King Jinheung's Border Inspection Monument

충주 고구려비와 진흥왕 순수비는 한국의 고대 국가인 고구려와 신라 각각이 활발한 정복 활동을 통해 영토를 확장한 것을 기념하기 위해 세운 비석이다. 그중 충주 고구려비는 5세기 고구려의 전성기를 이끈 장수왕이 남진 정책을 통해 한강 유역을 차지하고 한반도 중부 지역까지 진출한 것을 기념해, 지금의 충청북도 충주에 세운 비석이다. 진흥왕 순수비는 6세기 신라의 전성기를 연 진흥왕이 정복 활동을 기록하고 신라에 새로 편입된 주민들을 포용하기 위해 한반도 각지에 세운 비석이다. 지금까지 발견된 진흥왕 순수비는 4개로, 한반도 북쪽 함경남도의 마운령비와 황초령비 · 서울의 북한산비 · 경상남도의 창녕비가 있다.

The Chungju Goguryeo Monument and King Jinheung's Border Inspection Monuments were erected to commemorate the territorial expansion of Korea's ancient kingdoms, Goguryeo and Silla, through active military campaigns. The Chungju Goguryeo Monument is a stele erected by King Jangsu, who led Goguryeo's golden age in the 5th century. Located in present-day Chungju, Chungcheongbuk-do, it commemorates his occupation of the Hangang River basin and his advance into the central region of the Korean Peninsula under a policy of southward expansion. King Jinheung's Border Inspection Monuments were established in various places of the peninsula to record the conquests of King Jinheung, who ushered in Silla's golden age in the 6th century, and to integrate newly incorporated populations into Silla. To date, four authentic monuments of King Jinheung have been discovered: the Maunryeong Monument, the Hwangchoryeong Monument in Hamgyeongnam-do in the northern peninsula, the Bukhansan Monument in Seoul, and the Changnyeong Monument in Gyeongsangnam-do.

칠지도 Seven-Branched Sword

'7개의 가지가 있는 칼'을 의미하는 칠지도는 철로 만들어졌다. 칠지도의 앞뒤에 새겨진 글자를 통해 4세기경 백제의 왕이 왜의 왕에게 주었을 것으로 추측되며, 현재 일본 나라현에 위치한 이소노카미 신궁에 보관되어 있다.

Chiljido, or the Seven-Branched Sword, was made of iron. The inscriptions on both sides of the blade indicate that the king of Baekje presented it to the ruler of Wa (Japan) around the 4th century. Today, the sword is preserved at the Isonokami Shrine in Nara Prefecture, Japan.

1 고대 한국에는 삼국이 있었다?

◆ 고대 한국의 삼국은 어떤 나라였을까?

고대 국가의 형성

2~3세기 무렵에 만주 지역은 부여가, 한반도 북부는 낙랑군이, 한반도 남부는 마한의 소국들 중에 목지국이 •패권을 차지하고 있었다. •고구려는 낙랑군 및 부여와 세력을 •겨루면서 상당한 영토를 차지하였으나, 아직 •중앙 집권 체제가 마련되지 않은 상태였다. •백제와 •신라는 각각 마한과 진한에 소속된 나라로 자치권을 가지고 있었지만, •맹주국인 마한 목지국의 통제 아래에 있었다.

이러한 상황에서 2세기 고구려, 3세기 백제, 4세기 신라 각각이 •고대 국가의 •기틀을 마련함으로써 '•삼국 시대'가 전개되었다. 고대 국가는 이전 시기 여러 부족들이 연맹체를 이루어 다스렸던 나라들과 다른 몇 가지 특징을 가지고 있었다. 그중 가장 큰 특징은 왕을 중심으로 중앙 집권적 정치 체제를 마련한 것이다. 왕은 정복 전쟁을 통해 영토를 확장시켜 나갔고, 왕위의 부자 상속을 통해 왕권을 강화시켰다. 또한 고대 국가는 •율령을 •반포하고 •관직을 정비하며 •불교를 수용하였다.

고대 국가의 모습을 갖추기 전의 고구려·백제·신라 삼국은 각각 연맹체로서 5부 또는 6부가 중심이 되어 나라를 다스리고 있었다. 삼국은 각 부가 독자적으로 자신의 영역을 통치하였고, 5부 또는 6부 가운데 가장 강력한 부의 지배자가 왕이 되었다. 왕의 권력이 점점 커지면서 5부나 6부의 조직은 •중앙 관제로 변화하였다. 왕은 각 부를 다스리던 세력을 관리의 등급을 정하는 •관등제에 따라 •재편하였고, 중앙 •귀족으로 •편입하였다. 이로써 왕을 중심으로 강력한 중앙 집권이 형성될 수 있었다. 한편, 고구려의 '제가 회의', 백제의 '정사암 회의', 신라의 '화백 회의'라는 귀족 회의에서 여전히

Vocabulary

- 패권 dominance
- 중앙 집권 centralization of power
- 맹주국 leading state
- 삼국 시대 Three Kingdoms Period
- 관직 government position
- 고구려 Goguryeo
- 백제 Baekje
- 고대 국가 ancient state; ancient kingdom
- 율령 law code
- 불교 Buddhism
- 겨루다 to compete
- 신라 Silla
- 기틀 foundation; basis
- 반포하다 to promulgate; to proclaim
- 중앙 관제 central government system

나라의 중요한 일이 결정되었다.

한반도 남부에서 성장하던 •가야는 강력한 왕권이 형성되지 않아 연맹체 단계에 있다가 신라에 의해 멸망하였다. 또한 지금의 제주도인 탐라는 백제·가야와 무역을 통해 교류하였다.

고구려

고구려는 기원전 37년에 졸본을 중심으로 건국되었다. 이어 국내성으로 수도를 옮긴 뒤, 삼국 중 가장 먼저 고대 국가의 모습을 갖추었다. 1세기 후반 고구려 태조왕은 옥저를 정복하고, 한나라가 지배하고 있던 일부 지역을 공격하여 영토를 확장하며 이를 바탕한 정치력과 경제력으로 왕권을 안정화시켰다. 고구려는 2세기 후반 고국천왕 때부터 부자 상속으로 왕위를 계승하였다. 또 기존에 각각의 부가 독자적으로 통치하던 지역들을 중앙의 행정 구역으로 재편하고 각 지역의 •유력한 세력들을 중앙 귀족화하여 왕권을 강화하였다.

고구려의 전성기(5세기)
© 셔터스톡

4세기 초 미천왕은 과거 한나라의 한반도 통치 구역 중 마지막 남은 낙랑군을 전부 •몰아내고 대동강 유역을 확보해 고구려의 대외 진출상 •발판을 마련하였다. 그러나 고국원왕 때 요동 지역 선비족의 나라인 전연의 침략을 받은 고구려는 백제의 공격으로 고국원왕이 •전사하며 큰 위기를 맞았다.

4세기 후반 소수림왕은 •다방면으로 나라의 체제를 •손보았다. 그는 중앙 집권 체제의 확립과 왕권 •강화(強化)의 이념으로써 불교를 수용하였고, 교육 기관인 •태학을 설립하여 •유학을 •장려하였으며, 율령을 반포하여 나라의 통치 조직을 새롭게 정비하였다.

- 관등제 official rank system
- 편입하다 to incorporate
- 몰아내다 to expel; to drive out
- 다방면으로 in various fields
- 태학 National Academy of Goguryeo
- 재편하다 to reorganize
- 가야 Gaya
- 발판 stepping stone
- 손보다 to fix; to repair
- 유학 Confucianism
- 귀족 nobility; aristocrat
- 유력한 powerful
- 전사하다 to die in battle
- 강화 strengthening
- 장려하다 to promote; to encourage

4세기 말에 •즉위한 광개토 대왕은 •대외 팽창 정책을 실시하였다. 그는 먼저 백제를 공격하여 한강의 북쪽 지역을 차지하였고, 전연을 이은 후연이 약해진 틈을 이용하여 요동 지역으로도 진출하였으며, •북방 민족인 거란을 정복하는 등 고구려의 영토를 최대로 확장하였다. 또한 광개토 대왕은 당시 왜의 침략을 받은 신라에 군대를 보내어 왜군을 •물리치기도 하였다.

5세기 초 왕위를 •이어받은 장수왕은 •광개토 대왕릉비를 세워 아버지인 광개토 대왕의 •업적을 •기리는 한편, 대외 팽창 정책을 계속해서 •추진하였다. 장수왕이 •남진 정책을 추진하고자 수도를 평양으로 옮기자, 이에 •위협을 느낀 신라와 백제가 나·제 동맹을 맺어 고구려에 •대항하였다. 이후 고구려는 세력을 더욱 넓혀 백제의 수도인 한성을 •함락하고 한강 유역을 차지하였다. 장수왕은 이를 기념하고자 한반도 중부 지역인 충청북도 충주에 •비석(충주 고구려비)을 세웠다.

백제의 전성기(4세기)
© 셔터스톡

백제

백제는 기원전 18년 한강 유역에 살던 토착 세력과 고구려에서 이주한 유민이 •연합하여 세운 나라로, 마한의 54개 소국 중 하나인 백제국에서 시작되었다. 이 주민들은 우수한 철기 문화를 바탕으로 백제의 지배 집단을 형성하여, 주변 세력을 통합하면서 성장하였다.

3세기에 고이왕은 백제의 통치 조직을 정비하였다. 그는 등급을 나누어 관리를 두었고, 관리들이 입는 옷의 색깔도 구분하였다. 또 그는 율령을 제정하여 반포하였는데, 이 시기 백제는 영토를 크게 넓혀 한강 유역을 •장악하면서 고대 국가로 발전하였다.

Vocabulary

- 즉위하다 to ascend the throne
- 대외 팽창 정책 expansionist policy
- 북방 민족 northern people
- 물리치다 to defeat
- 이어받다 to succeed; to take over
- 광개토 대왕릉비 Stele of King Gwanggaeto
- 업적 achievement
- 기리다 to honor; to commemorate
- 추진하다 to push forward
- 남진 southward expansion
- 위협 threat
- 대항하다 to resist
- 함락하다 to capture
- 비석 stele; stone monument
- 연합하다 to unite

4세기 후반 근초고왕은 부자 상속의 왕위 계승을 이루고, 주변 지역으로 활발하게 정복 활동을 벌였다. 그는 북쪽으로 오늘날의 황해도 지역까지 나아갔고, 남쪽으로는 마한의 소국들을 차지하면서 영토를 최대로 확장시켰다. 백제는 •해상 무역로를 •개척하여 중국의 동진과 왜에 진출하면서 삼국 중 가장 먼저 •전성기를 맞았다. 이 시기 백제의 번성은 왜에 전해진 칠지도를 통해서도 알 수 있다.

이후 백제에 고구려의 압박이 •가해지자, 백제는 신라와 나·제 동맹을 •체결하였다. 그러나 고구려의 공격으로 개로왕이 전사하고 위기에 처하자, 왕위를 이어받은 문주왕은 수도를 한성에서 더 남쪽에 위치한 웅진(지금의 충청남도 공주)으로 옮겼다.

6세기에 왕위에 오른 무령왕은 고구려에 대항하는 한편, 중국의 양나라에 •사신을 보내 교류하면서 백제를 안정시켰다. 그의 아들 성왕은 다시 수도를 사비(지금의 충청남도 부여)로 옮기고, •국호도 남부여로 바꾸었다. 그러나 이 시기에 백제는 신라와의 동맹이 깨지고 전쟁을 •치르면서 점차 국력이 •쇠퇴하였다.

신라의 전성기(6세기)
© 셔터스톡

신라

신라는 진한의 소국들 중 하나인 사로국에서 출발한 나라이다. 사로국은 금성(지금의 경주) 일대의 토착민과 고조선 멸망 이후 •유입된 유민이 한반도 남부에 자리를 잡고 기원전 57년 박혁거세가 금성을 수도로 삼으며 건국되었다. 초기에는 각 지역의 지배사가 독자적인 세력을 유지하면서 박·석·김의 세 •성씨가 •교대로, 연장자라는 의미를 가진 '이사금'에 •선출되었다. 이후 신라는 낙동강 동쪽의 진한 지역을 대부분 차지하고, 고대 국가의 기틀을 마련하였다.

4세기 말에 신라는 왜의 •침입을 물리치는 과정에서 고구

- 장악하다 to take control of
- 전성기 golden age
- 사신 envoy
- 쇠퇴하다 to decline
- 교대로 by turns; in rotation
- 해상 무역로 maritime trade route
- 가해지다 to be inflicted; to be directed
- 국호 official country name
- 유입되다 to enter; to flow in
- 선출되다 to be elected
- 개척하다 to pioneer
- 체결하다 to sign; to conclude
- 치르다 to go through
- 성씨 family name; surname
- 침입 invasion

려 광개토 대왕의 도움을 받았다. 이를 •계기로 신라는 고구려의 •간섭을 받기도 하였으나, 고구려를 통해 중국 문화권의 문물을 받아들이면서 성장하였다.

6세기에 지증왕은 국호를 사로국에서 신라로 확정하고, 내물왕 때부터 사용된 대군장이라는 뜻의 '마립간'을 '왕'으로 바꾸었으며, 우산국(지금의 울릉도)을 •정벌하여 신라의 영토로 삼았다. 이어 왕위에 오른 법흥왕은 율령을 반포하고, 불교를 •공식적으로 인정하여 •사상적 통합을 이루었다. 진흥왕은 적극적인 대외 팽창 정책을 추진하여 백제와 힘을 합쳐 한강 상류 지역을 확보하였다. 이어 신라는 백제를 공격해 한강 하류 지역도 •점령하였다. 이후 신라는 동해안을 따라 북쪽으로 진출하고, 남쪽으로는 대가야를 정복하여 신라의 영토로 편입하면서 전성기를 맞았다.

삼국과 가야

가야는 변한의 소국들 중 하나로, 42년 김수로왕이 세운 구야국(이후 금관가야)을 기원으로 한다. 3세기경 지금의 경상남도 김해에 위치했던 금관가야는 우수한 철기 기술과 해상 교통을 이용해 낙랑과 왜를 연결하는 중계 무역을 발전시키면서 •전기(前期) 가야 연맹의 중심 세력이 되었다. 그러나 4세기 말에 신라를 지원하기 위해 군대를 보낸 고구려의 공격으로 금관가야는 전기 가야 연맹의 •주도권을 •상실하였다.

5세기 후반부터 경상북도 고령 지역에 있었던 대가야가 가야 연맹을 주도하였는데, 이를 '•후기 가야 연맹'이라고 한다. 대가야는 중국의 남제와 교류하고, 백제 및 신라와는 세력을 다투었다. 6세기에 신라가 금관가야를 차지하고 대가야까지 압박하자, 대가야는 백제와 동맹을 맺고 대항하였다. 그러나 562년에 신라 진흥왕의 공격으로 대가야도 멸망하고, 다른 가야 연맹국들도 고대 국가로 성장하지 못한 채 차례로 신라에 병합되었다.

Vocabulary

- 계기 chance; opportunity; trigger
- 공식적으로 officially
- 전기 early period
- 후기 late period
- 평민 commoner
- 간섭 interference
- 사상적 ideological
- 주도권 leadership
- 위계질서 hierarchy
- 천민 low-class people
- 정벌하다 to conquer
- 점령하다 to occupy
- 상실하다 to lose
- 왕족 royal family
- 독차지하다 to monopolize

◆ 삼국 시대 사람들은 어떻게 살았을까?

삼국의 사회와 경제

엄격한 •위계질서로서 신분 제도를 확립한 삼국은 크게 •왕족 및 귀족, •평민, •천민으로 신분을 구분하였다.

고구려의 지배층은 왕족인 고씨를 비롯한 5부 출신의 귀족들이었고, 백제의 지배층은 왕족인 부여씨와 8개 성씨의 귀족들이었다. 한편, 초기에 박씨 · 석씨 · 김씨가 교대로 왕위를 계승하다가 차차 김씨가 •독차지한 신라에는 골품제라는 엄격한 신분 제도가 마련되어 있었다. 삼국의 귀족들은 넓은 땅을 가지고 많은 노비를 거느리면서 나라로부터 토지를 받기도 하였다. 토지의 지급 형태로는 관리들에게 일을 한 •대가로 주었던 •녹읍, 왕족이나 큰 공을 세운 •공신에게 •포상의 의미로 주었던 •식읍이 있었다. 또한 귀족들은 곡물 등의 물품을 높은 이자로 빌려주는 •고리대를 이용하여 농민과 노비로부터 금전적 이득을 취하기도 하였다.

삼국 시대의 평민은 신분적으로는 자유로웠으나 각종 •조세를 부담하였고, 특산물도 바쳐야 하였다. 15세 이상의 남자는 •군역을 담당하여, 일정 기간 군대에 복무하고 전쟁이 •발발하면 군사로 •징발되었으며 •토목 사업에 •동원되기도 하였다.

천민의 대부분은 전쟁 •포로이거나, 법을 어겨 노비가 된 경우였다. 평민인 농민층이 •과도한 조세와 노동의 부담으로 생활이 어려워져 귀족에게 진 빚을 갚지 못해 노비가 되는 경우도 늘어났다.

삼국은 고대 국가로 성장하면서 영토 확장을 통해 토지와 노동력을 확보하였다. 또 통치 체제를 확립하면서 조세 제도도 정비하였다. 조세는 대개 재산에 따라 곡물 · •포 · 특산물로 부과하였으며, 노동력도 징발하였다. 평민들은 과도한 조세와 극심한 자연재해로 어려움을 겪거나, 고리대를 갚지 못하는 경우도 많았다. 이러한 경

| 신라 골품제의 신분도

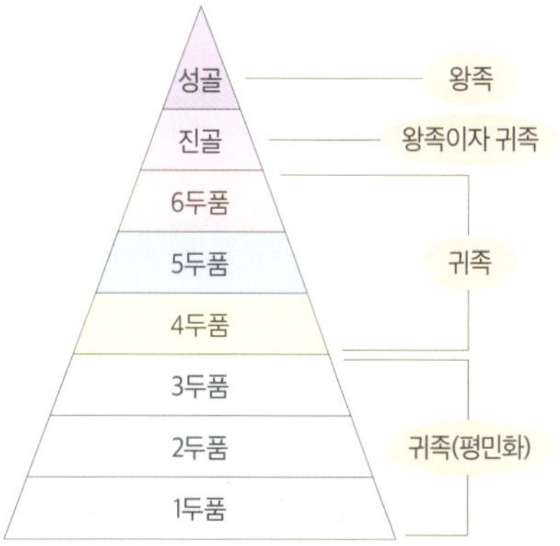

- 대가 price; compensation
- 녹읍 Nokeup; stipend land
- 공신 meritorious servant
- 포상 prize; reward
- 식읍 Sikeup; land grant for livelihood
- 고리대 usury
- 조세 tax
- 군역 military service
- 발발하다 to break out
- 징발되다 to be requisitioned
- 토목 사업 civil engineering works
- 동원되다 to be mobilized
- 포로 prisoner of war
- 과도한 excessive
- 포 cloth

제적 불안정을 해결하고자 고구려는 봄에 곡물을 빌려주었다가 가을에 갚게 하는 제도인 •진대법을 실시하였다. 또 삼국은 나라 차원에서 농민들에게 소를 이용한 •경작을 장려하고, 저수지를 만들어 가뭄의 피해를 줄였으며, •황무지를 •개간하였다.

삼국 시대에는 문물의 교류도 활발하였다. 신라의 수도인 금성의 동쪽에는 5세기 말부터 •동시라는 시장이 형성되었고, 6세기 초에 이를 감독하는 관청으로 동시전이 설치되었다. 또 삼국은 왕실과 귀족의 필요를 충족하기 위해 대외 무역을 통해 문물을 교류하기도 하였다.

삼국의 문화와 사상

삼국 시대에 중국 지역으로부터 한자와 유학이 •전래되었다. 고구려는 수도에 설립한 태학에서 •유교 경전과 역사를, 지방의 경당에서 한문과 무술 등을 가르쳤다. 백제는 유교 경전과 •천문학·의학 등을 가르치는 데 힘썼고, 백제의 귀족이 남긴 •비문을 통해 당시의 뛰어난 한문 지식을 엿볼 수 있다. 신라의 진흥왕 순수비와 •임신서기석에도 유교 경전의 내용이 담겨 있는데, 신라는 한자의 음과 뜻을 빌려 당시의 말을 표기하는 •이두를 만들어 사용하기도 하였다.

삼국 시대의 금동 미륵보살 반가 사유상
© 국립중앙박물관

현재까지 전해지지는 않지만, 삼국은 모두 왕권이 안정되자 역사서를 만들었다는 기록이 있다. 고구려는 초기에 《유기》를 •편찬하였고, 영양왕 때 이문진이 이를 요약하여 《신집》으로 편찬하였다. 백제는 근초고왕 때 고흥이 《서기》를, 신라는 진흥왕 때 거칠부가 《국사》를 각각 편찬하였다.

삼국은 강력한 중앙 집권 체제의 나라를 목표로 하였고 왕권을 뒷받침해 줄 이념으로써 불교를 적극적으로 수용하였다. 고구려는 4세기 후반 소수림왕 때, 백제 역시 4세기 후반 침류왕 때 불교가 전래되었다. 신라는 6세기 법흥왕 때 불교를 공식적으로 인정하였다. 신라의 왕들은 불교 수용 이후 불교식으로 이름을 짓기도 하였고, •승

Vocabulary

- 진대법 grain loan system
- 경작 cultivation; farming
- 황무지 wasteland
- 개간하다 to reclaim land; to clear land
- 동시 East Market
- 전래되다 to be introduced
- 유교 경전 Confucian classics
- 천문학 astronomy
- 비문 epigraph
- 임신서기석 Stone Tablet with Inscription of Oath of the Imsin Year
- 이두 Idu; writing system in Silla
- 편찬하다 to compile
- 승려 monk
- 호국 사상 patriotic ideology

려였던 원광은 '세속 오계'를 만들어 호국 사상을 가르쳤다. 삼국에서는 불상도 많이 제작되었는데, 특히 금동으로 만든 미륵보살 반가 사유상이 많았다. 고구려에서는 금동 연가 7년명 여래 입상, 백제에서는 서산 마애 여래 삼존상이 만들어졌다.

도교 역시 중국 지역으로부터 전래되어 한국의 자연 숭배 및 신선 사상과 결합하였다. 고구려의 벽화에는 신선의 세계가 묘사되어 있으며, 도교의 방위신으로서 동서남북을 지키는 신들을 나타내는 〈사신도〉가 그려져 있다. 또 신선이 사는 이상 세계를 표현한 백제의 금동 대향로 및 산수무늬 벽돌을 통해서도 도교의 영향을 알 수 있다.

백제 금동 대향로
© 국립부여박물관

삼국 시대의 건축술은 사찰(절), 탑, 고분(무덤) 등을 통해 알아볼 수 있다. 신라의 황룡사와 백제의 미륵사 등 사찰 건축물은 지금까지 남아 있지 않지만, 사찰이 지어졌던 장소의 흔적을 통해 그 규모가 매우 컸음을 알 수 있다. 또한 삼국은 목탑을 많이 만들다가 점차 석탑을 제작하였는데, 백제의 전라북도 익산 미륵사지 석탑과 충청남도 부여 정림사지 5층 석탑, 신라의 경주 분황사 모전 석탑이 대표적이다.

삼국의 고분을 통해서도 당시 건축술의 발달을 알 수 있고, 그 안의 많은 껴묻거리와 벽화들을 통해 삼국 문화의 다양한 면모를 확인할 수 있다. 고구려의 무덤은 초기에는 돌을 쌓아 올려 만든 돌무지무덤이었다가 점차 무덤 안에 돌로 방을 만든 굴식 돌방무덤으로 발전하였다. 고구려의 굴식 돌방무덤에는 여러 벽화가 남아 있는데, 대표적으로 무용총에서 〈무용도〉와 〈수렵도〉 등의 그림을 살필 수 있다. 백제의 초기 무덤은 고구려처럼 돌무지무덤이었다가 후기에는 굴식 돌방무덤과 벽돌무덤으로 발전하였고, 현재 충청남도 공주의 무령왕릉이 대표적인 벽돌무덤으로 남아 있다. 신라는 나무 널(목관)을 설치하고 그 위에 돌을 쌓아 흙으로 덮은 돌무지덧널무덤이 발달하였다. 돌무지덧널무덤에는 벽화가 그려져 있지 않지만, 도굴이 어려워 상대적으로 많은 껴묻거리가 현재까지 전해지고 있다. 이들 무덤 안에서 발견된 금관과 금귀걸이 등을 통해 신라의 수준 높은 금속 세공 기술을 알 수 있다.

- 도교 Daoism
- 신선 Daoist immortal
- 방위신 guardian deity of directions
- 사신도 Painting of the Four Guardian Deities
- 이상 세계 ideal world; utopia
- 건축술 architecture
- 사찰 temple
- 고분 tomb
- 껴묻거리 burial goods
- 면모 aspect
- 굴식 corridor-type
- 도굴 tomb robbery
- 금관 gold crown
- 세공 craftsmanship

신라 첨성대
© 국가유산청

삼국 시대에 발달한 천문학은 나라의 권위를 높였고, 정치적으로 이용되기도 하였다. 고구려는 •일찍이 •천체의 위치를 돌에 새긴 〈•천문도〉를 만들었다고 알려져 있으며, 고구려의 고분 벽화에도 별자리 · 해 · 달 등이 그려져 있다. 신라는 7세기 선덕 여왕 때 천체를 •관측하기 위해 금성에 첨성대를 만들었다. 이 첨성대는 약 9미터의 높이로, •건립 당시의 모습 그대로 •보존되어 있는 •천문대 중 세계에서 가장 오래된 것으로 알려져 있다.

Q 다음 중 신분 제도와 관련 없는 단어를 골라 봅시다. (   )

① 귀족 ② 면모 ③ 천민 ④ 평민

답 ②

2 신라는 어떻게 삼국의 통일을 이루었을까?

◆ 삼국의 대외 관계는 어떠했을까?

수·당나라와 전쟁한 고구려

6세기 후반 •분열되어 있던 중국 지역을 통일한 수나라는 점차 고구려를 압박하였다. 이에 고구려는 요서 지역을 먼저 공격하며 맞섰다. 이후 수나라는 네 차례에 걸쳐 고구려를 침략하였는데, 특히 수나라 •황제인 양제는 612년에 113만 명의 대규모 군대를 이끌었다. 이에 고구려의 을지문덕 장군은 지금의 청천강 유역인 살수에서 수나라 군대를 크게 물리치며 승리하였다(•살수 대첩). 수나라는 •무리한 전쟁으로 인해 국력이 •소모되고 •각지에서 •반란이 일어나 618년에 멸망하였다.

Vocabulary

- 일찍이 long ago
- 관측하다 to observe
- 천문대 astronomical observatory
- 살수 대첩 Battle of Salsu
- 각지 various places
- 천체 celestial body
- 건립 construction
- 분열되다 to be divided
- 무리한 exorbitant
- 반란 uprising; revolt
- 천문도 Celestial Chart
- 보존되다 to be preserved
- 황제 emperor
- 소모되다 to be exhausted
- 화친 peaceful relations

수나라에 이어서 건국된 당나라는 초기에 고구려와 친밀한 관계를 유지하였지만, 제2대 황제인 태종이 즉위하면서 고구려를 압박하였다. 고구려의 장군 연개소문은 당나라와의 •화친을 주장하던 영류왕을 제거하고 권력을 장악한 후, 천리장성을 쌓아 더욱 •강경하게 맞섰다. 645년 당나라 태종은 대규모 군대를 앞세워 고구려의 여러 성들을 차례로 함락하고, •전략적 •요충지인 안시성을 공격하였다. 고구려는 안시성에서 3개월 동안 •저항하여 당나라의 침략을 물리쳤다(안시성 전투).

백제·고구려의 멸망과 부흥 운동

고구려가 수나라와 당나라의 침략을 •잇따라 막아 내는 동안 삼국의 대립은 국제적 •양상을 띠었다. 신라는 백제와 맺었던 동맹이 깨진 후에 백제 의자왕의 공격을 받아 여러 성들을 빼앗겨 위기에 처하자, 김춘추를 고구려와 왜에 보내어 •협조를 구했지만 모두 거절당하였다. 신라는 다시 김춘추를 당나라에 보내어 도움을 요청하였고, 648년 두 나라 사이에 나·당 동맹이 맺어졌다.

백제는 의자왕이 귀족 세력을 누르고 •개혁을 시도하였으나, •잦은 전쟁으로 국력이 쇠퇴하며 나라가 혼란스러워졌다. 나·당 연합군은 이를 기회로 삼아 백제를 공격하였고, 백제의 계백 장군이 이끄는 •결사대가 황산벌에서 저항하였으나 패하며 백제는 결국 660년에 멸망하였다. 고구려의 경우 연개소문이 사망한 뒤 그의 세 아들 사이에서 권력 다툼이 일어났다. 이후 연개소문의 큰아들이 당나라에 •투항하고, 연개소문의 동생이 신라에 투항하는 등 •혼란이 계속되었다. 이 틈을 타서 668년에 평양성을 공격한 나·당 연합군에 의해 고구려도 멸망하였다.

한편, 백제의 옛 땅에서 다시 백제를 건국하려는 •부흥 운동이 일어났다. 백제 부흥군은 200여 개의 성을 •회복하고, 사비성과 웅진성을 차지한 당나라 군대를 공격하면서 저항하였다. 이에 백제의 •동맹국이었던 왜는 백제 부흥군을 돕기 위해 군대를

- 강경하게 firmly; strongly
- 저항하다 to resist
- 협조 cooperation; assistance
- 결사대 suicide unit
- 부흥 restoration
- 전략적 strategic
- 잇따라 in succession; repeatedly
- 개혁 reform
- 투항하다 to surrender
- 회복하다 to recover
- 요충지 hub; center
- 양상 aspect; phase
- 잦은 frequent
- 혼란 chaos; confusion
- 동맹국 ally; allied nation

보냈다. 그러나 왜의 •지원군이 백강(지금의 전라북도와 충청남도에 걸쳐 위치한 금강)에서 패배하면서 백제 부흥군도 •진압되었다. 이후 많은 백제 유민이 바다를 건너 왜로 •망명하였다.

평양성 함락 이후 고구려 각지에서도 부흥 운동이 일어났다. 고구려 부흥 운동 세력은 한때 평양까지도 진출하였지만, 내부 분열로 인해 고구려의 옛 땅을 되찾는 데 실패하였다. 일부의 고구려 유민들은 •발해를 건국하여 고구려를 계승하였다.

◆ 신라는 어떻게 삼국의 통일을 이루었을까?

나·당 전쟁과 신라의 삼국 통일

당나라는 백제가 멸망하자 웅진에 웅진 도독부(군사 •지휘 기구)를 설치해 백제 지역을 지배하려 하였다. 이어 신라의 금성에도 계림 도독부를 설치해 신라 귀족들의 분열을 •꾀하였다. 마침내 당나라는 고구려를 멸망시킨 다음 평양에 안동 도호부(군사·행정을 겸한 통치 기구)를 설치해 한반도 전체를 지배하려는 욕심을 보였다.

신라는 고구려·백제의 유민들과 함께 이러한 당나라에 대항하였고, 670년 신라는 고구려 부흥 운동 세력과 연합군을 형성하여 압록강을 건너 요동 지역을 •선제공격하였다. 이때부터 본격적으로 신라와 당나라 사이에 나·당 전쟁이 시작되었으며, 전쟁 초기의 주도권을 쥐게 된 신라는 671년까지 당나라 군사들이 점령하였던 백제 지역의 대부분을 신라의 영토로 만들었다. 신라는 675년에 매소성에서 당나라의 20만 대군에게 승리하였고, 676년에 기벌포에서 당나라의 •수군을 •격파하여 대동강에서 원산만까지를 •경계로 •삼국 통일을 이루었다.

나·당 전쟁은 당나라의 한반도 정복 계획과 신라의 삼국 통일 정책이 •정면으로 •충돌한 전쟁이었다. 전성기에 이른 당나라의 대규모 군대에 맞섰던 신라군은 수적으로 훨씬 •열세에 있었다. 그러나 신라의 문무왕과 신라군 •수뇌부의 뛰어난 •지략 및

Vocabulary

- 지원군 relief forces
- 진압되다 to be suppressed
- 망명하다 to go into exile
- 발해 Balhae
- 지휘 command
- 꾀하다 to attempt
- 선제공격하다 to launch a preemptive strike
- 수군 naval forces
- 격파하다 to defeat
- 경계 border
- 삼국 통일 unification of the Three Kingdoms
- 정면으로 head-on
- 충돌하다 to clash
- 열세 inferiority; disadvantage

•전술로 신라는 •전력의 열세를 •극복하고 당나라에 승리할 수 있었다.

삼국 통일의 의의

현재 신라의 삼국 통일에 대한 평가는 다양하다. 대동강과 원산만 북쪽 고구려 땅의 대부분을 상실하였다는 점에서 •불완전한 통일이었다는 평가가 있는가 하면, •외세인 당나라를 이용하여 뿌리가 같은 백제와 고구려를 멸망시키고 삼국의 통일을 이루었다는 •지적도 있다. 하지만 삼국 통일이 당시 신라와 •적대적 관계였던 백제·고구려와의 •갈등을 •해소하는 차원의 시도였다고 이해하는 시각도 있다.

676년 신라의 삼국 통일
ⓒ 셔터스톡

비록 신라가 삼국을 통일하며 당나라를 이용하였지만, 이후 고구려와 백제의 유민들과 협력하여 삼국의 민족이 다 함께 당나라 세력을 몰아냄으로써 •자주적 통일의 면모도 보여 주었다. 또한 신라의 삼국 통일로 고구려·백제·신라의 전통이 결합해 문화적 발전을 이루는 계기를 마련하였다. 따라서 신라의 삼국 통일은 한국 민족의 문화가 •단일한 •기반 위에서 발전할 수 있는 기틀을 마련한 최초의 통일이라는 점에서 큰 •의의를 갖는다.

Q 다음 빈칸에 공통으로 들어갈 문맥상 가장 알맞은 단어를 〈보기〉에서 골라 써 봅시다.

(　　　　　　)

〈보기〉
잦은　　단일한　　무리한　　해소하는

(1) 이 학교의 학생들은 학교에서 정해 준 (　　　　　　) 교복을 입어야 한다.
(2) 이 문제의 정답은 2개가 아니며, 오직 하나의 (　　　　　　) 답만 인정된다.

단일한 A

• 수뇌부 high command
• 전력 military strength; combat power
• 외세 foreign power
• 갈등 conflict
• 단일한 unified
• 지략 strategy; resourcefulness
• 극복하다 to overcome
• 지적 critique
• 해소하다 to resolve
• 기반 foundation; base; basis
• 전술 tactics
• 불완전한 incomplete
• 적대적 hostile
• 자주적 independent
• 의의 significance

유용한 표현 Expressions

1 V+(으)ㅁ으로써 (by ~ing)

- 이러한 상황에서 2세기 고구려, 3세기 백제, 4세기 신라 각각이 고대 국가의 기틀을 마련함으로써 '삼국 시대'가 전개되었다.
- 안내 사항을 따르지 않음으로써 발생한 문제에 대해서는 책임을 지셔야 합니다.
- 폭설로 열차가 지연됨으로써 약속 시간이 변경되었다.

---

2 N+에 따라(서) (depending on)

- 왕은 각 부를 다스리던 세력을 관리의 등급을 정하는 관등제에 따라 재편하였고, 중앙 귀족으로 편입하였다.
- 내 친구는 날씨에 따라서 기분이 달라지는 것 같다.
- 가족이 함께 정한 규칙에 따라 오늘은 내가 설거지를 하였다.

---

3 V+고자 (in order to ~; for the purpose of ~ing)

- 장수왕이 남진 정책을 추진하고자 수도를 평양으로 옮기자, 이에 위협을 느낀 신라와 백제가 나·제 동맹을 맺어 고구려에 대항하였다.
- 나는 새로운 일을 하고자 한국으로 왔다.
- 나는 이름을 바꾸고자 법원에 개명 신청을 하였다.

4 N+에 처하다 (to be in ~; to be faced with ~)

- 고구려의 공격으로 개로왕이 전사하고 위기에 처하자, 왕위를 이어받은 문주왕은 수도를 한성에서 더 남쪽에 위치한 웅진(지금의 충청남도 공주)으로 옮겼다.
- 이번 일로 회사가 큰 어려움에 처하게 되었다.
- 이 마을은 해수면 상승으로 곧 잠길 운명에 처하였다.

---

5 V+(으)ㄴ 채(로) (with ~; while ~)

- 562년에 신라 진흥왕의 공격으로 대가야도 멸망하고, 다른 가야 연맹국들도 고대 국가로 성장하지 못한 채 차례로 신라에 병합되었다.
- 창문을 열어 놓은 채로 잤더니 감기에 걸렸다.
- 횡단보도 신호를 무시한 채 길을 건너는 것은 큰 사고로 이어질 수 있으므로 조심해야 한다.

---

6 N+(으)로 인해(서) (due to; as a result of)

- 수나라는 무리한 전쟁으로 인해 국력이 소모되고 각지에서 반란이 일어나 618년에 멸망하였다.
- 이번 태풍으로 인해서 많은 사람들이 큰 피해를 입었다.
- 사람들의 기부로 인해 유기견 보호소의 환경이 크게 개선되었다.

※ 본문을 읽고 다음 질문에 답해 봅시다.

1. 다음 내용에 해당하는 왕을 〈보기〉에서 골라 기호를 써 봅시다.

〈보기〉
㉠ 지증왕　　㉡ 근초고왕　　㉢ 광개토 대왕

(1) 4세기 백제의 전성기를 이끈 왕으로, 이때 백제의 영토가 크게 확장되었다. 그의 활약으로 백제는 중국과 왜로 진출할 수 있었다. (　　)

(2) 4세기 말 즉위한 고구려의 왕으로, 그에 의해 고구려는 5세기에 전성기를 맞이할 수 있었다. 그는 고구려의 영토를 크게 넓혔고, 군대를 보내어 신라에 침입한 왜군을 물리쳤다. (　　)

(3) 6세기 신라의 왕으로, 그는 국호를 사로국에서 신라로 확정하였다. 또한 왕호를 마립간에서 왕으로 바꾸었다. (　　)

2. 다음 시기와 관련된 내용끼리 바르게 연결해 봅시다.

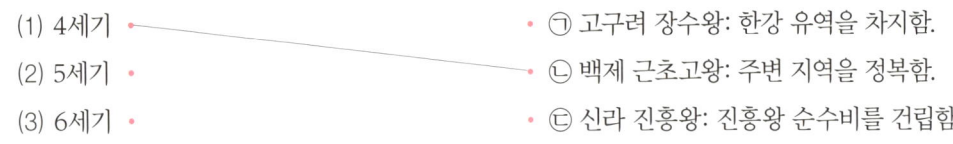

(1) 4세기 •	• ㉠ 고구려 장수왕: 한강 유역을 차지함.
(2) 5세기 •	• ㉡ 백제 근초고왕: 주변 지역을 정복함.
(3) 6세기 •	• ㉢ 신라 진흥왕: 진흥왕 순수비를 건립함.

3. 다음 자료의 밑줄 친 '진대법'이 실시된 나라를 본문에서 찾아 써 봅시다. (　　　　)

고국천왕이 사냥을 나갔다가 길가에서 울고 있는 사람을 보았다. 왕은 그에게 "왜 우는가?" 하고 물었다. 그는 "저는 너무 가난해서 남의 집일을 도와주고 곡식을 얻어 어머니를 모셨습니다. 그런데 올해는 곡식이 자라지 않아 일할 곳이 없고 곡식도 얻지 못하여 울고 있습니다."라고 대답하였다. 이에 왕은 매년 봄부터 가을 전까지 가난한 사람들에게 나라의 곡식을 빌려주고, 수확물을 거두는 가을에 이르러 갚게 하는 진대법을 실시하였다.

- 김부식, 《삼국사기》

4. 다음 자료를 읽고, ㉠에 들어갈 알맞은 문화유산을 골라 봅시다. ( )

〈발표 계획서〉

(1) 주제: 삼국 시대 불교문화의 발달
(2) 불교문화의 발달 배경: 삼국이 왕권을 뒷받침해 줄 이념으로 수용·장려
(3) 불교 수용(공인)의 시기: 고구려 4세기 소수림왕, 백제 4세기 침류왕, 신라 6세기 법흥왕
(4) 불교와 관련된 유물: 금동 미륵보살 반가 사유상, 금동 연가 7년명 여래 입상, (㉠)

① 
백제의 산수무늬 벽돌
ⓒ 국립중앙박물관

② 
백제의 서산 마애 여래 삼존상
ⓒ 국가유산청

③ 
신라의 임신서기석
ⓒ 국립경주박물관

④ 
신라의 진흥왕 순수비
ⓒ 국립중앙박물관

5. 다음 자료를 읽고, ㉠에 들어갈 알맞은 말을 골라 봅시다. ( )

7세기에 당나라의 태종이 대규모 군대를 이끌고 고구려를 침략하여 여러 성들을 차례로 함락하였다. 이어서 당나라는 고구려의 (㉠)까지 공격하였다. 고구려는 3개월 동안 전투를 벌이며 저항하였고, 결국 당나라의 침략을 물리쳤다.

① 안시성 ② 웅진성 ③ 평양성 ④ 천리장성

6. 다음 자료는 삼국 통일 전 발생하였던 나·당 전쟁을 학습한 학생의 발표문입니다. 빈칸에 공통으로 들어갈 나라의 이름을 써 봅시다. ( )

“( )은/는 당나라와 힘을 합쳐 백제와 고구려를 멸망시킨 후, 한반도 전체를 차지하려는 당나라에 맞서 전쟁을 벌였습니다. ( )은/는 당나라를 상대로 매소성과 기벌포 전투에서 연달아 승리를 거두었습니다. ( )은/는 백제와 고구려를 아우르는 삼국 통일을 이루었습니다.”

1. (1) ㉠ (2) ㉢ (3) ㉡ 2. (2)-㉡ (3)-㉢ 3. 고구려 4. ② 5. ① 6. 신라

주제 1 고대 국가의 전성기

1. 다음은 한국 고대 국가인 삼국의 전성기를 나타낸 지도입니다. 각 나라가 번영을 누릴 때 공통된 지리적 특징을 찾아보고, 그 특징이 나라의 발전에 끼치는 영향을 함께 요약하여 써 봅시다.

Look at the map of the golden age of the Three Kingdoms of Korea. Identify the common geographical features that contributed to each kingdom's prosperity, and write a summary explaining how those geographical features influenced their development.

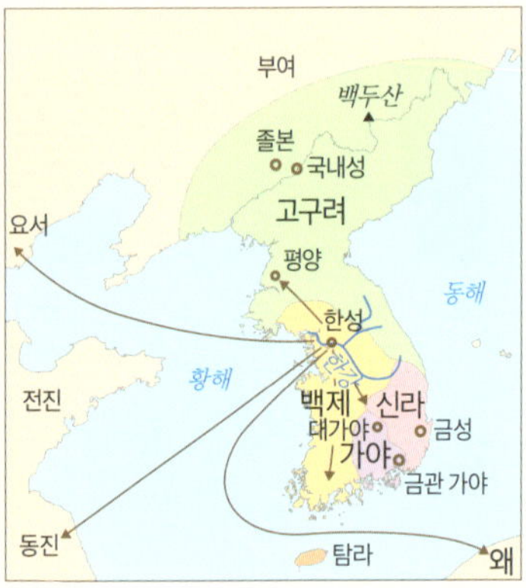

| 4세기 백제의 전성기

| 5세기 고구려의 전성기

| 6세기 신라의 전성기

▶

2. 세계 4대 문명 발생지의 공통된 지리적 특징을 떠올리며, 1번과 함께 이야기해 봅시다.

Investigate the common geographical features of the world's four largest centers of civilization, and compare your findings with the summary above.

주제 2 고대 유적과 유물

1. 다음은 유네스코 세계 유산으로 등재된 한국의 삼국 시대 유적지에 대한 자료입니다. 이를 참고하여 여러분 고향의 세계적 유적과 유물을 떠올려 소개하는 글을 써 봅시다.

Refer to UNESCO World Heritage Sites from Korea's Three Kingdoms Period. Then, write a paragraph introducing a famous historic site or artifact from your hometown.

- **고구려 고분군:** 한반도 북부의 평양, 남포, 안악 등에는 고구려의 고분들이 모여 있다. 이 고분 안에는 아름다운 벽화가 많이 남아 있다.
- **백제 역사 유적 지구:** 한때 백제의 수도였던 웅진과 사비에 해당하는 지금의 공주와 부여, 그리고 익산 지역에는 백제 역사 유적 지구를 이루는 다양한 유적과 유물이 남아 있다.
- **경주(신라) 역사 유적 지구:** 경주는 약 1,000년 동안 신라의 수도였던 지역이다. 그만큼 경주는 신라를 대표하는 유적과 유물이 많아 신라의 뛰어난 예술성을 살펴볼 수 있는 곳이다.

▶

2. 1번을 친구들에게 발표해 봅시다.

Present your writing to the class.

통일 신라와 발해

Unified Silla and Balhae

학습 목표
Learning Objectives

1. 신라의 삼국 통일 후 남북국 시대에 통일 신라와 발해가 어떻게 번영하고 몰락하였는지 이해하고 설명할 수 있다.
2. 한국의 역사 속 명절 문화와 주거 문화 등의 특징을 살피고, 세계 역사 속 문화와 비교해 관련한 내용을 조사하여 쓰고 이야기할 수 있다.

생각 열기
Warm Up

1. 연표상 한국의 남북국 시대와 동시대의 세계사 항목을 비교하며 살핀 후, 여러분의 고향 혹은 알고 있는 나라에 대해 추가하고 싶은 내용을 표시해 봅시다.
2. 연표에 등장하는 한국의 남북국 시대를 살펴, 알고 있는 항목이 무엇인지 말하고 친구가 말하는 항목은 별도로 표시해 봅시다.
3. 한국의 남북국 시대를 이해할 수 있는 핵심 용어 중 알고 있는 것을 표시해 봅시다.

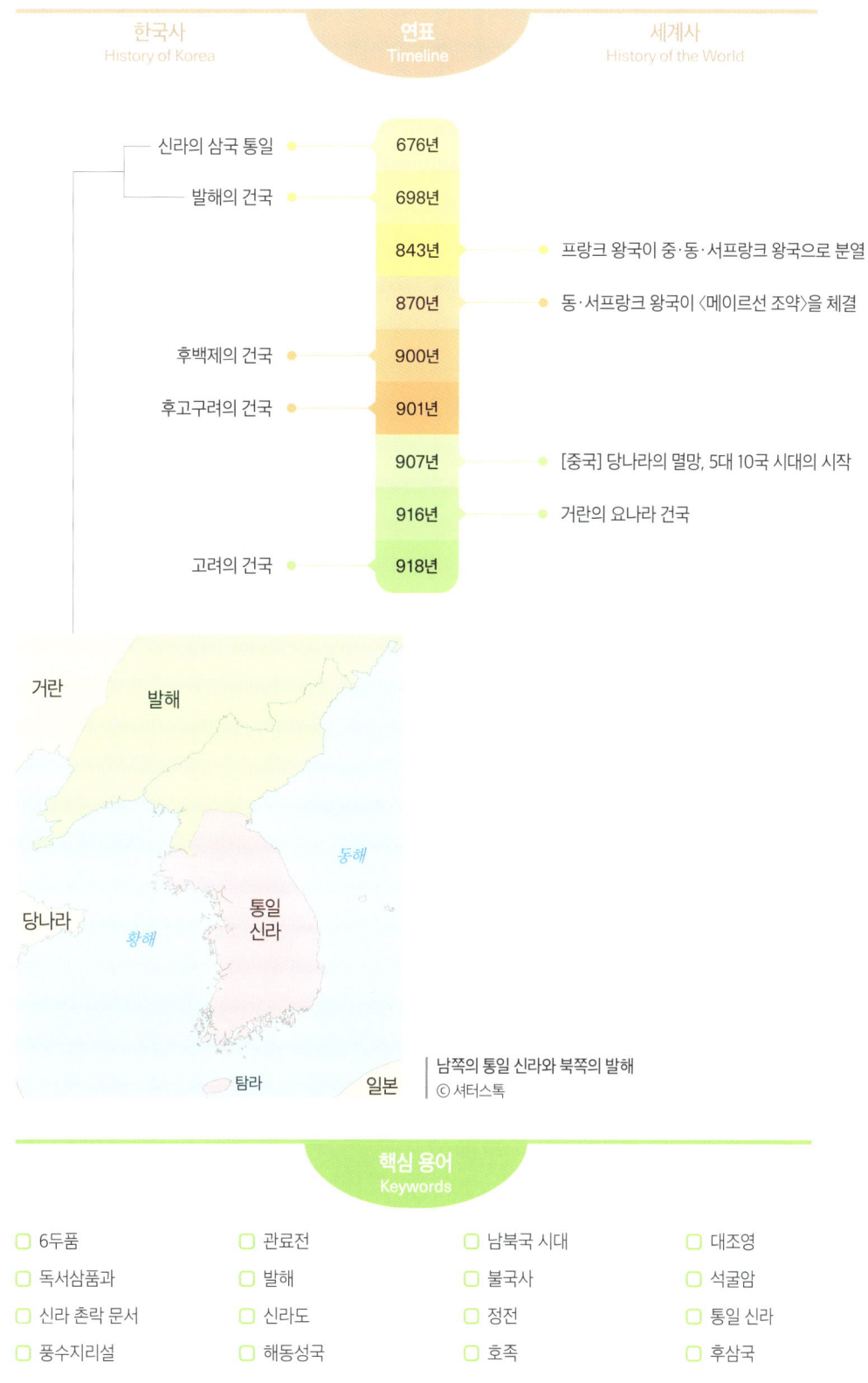

한국사 History of Korea	연표 Timeline	세계사 History of the World
신라의 삼국 통일	676년	
발해의 건국	698년	
	843년	프랑크 왕국이 중·동·서프랑크 왕국으로 분열
	870년	동·서프랑크 왕국이 〈메이르선 조약〉을 체결
후백제의 건국	900년	
후고구려의 건국	901년	
	907년	[중국] 당나라의 멸망, 5대 10국 시대의 시작
	916년	거란의 요나라 건국
고려의 건국	918년	

남쪽의 통일 신라와 북쪽의 발해

핵심 용어 Keywords

- ▢ 6두품
- ▢ 관료전
- ▢ 남북국 시대
- ▢ 대조영
- ▢ 독서삼품과
- ▢ 발해
- ▢ 불국사
- ▢ 석굴암
- ▢ 신라 촌락 문서
- ▢ 신라도
- ▢ 정전
- ▢ 통일 신라
- ▢ 풍수지리설
- ▢ 해동성국
- ▢ 호족
- ▢ 후삼국

관료전과 정전 Official Land System & Jeongjeon System

통일 신라의 토지 제도로는 관리를 대상으로 한 관료전과 백성을 대상으로 한 정전(丁田)이 있었다.

급여로서 지위에 따라 차등적으로 관료전을 받았던 관리들은 왕권이 강화되면서 이전의 녹읍·식읍과 달리 관료전을 통해 조세만 거둘 수 있었고, 관직에서 물러나면 나라에 이를 돌려주었다. 한편, 경제 활동을 할 수 있는 나이가 된 백성들은 나라로부터 토지를 받거나 소유한 토지의 권리를 인정받는 정전을 통해 안정적인 생활을 보장받았고, 나라는 정전의 수확물을 조세로 거두어 재정을 확보하였다. 이 기록은 신라 촌락 문서를 통해서 확인할 수 있다.

In Unified Silla, there were two land systems: Gwallyojeon (official land system) for government officials and Jeongjeon system for common people.

Government officials, who received Gwallyojeon as a salary according to their rank, were permitted to collect taxes only through this system, unlike the earlier Nokeup and Sikeup, as the king's authority had been strengthened. Once they resigned from their post, the land was returned to the government. In contrast, common people who reached the age of economic activity were guaranteed a stable livelihood through Jeongjeon, a system in which the government allocated land or formally recognized their ownership. The government secured its finances by collecting taxes in the form of harvests from these Jeongjeon fields. This can be verified through the Silla Village Register.

독서삼품과 Reading-based Rank Evaluation System

독서삼품과는 유교 경전과 관계된 내용으로 실시한 시험으로, 시험 결과에 따라 상품·중품·하품의 3등급으로 나누었기 때문에 '삼품'이라는 이름이 붙었다. 통일 신라의 중앙 교육 기관인 국학에서 주관한 독서삼품과는 관리 선발 시험이라기보다 학문의 성취도를 평가한 시험이었지만, 시험 결과를 관리 임용에 참고하기도 하였다.

Dokseosampumgwa, or the reading-based rank evaluation system, was an examination based on Confucian classics. It was called *sampum* because the results were divided into three grades: upper, middle, and lower. This system, organized by Gukhak, the central educational institution of Unified Silla, was an achievement test rather than a government official selection test, but its results were still considered when appointing government officials.

신라 촌락 문서 Silla Village Register

신라 촌락 문서는 통일 신라 시대에 촌락의 경제 상황을 기록한 문서이다. 이는 10호 단위의 촌락마다 거두어야 할 조세를 파악하기 위해 만들어졌으며, 변동 사항을 조사하여 3년마다 작성하였다. 이 문서에는 토지의 크기, 집·사람·노비·가축(소와 말)·나무의 수까지도 기록되어 있어 통일 신라의 생활상을 자세히 알 수 있다.

The Silla Village Register is a document that records the economic conditions of villages during the Unified Silla Period. It was created to determine the taxes to be collected from each village, organized in units of ten households, and was updated every three years to reflect changes. The register includes details such as the size of the land, the number of houses, population, slaves, livestock (cattle and horses), and even the number of trees. Through these records, we can gain valuable insights into daily life in the Unified Silla.

신라도 Silla Road

신라도는 발해의 상경에서 출발해서 동해안을 따라 통일 신라로 들어가는 교통로이다. 교통로이다. 신라도에는 39개의 역이 설치되어 있었으며, 이 대외 교역로를 통해서 통일 신라와 발해 사람들 사이에 물자가 오갔다. 9세기에는 신라도를 통해 사신들도 왕래하였다고 확인된다.

The Silla Road was a transportation route that began in Sanggyeong of Balhae, and extended into Unified Silla along the East Sea coast. Thirty-nine stations were established along this road, and the people of Unified Silla and Balhae exchanged goods through it. It is also documented that envoys traveled back and forth along the Silla Road during the 9th century.

해동성국 Prosperous State of the East

해동성국이란 '바다 동쪽의 번성한 나라'라는 뜻으로, 통일 신라의 북쪽에 위치했던 발해를 칭하는 말이다. 발해는 고구려 출신의 대조영이 698년에 건국한 이후 점차 영토를 넓히고 주변의 나라들과도 활발히 교류하며, 9세기 전반에 최대 전성기를 맞아 '해동성국'으로 불렸다.

Haedongseongguk, meaning "Prosperous State of the East," refers to Balhae, which was located north of Unified Silla. Established in 698 by Daejoyoung, a former Goguryeo general, Balhae reached its golden age in the first half of the 9th century. During this period, it gradually expanded its territory and actively engaged in exchanges with neighboring countries.

호족 Local Gentry

호족은 통일 신라 말부터 고려 초까지 활약한 지방의 유력자들이다. 이들은 대토지와 많은 노비를 소유하여 경제력이 강하였고, 개인 소유의 병사인 사병도 있어 무력을 행사할 수 있었다. 지방의 지도층이던 호족은 고려 때에 행정을 담당하는 향리로 지위가 내려갔다.

Hojok, or local gentry, were aristocratic families active from the end of the Unified Silla Period to the beginning of the Goryeo Dynasty. They held significant economic power through their extensive landholdings and numerous slaves, and they maintained private army to exert force. Over time, however, their status as the local leading class declined, and they were reduced to *hyangri* (local functionaries), who were responsible for local administration during the Goryeo Dynasty.

1 통일 신라와 발해의 남북국 시대는 어떤 모습이었을까?

◆ 신라는 삼국 통일 후 어떻게 되었을까?

통일 신라의 왕권 강화

골품제가 엄격하였던 신라 사회에서는 대대로 성골 출신이 왕이 되었다. 그러나 김춘추가 진골 출신으로는 처음으로 왕위에 올라 무열왕이 된 이후, 그의 자손이 왕위를 계승하였다. 무열왕이 시작하였던 삼국 통일 전쟁은 676년 그의 아들인 문무왕 때에 이르러 신라가 당나라에 승리하면서 마무리되었다.

삼국을 통일한 676년 이후의 통일 신라는 고구려와 백제 출신의 인재들을 등용하여 민족 통합을 도모하는 동시에 강력한 왕권 확립과 통치 체제의 정비에 힘썼다. 특히 7세기 후반에 활약한 신문왕은 귀족 세력을 정리하며 왕을 중심으로 정치 세력을 구축하였다. 그리고 유학을 정치 이념으로 수용하면서 국학(國學)을 설립하였는데, 6두품들이 주로 입학하여 유교 경전을 익혔다. 이들은 학문적 능력을 발휘하고 왕에게 정치적 조언을 하면서, 진골 귀족을 견제하는 세력으로 성장하였다.

경주 신문왕릉
© 국가유산청
경주에 있는 신문왕릉은 삼국 통일을 이룬 문무왕의 아들이자, 통일 후 신라의 강력한 왕권을 확립한 왕인 신문왕의 무덤이다. 아래쪽에 벽돌 모양의 돌이 5단으로 둘러져 있고, 이 둘레돌을 삼각형 모양의 받침돌이 받치고 있다.

Vocabulary

- 대대로 for generations
- 성골 *seonggol*; sacred bone
- 진골 *jingol*; true bone
- 자손 descendants
- 통일 신라 Unified Silla
- 인재 talented person; talent
- 등용하다 to select; to appoint
- 도모하다 to attempt; to try
- 활약하다 to play an active role
- 구축하다 to establish; to set up
- 국학 Gukhak; National Academy
- 6두품 Head Rank Six
- 학문적 academic
- 발휘하다 to demonstrate
- 견제하다 to counterbalance

통일 신라의 통치 체제 정비

통일 신라는 넓어진 영토와 늘어난 인구를 다스리고 왕권을 강화하기 위해 통치 체제를 정비하였다. 신문왕은 중앙 관제를 14개의 부로 정비하면서 •왕명을 •수행하고 •기밀 사무를 •관장하는 관청인 집사부와 그 장관인 시중의 기능을 강화하는 반면, 귀족 세력을 대표하는 관직인 상대등의 권한은 약화시켰다. 또 지방 제도를 정비하여 전국을 9주로 나누고, 지방의 군사·행정상 중심지에 5소경을 두어 다스렸다. 주에는 장관을 •파견하여 행정적 기능을 강화하였고, 주에 소속되는 행정 구역으로 군과 현을 두어 지방관을 파견하였으며, 군현 아래의 촌락은 토착 세력인 촌주가 지방관의 통제를 받으며 다스리도록 하였다. 그리고 5소경에는 옛 고구려와 백제의 귀족 및 신라의 귀족 일부를 옮겨 가 살게 함으로써, 한반도 동남쪽으로 •치우쳐 있는 수도 금성(경주)의 지리적 약점을 보완하고자 하였다.

이 시기에 군사 조직의 재정비도 이루어졌다. 중앙군으로 9서당을 두면서 신라인뿐만 아니라 옛 고구려인, 옛 백제인 그리고 만주 일대와 그 주변에 살았던 말갈인까지 포함하여 군대를 구성하였다. 이는 수도 •방어와 함께 민족 •융합을 도모한 것이었다. 지방군으로는 10정을 두어 •국방과 •치안을 담당하도록 하였다.

이와 같은 통치 체제의 정비가 이루어진 이후인 성덕왕과 경덕왕 시기에 이르러 통일 신라는 문화의 전성기를 맞이할 수 있었다. 통일 신라는 안정된 왕권을 바탕으로 다른 나라들과 활발하게 교류하면서 국제적 •위상을 높이고, 불교문화와 유학을 발전시켰다.

통일 신라 말의 혼란과 새로운 사상의 유행

혜공왕이 집권한 8세기 후반에는 왕위 •쟁탈전이 •치열해졌다. 이후 약 150년간 20여 명의 왕이 교체될 정도로 정치적 •혼란이 •거듭되었다. 중앙 정치가 혼란스러

- 왕명 royal command; royal order
- 관장하다 to manage; to supervise
- 방어 defense
- 치안 public security
- 치열해지다 to intensify
- 수행하다 to carry out
- 파견하다 to send; to dispatch
- 융합 integration
- 위상 status
- 혼란 chaos; confusion
- 기밀 사무 confidential state affairs
- 치우치다 to be biased
- 국방 national defense
- 쟁탈전 power struggle
- 거듭되다 to be repeated

워진 틈을 타서 왕위 쟁탈전에 •가담하였던 지방 세력들이 •연이어 반란을 일으켰다. 9세기에 무열왕계의 왕족인 김헌창은 자신의 아버지가 왕이 되지 못한 것에 불만을 품고 •난을 일으켰다(김헌창의 난). 이후 잠시 왕권이 안정되었던 시기 집권한 흥덕왕은 장보고에게 지금의 전라남도 완도에 해군 •기지이자 무역 기지인 •청해진을 건설하게 하고 당나라·일본을 잇는 국제 무역을 주도하게 하였다. 그러나 장보고 또한 중앙의 권력 다툼에 휘말렸다가 결국 •살해당하였다.

통일 신라 말에 지방에서는 호족이라고 불리는 새로운 세력이 성장하였다. 호족은 중앙의 통제에서 벗어나 자신의 근거지에서 독자적인 세력을 형성하였다. 이들은 스스로를 성주 또는 장군이라고 칭하면서 행정권과 군사권을 장악하였다. 한편, 6두품 세력은 진골이 모든 권력을 •독점하고 있는 골품제의 문제점을 비판하였다. 이들 중 일부는 지방의 호족과 •연계하여 새로운 사회를 추구하였다.

진성 여왕 때인 9세기 말에 이르러 사회의 혼란은 극심해졌다. 중앙의 정치적 어지러움이 계속되었을 뿐만 아니라, 지나치게 많은 조세의 •징수와 잦은 자연재해가 겹치면서 농민의 생활도 어려워졌다. 이로 인해 지방의 조세가 제대로 거두어지지 않아 나라의 재정이 불안정해졌다. 나라에서 한층 더 •강압적으로 조세를 징수하자, 농민 중에는 고향을 떠나 •도적이 되는 사람들도 나타났다. 진성 여왕 시기에 일어난 '원종과 애노의 난'을 계기로 전국 곳곳에서 농민들이 •봉기하였다. '붉은색 바지를 입은 도적'이라는 뜻을 가진 적고적은 수도인 금성 인근까지 •쳐들어가기도 하였다.

한편, 통일 신라 말에는 새로운 사상들이 사람들의 눈길을 끌었다. 특히 이 시기에 불교의 •종파 중 하나로서 •실천 수행을 통하여 깨달음을 얻는 •선종이 널리 퍼졌다. 선종은 지방 호족 및 6두품 출신 지식인의 •호응을 얻어 새로운 사회로 나아가는 사상적 토대가 되었다. 또한 도선 등 선종 승려들은 당나라에서 유행한 •풍수지리설을 받아들였다. 풍수지리설은 산·강·땅 등 자연의 형태를 살펴보고 집과 무덤, 나아가

Vocabulary

- 가담하다 to join; to participate in
- 연잇다 to occur in succession
- 난 rebellion; uprising
- 기지 base
- 청해진 Cheonghaejin Garrison
- 살해당하다 to be killed
- 독점하다 to monopolize
- 연계하다 to connect; to link
- 징수 levy; collection
- 강압적으로 forcibly; by force
- 도적 robber; bandit
- 봉기하다 to rise up
- 쳐들어가다 to invade
- 종파 sect
- 실천 수행 practice and cultivation

나라의 수도 위치를 결정하는 데에도 활용되었다. 이는 통일 신라의 사람들이 금성을 중심으로 한 지리 인식에서 벗어나, 자신이 사는 지역의 중요성에 •주목하는 계기가 되기도 하였다.

◆ 통일 신라의 북쪽에 건국된 발해는 어떤 나라였을까?

발해의 건국과 발전

고구려가 멸망한 뒤 고구려의 유민들은 곳곳에서 저항하다가, 7세기 말 당나라의 통제력이 약해졌을 때 고구려 출신의 •대조영이 고구려 유민들과 말갈인들을 이끌고 옛 고구려 땅으로 이동하였다. 대조영은 698년 만주 지역에 있는 동모산에서 •발해를 건국하면서 고구려 계승 의식을 분명히 내세웠다. 이로써 남쪽의 통일 신라와 북쪽의 발해가 •공존하는 •남북국 시대를 이루게 되었다.

대조영의 뒤를 이은 무왕은 8세기에 •동북방의 여러 세력을 정복하며 발해의 영토를 넓혔다. 이어서 발해는 당나라를 선제공격하여 요서 지역에서 당나라와 •격돌하는 반면, 일본과는 우호적으로 교류하였다. 또한 독자적인 •연호를 사용하는 등 발해가 당나라와 •대등한 나라임을 내세웠다.

발해 제3대 왕인 문왕은 당나라와 우호 관계를 맺으며 체제를 정비하였고 황제를 뜻하는 '황상'이라는 •칭호를 사용하였다. 그는 일본에 보낸 외교 문서에서 '천손', 즉 하늘의 자손이라고 표현하는 등 •대내외적으로 발해의 위상을 자신감 있게 드러냈다.

발해는 9세기 전반 선왕 때 최대의 전성기를 맞이하였다. 북쪽으로는 흑룡강, 동쪽으로는 연해주, 서쪽으로는 요동 지역까지 영토를 넓혔다. 당나라는 이러한 발해를 가리켜 '바다 동쪽의 번성한 나라'라는 뜻의 '해동성국'이라고 불렀다.

海	東	盛	國
바다 해	동녘 동	성할 성	나라 국

바다 동쪽의 번성한 나라

- 선종 Zen Buddhism
- 호응 support; response
- 풍수지리설 feng shui theory; geomantic theory
- 주목하다 to take notice
- 대조영 Dae Joyeong
- 발해 Balhae
- 공존하다 to coexist
- 남북국 시대 North-South States Period
- 동북방 northeastern region
- 격돌하다 to clash; to collide
- 연호 reign title
- 대등한 equal
- 칭호 title
- 대내외적으로 both domestically and internationally

발해의 통치 체제와 변천

발해의 중앙 정치 조직은 3성 6부를 기본으로 삼았다. 이는 당나라의 제도를 수용한 것이지만, •명칭과 운영 방식은 독자적이었다. 3성 가운데 정당성이 최고 •집행 기구로서, 그 장관인 대내상이 선조성과 중대성을 •총괄하였으며 6부도 관리하였다.

발해의 지방 행정 구역은 5경 15부 62주로 운영되었다. 발해는 지금의 만주 및 연해주 일대와 평안도·함경도 북부에 걸쳐 중심지에 5경(중경·상경·동경·서경·남경)을 두었고, 이 중에서 중경·상경·동경으로 수도를 반복적으로 변경하였다. 15부와 62주에는 중앙에서 지방관을 파견하였으나, 더 작은 행정 구역인 촌락은 '수령'이라고 불리는 토착 세력이 다스렸다. 발해의 중앙군인 10위는 왕궁과 수도의 •경비를 맡았고, 지방에는 촌락 단위로 지방군이 조직되었다.

10세기 초반에 오늘날 중국에 있었던 당나라가 멸망하고 여러 나라들이 생겨나는 혼란을 맞은 상황에서 북방 지역의 거란이 세력을 확대하였다. 거란 부족들을 통합하고 요나라를 건국한 야율아보기는 926년 발해 •원정에 나섰다. 발해는 15부 중 하나인 부여부가 •함락된 지 6일 만에 수도 상경을 •포위당하였고, 이에 발해의 왕이 •항복하며 멸망하고 말았다. 발해의 유민들은 나중에 •고려로 이주하였다.

Q 다음 제시어와 알맞은 뜻풀이를 찾아 연결해 봅시다.

(1) 자손 •　　　• ㉠ 뒤죽박죽이 되어 어지럽고 질서가 없음.
(2) 혼란 •　　　• ㉡ 사물이나 권리 따위를 서로 다투어 빼앗는 싸움.
(3) 쟁탈전 •　　　• ㉢ 자신의 세대에서 여러 세대가 지난 뒤의 자녀를 통틀어 이르는 말.

A (1)-㉢ (3)-㉡

Vocabulary

- 명칭 name
- 경비 security; guarding
- 포위당하다 to be surrounded
- 번영 prosperity; flourishing
- 저택 mansion
- 집행 기구 executive body
- 원정 military expedition
- 항복하다 to surrender
- 특권 privilege
- 양탄자 carpet
- 총괄하다 to take charge of
- 함락되다 to be captured; to be taken
- 고려 Goryeo
- 호화로운 luxurious; sumptuous
- 희귀한 rare; uncommon

2 남북국 시대 사람들의 생활상은 어떠했을까?

◆ 통일 신라 사람들은 어떻게 살았을까?

통일 신라의 사회와 경제

통일 신라는 늘어난 영토와 인구를 바탕으로 경제력도 크게 증가하여 •번영을 이루었다. 특히 진골 귀족들은 경제적 •특권을 가진 채 •호화로운 •저택에서 생활하고, 당나라와 아라비아에서 수입된 •양탄자 · 유리그릇 등 •희귀한 •사치품을 사용하였다.

신문왕 때에는 관리인 귀족들에게 관료전을 지급하고 녹읍을 폐지하여 그들이 가진 특권을 제한하였다. 성덕왕 때 백성에게 정전을 지급하였으나, 귀족들의 •반발로 경덕왕 때 녹읍이 •부활하고 백성들의 삶은 어려워졌다.

6두품 출신 세력은 학문적 •식견과 •실무를 바탕으로 중앙 정치에 활발하게 진출하였다. 다만 그들은 신분상 •제약으로 •고위 관직에 오를 수 없었다.

•평민층인 농민은 조세를 내기 위해 자신의 토지뿐 아니라 남의 토지까지 빌려 •경작하였다. 또 토지에 부과되는 조세인 •전세(田稅)로서 곡물을 내는 것 외에도 삼베나 과실 등 각종 •공물을 냈으며, 나라의 일에 노동력도 제공하였다. 당시 농민의 •생활상은 지방 행정 문서인 신라 촌락 문서를 통해 확인할 수 있는데, 이 문서 역시 조세를 거두기 위한 목적에서 만든 것이었다. •특별 행정 구역인 향이나 부곡에 사는 사람들은 많은 조세를 내야 해서 일반 농민보다 훨씬 •형편이 어려웠다.

한편, 최하층 신분인 노비는 왕실 · 귀족 혹은 관청 · 사찰 등에 소속되어 토지 경작이나 물품 생산에 •종사하였다.

이 시기에는 상업 활동도 활발하게 이루어졌다. 신라가 삼국을 통일한 이후인 7세기 말에는 금성의 동쪽 지역에 있던 시장인 동시 외에도 서시와 남시가 생겼다.

신라 촌락 문서

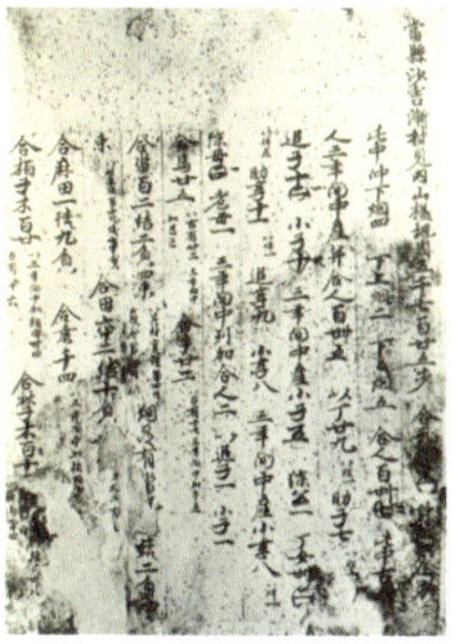

• 사치품 luxury goods
• 식견 insight
• 고위 high-ranking
• 전세 land tax
• 특별 행정 구역 special administrative district
• 반발 opposition; resistance
• 실무 practical affairs; administrative work
• 평민층 commoner class
• 공물 tribute
• 형편 circumstances
• 부활하다 to revive
• 제약 restriction; constraint
• 경작하다 to cultivate; to farm
• 생활상 living conditions
• 종사하다 to engage in

통일 신라의 문화와 사상

통일 신라는 유학을 장려하여 신문왕 때 국학을 설립하였다. 경덕왕 때에는 이를 태학으로 고치고 유교 경전을 가르쳤다. 원성왕 때에는 유교 경전을 이해하는 정도를 평가하는 독서삼품과라는 시험을 치렀다. 유학의 장려로 훌륭한 학자들도 많이 배출되었다. 유교 경전에 •조예가 깊었던 설총은 이두를 정리하였고, 김대문은 (현재 남아 있지는 않지만) 《계림잡전》과 《화랑세기》 등을 썼다고 알려져 있다.

당시 당나라에는 외국인을 대상으로 한 관리 선발 시험인 •빈공과가 있었다. 9세기경 통일 신라와 발해는 당나라와 활발히 교류하여 두 나라의 많은 유학생이 당나라로 가서 공부하고 이 시험을 치렀다. 특히 통일 신라의 6두품 출신인 최치원은 빈공과에 합격한 뒤, 당나라에 •황소의 난이 일어나자 황소를 •토벌하자는 •격문을 써서 이름을 널리 알리고 귀국하였다.

통일 신라의 불교 사상은 원효 · 의상 같은 뛰어난 승려들이 활약하면서 백성들에게 확대되었다. 원효는 불교 이론을 폭넓게 이해하고 이를 정리하였으며, 아미타 신앙을 보급하여 불교 •대중화의 길을 열었다. 아미타 신앙이란 •아미타불과 •극락세계도 결국 자신의 마음 안에 있기 때문에 학문적 수행이 없어도 아미타불을 되풀이하여 말하면 괴로움에서 벗어나는 •해탈의 •경지에 이를 수 있다는 것이다. 의상은 모든 것이 서로 연관되어 조화를 이룬다는 •화엄 사상을 바탕으로 •교단을 형성하고 많은 제자를 길렀다. 그는 특히 •관세음보살의 •자비로운 마음으로 고난을 •구제받고자 하는 관음 신앙을 이끌었다. 혜초는 인도에 가서 불교를 연구하였으며, 자신이 여행한 인도와 중앙아시아의 여러 •풍물을 기록한 《왕오천축국전》을 남겼다.

통일 신라 때 사찰과 궁궐 등 수준 높은 건축물이 많이 세워졌다. 대표적인 유적지로 •불국사와 •석굴암이 있다. 불국사는 조화와 균형 속에서 불교의 이상향인 •불국토를 표현한 사찰로, 입구의 위쪽 청운교와 아래쪽 백운교는 직선과 곡선이 조화로운

Vocabulary

- 조예 expertise
- 빈공과 Examination for Foreign Students
- 황소의 난 Huang Chao Rebellion
- 토벌하다 to suppress
- 격문 proclamation
- 대중화 popularization
- 아미타불 Amitabha Buddha
- 극락세계 Pure Land
- 해탈 nirvana; liberation
- 경지 state; stage
- 화엄 사상 Hwaeom (Huayan) thought
- 교단 religious order
- 관세음보살 Avalokiteshvara; Bodhisattva of Compassion
- 자비로운 merciful

다리이다. 석굴암은 인공 석굴이며, 앞쪽에 있는 입구에 해당하는 공간인 직사각형의 전실과 본존불이 있는 주 공간인 원형의 주실 두 부분으로 구성되어 아름다운 비례와 균형의 •조형미를 보여 주는 세계적인 •걸작이다.

석굴암 내부와 본존불
© 국가유산청

통일 신라의 궁궐 건축물은 거의 남아 있지 않다. 다만 왕의 자리를 이을 아들인 •태자가 사는 궁궐이었던 동궁의 연못 월지에 3개의 인공 섬과 12개의 봉우리가 있어, 자연의 모습을 아름답게 꾸미는 기술인 •조경술이 뛰어났음을 알 수 있다.

통일 신라 때 유행하였던 석탑 양식은 현존하는 감은사지 3층 석탑과 불국사의 3층 석탑(석가탑) 및 다보탑으로 확인할 수 있다. 한편, 선종이 보급된 이후에는 오래 수행한 승려를 •화장했을 때 나온다는 •사리를 보관하는 승탑과, 불국사 석등 및 법주사 쌍사자 석등처럼 돌로 작은 기둥을 두르고 그 안에 불을 밝히는 석등도 만들어졌다.

통일 신라 때는 균형미가 뛰어난 불상도 많이 제작되었는데, 그중 석굴암의 본존불은 최고의 수준을 자랑한다. 이에 더하여 절에 매달아 놓고 사람들을 모이게 할 때나 시각을 알릴 때 치는 범종도 만들어졌다. 특히 성덕 대왕 신종은 맑고 웅장한 소리와, 하늘을 날아다니며 사람들과 교류하는 존재인 천인을 새긴 •비천상 무늬로 유명하다.

이 시기에는 천문학이 발달하였고, 정밀한 수학 지식은 건축물과 석탑의 제작에 활용되었다. 많은 양의 •불경을 인쇄하기 위해 •목판 인쇄술과 •제지술도 발달하였다. 불국사 3층 석탑 안에서 발견된 《무구 정광 대다라니경》은 현재까지 남아 있는 세계에서 가장 오래된 목판 인쇄물이다.

- 구제받다 to be saved
- 석굴암 Seokguram Grotto
- 걸작 masterpiece
- 화장하다 to cremate
- 불경 Buddhist scriptures
- 풍물 scenery
- 불국토 Buddha Land
- 태자 crown prince
- 사리 sarira; Buddhist relics
- 목판 인쇄술 woodblock printing technique
- 불국사 Bulguksa Temple
- 조형미 aesthetic beauty
- 조경술 landscaping
- 비천상 flying apsara; flying figure
- 제지술 papermaking technique

◆ 발해 사람들은 어떻게 살았을까?

발해의 사회와 경제

발해의 사람들은 고구려 유민과 고구려에 •편입되어 있던 말갈인으로 구성되어 있었다. 지배층은 왕족인 대씨와 고구려계·말갈계 귀족이었으며, 이들은 중앙과 지방의 주요 관직을 차지하고 경제적·사회적 특권을 가졌다. 말갈계 귀족 중에는 촌락의 •우두머리인 수령이 되어 자신의 촌락을 다스리거나 대외 교역을 담당한 사람도 있었다.

발해의 평민층은 말갈인이 •다수를 차지하고 있었는데, 농민이 대부분이었고 그밖에 •상인과 •수공업자 등으로 이루어져 있었다. 평민들은 나라에 조세를 내고 노동력을 제공하는 •역을 담당하였고, 최하층 신분으로는 노비가 있었다.

발해에서는 지역에 따라 다양한 특산물이 생산되었다. 그중에서도 •모피는 대표적인 •고가 수출품으로 일본에 판매되었다.

발해의 문화와 사상

발해에서도 왕실과 귀족을 중심으로 불교가 발전하였다. 특히 발해 문왕은 자신의 •존호에 불교식 명칭을 사용하는 등 •불법(佛法)으로 나라를 통치하고자 하였고, •무력보다 •문치에 바탕한 안정적 통치를 우선하였다.

발해는 일본에 불경을 전해 주기도 하였는데, 일본 고대 문집에는 발해 사람들이 일본의 •문인들과 주고받았던 •시문도 다수 남아 있어 당시의 활발한 교류를 보여 준다.

발해 유적지에는 궁궐과 함께 사찰의 •터가 •광범위하게 남아 있다. 가장 오랫동안 수도였던 상경은 당나라의 수도 장안을 •본떠 건설된 거대한 도성으로, 상경의 중심부에는 궁궐과 사찰이 세워졌고 남북으로는 •주작 도로를 내었으며 그 주변으로는 •외성을 쌓았다.

발해의 탑으로는 벽돌탑인 영광탑이 대표적이다. 영광탑은 탑 •하단에 지하 무덤을

Vocabulary

- 편입되다 to be incorporated
- 우두머리 leader; chief
- 다수 majority
- 상인 merchant
- 수공업자 artisan
- 역 labor service
- 모피 fur
- 고가 expensive
- 존호 honorific title
- 불법 Buddhist law
- 무력 military power
- 문치 civil governance
- 문인 scholar
- 시문 poetry and prose
- 터 site

갖춘 독특한 모습을 하고 있다. 발해 불상의 경우 흙으로 만든 후 •건조하거나 구워 냈기 때문에 단단하지 못하였다. 이런 이유로 현재는 완전한 형태로 남아 있지는 않지만, 상경에 위치한 흥륭사의 석불과 고구려 양식을 계승한 것으로 보이는 이불병좌상 등을 통해 발해 불상의 모습을 살펴볼 수 있다. •석조물로는 상경에서 발견된 발해 석등이 남아 있다.

발해는 중앙 교육 기관으로 주자감을 설립하고 유교 경전을 가르쳤으며, 건국 초기 •적대적이었던 당나라와의 교류를 통해 •선진 문물을 수용하고자 하였다. 당나라로 가서 공부했던 발해의 유학생들도 많았는데, 이들은 당나라의 빈공과에서 좋은 성적을 거두며 통일 신라에서 온 유학생들과 •경쟁하기도 하였다.

◆ 남북국과 다른 나라들의 관계는 어떠했을까?

통일 신라와 발해의 국제 관계

한반도의 남쪽에 위치한 통일 신라는 8세기 이후 당나라와의 관계를 •회복하였다. 두 나라 간에는 사신뿐만 아니라 유학생과 승려, 상인의 •왕래도 활발하였다. 통일 신라와 당나라 사이의 교류가 활발해지면서 산둥반도 일대에는 신라인이 거주하는 여러 마을들이 생겨나 '•신라방'이라고 불렸으며, 관청인 신라소와 숙박 시설인 신라관이 생겼다. 신라원이라고 부른 신라인의 사찰들도 건립되었는데, 특히 장보고가 세운 •법화원이 무역 활동지로 유명하였다.

통일 신라의 국제 무역항인 •당항성(지금의 경기

남북국 시대의 신라도(—)와 중심 교류지(▭)
© 셔터스톡

- 광범위하게 widely; extensively
- 외성 outer city wall
- 석조물 stone structure
- 경쟁하다 to compete
- 신라방 *Sillabang*; Silla Community
- 본뜨다 to imitate; to copy
- 하단 bottom; lower part
- 적대적 hostile
- 회복하다 to recover
- 법화원 Beophwawon Temple
- 주작 도로 main arterial road
- 건조하다 to dry
- 선진 문물 advanced culture and institutions
- 왕래 coming and going
- 당항성 Danghangseong Fortress

도 화성)과 사포(지금의 울산)의 •항구를 통해 금은 •세공품·•인삼 등이 다른 나라들로 수출되었다. 또 당나라뿐만 아니라 동남아시아와 •서역(지금의 중앙아시아와 이란을 포함한 서아시아 일부 지역)의 물품들이 통일 신라로 수입되었다. 서역에서 들어온 양탄자·유리그릇·•향료·•귀금속 등은 통일 신라 귀족들의 사치품으로 •애용되었으며, 이 시기에 통일 신라가 아라비아에 알려졌다. 통일 신라는 일본과도 활발하게 교류하여 금은 및 철제품·모직물(동물의 털로 만든 •직물)·서적·•놋쇠 식기류 등을 수출하고, •풀솜·견직물(•명주실로 만든 직물) 등을 수입하였다.

9세기 전반에는 통일 신라의 장보고가 완도에 청해진을 설치하여 서쪽과 남쪽 바다의 •해상권을 장악함으로써 해상 무역이 발달하였다. 통일 신라는 당나라와 일본의 •무역선이 지나가는 해상 교통의 중심지인 청해진을 이용해 당나라에서 산 물건을 일본에 팔았으며, 일본인들은 이곳의 배를 이용하여 당나라에 •왕래하기도 하였다.

한편, 발해는 주변의 여러 나라들과 교류하기 위해 다양한 •교통로를 설치하였는데, 통일 신라와의 •교역로인 신라도가 대표적이다.

발해는 건국 초에 당나라와 갈등이 있기도 했지만 발해 문왕 때부터는 •친선 관계를 맺었고, 통일 신라와 마찬가지로 발해의 많은 유학생들이 당나라로 가서 공부하기도 하였다. 두 나라 사이에 교역도 •빈번하게 이루어져서 당나라는 발해 사람들이 묵을 수 있는 •발해관도 설치하였다.

발해는 건국 초기에 일본과 정치적 목적으로 교류하였지만, 점차 경제적 교류에 중심을 두었다. 일본으로 가는 발해 •사신단에는 상인이 다수 포함되어 있었는데, 이들이 가져간 모피 등의 물품은 일본 내에서 과도한 •구매 경쟁을 일으켜 사회 문제가 될 정도였다.

남쪽과 북쪽에 •맞닿아 있으면서 통일 신라와 발해는 경쟁하기도 했지만, •물적·•인적 교류도 하였다. 이는 두 나라 사이에 설치된 교통로인 신라도와 사신 및 유학생

Vocabulary

- 항구 port
- 서역 Western Regions
- 애용되다 to be frequently used
- 풀솜 *pulsom*; wild vegetable
- 무역선 merchant ship
- 세공품 craftwork
- 향료 aromatic substance
- 직물 fabric; cloth
- 명주실 silk
- 왕래하다 to come and go
- 인삼 ginseng
- 귀금속 precious metal
- 놋쇠 brass
- 해상권 maritime rights
- 교통로 transportation route

들이 교류하였다는 기록 등을 통해 알 수 있다.

후삼국의 등장

8세기 후반부터 발생한 치열한 왕위 다툼과 9세기 후반에 농민 반란으로 시작된 통일 신라의 혼란을 •틈타 견훤이 •후백제를, 궁예가 •후고구려를 건국하여 통일 신라는 •후삼국으로 다시 •분열되었다.

견훤은 군인으로서 한반도 서남 해안을 지키던 중에 농민 봉기가 일어나자 전라도 지역에서 세력을 키웠다. 그는 완산주(지금의 전라북도 전주)를 수도로 정하고 900년에 후백제를 세운 후, 충청도와 전라도 일대를 장악하였다.

궁예는 승려 생활을 하다가 지금의 강원도 일대에서 활동하던 양길의 •부하가 되었다. 점차 세력을 키운 궁예는 901년 송악(지금의 북한 개성)을 수도로 하여 후고구려를 세웠다. 이후 그는 수도를 강원도 철원으로 옮기고, 국호를 '마진'으로 바꾸었다가 다시 '태봉'으로 고쳤다. 이로써 신라·후백제·후고구려의 후삼국 시대가 열렸다.

Q 다음 빈칸에 들어갈 알맞은 단어를 〈보기〉에서 고른 후, 문장에 알맞게 고쳐 써 봅시다.

〈보기〉

분열되다 빈번하다 희귀하다

(1) 회원들 간의 의견이 크게 달랐던 단체는 결국 ( ).

(2) 동물원에 가서 평소에는 보기 어려운 ( ) 동물들을 볼 수 있어 좋았다.

(3) 교통사고가 ( ) 발생하는 그 도로에서는 특히 주의해서 운전해야 한다.

A (1) 분열되었다 (2) 희귀한 (3) 빈번하게

- 교역로 trade route
- 발해관 Balhae Guesthouse
- 맞닿다 to be adjacent
- 틈타다 to take advantage of
- 후삼국 Later Three Kingdoms
- 친선 관계 friendly relations
- 사신단 delegation of envoys
- 물적 material
- 후백제 Later Baekje
- 분열되다 to be divided
- 빈번하게 frequently
- 구매 경쟁 purchasing competition
- 인적 human
- 후고구려 Later Goguryeo
- 부하 subordinate

유용한 표현 Expressions

1 N+(이)라고 칭하다 (to call someone/something ~)

- 이들은 스스로를 성주 또는 장군이라고 칭하면서 행정권과 군사권을 장악하였다.
- 사람들은 그 아이를 피아노 신동이라고 칭하였다.
- 태양을 중심으로 도는 지구를 비롯한 천체 집단을 태양계라고 칭한다.

2 N+을/를 추구하다 (to pursue; to strive for)

- 이들 중 일부는 지방의 호족과 연계하여 새로운 사회를 추구하였다.
- 회사는 더 많은 이윤을 추구하기 위해 끊임없이 새로운 것을 개발하고 있다.
- 이 사상가는 인간과 자연의 조화를 추구하는 삶을 강조하였다.

3 N+이/가 눈길을 끌다 (to catch one's attention)

- 한편, 통일 신라 말에는 새로운 사상들이 사람들의 눈길을 끌었다.
- 그 신인 배우의 연기가 시청자들의 눈길을 끌어 시청률이 올랐다.
- 착시 현상을 활용한 옥외 광고가 시민들의 눈길을 끌었다.

4 N+을/를 드러내다 (to reveal; to demonstrate)

- 그는 일본에 보낸 외교 문서에서 '천손', 즉 하늘의 자손이라고 표현하는 등 대내외적으로 발해의 위상을 자신감 있게 드러냈다.
- 드라마의 악역이 드디어 주인공 앞에서 자신의 정체를 드러냈다.
- 나는 친구들에게 속마음을 드러내는 것이 어렵다.

---

5 V+고 말다 (to end up ~ing; finally ~)

- 발해는 15부 중 하나인 부여부가 함락된 지 6일 만에 수도 상경을 포위당하였고, 이에 발해의 왕이 항복하며 멸망하고 말았다.
- 늦잠을 자서 기차를 놓치고 말았다.
- 아이스크림을 냉동실에 넣어 두는 것을 깜박해 결국 다 녹고 말았다.

---

6 N+을/를 대상으로 (targeting; aimed at)

- 당시 당나라에는 외국인을 대상으로 한 관리 선발 시험인 빈공과가 있었다.
- 이번 연구는 직장인을 대상으로 실시되었다.
- 이 전시회에는 어린이를 대상으로 하는 도슨트도 있다.

※ 본문을 읽고 다음 질문에 답해 봅시다.

1. 다음 자료의 밑줄 친 '그'가 누구인지 골라 봅시다. (　　　)

〈답사 감상문〉

청해진 유적지
ⓒ전라남도 완도군

나는 오늘 전라남도 완도에 있는 청해진 유적지에 다녀왔다. 청해진은 통일 신라 때 설치된 해군 기지이자 무역 기지로 그가 책임자였다. 그는 바다 위에서 해적을 몰아내고, 통일 신라와 당나라·일본을 연결하는 국제 무역을 주도하였다고 한다. 지금으로부터 1,000년도 더 지난 일이지만, 동아시아 최초로 한국이 해상 질서를 주도하였던 현장에서 삼면이 바다인 한국의 저력을 느꼈다.

① 대조영　② 신문왕　③ 장보고　④ 최치원

2. 다음 설명에 해당하는 나라의 이름을 써 봅시다. (　　　　)

- 무왕 때 당나라를 선제공격하였다.
- 문왕 때 당나라와 우호 관계를 맺었고, 나라의 체제가 정비되었다.
- 선왕 때 영토를 크게 넓히는 등 최대의 전성기를 맞이하였다.

3. 다음 자료는 통일 신라 때의 불교 사상을 학습한 학생의 발표문입니다. ㉠에 들어갈 알맞은 말을 골라 봅시다. (　　　)

"원효와 의상은 통일 신라 때의 승려입니다. 원효는 사람들에게 아미타 신앙을 보급하여 불교 대중화의 길을 열었습니다. 의상은 화엄 사상을 바탕으로 교단을 형성하고 많은 제자를 길렀습니다. 이를 통해 (　　　　㉠　　　　)는 사실을 알 수 있습니다."

① 발해와 일본이 활발히 교류하였다
② 통일 신라에서는 유학이 발달하였다
③ 발해의 지배층은 고구려 출신이 많았다
④ 통일 신라에서는 불교 사상이 발달하였다

4. 다음 자료를 읽고, 빈칸에 공통으로 들어갈 사찰의 이름을 써 봅시다. (   )

〈한국의 국보〉

3층 석탑(석가탑)
© 국가유산청

다보탑
© 국가유산청

경주의 □□□에는 3층 석탑(석가탑), 다보탑이 나란히 세워져 있다. 2개의 탑은 모두 우수한 예술성을 인정받아 국보로 지정되었다. □□□은/는 통일 신라 때인 8세기에 건축되었고, 탑들 역시 그 무렵에 만들어진 것으로 추정된다. 3층 석탑의 균형미 있는 모습과 다보탑의 화려하면서도 통일성 있는 모습을 통해 당시 통일 신라의 미술과 건축 기술의 발달을 짐작할 수 있다.

5. 다음 내용이 옳으면 ○, 틀리면 ×로 표시해 봅시다.

(1) 발해의 사람들은 고구려인과 말갈인으로 구성되어 있었다. (   )
(2) 통일 신라와 발해 사이에는 물적 · 인적 교류가 이루어지지 않았다. (   )
(3) 발해는 통일 신라의 공격으로 멸망하였다. (   )

6. 다음 나라와 건국한 사람끼리 바르게 연결해 봅시다.

(1) 발해 •	• ㉠ 견훤
(2) 후백제 •	• ㉡ 궁예
(3) 후고구려 •	• ㉢ 대조영

1. ③ 2. 발해 3. ④ 4. 불국사 5. (1) ○ (2) × (3) × 6. (1)-㉢ (3)-㉡

토의 활동 Writing & Speaking

주제 1 **명절 문화**

1. 다음은 한국의 명절인 추석에 대한 자료입니다. 이를 참고하여 한국의 다른 명절 중 하나를 골라 조사한 후 소개하는 글을 써 봅시다.
Read the following information about Chuseok, a Korean holiday. Then, choose another Korean holiday, research it, and write a paragraph introducing it.

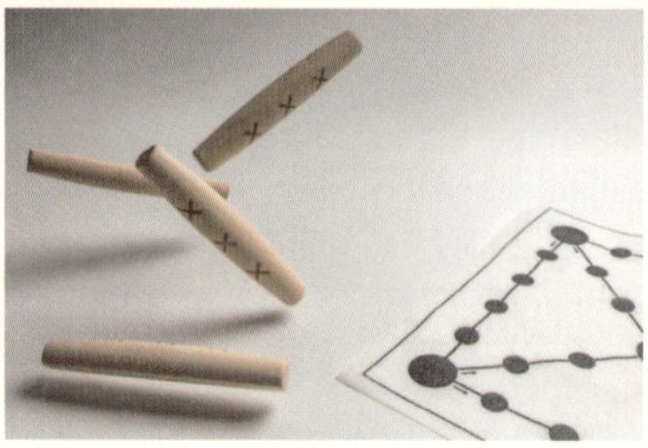

1 2
3 4

1 차례상 2 송편
3 강강술래 4 윷놀이
© 국립민속박물관(1, 2)
© 국가유산청(3)
© 셔터스톡(4)

추석은 가을에 풍성한 수확물을 거둘 수 있음을 감사하고 이를 기념하는 한국의 명절이다. 추석은 음력 8월 15일이며 '한가위'라고도 불린다. 한가위에서 '한'은 '크다', '가위'는 '가운데'라는 뜻으로, '가을의 한가운데에 있는 큰 날'이라는 의미이다. 이는 신라의 명절인 가배에서 유래하였다고 알려져 있다. 오늘날 한국에서는 추석이 되면 수확물로 여러 음식을 만들어 조상에게 차례를 지내고, 햅쌀로 송편을 빚어 먹는다. 또 강강술래와 윷놀이 등 한국의 전통 민속놀이를 하는 곳도 있다.

▶

2. 여러분 고향의 명절을 떠올리며, 1번과 함께 이야기해 봅시다.
Think about the holidays in your hometown and compare them with Korean holidays.

주제 2 주거 문화

1. 다음은 한국의 특징적인 주거 문화인 온돌에 대한 자료입니다. 이를 참고하여 세계의 독특한 주거 문화를 소개하되, 그러한 주거 문화가 발달한 이유와 함께 조사 요약문을 써 봅시다.

Read the following information about *ondol*, a characteristic residential culture in Korea. Then, write a research summary about unique residential cultures around the world, including the reasons why such cultures developed.

〈온돌의 구조〉

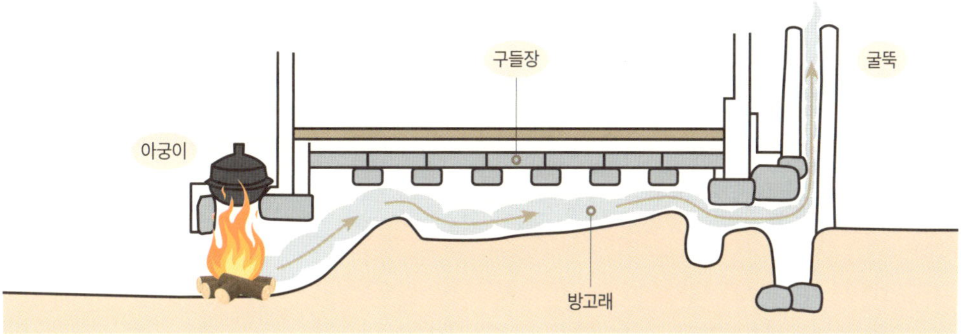

한국 고유의 난방 장치인 온돌은 아궁이에 불을 지피면 연기가 방고래를 통과하면서 방고래 바로 위에 얇게 깔아 방바닥을 만드는 돌인 구들장을 따뜻하게 하는 원리로 작동한다. 사실 온돌은 한반도의 철기 시대 집터에서 발견될 정도로 역사가 깊다. 온돌은 특히 북방의 추위에 대비해야 했던 고구려 유적지에서 많이 발견되었으며, 고구려를 계승한 발해의 수도였던 상경에 있는 궁궐 유적 등에서도 발견되었다. 온돌은 고려와 조선 시대를 거쳐 오늘날 한국 전통 양식의 집인 한옥에서 여전히 찾아볼 수 있을 정도로 한국의 오래된 주거 문화이다.

▶

2. 1번을 친구들에게 발표해 봅시다.

Present your writing to the class.

고려의 성립과 발전

The Rise and Development of the Goryeo Dynasty

학습 목표
Learning Objectives

1. 후삼국을 통일한 고려 전기의 국내외적 상황에 대해 이해하고 설명할 수 있다.
2. 고려 전기 나라의 안정을 위한 정책 및 국제 관계 특징 등을 살피고, 세계 역사에서 나타난 비슷한 정책과 비교해 관련한 내용을 조사하여 쓰고 이야기할 수 있다.

생각 열기
Warm Up

1. 연표상 한국의 고려 전기와 동시대의 세계사 항목을 비교하며 살핀 후, 여러분의 고향 혹은 알고 있는 나라에 대해 추가하고 싶은 내용을 표시해 봅시다.
2. 연표에 등장하는 한국의 고려 전기를 살펴, 알고 있는 항목이 무엇인지 말하고 친구가 말하는 항목은 별도로 표시해 봅시다.
3. 한국의 고려 전기를 이해할 수 있는 핵심 용어 중 알고 있는 것을 표시해 봅시다.

한국사 History of Korea	연표 Timeline	세계사 History of the World
고려의 건국	918년	
발해의 멸망	926년	
통일 신라의 멸망	935년	
고려의 후삼국 통일	936년	
노비안검법의 실시	956년	
과거제의 실시	958년	
	960년	[중국] 송나라의 건국
	962년	신성 로마 제국의 성립
거란의 고려 1차 침입	993년	
거란의 고려 2차 침입	1010년	
거란의 고려 3차 침입	1018년	
	1115년	여진의 금나라 건국
이자겸의 난	1126년	
	1127년	[중국] 금나라가 송나라를 공격, 남송의 성립
묘청의 난	1135년	

| 고려의 후삼국 통일 ⓒ 셔터스톡

핵심 용어 Keywords

- ☐ 강화
- ☐ 군신 관계
- ☐ 노비안검법
- ☐ 문벌
- ☐ 사심관 제도
- ☐ 음서
- ☐ 고려
- ☐ 귀주 대첩
- ☐ 도병마사
- ☐ 민본
- ☐ 사학
- ☐ 전시과
- ☐ 공음전
- ☐ 기술관
- ☐ 무관
- ☐ 별무반
- ☐ 양천제
- ☐ 조공
- ☐ 과거제
- ☐ 기인 제도
- ☐ 문관
- ☐ 북진 정책
- ☐ 외척
- ☐ 향리

과거제 Civil Service Examination System

과거제는 고려 광종 때 처음 실시한 관리 선발 시험 제도이다. 중국에서 귀화한 쌍기의 권유에 따라 실시한 이 시험은 문장을 짓는 능력과 유교 경전에 대한 이해 능력이 중시되었다. 과거제는 조선 시대로 이어져 그 중요성이 더욱 커졌다.

Gwageoje, or the civil service examination system, was the first official selection test conducted during the reign of King Gwangjong of Goryeo. The test, introduced at the recommendation of Ssanggi, a naturalized Goryeo citizen from China, emphasized the ability to compose sentences and to understand Confucian classics. This examination system continued into the Joseon Dynasty, where its importance grew even further.

기인 제도와 사심관 제도 Hostage System & Honorary Official System

고려의 첫 왕인 태조 왕건은 지방 세력을 견제하고 다스리기 위해 기인 제도와 사심관 제도를 시행하였다. 기인 제도는 지방 호족의 아들을 수도에 머물게 하는 것으로, '기인'이라 불리는 이들은 출신 지역의 일을 왕에게 보고하고 조언하였다. 사실 기인 제도는 호족의 아들을 인질로 삼아 호족들을 회유하고 통제하기 위한 목적도 있었다.

사심관은 중앙의 고위 관리에게 출신 지역의 하위 관리들을 감독하도록 준 관직이다. 사심관 제도는 모든 지방에 중앙의 관리를 파견하지 못했던 고려 시대에 지방을 통제하는 중요 수단이었다.

Taejo Wang Geon, the first king of Goryeo, implemented the Giin (hostage system) and the Sasimgwan (honorary official system) to monitor and control local forces. Under the Giin system, the sons of local family clans were kept in the capital. These individuals, called Giin, reported to and advised the king on affairs concerning their hometown regions. The purpose of this system was to appease and control local clans by holding their sons as hostages.

Sasimgwan was a government post awarded to high-ranking central officials to oversee subordinate officials in their regions. This system was an important means of provincial control during the Goryeo Dynasty, when central officials could not be dispatched to every province.

노비안검법 Slave Inspection Act

노비안검법은 고려 건국 초기 억울하게 노비가 된 사람들의 신분을 평민층인 양민으로 되돌려주기 위해 광종이 시행한 법이다. 노비는 호족들에게 중요한 경제적·군사적 기반이었는데, 이 법으로 양민이 늘어나자 호족 세력은 약화되었고 나라의 재정은 늘어났다.

The Slave Inspection Act was implemented by King Gwangjong in order to restore the status of those who had been unjustly enslaved, returning them to commoner status in the early years of Goryeo's founding. Slavery had been an important economic and military foundation for *hojok* (local family clans), but as the number of commoners increased under this law, the power of these clans weakened while the state's finances increased.

도병마사 Council of Military Affairs

도병마사는 국방·군사 문제를 논의하던 고려의 임시 회의 기구이다. 점차 기능과 규모가 확대되어 고려 후기에는 국정 전반의 중요한 일들을 평가하고 논의한다는 의미의 '도평의사사'로 이름을 바꾸며 상설 기구가 되었다.

Dobyeongmasa, the Council of Military Affairs, was a temporary assembly of Goryeo that dealt with national defense and military issues. Over time, its functions and scale were expanded, and in the late Goryeo Dynasty it became a permanent institution under the name Dopyeonguisasa (State Council), which was responsible for evaluating and discussing important matters of overall state administration.

별무반 Special Military Corps

별무반은 여진을 정벌하기 위해 조직한 고려의 군대이다. 여진의 군대는 말을 타는 기병이었다. 이에 대항하여 고려는 걸어서 전투에 임하던 기존의 보병에 기병을 추가하고 승려로 구성된 승병도 편성하여, 3개 부대로 별무반을 구성하였다.

Byeolmuban, or special military corps, was a military force of Goryeo organized to conquer the Jurchen. Since the Jurchen army relied heavily on cavalry, Goryeo responded by forming a separate force composed of three units: cavalry added to the existing infantry, which fought on foot, and a corps of warrior monks.

전시과와 공음전 Jeonsigwa Land System & Gongeumjeon Land System

고려의 토지 제도인 전시과는 관리에게 곡물을 거두거나 땔감을 거둘 수 있는 토지를 직급에 따라 주었던 제도이다. 한편, 고위 관리와 공신에게는 공음전이라는 토지를 주었다. 전시과는 관리가 사망하거나 관직에서 물러나면 나라에 반납하는 반면, 공음전은 자손에게 물려줄 수 있었다.

The Jeonsigwa land system of Goryeo granted land to officials according to their rank, which could be used for farming or collecting firewood. High-ranking officials and meritorious retainers were granted estates known as Gongeumjeon. Land allocated under the Jeonsigwa system was returned to the government when an official died or resigned from office, whereas Gongeumjeon could be passed down to descendants.

향리 Local Functionary

향리는 고려부터 조선 시대까지 지방의 행정 사무를 담당한 계층이다. 고려 초에 중앙으로 진출하지 못한 지방의 호족들이 향리가 되는 경우가 많았고, 점차 중앙으로부터 지방관이 파견되면서 향리의 세력은 약화되었다.

Hyangri, or local functionaries, were a class responsible for local administrative affairs from the Goryeo to the Joseon Dynasties. In the early Goryeo Dynasty, *hojok* (local family clans) who could not advance to positions in the central government often became *hyangri*. However, their power gradually weakened as officials from the central government were increasingly dispatched to local regions.

1 후삼국으로 나뉘었던 한반도를 통일한 고려는 어떤 나라였을까?

◆ 고려는 어떻게 후삼국을 통일했을까?

고려의 성립과 후삼국 통일

통일 신라가 후삼국으로 분열된 후, 후백제의 견훤과 후고구려의 궁예가 세력을 넓혔다. 궁예의 부하가 된 송악의 호족 왕건은 •수군을 이끌고 바다를 통해 후백제의 전라남도 나주 지역을 점령하는 등 •활약을 펼치며 점차 성장하였다.

궁예는 스스로를 '살아 있는 •미륵불'이라 부르고, 주변 인물들을 제거하며 무리하게 나라를 이끌었다. 이에 왕건은 신하들의 •추대를 받아 궁예를 몰아내고 왕위에 올랐다. 태조 왕건은 918년에 고구려를 계승한다는 점을 강조하며 국호를 '•고려'로 정하고 나라를 세웠다. 그는 후고구려 시절 철원이었던 수도를 다시 송악으로 옮긴 다음 주변 지역 일부도 통합하여 고려의 수도인 개경(지금의 북한 개성)을 탄생시켰다.

태조 왕건은 안으로는 각 지역의 호족과 선종 승려들을 •포섭하고 세금을 줄여 •민심을 얻었으며, 밖으로는 지금의 중국에 있었던 여러 나라들과 외교 관계를 맺어 안정을 •꾀하였다. 또한 그는 후백제의 침입을 받은 신라로 •구원병을 보내는 등 신라에 •친화적인 정책을 시행하면서 후백제와 •대결하였고, 발해가 거란에 의해 926년에 멸망하자 발해의 유민들도 •대대적으로 •포용하였다.

927년, 후백제의 견훤이 경주를 •습격하여 신라의 경애왕을 죽이고 경순왕을 즉위시키자 태조 왕건은 신라에 군대를 보냈다. 고려군은 후백제의 군대와 맞서 싸웠으나 크게 패하여 어려움에 처하였다. 하지만 이후 벌어진 여러 차례의 전투에서 승리하여 우위에 설 수 있었다. 결국 신라는 나라를 유지하기 어렵게 되어 935년 경순왕이 고려에 항복하면서 신라 시대가 막을 내렸다.

Vocabulary

- 수군 naval forces
- 추대 acclamation; enthronment
- 민심 public sentiment
- 친화적인 friendly
- 포용하다 to embrace
- 활약 active role
- 고려 Goryeo
- 꾀하다 to attempt
- 대결하다 to confront; to fight
- 습격하다 to attack
- 미륵불 Maitreya Buddha
- 포섭하다 to win over
- 구원병 relief troops
- 대대적으로 extensively
- 내분 internal conflict

이 무렵 후백제에서는 왕위 계승을 둘러싼 •내분이 일어났다. 견훤이 왕위를 넷째 아들에게 •물려주려고 하자, 큰아들이 견훤을 사찰 안에 가둔 것이다. 견훤은 •탈출하여 고려에 항복하였고, 이후 태조 왕건이 후백제와의 전투에서 승리함으로써 고려는 936년에 후삼국을 통일하였다.

고려의 후삼국 통일은 외세의 도움 없이 민족의 재통일을 이루었다는 점에서 큰 의미를 지닌다. 고려는 옛 고구려·백제·신라의 지방 세력을 지배층으로 포섭하고 발해 유민까지 받아들여 •실질적인 민족 통일을 이루었기에, 이전의 통일 신라에 비해 정치에 참여하는 세력의 •폭이 넓어졌다.

고려 사회의 주도 세력은 지방에서 새롭게 성장한 호족이었다. 고려는 불교·유교·도교 등 다양한 사상과 고구려·백제·신라·발해의 문화적 전통을 흡수하여, 지방 문화의 발달과 함께 더욱 •다채로운 민족 문화를 발전시킬 수 있는 토대를 마련하였다.

한편, 중국 지역에서는 송나라가 건국되었고, 당나라의 멸망 후 등장하였던 여러 나라를 통일하였다. 이후 송나라는 북방 지역에 있던 거란과 대립하였다. 송나라와 마찬가지로 거란과 대립하고 있던 고려는 송나라와 친선 관계를 맺었다.

태조 왕건의 정책

태조 왕건은 지방 세력을 포섭하기 위해 각지의 호족들을 •우대하며 그 딸들과 •정략결혼을 하였다. 또한 호족들에게 관직·토지·성씨 등을 내려 주고, 그들의 지역 •지배권도 인정하였다. 그는 기인 제도와 사심관 제도를 활용하여 호족들을 •통제하였다.

태조 왕건은 •민생을 안정시키기 위해 백성이 나라의 근본이라는 유교적 •민본 이념을 내세워 백성의 •조세 부담을 가볍게 해 주었다. 그는 불교도 •숭상하여 •연등회와 •팔관회 등의 불교 행사를 열도록 하였다.

- 물려주다 to hand down; to pass on
- 탈출하다 to escape
- 실질적인 actual; substantive
- 폭 extent; range
- 다채로운 colorful; diverse
- 우대하다 to favor
- 정략결혼 political marriage
- 지배권 control; dominion
- 통제하다 to control
- 민생 people's livelihood
- 민본 people-oriented
- 조세 tax
- 숭상하다 to revere
- 연등회 Lotus Lantern Festival
- 팔관회 Buddhist Ritual of Palgwanhoe

한편, 태조 왕건은 북쪽 지역으로 세력을 뻗쳐 나가는 •북진 정책을 추진하였다. 그는 수도인 개경과 별개로 지금의 평양 지역을 서경이라는 행정 구역으로 정하고, 이곳을 북진 정책의 •전진 기지로 활용하였다. 그가 실행한 북진 정책으로 고려의 영토는 더욱 넓어졌고, 태조 왕건은 발해를 멸망시킨 거란을 •적대시하며 고려가 하늘의 뜻에 따라 새로운 왕조를 열었다는 의미로 '천수'라는 •연호를 사용하였다.

◆ 고려를 발전시킨 왕들은 누구일까?

왕위 계승 다툼과 광종의 개혁 정치

태조 왕건과 각 지역의 •유력한 호족의 딸들이 결혼하여 태어난 왕자들은 •외가의 세력을 등에 업고 왕위 계승 경쟁을 벌였다. 태조 왕건이 죽은 후 첫째 아들인 혜종이 왕이 되자 •외척 세력들 사이에 왕위 다툼이 벌어졌고, 정치적 불안정 속에서 혜종이 병으로 죽자 정종이 왕위에 올랐다. 정종은 서경으로 수도를 옮기려고 시도하면서 왕권을 강화하고자 노력하였지만, 큰 •성과를 거두지는 못하였다.

이어 왕이 된 광종은 26년 동안 왕위를 지키며 다양한 왕권 강화 정책을 추진하였다. 그는 956년에 노비안검법을 시행하여 호족들이 •불법적으로 소유한 노비들을 양민으로 •해방시켰다. 또한 광종은 958년에 관리 선발 시험인 과거제를 처음 실시하여 학문적으로 뛰어나면서 자신에게 •충성하는 새로운 인물들을 관리로 •등용하였다. 그는 •개국 공신과 호족들을 제거하며 왕권을 강화해 나갔고, 자신을 황제라고 부르게 하면서 당시 중국 왕조의 연호를 따르지 않고 독자적인 연호를 사용하였다.

성종의 유교 정치

광종의 •재위 시기에 강화된 왕권을 토대로 경종은 개국 공신 세력을 다시 등용하면서 새로운 안정을 •모색하였다. 이어서 왕위에 오른 성종은 중앙 집권적인 통치 체제

Vocabulary

- 북진 정책 northward expansion policy
- 전진 기지 forward base
- 적대시하다 to treat with hostility
- 연호 reign title
- 유력한 powerful
- 외가 maternal family
- 외척 maternal relatives
- 성과 achievement
- 불법적으로 illegally
- 해방시키다 to free; to emancipate
- 충성하다 to be loyal to
- 등용하다 to select; to appoint
- 개국 founding of a state
- 재위 reign
- 모색하다 to seek; to explore

를 갖추기 위해 중앙의 5품 이상의 관리들에게 정책의 비판 및 건의에 대한 글을 올리게 하였다. 이에 관리이자 유학자인 최승로는 〈시무 28조〉를 올려 유교 이념을 바탕으로 한 나라 운영을 주장하였다. 그는 불교를 개인 •수양을 위한 종교로, 유교를 나라의 통치를 위한 정치 이념으로 삼아야 한다고 강조하였다. 또 불교 행사의 축소, 지방관의 파견, 궁궐 내 군인과 노비의 •감축, 공신 자손에 대한 •처우 개선 등을 주장하였다. 성종은 최승로의 건의를 받아들여 중앙 집권에 필요한 통치 제도를 정비하였다.

◆ 나라의 안정을 위한 고려의 제도에는 어떤 것들이 있었을까?

중앙·지방 제도 및 군사 제도

성종은 고려의 중앙 제도로서 당나라의 3성 6부제를 변화·발전시킨 2성 6부제를 운영하였다. 2성은 •중서문하성과 •상서성으로, 중서문하성은 나라의 정책을 계획하여 결정하였고 최고위 관리인 문하시중이 국정을 •총괄하였다. 상서성은 6부를 통해 정책과 관련된 실질적인 업무들을 나누어 집행하였다.

기타 기구로서 •중추원은 군사 기밀과 왕명의 •출납을 맡았고, •삼사는 화폐와 곡식 출납에 대한 •회계를 맡았다. 관리를 •감찰하는 기구인 •어사대의 관리는 중서문하성에서 언론 기능을 담당한 관리와 함께 대간으로 불렸다. 이들은 •직위가 낮았지만 왕과 고위 관리들의 활동을 지원하거나 제약할 수 있어, 정치 운영상 •견제와 균형을 맞추는 역할을 맡았다.

당·송나라의 군사 제도와 달리, 고려만의 독자적인 기구로 도병마사와 •식목도감이 있었다. 도병마사는 주로 국방과 군사 문제를 논의하였고, 식목도감은 왕의 명령과 정책을 법률과 제도로 정리하였다. 중서문하성과 중

| 고려의 통치 체제

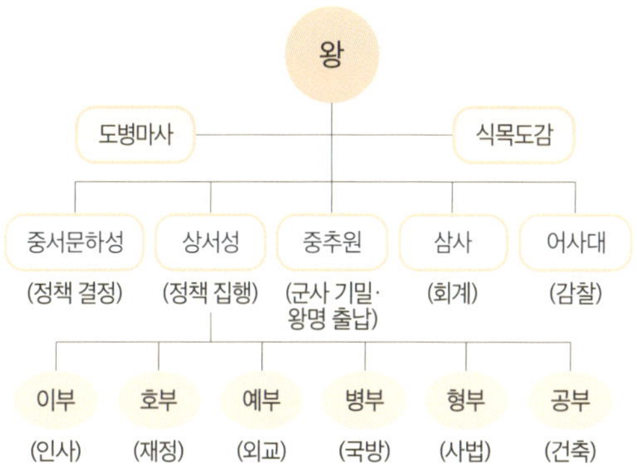

- 수양 self-cultivation
- 중서문하성 Central Secretariat and Chancellery
- 중추원 Royal Secretariat
- 회계 accounting
- 직위 position; post
- 감축 reduction; cut
- 상서성 Ministry of State Affairs
- 출납 conveying
- 감찰히디 to inspect; to supervise
- 견제 counterbalance
- 처우 treatment
- 총괄하다 to take charge of
- 삼사 Board of Finance and Accounting
- 어사대 office of the Inspector-General
- 식목도감 Bureau of Establishing Institutions

추원의 고위 관리들은 도병마사와 식목도감에 모여 나라의 중요한 일을 처리하였다.

성종은 중앙 제도와 함께 지방 제도도 정비하였다. 그는 고려 초에 호족들이 각 지역을 다스렸던 것에서 벗어나 지방에 행정 구역으로 12목을 설치하여 처음으로 지방관을 파견하였다. 이후 현종에 의해 고려는 북쪽 •국경을 양계(북계와 동계), 개경 부근의 경기 및 5도로 나누어 통치하였다. 고려는 개경(개성)·서경(평양)·동경(경주)을 •중시하여 3경이라고 불렀으며, 나중에는 동경 대신에 남경(서울)을 포함시켰다.

고려는 5도 아래에 주·부·군·현을 두고 일부 지역에는 지방관을 •파견하여 행정을 담당하게 하였다. 지방관이 파견되는 지역을 주현, 파견되지 않는 지역을 속현으로 불렀다. 주현에 지방관인 수령이 파견되면서 지방의 호족들은 점차 수령을 •보좌하고 행정 실무를 맡는 향리로 변화하여 주변 속현과 행정 구역에서의 조세 및 •공물 •징수, 노동력 •징발을 담당하였다. 이외에도 고려에는 향·부곡·소라는 특수 행정 구역이 있었다. 향과 부곡은 농업을 하고 소는 •수공업을 하거나 특산물을 생산하는 곳이었는데, 다른 지역들에 비해 •차별 대우를 받았다.

고려의 군사 제도로는 중앙군으로 왕의 •친위 부대인 2군과 수도 •경비 및 국경 •방어를 맡은 6위가 있었다. 2군 6위는 직업 군인으로 구성되었고, 이들은 •급여로 '군인전'이라는 토지를 받았으며 군인이라는 직업이 자손에게로 이어졌다. 지방군은 주로 농민으로 구성되어 양계에는 주진군이, 5도에는 주현군이 있었다.

신분 제도와 과거제

고려의 신분 제도는 •법제적으로 양인과 천인으로 구분되는 •양천제였다. 양인은 다시 지배층·중간 계층·피지배층으로 나뉘었다. 지배층은 왕족·공신·고위 관리들이었다. 중간 계층은 하위직 관리들로서 중앙 관청의 업무를 맡은 서리와 지방의 행정을 담당하는 향리 등이 대표적이다. 양인 중 피지배층은 평민에 해당하는 양민이었

Vocabulary

- 국경 border
- 보좌하다 to serve; to assist
- 징발 requisition
- 친위 부대 royal guard
- 급여 salary
- 중시하다 to emphasize; to value
- 공물 tribute
- 수공업 handicraft industry
- 경비 security; guarding
- 법제적으로 legally
- 파견하다 to send; to dispatch
- 징수 levy; collection
- 차별 대우 discriminatory treatment
- 방어 defense
- 양천제 System of Commoners and Slaves

다. 양민의 대부분은 농민이었으며, 나라에 내는 세금은 대개 이들이 부담하였다. 상인과 수공업자도 양민이었지만, 농민보다는 그 지위가 낮았다. 향·부곡·소의 주민도 양민에 포함되었으나, 차별을 받았다. 천인의 대다수는 노비였고, 그들의 자녀 또한 그 신분을 물려받았다. 노비는 매매·상속·증여가 가능한 재산으로 여겨졌다.

고려의 관리는 과거제와 음서 등으로 등용되었다. 고려의 과거제는 문관과 기술관 및 승려를 시험으로 선발하는 제도였다. 그중 문관은 문장을 쓰는 능력 및 정책을 평가하는 시험과 유교 경전의 이해 능력을 평가하는 시험의 두 가지로 선발되었다. 양인 이상은 과거 시험에 응시할 수 있었지만, 실질적으로 문관 시험에는 주로 지배층과 향리의 자녀가 응시하였다. 기술관을 선발하는 시험도 실시하여 법률·회계·지리 등에 필요한 관리를 뽑았고, 승려를 뽑는 시험도 치렀다. 무관을 선발하는 시험은 실시하지 않았고, 무예와 신체 조건이 뛰어난 사람을 무관으로 임명하였다. 한편, 음서는 왕족·공신·5품 이상 고위 관리의 자손이 시험이 아닌 출신 성분에 의해 관리가 될 수 있는 제도였다.

관리를 양성하고 유학을 가르치기 위해 성종 때 중앙에 최고 교육 기관인 국자감(국학)을 설치하였다. 지방에는 향교를 설립하여 인재를 양성하였다. 이후 고려의 문관이었던 최충이 과거 시험을 목표로 한 사립 교육 기관인 사학(私學)을 설립하자 이를 시작으로 사학들이 번성하였고 상대적으로 국자감의 교육은 위축되었다.

Q 다음 빈칸에 문맥상 들어갈 수 없는 단어를 골라 봅시다. (　　)

• 고려 시대에는 과거 시험을 통해 (　　　　　)을 선발하였다.

① 문관　　② 기술관　　③ 발해관

A ③

• 매매 trade; buying and selling
• 상속 inheritance; succession
• 증여 transfer by gift
• 음서 appointment through family connections
• 문관 civil official
• 기술관 technical official
• 선발하다 to select
• 응시하다 to apply for a test
• 무관 military official
• 무예 martial arts
• 임명하다 to appoint
• 양성하다 to train
• 인재 talented person; talent
• 사학 private school
• 위축되다 to shrink

2 고려 전기 사회의 모습은 어떠했을까?

◆ 고려 전기의 지배층은 누구였고, 국제 관계는 어떠했을까?

문벌의 형성

중앙 집권 체제가 확립되면서 고려에는 점차 •문벌이 형성되었다. '문벌'은 여러 세대에 걸쳐 높은 관직을 •독차지하여 권력을 가지게 된 •가문으로, 음서를 이용하여 자손에게 관직을 물려주었다. 이들은 전시과 제도를 통해 나라로부터 토지를 받았으며, 공음전의 혜택을 누렸다. 또 문벌끼리 결혼하여 지위를 유지하였고, 다른 문벌과의 경쟁에서 우위를 차지하기 위해 왕실과 혼인하려고 •애썼다.

한편, 평민층인 양민들은 12세기 이후 지배층과 관리들에게 •수탈당하고, 나라의 정책으로 여진 •정벌이 행해지면서 무거운 세금에 •시달렸다. 이 때문에 •몰락한 양민들은 고향을 떠나거나 문벌의 토지를 •경작해야 하였다. 농민 중 일부는 농업 생산을 늘려 •부유해지고 신분을 상승시키기도 하였으나, 대부분은 어려운 생활을 하였다.

서희가 외교 담판으로 획득한 강동 6주
© 셔터스톡

거란의 침입

10세기 초, 고려 건국 •직전에 거란(요나라)은 부족들을 통합하고 나라를 세울 만큼 세력을 키웠다. 고려는 발해를 멸망시킨 거란을 적대시하고 송나라와 •친교를 유지하였다. 10세기 말이 되자 거란은 송나라와 대결하기에 앞서 •후방의 안정을 확보하기 위해 고려를 총 세 차

Vocabulary

- 문벌 hereditary aristocracy
- 애쓰다 to try
- 시달리다 to suffer from
- 부유해지다 to become rich
- 후방 rear area
- 독차지하다 to monopolize
- 수탈당하다 to be exploited
- 몰락하다 to fall; to collapse
- 직전 just before
- 침공하다 to invade
- 가문 family clan
- 정벌 conquest
- 경작하다 to cultivate; to farm
- 친교 friendship
- 단절하다 to cut off; to terminate

례에 걸쳐 •침공하였다.

거란은 고려 성종 시기인 993년에 1차 침입을 하면서 당시 고려가 차지하고 있던 옛 고구려 땅을 내놓고 송나라와 교류를 •단절하라는 요구를 하였다. 이에 고려의 문관인 서희는 거란의 장수 소손녕과 외교 •담판을 벌였다. 고려는 송나라와의 교류를 단절하고 거란과 교류할 것을 약속하는 대신에, 압록강 동쪽의 강동 6주를 •획득하였다.

낙성대 공원
© 국가유산청
귀주 대첩에서 큰 승리를 거둔 강감찬이 태어난 날 하늘에서 큰 별이 떨어졌다는 의미로, 그가 태어난 집터를 '낙성대'라고 부른다. 서울 지하철 2호선 낙성대역 근처에 조성된 낙성대 공원에서는 강감찬 전시관을 만날 수 있다.

이후 고려의 •무신인 강조가 목종을 •폐위시키고 현종을 새롭게 왕위에 올린 •정변을 일으키자, 거란은 이를 •구실로 고려에 2차 침입을 하였다. 이때 고려의 수도인 개경이 •함락되고, 현종은 전라남도 나주까지 •피란을 갔다. 고려의 무신 양규가 활약하였으나, 결국 고려는 '고려의 왕이 거란의 황제를 직접 방문한다.'라는 조건으로 거란과 •강화(講和)를 맺었다.

거란은 고려 2차 침입 때의 강화 조건이었던 현종의 거란 방문을 요구하고, 강동 6주를 돌려 달라며 3차 침입을 하였다. 이때 강감찬이 이끄는 고려군이 귀주(지금의 평안북도 귀성)에서 거란군을 거의 •전멸시키고 •대승을 거두었다(•귀주 대첩).

세 차례의 거란 침입 후에 고려와 거란은 외교 관계를 맺고 사신을 교환하였다. 고려는 거란과 세력 균형을 유지하면서도 개경 주변의 방어를 강화하였다. 또 고려는 국경 방어를 위해 천리장성을 쌓자는 강감찬의 주장대로 압록강 하구에서 동해안까지 천리장성을 쌓아 외세의 침략에 •대비하였다.

여진과의 전쟁

여진은 오늘날의 만주 일대와 북한 함경도·평안도 지역에서 부족 단위로 •흩어져 생활하던 민족이었다. 고려는 여진에게 경제적 도움과 관직을 주는 등 •회유 정책을

- 담판 negotiation
- 폐위시키다 to dethrone; to depose
- 함락되다 to be captured; to be taken
- 전멸시키다 to annihilate
- 대비하다 to prepare for
- 획득하다 to acquire; to obtain
- 정변 political coup
- 피란 refuge
- 대승 great victory
- 흩어지다 to scatter; to disperse
- 무신 military official
- 구실 excuse; pretext
- 강화 peace treaty
- 귀주 대첩 Battle of Gwiju
- 회유 정책 appeasement policy

펼쳤다. 12세기 이후 거란은 •쇠퇴한 반면, 여진은 고려 국경까지 •남하하는 등 세력을 확장하였다.

여진과 고려 사이에 빈번하게 •충돌이 일어나자, 고려는 문관인 윤관의 건의에 따라 여진에 •대항할 별무반을 조직하였다. 별무반을 통해 고려의 군사력을 높인 윤관은 17만여 명의 고려군을 동원하여 1107년에 여진 정벌을 추진하고 동북 지역에 9개의 성을 쌓았다. 그러나 여진의 침입이 계속되어 방어하기가 어렵게 되자, 여진으로부터 •조공을 약속받고 동북 9성을 돌려주었다.

계속해서 세력을 키운 여진은 1115년에 금나라를 건국하였다. 이후 금나라는 거란이 세운 요나라를 멸망시키고, 이어 송나라를 남쪽으로 몰아내 중국의 북부 지역인 화북 지방을 차지하였다. 금나라는 고려에 •군신 관계를 요구하였고, 이에 대해 고려 •조정(朝廷) 내 많은 반대에도 불구하고 당시 •집권자였던 이자겸의 주장에 따라 고려는 금나라의 요구를 받아들였다.

◆ 고려 전기에 나라 안에서는 무슨 일이 있었을까?

이자겸의 난

고려 •전기의 지배층이었던 문벌들은 왕실과 •혼인 관계를 맺어 더욱 세력을 키웠다. 그중 대표적인 문벌인 경원 이씨 •집안은 왕실과의 계속된 혼인을 통해 가장 유력한 외척 가문이 되었다. 특히 이자겸은 딸을 예종과 혼인시키고, 예종의 아들인 인종이 왕위에 오르는 데 큰 역할을 하였다. 이자겸은 인종에게도 자신의 두 딸과 혼인하도록 시켜 최고 권력자가 되었으며, 그의 권력이 왕을 •넘어설 정도였다.

왕권에 •위협을 느낀 인종이 이자겸을 제거하려고 하자, 이를 •눈치챈 이자겸은 무관인 척준경과 함께 1126년에 •반란을 일으켰다(이자겸의 난). 그러나 인종은 •오히려 척준경을 이용하여 이자겸을 몰아냈고, 이후 척준경도 •정계에서 제거하였다.

Vocabulary

- 쇠퇴하다 to decline
- 남하하다 to head south
- 충돌 clash
- 대항하다 to resist
- 조공 tribute
- 군신 관계 ruler-subject relationship
- 조정 royal court; central government
- 집권자 ruler
- 전기 early period
- 혼인 marriage
- 집안 family clan
- 넘어서다 to exceed; to go beyond
- 위협 threat
- 눈치채다 to notice
- 반란 uprising; revolt

이자겸의 난으로 인해 중앙 지배층 사이에 분열이 일어났으며, 문벌 중심의 사회인 고려는 붕괴되어 갔다.

묘청의 서경 천도 운동

이자겸의 난으로 왕실의 권위가 떨어지고 불안정한 정국이 계속되자, 인종은 왕권 및 국방력 강화와 민생 안정을 위한 개혁을 추진하였다. 이때 서경 출신의 승려 묘청과 정지상 등을 중심으로 하는 신진 세력들이 성장하였다.

이자겸의 난이 일어났을 때 궁궐이 불타고 민심이 흉흉해진 가운데, 고려의 수도인 개경의 땅기운이 약해졌다는 풍수지리설이 널리 퍼졌다. 이를 이용하여 묘청 등의 서경 세력은 인종에게 서경으로 수도를 옮기는 천도를 건의하였다. 그들의 건의를 받아들인 인종은 서경에 대화궁이라는 궁궐을 지었다. 이와 함께 서경 세력은 고려를 황제국이라 부르고, 독자적으로 연호를 사용하며 금나라를 정벌하자고 주장하였다.

서경 출신 신진 세력의 이러한 주장에 김부식 등 개경 세력이 반대하면서 두 세력 사이에 갈등이 커졌다. 천도가 어렵게 되자 묘청 등은 1135년 서경에서 반란을 일으켰다(묘청의 난). 반란은 김부식이 이끄는 고려의 군사들에 의해 1년 만에 진압되었고, 서경 천도 운동은 실패로 끝났다.

Q 다음 중 한 나라가 다른 나라와 관계를 맺는 '외교'와 밀접히 관련된 단어를 모두 골라 봅시다.
(,)

① 가문 ② 강화 ③ 천도 ④ 친교

A ②, ④

- 오히려 rather
- 정계 political circle
- 붕괴되다 to be collapsed
- 정국 political situation
- 국방력 military capability
- 개혁 reform
- 신진 new; emerging
- 흉흉해지다 to become turbulent
- 땅기운 earth energy
- 풍수지리설 feng shui theory; geomantic theory
- 천도 relocation of the capital
- 황제국 empire
- 정벌하다 to conquer
- 진압되다 to be suppressed

1 막을 내리다 (to end; to come to an end)

- 결국 신라는 나라를 유지하기 어렵게 되어 935년 경순왕이 고려에 항복하면서 신라 시대가 막을 내렸다.
- 부산에서 열린 3일 동안의 축제가 오늘로 막을 내렸다.
- 10년에 걸쳐 공개된 이 영화 시리즈는 다음 주 공개될 마지막 작품을 끝으로 대단원의 막을 내린다.

---

2 N+에 비해(서) (compared to; in comparison with/to)

- 고려는 옛 고구려·백제·신라의 지방 세력을 지배층으로 포섭하고 발해 유민까지 받아들여 실질적인 민족 통일을 이루었기에, 이전의 통일 신라에 비해 정치에 참여하는 세력의 폭이 넓어졌다.
- 이 제품은 값에 비해서 품질이 별로 좋지 않다.
- 약을 꾸준히 먹었더니 일주일 전에 비해 증상이 크게 호전되었다.

---

3 N+을/를 등에 업다 (to be backed by)

- 태조 왕건과 각 지역의 유력한 호족의 딸들이 결혼하여 태어난 왕자들은 외가의 세력을 등에 업고 왕위 계승 경쟁을 벌였다.
- 그 국회 의원은 다수의 의견을 등에 업고 정부의 정책을 강하게 비판하였다.
- 이 기업은 소비자의 높은 신뢰를 등에 업고 상승세를 유지하고 있다.

4 성과를 거두다 (to achieve results)

- 정종은 서경으로 수도를 옮기려고 시도하면서 왕권을 강화하고자 노력하였지만, 큰 성과를 거두지는 못하였다.
- 모든 팀원이 협력하여 좋은 성과를 거둘 수 있었다.
- 팀은 이번 전지훈련을 통해 기대 이상의 성과를 거두었다.

---

5 N+을/를 누리다 (to enjoy)

- 이들은 전시과 제도를 통해 나라로부터 토지를 받았으며, 공음전의 혜택을 누렸다.
- 여행지에서 행복을 누리고 돌아온 그는 활기가 넘쳐 보였다.
- 그 배우는 파격적인 연기 변신으로 제2의 전성기를 누리는 중이다.

---

6 N+을/를 동원하다 (to mobilize; to utilize)

- 별무반을 통해 고려의 군사력을 높인 윤관은 17만여 명의 고려군을 동원하여 1107년에 여진 정벌을 추진하고 동북 지역에 9개의 성을 쌓았다.
- 정부는 이번 태풍 피해 복구를 위해 많은 인원을 동원하였다.
- 실험을 안전하게 진행하기 위해 최첨단 장비를 동원하였다.

확인 문제 Reading Comprehension

※ 본문을 읽고 다음 질문에 답해 봅시다.

1. 다음 한국의 역사를 순서대로 정리한 전개도의 빈칸에 들어갈 알맞은 나라의 이름을 써 봅시다. (　　　　　)

… 삼국 시대 → 남북국 시대 → 후삼국 시대 → □□ 시대 → 조선 시대 …

2. 다음 자료의 밑줄 친 '그'가 누구인지 골라 봅시다. (　　)

그는 왕권을 강화하기 위해 노비안검법을 시행하여 호족들이 불법적으로 소유한 노비들을 해방시켰다. 그는 과거제를 처음 실시하여 왕에게 충성하는 새로운 인물을 선발하였다.

① 광종　　② 성종　　③ 현종　　④ 태조 왕건

3. 다음 자료는 고려의 왕에게 나라 운영에 대한 의견으로 올린 〈시무 28조〉의 핵심 내용입니다. 이와 같이 주장한 사람이 누구인지 골라 봅시다. (　　)

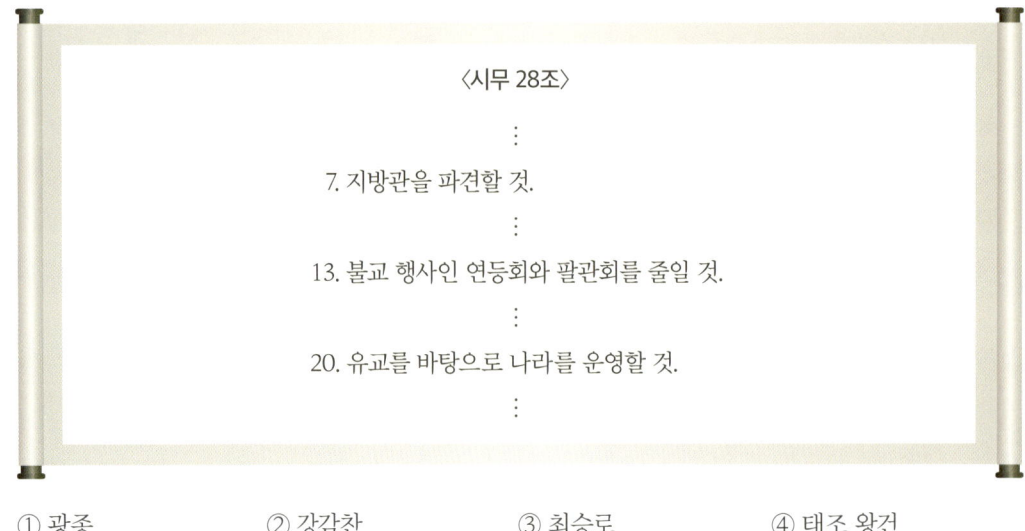

〈시무 28조〉

⋮

7. 지방관을 파견할 것.

⋮

13. 불교 행사인 연등회와 팔관회를 줄일 것.

⋮

20. 유교를 바탕으로 나라를 운영할 것.

⋮

① 광종　　② 강감찬　　③ 최승로　　④ 태조 왕건

4. 다음 내용이 옳으면 ○, 틀리면 ×로 표시해 봅시다.

(1) 고려는 전국을 9주 5소경으로 나누었다. (　　)

(2) 고려의 교육 기관으로는 국자감이 있었다. (　　)

(3) 고려는 독자적인 기구로 도병마사와 식목도감을 두었다. (　　)

5. 다음 ㉠과 ㉡에 각각 들어갈 사람을 바르게 짝지은 것을 골라 봅시다. (　　)

- 거란의 3차 침입 때 고려의 (㉠)은/는 귀주에서 거란군을 거의 전멸시키는 대승을 거두었다. 이를 귀주 대첩이라고 한다.
- 고려는 (㉡)의 건의에 따라 별무반을 조직하였다. 이후 (㉡)은/는 별무반을 이끌고 여진을 정벌한 뒤 동북 9성을 쌓았다.

	㉠	㉡
①	서희	윤관
②	강감찬	서희
③	강감찬	윤관

6. 다음 자료를 읽고, 빈칸에 알맞은 말을 써서 '1줄 감상문'을 완성해 봅시다.

- 이들은 고려 전기의 지배층이었다.
- 이들은 음서를 이용하여 자손에게 관직을 물려주었고, 공음전의 혜택도 누렸다.
- 이들 가운데 이자겸은 12세기 초에 난을 일으켰으나, 결국 진압되었다.

▶ 고려 전기에는 높은 관직을 독차지하여 권력을 가진 (　　　　　　)이/가 지배층으로서 세력을 키웠으나, 이자겸의 난으로 이들 사이에서 분열이 일어났다.

1. 고려 2. ① 3. ③ 4. (1) × (2) ○ (3) ○ 5. ③ 6. 문벌

주제 1 나라의 안정화 정책

1. 다음 주제에 대한 여러분의 입장을 정한 후 주장하는 글을 써 봅시다.
Write your opinion on the following topic in a clear way.

- 주제: 고려의 태조 왕건이 왕권의 강화와 나라의 안정을 위해 여러 호족의 딸들과 결혼하였던 것처럼, 나라를 위해서라면 사랑하지 않는 사람과도 결혼할 수 있다.

▶ 찬성한다. 왜냐하면

▶ 반대한다. 왜냐하면

2. 1번을 바탕으로 친구들과 함께 토의해 봅시다.
Share your opinion and compare it with others.

주제 2

외교의 달인

1. 다음은 서희의 외교 담판을 가상 대화로 소개하고 그 역사적 의의를 밝힌 자료입니다. 이와 유사한 외교적 사건을 세계사에서 조사하여 의의와 함께 소개하는 글을 써 봅시다.
Read the following dialogue and explanation about Seohui's diplomatic negotiations. Then, research another diplomatic event from world history and write about it.

서희의 외교 담판(기록화)
© 전쟁기념관

• 가상 대화

소손녕: 고구려의 옛 땅은 거란의 것인데, 고려가 차지하고 있습니다. 또 고려는 거란의 땅과 맞닿아 있으면서도 바다 건너 송나라와 가깝게 지냅니다. 그 이유가 무엇입니까?

서 희: 고려는 고구려의 후손으로, 나라 이름도 고려라고 하였습니다. 그래서 고구려의 땅이었던 압록강 안팎은 고려의 땅입니다. 그런데 여진이 그곳을 빼앗아 거란으로 가기가 어렵습니다. 고려의 땅을 되찾아 길이 열리면, 고려는 거란과 교류할 것입니다.

• 의의: 고려의 문관인 서희는 외교 능력이 탁월하였다. 그는 거란의 요구에 논리적으로 반박하며 거란의 침략을 물리쳤다. 서희의 활약으로 고려는 '압록강 동쪽 지역의 6개 지역'을 뜻하는 '강동 6주'를 확보하고 국경을 넓힐 수 있었다.

▶

2. 1번을 친구들에게 발표해 봅시다.
Present your writing to the class.

무신 정변 이후 고려 사회의 변화와 국제 관계

Social Change and International Relations after the Military Coup in the Goryeo Dynasty

학습 목표
Learning Objectives

1. 고려 후기 사회의 변화와 국제 관계에 대해 이해하고 설명할 수 있다.
2. 고려 후기 지배층의 변화와 기술의 발전 등을 살피고, 세계 역사 내 유사한 사례를 조사하여 쓰고 이야기할 수 있다.

생각 열기
Warm Up

1. 연표상 한국의 고려 후기와 동시대의 세계사 항목을 비교하며 살핀 후, 여러분의 고향 혹은 알고 있는 나라에 대해 추가하고 싶은 내용을 표시해 봅시다.
2. 연표에 등장하는 한국의 고려 후기를 살펴, 알고 있는 항목이 무엇인지 말하고 친구가 말하는 항목은 별도로 표시해 봅시다.
3. 한국의 고려 후기를 이해할 수 있는 핵심 용어 중 알고 있는 것을 표시해 봅시다.

한국사 History of Korea	연표 Timeline	세계사 History of the World
김부식 등의 《삼국사기》 편찬	1145년	
무신 정변	1170년	
	1206년	몽골 제국의 성립
	1215년	[영국] 〈마그나카르타(대헌장)〉 제정
몽골의 1차 침입	1231년	
강화도로 천도	1232년	
개경으로 환도	1270년	
	1271년	[중국] 몽골 제국이 국호를 '원'으로 변경
일연의 《삼국유사》 편찬	1281년	
	1337년	잉글랜드(영국)와 프랑스 간 백년 전쟁
	1368년	[중국] 명나라의 건국
백운화상의 《직지심체요절》을 금속 활자로 인쇄	1377년	
위화도 회군	1388년	
조선의 건국	1392년	

합천 해인사의 대장경판
© 국가유산청

핵심 용어 Keywords

- ▢ 교정도감
- ▢ 무신 정권
- ▢ 삼별초
- ▢ 위화도 회군
- ▢ 권문세족
- ▢ 〈봉사 10조〉
- ▢ 성균관
- ▢ 중방
- ▢ 금속 활자
- ▢ 《삼국사기》
- ▢ 성리학
- ▢ 청자
- ▢ 모내기
- ▢ 《삼국유사》
- ▢ 신진 사대부
- ▢ 《팔만대장경》

용어 풀이 Essential Concepts

모내기 Rice Transplanting

모내기란 벼의 싹인 모를 따로 길러 논으로 옮겨 심는 논농사 방법이다. 모내기를 하면 일이 줄고 수확량은 더 늘어난다는 장점이 있다. 고려 말 일부 지역에서 모내기를 하였고, 수리 시설을 갖춘 조선 후기에 전국으로 확산되었다.

Monaegi, or rice transplanting, is a method of rice cultivation in which rice seedlings are first grown separately and then transplanted into paddies. This technique has the advantage of reducing labor and increasing yields. Rice transplanting was practiced in some regions toward the end of the Goryeo Dynasty, and it spread nationwide during the late Joseon Dynasty with the development of irrigation facilities.

〈봉사 10조〉 Ten Articles of Reform

고려의 무신 정권기인 1196년에 집권자가 된 최충헌은 왕에게 〈봉사 10조〉라는 개혁 방안을 제시하였다. 이는 왕의 국정 운영에 대한 제안, 관직·토지·조세 등과 관련된 폐단을 시정하는 내용들이었다. 또한 이는 최충헌의 정치적 세력 기반을 확보하기 위한 것이기도 하였다.

Choi Chung-heon, who rose to power in 1196 during the military regime of Goryeo, proposed a reform plan to the king known as "Bongsa Sipjo" (Ten Articles of Reform). The plan included proposals for royal administration as well as measures to address abuses related to government offices, land, and taxation. It also served to strengthen Choi Chung-heon's political power base.

《삼국사기》와 《삼국유사》 *Samguk Sagi & Samguk Yusa*

《삼국사기》와 《삼국유사》는 고려 시대에 편찬된 대표적인 책들이다. 고려 인종 때 김부식 등이 편찬한 《삼국사기》는 지금까지 남아 있는 한국 역사서들 중 가장 오래된 책이다. 이 책에는 유교적 합리주의 사관에 따라 고구려·백제·신라의 역사가 기술되었다. 또 이 책은 왕에 대한 기록인 본기, 신하 등 여러 인물에 대한 기록인 열전, 연표 등으로 나누어 서술하는 '기전체 방식'으로 구성되었다.

《삼국유사》는 고려 충렬왕 때 승려 일연이 쓴 책으로, 《삼국사기》에서 빠진 이야기를 모아 썼다. 이 책에는 〈단군왕검 신화〉를 비롯한 한국 고대의 설화, 전설, 시 등과 함께 불교사가 수록되어 있다.

Samguk Sagi (History of the Three Kingdoms) and *Samguk Yusa* (Memorabilia of the Three Kingdoms) are representative works compiled during the Goryeo Dynasty. *Samguk Sagi*, compiled by Kim Bu-sik and other government officials in 1145, is the oldest surviving Korean historical text. It records the histories of Goguryeo, Baekje, and Silla from a Confucian rationalist perspective. The work is organized in an annalistic-biographical style, divided into *bongi* (royal annals), which document the reigns of kings; *yeoljeon* (biographies), which record notable figures such as royal subjects; and chronological tables.

Samguk Yusa, compiled by the Buddhist monk Iryeon during the reign of King Chungryeol, supplements *Samguk Sagi* by preserving stories that were omitted. It contains Buddhist history along with ancient myths, legends, and poems, including the "Myth of Dangun Wanggeom."

삼별초 Three Elite Patrols

최충헌의 아들인 최우는 나라의 치안을 유지하고 최씨 정권의 권력을 강화하고자 야별초라는 사병 조직을 만들었다가, 이를 '좌별초'와 '우별초'로 나누었다. 여기에 몽골에 잡혀갔다가 돌아온 사람들로 조직한 '신의군'을 합쳐 '삼별초'를 구성하였다. 삼별초는 고려에 쳐들어온 몽골에 맞서 끝까지 항전하였다.

Choi Woo, the son of Choi Chung-heon, organized a private military force called Yabyeolcho to maintain public order and strengthen the Choi regime. This force was divided into Jwabyeolcho (Left Yabyeolcho) and Wubyeolcho (Right Yabyeolcho). In addition, Sambyeolcho (Three Elite Patrols) was established by incorporating Sinuigun, a unit composed of people who had been taken to Mongolia and later returned. Sambyeolcho continued to resist the Mongol invaders until the very end.

성리학 Neo-Confucianism

성리학은 고려 후기에 원나라로부터 도입된 유학의 한 학파이다. 중국의 송나라 때 발전한 성리학은 이전 시기의 유학이 유교 경전의 해석에 중점을 둔 것과 달리, 우주의 원리와 인간의 심성을 탐구하고 사회 윤리로서 '예'를 강조하였다.

Neo-Confucianism, introduced from the Yuan Dynasty during the late Goryeo Dynasty, was a school of Confucianism. Originating in the Song Dynasty of China, Neo-Confucianism explored the principles of the universe and the mind and nature, and emphasized "*ye*" (ritual propriety) as a social ethic. This contrasted with earlier Confucianism, which had focused primarily on interpreting the Confucian classics.

중방과 교정도감 Council of Senior Military Officials & Supreme Military Council

중방은 고려의 군대 지휘관 및 여러 고위 무신들이 모여서 궁궐·도성의 수비와 치안 등 군사 업무를 합의하여 처리하던 회의 기관이다. 무신들이 정변을 일으킨 이후에 중방은 국정 전반을 다루는 강력한 정치 권력 기관이 되었다.

교정도감은 최충헌이 비상시에 사태를 수습하기 위해 임시로 설치한 기관으로, 나중에 국정을 총괄하는 최고 기관이 되었다.

Jungbang, or the Council of Senior Military Officials, was an assembly where military commanders and high-ranking officials gathered to deliberate on military affairs such as the defense and security of palaces and cities. Following the military coup, Jungbang evolved into a powerful political body that managed the entire state administration.

In contrast, Gyojeongdogam, or the Supreme Military Council, was initially established by Choi Chung-heon as a temporary institution to address emergencies, but later developed into the highest authority responsible for administering general state affairs.

1 고려 후기 사회는 어떻게 변화했을까?

◆ 고려 후기의 지배층은 어떤 사람들이었을까?

무신 정권의 등장

여러 차례 일어난 •외세의 침략과 문벌들의 반란으로 지배 체제가 •동요하자, 고려의 의종은 왕권을 회복하고자 하였으나 정치적 개혁을 이루기에는 부족함을 보였다. 이러한 상황에서 무신들은 문신에 비해 오랫동안 차별 대우를 당하고, 군인전도 제대로 받지 못해 불만이 커졌다. 마침내 1170년, 정중부 등을 중심으로 세력을 모은 무신들이 정변을 일으켰다(•무신 정변). 이를 •기점으로 문벌 중심의 정치 체제에서 벗어나 무신이 •독재적 권력을 •행사하는 •무신 정권이 시작되며 고려 후기로 •접어들었다.

무신들은 중방을 중심으로 주요 관직을 차지하였고, 각자 •사병을 길러 권력을 •독점하기 위한 •쟁탈전을 벌였다. 이로 인해 고려 후기에는 최고 권력자가 이의방, 정중부 등으로 자주 바뀌며 정치적 혼란이 더해졌다.

최씨 정권의 성립과 붕괴

무신인 최충헌이 1196년부터 권력을 장악하기 시작하여 최씨 가문은 4대 60여 년에 걸쳐 권력을 가졌고, 왕은 •형식적인 존재가 되었다. 최충헌은 〈봉사 10조〉와 같은 사회 개혁을 내세웠지만 실행하지는 않았고, 많은 토지와 노비를 차지하며 농민 •항쟁을 진압하였다. 또 •도방을 설치하여 자신을 •경호하게 하고 사병 양성에 힘썼다. 최충헌은 교정도감을 만들어 이를 통해 나라의 중요 정책을 결정·집행하고 권력 유지에 •몰두하였다.

최충헌의 뒤를 이은 최우 역시 교정도감을 통해 권력을 행사하였다. 그는 자신의 집

Vocabulary

- 외세 foreign power
- 기점 starting point
- 무신 정권 military regime
- 독점하다 to monopolize
- 항쟁 uprising; resistance
- 동요하다 to be destabilized
- 독재적 dictatorial
- 접어들다 to enter
- 쟁탈전 power struggle
- 도방 private guard corps of the military rulers
- 무신 정변 Military Coup of 1170
- 행사하다 to exercise; to use
- 사병 private army
- 형식적인 nominal

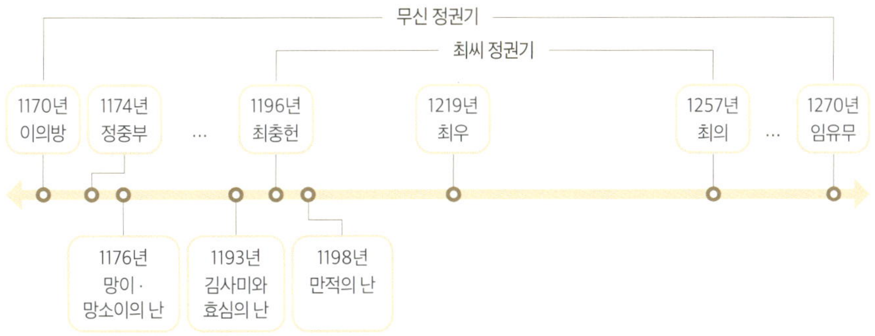

| 무신 정권기 권력층의 변화와 농민·천민의 봉기

에 •인사 담당 기관인 •정방을 설치하여 모든 관리의 •인사권을 장악하였다. 또 •서방(書房)이라는 기관도 두어 문인들을 등용하고 그들에게 정책 •자문 역할을 맡겼다. 최우는 도방과 함께 삼별초를 최씨 정권의 군사적 •기반으로 활용하였다. 고려 후기 고종 때 몽골이 •침입해 오자 최우는 수도를 강화도로 옮기고 대항하였다.

60년 넘게 계속된 최씨 정권은 나라의 발전과 백성의 안정을 위한 노력을 •등한시한 채, 권력의 유지에만 •급급하였다. 결국 마지막 집권자인 최의가 다른 세력에 의해 살해당하면서 최씨 정권은 끝이 났다.

농민과 천민의 저항

무신이 정권을 잡은 고려 후기에 지방 사회는 크게 동요하였다. 무신 출신의 지방관들이 •과도한 세금을 거둠에도 불구하고 중앙이 이를 •통제하기 어려웠고, 한때 노비 출신의 무신 집권자가 등장하면서 신분 상승에 대한 기대감이 커졌기 때문이었다. 농민과 천민들은 지나친 •수탈에 저항하고, 신분을 상승시키기 위해 곳곳에서 •봉기하였다. 망이·망소이 형제는 일반 군현보다 차별받던 특수 행정 구역인 충청남도 공주

- 경호하다 to guard; to protect
- 정방 Personnel Appointment Office
- 자문 consulting
- 등한시하다 to neglect
- 통제하다 to control
- 몰두하다 to be absorbed in
- 인사권 personnel appointment power
- 기반 foundation; base; basis
- 급급하다 to be caught up
- 수탈 exploitation
- 인사 personnel affairs
- 서방 Advisory Council of Civil Officials
- 침입하다 to invade
- 과도한 excessive
- 봉기하다 to rise up

의 명학소에서 봉기하여 충청도 일대를 점령하기도 하였다. 이들의 활약으로 '소'였던 지역이 •격상되어 '현'으로 바뀌었으나, 결국 난은 •진압되었다. 김사미와 효심은 경상도를 중심으로 봉기하여 명주(지금의 강원도 강릉) 지역의 사람들과 •연합하여 싸우기도 하였다(김사미·효심의 난). 천민의 저항으로는 최충헌 집권 시기에 노비였던 만적이 개경에서 노비들을 모아 준비한 봉기(만적의 난)가 있는데, •사전에 •발각되어 실패하였다.

◆ 고려 후기의 국제 관계는 어떠했을까?

몽골의 침입과 《팔만대장경》

칭기즈 칸은 1206년 몽골 부족들을 통일하고 몽골 제국을 건국하였다. 몽골은 여진이 세운 금나라를 공격하였고, 금나라의 지배 아래 있던 거란의 일부가 몽골군에게 쫓겨 고려에 침입하자 고려는 몽골군과 연합하여 거란을 •물리쳤다. 그후 고려와 몽골 사이에 •사신들이 오갔는데, 고려를 방문한 몽골 사신이 •귀국길에 •피살되는 사건이 발생하였다. 그러자 몽골은 이를 구실로 1231년부터 고려를 침입하였다. 이때부터 고려는 몽골과 •강화를 맺기 전까지 약 30년 동안 전쟁을 벌였다.

몽골의 1차 침입 때는 고려의 무신인 박서가 귀주에서 몽골군을 물리치며 활약하였다. 몽골이 침입하자 당시 최씨 정권의 집권자였던 최우는 개경에서 강화도로 •천도하고, 백성들을 섬과 •산성으로 •대피시켜 맞섰다. 몽골은 곧바로 2차 침입을 해 왔고, 이번에는 승려 출신인 김윤후가 처인(지금의 경기도 용인)에서 부곡민들과 함께 싸워 고려를 승리로 이끌었다. 그는 이후 몽골의 침입 때에도 충청북도 충주에서 주민들뿐만 아니라 노비들과도 함께 힘을 모아 몽골군을 물리쳤다. 고려는 외세가 침략할 때마다 •부처[佛陀]의 힘으로 나라를 지키겠다는 바람으로 •불경을 모은 •경전인 대장경을 여러 차례 •간행하였는데, 몽골의 2차 침입으로 강화도에서 •항전하던 시기에 •《팔만

Vocabulary

- 격상되다 to be upgraded
- 사전에 beforehand; in advance
- 사신 envoy
- 강화 peace treaty
- 대피시키다 to evacuate
- 진압되다 to be suppressed
- 발각되다 to be discovered
- 귀국길 on the return journey
- 천도하다 to relocate the capital
- 부처 Buddha
- 연합하다 to unite
- 물리치다 to defeat
- 피살되다 to be killed
- 산성 fortress
- 불경 Buddhist scriptures

대장경》이 만들어졌다.

몽골과 전쟁을 계속하는 동안 최씨 정권은 백성들의 어려움을 •외면하고 많은 세금을 거두었다. 이에 대한 불만이 커지면서 몽골과의 강화를 주장하는 세력이 늘어나자, 당시 고려의 왕이었던 원종은 1259년에 몽골과 강화를 맺고 1270년 강화도를 떠나 개경을 다시 수도로 삼았다. 원종은 몽골에 친화적인 •친몽 정책을 펼치며, 몽골의 힘을 배경으로 무신 정권을 몰아내고 •왕정을 회복하였다.

제주 항파두리의 삼별초 항몽 유적지
© 국가유산청

하지만 몽골군으로부터 강화도를 지키고 있던 삼별초는 몽골과의 강화와 개경 •환도를 •거부하고 전라남도 진도로 근거지를 옮겨 계속 대항하였다. 그 사이 몽골 제국은 중국 지역으로 더욱 영토를 넓혀 수도를 대도(지금의 중국 베이징)로 옮기고, 국호도 '원'으로 변경하였다. 약 3년간 항쟁하던 삼별초는 탐라에서 고려와 원나라의 연합군에 의해 진압되었다.

원 간섭기와 고려 사회

원나라가 13세기 후반부터 14세기 전반까지 고려에 정치적으로 •간섭한 시기를 '원 간섭기'라고 칭한다. 이때 고려의 왕은 원나라에 의해 결정되었고, 왕이 죽은 후에 정해지는 이름인 •시호에는 원나라에 충성한다는 의미로 '충' 자를 붙여야 하였다. 또한 고려의 왕자는 원나라에서 성장하여 원나라 공주와 결혼하고 황실의 •사위가 되었다.

원나라는 고려 영토의 동북쪽에 쌍성총관부, 서경에 동녕부, 탐라에 탐라총관부라는 통치 기구를 두어 그 일대를 직접 통치하였다. 또 개경에는 일본 •원정을 위한 기구인 정동행성을 설치하고, 고려에 많은 •물자와 군인 등을 요구하였다. 고려와 원나라 연합군은 두 차례 일본 원정을 떠났으나, 태풍과 일본군의 저항 등으로 인해 모두

- 경전 scriptures; canon
- 간행하다 to publish
- 항전하다 to fight back; to resist
- 《팔만대장경》 *Tripitaka Koreana*; Korean Buddhist Canon carved on wooden blocks
- 외면하다 to ignore
- 친몽 정책 pro-Mongol policy
- 왕정 monarchy
- 환도 restoration of the capital
- 거부하다 to refuse
- 간섭하다 to interfere
- 시호 posthumous title
- 사위 son-in-law
- 원정 military expedition
- 물자 supplies; goods

실패하였다. 그 후에도 원나라는 정동행성을 남겨 두어 고려의 •내정 간섭 기구로 삼았다.

또한 원나라는 고려에 •공녀와 •환관을 비롯한 금은과 사냥매 등을 요구하였다. 이에 고려의 재정이 줄고, 농민들의 생활도 어려워졌다. 고려의 각종 제도와 용어 등도 원나라의 황제를 •섬기는 •제후국에 맞도록 •격을 낮추어야 하였다. 원나라의 •압력이 더해지고 고려 내부의 •친원 세력이 이를 더 부추기면서 고려는 혼란을 겪었다.

원 간섭기 고려에는 몽골·중국·서역 출신 등 다양한 사람들이 왕래하였다. 많은 고려인들도 학문·종교·이주 등의 이유로 원나라에 다녀왔다. 이러한 교류를 통해 고려 사회의 •다양성이 확대되었다.

◆ 고려 후기 사회의 모습은 어떠했을까?

권문세족의 등장

고려 후기에는 이전 시기에 권력을 가졌던 문벌 일부와 무신 집권기에 등장한 무신 가문, 그리고 원 간섭기에 원나라와 특별한 관계를 가진 사람들이 고려의 지배 세력이 되었다. 이들을 '•권문세족'이라고 부른다. 친원적 •경향이 강한 권문세족은 고위 관직을 독점하였다. 그리고 권력을 이용해 불법적인 방법으로 토지를 확보하여 •농장을 늘리고 가난한 백성을 노비로 만들어 그곳에서 일하게 하였다. 이들의 농장에 소속된 노비들은 세금을 내지 않았기 때문에 나라의 재정은 •궁핍해졌고, 그들에게 •병역의 의무도 없어서 국방력도 점차 약화되어 갔다.

이에 고려 왕실은 관료의 인사와 농장 문제 등에 대한 개혁을 시도하였으나, 원나라의 간섭과 권문세족의 반발로 실패하였다.

Vocabulary

- 내정 domestic affairs
- 섬기다 to be loyal to
- 압력 pressure
- 권문세족 powerful aristocratic family
- 궁핍해지다 to become impoverished
- 공녀 tribute woman
- 제후국 vassal state
- 친원 세력 pro-Yuan faction
- 경향 tendency
- 병역 military service
- 환관 court eunuch
- 격 status
- 다양성 diversity
- 농장 farm
- 정체성 identity

공민왕의 개혁과 신진 사대부의 성장

14세기 중반에 원나라의 국력이 쇠퇴하고, 고려에서는 독자적 민족 •정체성(正體性)이 •조성되기 시작하였다. 당시 고려의 왕인 공민왕도 원나라에 의해 왕이 되었고 원나라 공주를 왕비로 맞았지만, 고려의 어려움을 극복하기 위해 개혁 정치를 추진하였다. 그는 •대외적으로 •반원 정책을 펼치며 원나라의 간섭에서 벗어나려고 노력하였고, •대내적으로는 사회적 · 경제적 문제를 해결하고자 하였다.

먼저 공민왕은 고려의 •자주성을 회복하고자 친원 세력을 제거하였으며, 정동행성을 폐지하고 쌍성총관부를 공격하여 고려 동북쪽의 땅을 회복하였다. 그는 고려의 제도들도 원 간섭기 이전으로 되돌렸고, 고려 사회에 퍼져 있던 몽골식 생활 •풍속도 금지하였다. 한편, 공민왕은 왕권 강화 정책으로서 왕권을 제약하던 인사 기구인 정방을 폐지하였다. 그리고 승려 신돈을 등용하여 토지와 노비를 정리하는 임시 관청인 •전민변정도감을 설치하였다. 이를 통해 권문세족이 불법적으로 빼앗은 토지를 원래 주인에게 돌려주었고, 강제로 노비가 된 사람들도 평민층인 양민으로 •복귀시켰다. 공민왕은 고려의 최고 교육 기관인 •성균관과 과거제를 정비하여 유학 교육에도 힘쓰면서 •신진 사대부를 적극 등용하였다.

공민왕의 개혁은 당시 집권 세력인 권문세족의 심한 반발에 부딪혔다. 이때 원나라를 몰아내고 새롭게 등장한 명나라가 고려를 압박하는 불안정한 상황이 펼쳐졌고, 급기야 공민왕이 •시해를 당하면서 그의 개혁 정책은 중단되었다.

공민왕의 개혁은 •수포로 돌아갔지만, 덕분에 신진 사대부들이 새로운 정치 세력으로 성장할 수 있었다. 신진 사대부는 과거를 통해 관직에 진출하였는데, 이색 · 정몽주 · 정도전 등이 대표적인 인물이다. 신진 사대부는 성리학을 공부하여 유교의 원리에 따라 나라를 운영해야 한다고 주장하였으며, 불교의 •부패를 비판하였다. 또 원나라를 지지하는 권문세족과 달리, 신진 사대부는 중국 지역에 새로 세워진 명나라를 지

- 조성되다 to be formed
- 대외적으로 externally
- 반원 anti-Yuan
- 대내적으로 internally
- 자주성 independence
- 풍속 traditions
- 전민변정도감 provisional government office to solve the problem of illegal land ownership and farmers
- 복귀시키다 to restore
- 성균관 National Confucian Academy
- 신진 사대부 newly emerging scholar-officials
- 시해 regicide
- 수포 failure; nothing; vain
- 부패 corruption

지하였다. 신진 사대부는 이성계를 비롯한 •신흥 무인 세력과 연합하여 권문세족을 몰아내고 권력을 장악하였다. 이후 신진 사대부는 두 •갈래로 나뉘어 각기 다른 주장을 펼쳤다. 정몽주 중심의 •온건파는 고려 왕조를 그대로 두고 개혁을 하자는 주장이었고, 정도전 중심의 •급진파는 완전히 새로운 왕조를 수립하자고 주장하였다.

외세의 격퇴와 고려 왕조의 몰락

14세기 중반 세력이 약해진 원나라에서 농민 •반란군인 •홍건적(붉은 두건을 두른 도적)이 봉기하였고, 그중 일부가 원나라의 공격을 피하여 고려를 침입하였다. 한때 개경이 함락되어 공민왕이 경상북도 안동까지 피란을 갔지만, 최영과 이성계 등이 활약하여 개경을 되찾을 수 있었다.

14세기 이성계의 위화도 회군
© 셔터스톡

해안에서는 일본의 •해적 집단인 •왜구가 •약탈을 일삼으며 •내륙까지 침입하였다. 이들 때문에 고려는 바다를 통해 세금을 운반하기가 힘들어 나라의 재정이 어려워졌다. 최영과 이성계 등은 육지에서 왜구를 •격퇴하였고, 최무선은 •화포를 만들어 금강 입구의 진포에서 왜구의 수많은 배를 •불태웠으며, 박위는 왜구의 근거지인 쓰시마 섬을 정벌하기도 하였다.

한편, 공민왕이 시해된 뒤에 열 살의 어린 우왕을 즉위시킨 이인임 등 권문세족의 •횡포와 권력 •독점은 날이 갈수록 심해졌다. 이후에 최영은 우왕의 •명을 받아 이성계와 신진 사대부 세력과 함께 권문세족의 대표인 이인임 등을 제거하였다.

1368년 건국된 명나라는 요동 지역으로 진출하였고 쌍성총관부가 있던 고려의 동북쪽 지역까지 차지하려고 하였다. 이에 우왕과 최영은 요동 정벌을 추진하였다. 이성계는 왕의 명령에 따라 요동 정벌을 위해 출발하였으나, 위화도에서 군사를 돌려 최영을 몰아내고 권력을 장악하였

Vocabulary

- 신흥 emerging
- 급진파 radical faction
- 해적 pirate
- 내륙 inland
- 불태우다 to ignite; to burn
- 갈래 branch
- 반란군 rebel forces
- 왜구 Japanese pirate
- 격퇴하다 to defeat
- 횡포 tyranny
- 온건파 moderate faction
- 홍건적 Red Turban Rebels
- 약탈 plunder
- 화포 cannon
- 독점 monopoly

다(위화도 회군). 이성계와 함께 정도전 등의 급진파 신진 사대부들은 우왕과 그의 아들인 창왕을 연이어 폐위시키고 공양왕을 왕위에 올렸다. 이후 급진파 신진 사대부들은 새 왕조의 수립을 반대하는 온건파의 정몽주 등을 제거한 후, 1392년에 이성계를 왕으로 추대하여 새로운 왕조인 조선을 열었다.

Q 다음 문장에서 밑줄 친 단어의 반대어를 본문에서 찾아, 빈칸에 써 봅시다.

(1) 그 왕은 대내적으로 민생 안정에 힘쓰고, (   ) 주변 나라와의 평화를 위해 노력하였다.

(2) 정당 내부의 의견이 갈라져 사회의 변화를 서서히 이루어야 한다는 온건파와 급격하게 개혁하자는 (   )(으)로 나뉘었다.

A (1) 대외적으로 (2) 급진파

2 '코리아'가 고려 때 생긴 이름이었다고?

◆ 고려는 다른 나라와 어떻게 교류했을까?

고려의 경제와 교역

고려는 농업 사회로서 경작지의 확대, 농기구와 종자 개량, 수리 시설의 정비를 통해 경제 활동이 발전하였다. 논농사에 무내기가 도입되었고, 문익점이 14세기 중반에 원나라로부터 목화씨를 들여와 고려에서 목화 재배가 널리 확산되었다. 상업은 대체로 도시를 중심으로 발달하였고, 관청의 수공업장에서 생산된 물품을 판매하는 관영 상점이 주를 이루었으나 비정기적인 시장도 열렸다.

개경과 가까운 예성강 하구의 항구인 벽란도는 고려 시대 상업 중심지로 성장하면

- 명 order; decree
- 조선 Joseon
- 개량 improvement
- 목화씨 cotton seed
- 관영 government-operated
- 위화도 회군 Return of Troops at Wihwado
- 경작지 farmland
- 수리 irrigation
- 들여오다 to bring in; to introduce
- 비정기적인 irregular
- 추대하다 to acclaim
- 종자 seed
- 도입되다 to be introduced
- 수공업장 handcraft workshop
- 벽란도 Byeoklando Port

서 국제적인 무역항으로 발전하였다. 고려가 가장 활발하게 무역을 하였던 대상은 송나라였다. 고려는 금은·•나전 칠기·인삼·종이 등을 송나라에 수출하였고, 고려 왕실과 고위 관리층이 사용하는 비단·자기 등의 사치품과 서적을 수입하였다. 고려는 거란·여진·일본과도 교역하였고, 이때 '대식국(지금의 이란과 이라크 지역에 있었던 중세 이슬람 국가인 사라센 제국)'이라고 불리던 아라비아 지역의 상인들도 왕래하였다. 이들을 통해 '고려'가 오늘날 한국의 영어 •명칭인 '코리아(Korea)'로 세계에 알려지게 되었다.

원 간섭기의 문화 교류

원 간섭기에 고려 사회에는 원나라의 문화를 •모방하는 '•몽골풍'이 등장하였다. 몽골식 머리 모양인 •변발과 몽골식 •복장을 입는 것이 대표적이었으며, 몽골의 음식 등 다양한 풍속이 고려에 •스며들었다. 고려의 여성들이 결혼식을 할 때 머리에 얹던 장신구인 족두리, 화장을 할 때 입술이나 뺨에 바르던 붉은색의 •염료인 연지, 남녀의 •옷고름에 차는 장식용 칼 등도 몽골의 풍속에서 비롯된 것이었다.

고려의 언어도 몽골의 영향을 받았다. 왕이나 그의 가족과 관련된 말 뒤에 붙어 •존대를 뜻하는 '마마', 임금의 음식을 나타내는 '수라' 등의 단어가 그러하다. 관리를 뜻하는 '벼슬아치', 가죽신을 만드는 사람인 '갖바치', •장사꾼을 의미하는 '장사치' 등의 단어에 붙은 '치'도 직업을 나타내는 몽골어의 영향이다.

족두리
© 국립민속박물관

•유라시아에 걸친 대제국이었던 원나라에는 다양한 문화가 존재하였고, 그중 티베트의 •라마교도 고려에 도입되었다. 이 영향으로 고려에 •특이한 방식의 석탑을 비롯한 불교 예술이 발전하였다. 또한 이슬람의 과학 지식이 수용되어 고려의 과학 발전에 많은 도움을 주었다. 성리학 역시 원나라 학자들과 교류하면서 도입된 것으로, 고려의 •지식인층에게 큰 호응을 얻었다.

Vocabulary

- 나전 칠기 mother-of-pearl lacquerware
- 몽골풍 Mongolian style
- 스며들다 to permeate; to infuse
- 존대 honorific
- 라마교 Lamaist Buddhism
- 명칭 name
- 변발 Chinese queue
- 염료 dye
- 장사꾼 merchant
- 특이한 unusual; unique
- 모방하다 to imitate
- 복장 costume
- 옷고름 clothes tie
- 유라시아 Eurasia
- 지식인층 intellectuals; educated elite

반면에, 원나라에 공녀로 •끌려간 고려 여성 등을 통해 고려의 복장·음식·음악 등이 원나라에 전해졌다. '•고려양'이라고 부른 고려의 이러한 생활 양식을 원나라의 지배층은 •앞다투어 받아들였고, 이는 이후 명나라 시기까지도 지속되었다.

◆ 고려의 사상과 문화는 어떻게 변화했을까?

불교의 통합

고려 사회는 건국 초부터 불교가 나라의 지원하에 발전하였다. 태조 왕건은 연등회와 팔관회 같은 불교 행사를 •장려하면서 개경 안에 많은 사찰을 건축하였다. 그리고 나라의 •스승이 될 만한 승려에게 왕사와 국사라는 최고 직위를 주었다. 이렇듯 불교는 고려의 국가적 종교 역할을 하였다. 이에 고려 초기 불교는 실천 수행 중심의 선종과 경전·교리 중심인 •교종의 여러 •교단들이 각각 •성행하며 경쟁하였다. 왕자 출신의 승려 의천은 •화엄종을 중심으로 교종의 교단들을 통합한 후 •천태종을 만들어 선종까지 통합하고자 하였다. 고려 후기 무신 정변 이후에도 교단을 통합하려는 움직임이 있었다. 승려 지눌은 수선사(오늘날 전라남도 순천의 송광사)에서 선종 중심으로 교종을 통합하려 노력하여 현재 한국 불교에서 선종을 계승한 •조계종이 주류로 자리 잡는 데 큰 •몫을 하였다.

논산의 관촉사
석조 미륵보살 입상
ⓒ 국가유산청

고려 때 불교가 성행한 만큼 다양한 불교 문화도 발전하였다. 고려 초기에는 사찰을 •후원하던 호족들에 의해 쇠로 만든 부처상인 철불이 유행하였고, 충청남도 논산의 관촉사 석조 미륵보살 입상처럼 인체 구성이 •불균형한 거대 석불도 만들어졌다. 신라 양식의 영향을 받은 탑도 더욱 다양한 형태로 나타났다. 이 시기에 만들어진 강원도 평창의 월정사 8각 9층 석탑과 경기도 여주의 고달사지 승탑은 지금까지 남아 있다. 사찰로는 지금까지 한국에 남아 있는 가장 오래된 •목조 건축물인 경상북도 안동의 봉정사 극락전과 경상북도 영주의 부석사 무량수전이 유명하다.

- 끌려가다 to be taken away
- 고려양 Goryeo style
- 앞다투다 to compete
- 장려하다 to promote; to encourage
- 스승 teacher; mentor
- 교종 doctrin-focused Buddhism
- 교단 religious order
- 성행하다 to prevail; to be widespread
- 화엄종 Hwaeom sect
- 천태종 Cheontae sect
- 조계종 Jogye sect
- 몫 role
- 후원하다 to support
- 불균형한 asymmetrical; unbalanced
- 목조 wooden

원 간섭기에 라마교가 전래되어 고려 후기의 불교는 복을 비는 •기복적 성격이 강해졌다. 한편, 불교는 집권 세력인 권문세족과 연결되어 경제적 부를 추구하면서 농민에게 •고리대를 하여 토지를 •침탈하는 등 사회적 •폐단을 일으키기도 하였다.

유학의 발전과 여러 사상의 유행

태조 왕건은 유교를 고려의 정치 이념으로 내세우며 학교를 세워 유학을 가르쳤다. 특히 광종 때부터 실시한 유교 경전 중심의 과거제를 통해 유학이 더욱 발전하였다. 성종 때에는 유교적 •예법을 가르치는 교육이 활발해졌고 '•효'를 장려하였다.

고려 후기에 유학의 한 학파로 우주의 원리와 인간의 •심성을 •탐구하는 성리학이 유입되었다. 성리학은 충렬왕 때 문신인 안향에 의해 원나라로부터 고려에 소개되었고, 이제현과 이색이 성리학의 확산에 힘썼다. 이후 정몽주와 정도전 같은 신진 사대부가 성장하며, 고려의 현실 문제를 성리학에 따라 개혁하려는 움직임이 일어났다.

•불로장생과 •현세의 복을 추구하는 도교도 성행하여 많은 곳에서 도교 행사가 열렸다. 또한 •길흉화복을 예언하는 •도참 사상과 풍수지리설이 결합하여 •명당을 내세운 •천도론이 나타났다. 그리하여 남경에 새로 궁궐을 만들기도 하였으며, 묘청의 서경 천도 운동이 일어나기도 하였다.

역사서의 편찬과 다양한 문화의 발달

한국에 남아 있는 가장 오래된 역사서인 김부식 등이 쓴 《삼국사기》가 고려 전기 인종의 명으로 •편찬되었다. 이후 무신 집권기로 사회적 혼란이 커지고 몽골의 침입으로 인해 민족적 위기가 더해지면서, 전통문화에 대한 고려 사람들의 관심이 높아졌다. 그 무렵 이규보는 고구려를 건국한 동명왕에 대한 서사시인 〈동명왕편〉을 통해 고려의 고구려 계승 의식을 보여 주었다. 승려 일연은 《삼국사기》에 수록되지 못한 〈단군왕검

Vocabulary

- 기복적 praying for good luck
- 고리대 usury
- 침탈하다 to invade; to encroach
- 폐단 problem
- 예법 courtesy; propriety
- 효 filial piety
- 심성 mind and nature
- 탐구하다 to explore; to study
- 불로장생 immortality; eternal life
- 현세 present world
- 길흉화복 fortune and misfortune
- 도참 사상 Daoist prophetic thought
- 명당 auspicious site
- 천도론 theory of relocating the capital
- 편찬되다 to be compiled

청자 상감 구름 학 무늬 매병
© 국립중앙박물관

신화〉를 비롯하여 고대 설화와 불교사 등을 수록한 《삼국유사》를 편찬하였고, 이승휴도 《제왕운기》에서 한국의 역사가 단군왕검으로부터 시작되었음을 서술하였다.

고려 후기에는 성리학의 확산과 더불어 과거제의 활성화에 따라 책의 수요도 증가하였다. 이에 따라 고려의 인쇄술이 눈에 띄게 발전하였는데, 책을 인쇄하던 목판이 시간이 지나면 닳거나 썩는 등의 문제를 보완하여 금속 활자 인쇄술이 개발되었다. 금속 활자로는 더 많은 책들을 빠르게 만들 수 있었고, 활자판도 더 오래 사용할 수 있었다. 1377년 충청북도 청주의 흥덕사에서 인쇄된 백운화상의 《직지심체요절》은 세계에서 가장 오래된 금속 활자본으로 인정받고 있다.

공예 분야에서는 송나라의 기술을 수용하여 도자기를 만들던 고려 초기와 달리, 고려 특유의 상감 기법으로 비색이라는 독특한 색깔의 청자가 만들어졌다. 상감은 청자의 겉 부분을 파내고 그 자리를 백토나 흑토로 메우며 무늬를 만들어 내는 기법이다. 다양하고 화려한 무늬를 가진 고려의 상감 청자는 지금의 전라남도 강진과 전라북도 부안에서 주로 제작되었다.

또한 고려 시대의 사람들은 전부터 민간에서 부르던 민요를 바탕으로 고려 가요를 만들었다. 고려 가요에는 남녀 사이의 사랑을 솔직하게 읊은 내용이 많았다. 고려 가요는 사실적인 표현으로 조선 시대 유학자들로부터 남녀의 사랑을 낮잡아 부르던 말인 '남녀상열지사'라며 저속하다는 비판을 받기도 하였으나, 고려 후기 사회상을 잘 보여 주는 자료이기도 하다.

Q 다음 괄호 내 두 가지 단어 중에서 문맥상 가장 알맞은 단어에 ○로 표시해 봅시다.

(1) 새로운 교육 프로그램이 학교에 (도입되었다 / 편찬되었다).

(2) 비가 많이 와서 생긴 큰 구덩이를 다시 (메우며 / 성행하며) 작업을 진행하였다.

A (1) 도입되었다 (2) 메우며

• 금속 활자 metal movable type	• 활자판 typesetting plate	• 활자본 movable type book
• 공예 craft	• 상감 기법 inlay technique	• 비색 jade-green color
• 청자 celadon	• 파내다 to carve out	• 메우다 to inlay; to fill in
• 민요 folk song	• 고려 가요 Goryeo folk song	• 읊다 to sing; to chant
• 남녀상열지사 romantic and physical relations between men and women		• 저속하다 to be vulgar; to be indecent

1 N+이/가 N+을/를 부추기다 (to provoke; to encourage)

- 원나라의 압력이 더해지고 고려 내부의 친원 세력이 이를 더 부추기면서 고려는 혼란을 겪었다.
- 반 친구들이 두 사람의 싸움을 말리지는 않고 더욱 부추겼다.
- 여러 쇼핑 행사가 소비자의 과소비를 부추긴다는 지적이 제기되었다.

---

2 급기야 (in the end; after all)

- 급기야 공민왕이 시해를 당하면서 그의 개혁 정책은 중단되었다.
- 며칠 동안 과로하던 부장님은 급기야 쓰러지고 말았다.
- 천둥 번개를 동반한 장맛비가 쏟아지더니, 급기야 우박까지 내리기 시작하였다.

---

3 N+을/를 수립하다 (to establish; to set up)

- 정도전 중심의 급진파는 완전히 새로운 왕조를 수립하자고 주장하였다.
- 그 나라의 국민들은 긴 전쟁이 끝난 뒤 새로운 정부를 수립하기 위한 절차에 들어갔다.
- 이번 문제를 해결하기 위해서 구체적인 대책을 수립해야 한다.

4 N+을/를 일삼다 (to make a habit of ~ing; to indulge in)

- 해안에서는 일본의 해적 집단인 왜구가 약탈을 일삼으며 내륙까지 침입하였다.
- 거짓말을 일삼던 양치기 소년의 말은 아무도 믿지 않았다.
- 중고 거래 사이트에서 각종 사기를 일삼은 일행이 경찰에 붙잡혔다.

---

5 N+이/가 주를 이루다 (to dominate; to make up the majority)

- 관청의 수공업장에서 생산된 물품을 판매하는 관영 상점이 주를 이루었으나 비정기적인 시장도 열렸다.
- 이번 축제의 참가자는 대부분 대학생이 주를 이루었다.
- 이 음식점에서는 비건 요리가 주를 이루고 있다.

---

6 N+이/가 그러하다 (That is the case with ~; The same applies to ~)

- 고려의 언어도 몽골의 영향을 받았다. 왕이나 그의 가족과 관련된 말 뒤에 붙어 존대를 뜻하는 '마마', 임금의 음식을 나타내는 '수라' 등의 단어가 그러하다.
- 어떤 사람은 시험 직전에야 공부하곤 하는데, 그 반 학생들이 모두 그러하였다.
- 고령화 사회에서는 복지 서비스에 대한 수요가 증가하는데, 특히 의료 서비스에 대한 수요가 그러하다.

확인 문제 Reading Comprehension

※ 본문을 읽고 다음 질문에 답해 봅시다.

1. 다음 고려의 대표적인 문화유산에 대한 소개글을 읽고, 빈칸에 들어갈 알맞은 말을 써 봅시다. (   )

합천 해인사의 장경판전과 대장경판
© 국가유산청

《고려대장경》은 고려 시대에 부처의 힘으로 몽골의 침입을 막기 위해 만들었다. 이 대장경은 불경을 새긴 목판의 수가 8만 개가 넘어 《(   )대장경》이라고도 부른다. 이는 현존하는 목판 중 가장 방대하며, 새겨진 글자의 정밀성 등 우수성을 인정받아 유네스코 세계 기록 유산에 등재되었다. 목판을 보관하기 위해 조선 시대에 세운 건물인 경상남도 합천군 해인사의 '장경판전'도 세계 유산으로 지정되었다.

2. 다음 내용에 해당하는 시기를 〈보기〉에서 골라 기호를 써 봅시다.

〈보기〉
㉠ 무신 정권기   ㉡ 원 간섭기

(1) 고려의 왕이 원나라의 공주와 결혼하였다. (   )

(2) 노비였던 만적이 봉기를 일으키려고 하였다. (   )

3. 다음 공민왕에 대한 내용이 옳으면 ○, 틀리면 ×로 표시해 봅시다.

(1) 쌍성총관부를 공격하여 고려 북쪽 땅을 회복하려고 했으나 실패하였다. (   )

(2) 왕권 강화를 위해 전민변정도감을 설치하여 권문세족이 부당하게 빼앗은 토지를 원래 주인에게 돌려주었다. (   )

4. 다음 고려의 주변국과 관련된 사건끼리 바르게 연결해 봅시다.

(1) 거란 • — • ㉠ 강화도 천도
(2) 몽골 • — • ㉡ 강감찬의 귀주 대첩
(3) 여진 • — • ㉢ 윤관의 동북 9성 설치
(4) 왜구 • — • ㉣ 최영과 이성계의 활약

5. 다음 대화를 읽고, 빈칸에 공통으로 들어갈 알맞은 말을 써 봅시다. (　　　　　　)

선생님: 고려 사회에 전해진 몽골의 풍습을 (　　　　　　　)(이)라고 합니다.
학　생: (　　　　　　　)의 사례로는 어떤 것이 있나요?
선생님: 여성들이 결혼식을 할 때 머리에 얹던 장신구인 족두리, 화장을 할 때 입술이나 뺨에 바르던 붉은색의 염료인 연지 등이 있습니다.
학　생: 당시에 고려도 몽골에 영향을 주었겠지요?
선생님: 그럼요. 고려의 풍습도 몽골에 전해졌는데, 이를 고려양이라고 합니다.

6. 다음 자료를 보고, ㉠에 들어갈 알맞은 말을 골라 봅시다. (　　)

〈수업 주제: 고려 시대의 (　㉠　)〉

김부식 등의 《삼국사기》

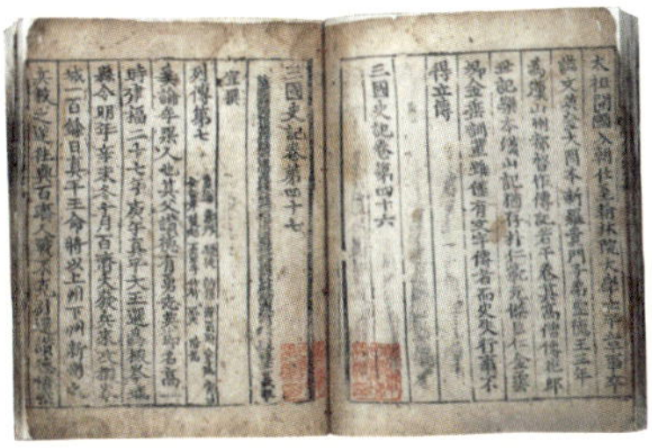

© 한국학중앙연구원

일연의 《삼국유사》

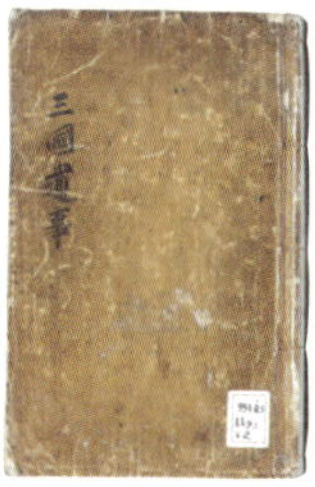

© 국가유산청

① 역사서　　② 풍수지리설　　③ 남녀상열지사 자료

1. 만적 2. (1) ㉠ (2) ㉡ 3. (1) × (2) ○ 4. (2)-㉠ (3)-㉢ 5. 몽골풍 6. ①

주제 1 바람직한 리더의 모습

1. 다음은 고려 시대 지배층의 변화를 요약한 자료입니다. 이를 참고하여 바람직한 리더의 모습이 어떠해야 할지 자신의 생각을 요약하여 써 봅시다.
Read the information about changes in the ruling class of the Goryeo Dynasty. Then, write a summary of the qualities that make a desirable leader.

- **호족(10세기)**: 통일 신라 말부터 고려 초까지 세력을 키운 호족은 주로 지방의 지도층이었다. 이들은 태조 왕건의 고려 건국에 협력하였고 지방 사회를 안정시켰다. 호족은 많은 토지와 노비를 소유하였고, 개인적으로 사병을 보유하여 무력을 행사할 수 있었다.
- **문벌(11세기)**: 고려 전기의 지배층인 문벌은 대대로 고위 관직을 차지하며 권력을 가진 가문이었다. 문벌은 고려의 유교적 정치 질서가 확립되는 데 힘을 보태었다. 이들은 음서를 통해 관직을 얻었고 공음전을 받아 경제력을 키웠다.
- **무신(12세기 후반)**: 무신들이 무신 정변을 일으켜 권력을 가지게 되었다. 무신은 문신의 부패를 견제하고 군사력을 길렀다. 무신들 간에는 잦은 다툼과 정권 교체가 일어났으며, 이들은 사병을 양성하고 여러 정치 기구를 만들어 집권자 자리를 유지하는 데 집중하였다.
- **권문세족(13세기 후반)**: 권력과 세력을 모두 가진 권세가를 뜻하는 권문세족은 원 간섭기의 지배층이었다. 이들은 특히 원나라에 친화적인 친원적 경향이 강하여 원나라와의 외교적 갈등을 줄이고자 하였고, 원나라를 등에 업고 농장을 확대하였다.
- **신진 사대부(14세기 후반)**: 과거제를 통해 관직에 진출한 신진 사대부는 학문적 능력이 뛰어난 지식인 층이었다. 이들은 성리학을 중심으로 유교 원리에 따라 나라를 운영하려 하였다. 이후 이들은 고려 왕조를 유지하자는 온건파와 새 왕조를 수립하자는 급진파로 나뉘어 대립하였다.

▶

2. 1번을 바탕으로 친구들과 함께 토의해 봅시다.
Share your opinion and compare it with others.

주제 2 기술의 발전과 사회

1. 다음은 유네스코 세계 기록 유산으로 등재된 《직지심체요절》에 대한 자료입니다. 이를 참고하여, 세계 역사 속에서 기술의 발전이 사회에 끼친 영향을 보여 주는 구체적 사례를 조사하여 소개하는 글을 써 봅시다.

Read the following information about *Jikji simche yojeol*, which is listed as a UNESCO Memory of the World. Research specific examples of how technological advances have influenced society in world history. Then, write an introductory paragraph.

〈《직지심체요절》이 세계 기록 유산으로 등재!〉

입력 2001. ○○. ○○.

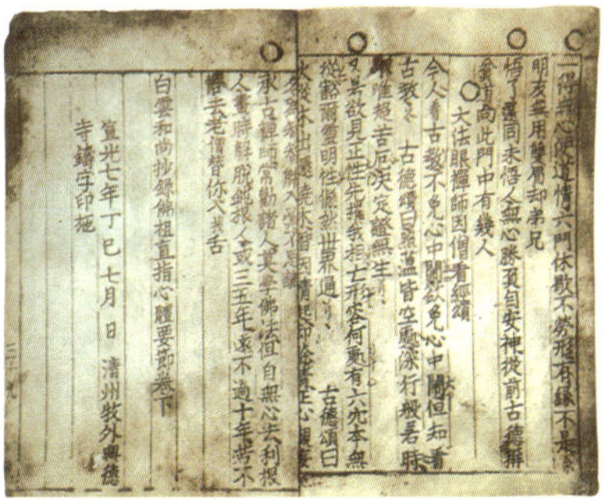

ⓒ 한국학중앙연구원

세계에서 가장 오래된 금속 활자 인쇄본인 《직지심체요절》이 유네스코 세계 기록 유산으로 등재되었다.

고려 후기에 승려 백운화상이 여러 경전에 실린 부처와 승려의 가르침들을 뽑아 해설한 이 책은 1377년 충청북도 청주 흥덕사에서 금속 활자로 인쇄되었다. 이는 독일의 구텐베르크가 금속 활자로 인쇄해 출간한 《구텐베르크 42행 성경》보다 70여 년 넘게 앞선 시기였다.

한 판에 책의 내용 전체를 조각하는 목판 기술과 달리 금속 활자 기술은 판에 글자를 하나씩 조립하는 방법이어서, 여러 종류의 책을 빠르게 인쇄할 수 있었다. 이러한 인쇄 기술의 발전을 통해 사람들에게 지식이 더 빨리 전달될 수 있었고, 지역적인 제약도 줄어 지방에서도 인쇄 활동이 가능해졌다. 《직지심체요절》의 세계 기록 유산 등재는 고려 인쇄 기술의 혁신적인 발전상이 그 가치를 인정받은 것이다.

▶

2. 1번을 친구들에게 발표해 봅시다.

Present your writing to the class.

조선의 성립과 사회상

The Rise of the Joseon Dynasty and Its Society

학습 목표
Learning Objectives

1. 조선의 건국과 유교 중심 통치 체제, 그리고 국제 관계 및 임진왜란·병자호란의 진행 과정을 이해하고 설명할 수 있다.
2. 조선 전기의 유교 문화와 한국 화폐에 드러나는 상징 등을 살피고, 세계 화폐 속 문화 상징 등을 조사하여 쓰고 이야기할 수 있다.

생각 열기
Warm Up

1. 연표상 한국의 조선 전기와 동시대의 세계사 항목을 비교하며 살핀 후, 여러분의 고향 혹은 알고 있는 나라에 대해 추가하고 싶은 내용을 표시해 봅시다.
2. 연표에 등장하는 한국의 조선 전기를 살펴, 알고 있는 항목이 무엇인지 말하고 친구가 말하는 항목은 별도로 표시해 봅시다.
3. 한국의 조선 전기를 이해할 수 있는 핵심 용어 중 알고 있는 것을 표시해 봅시다.

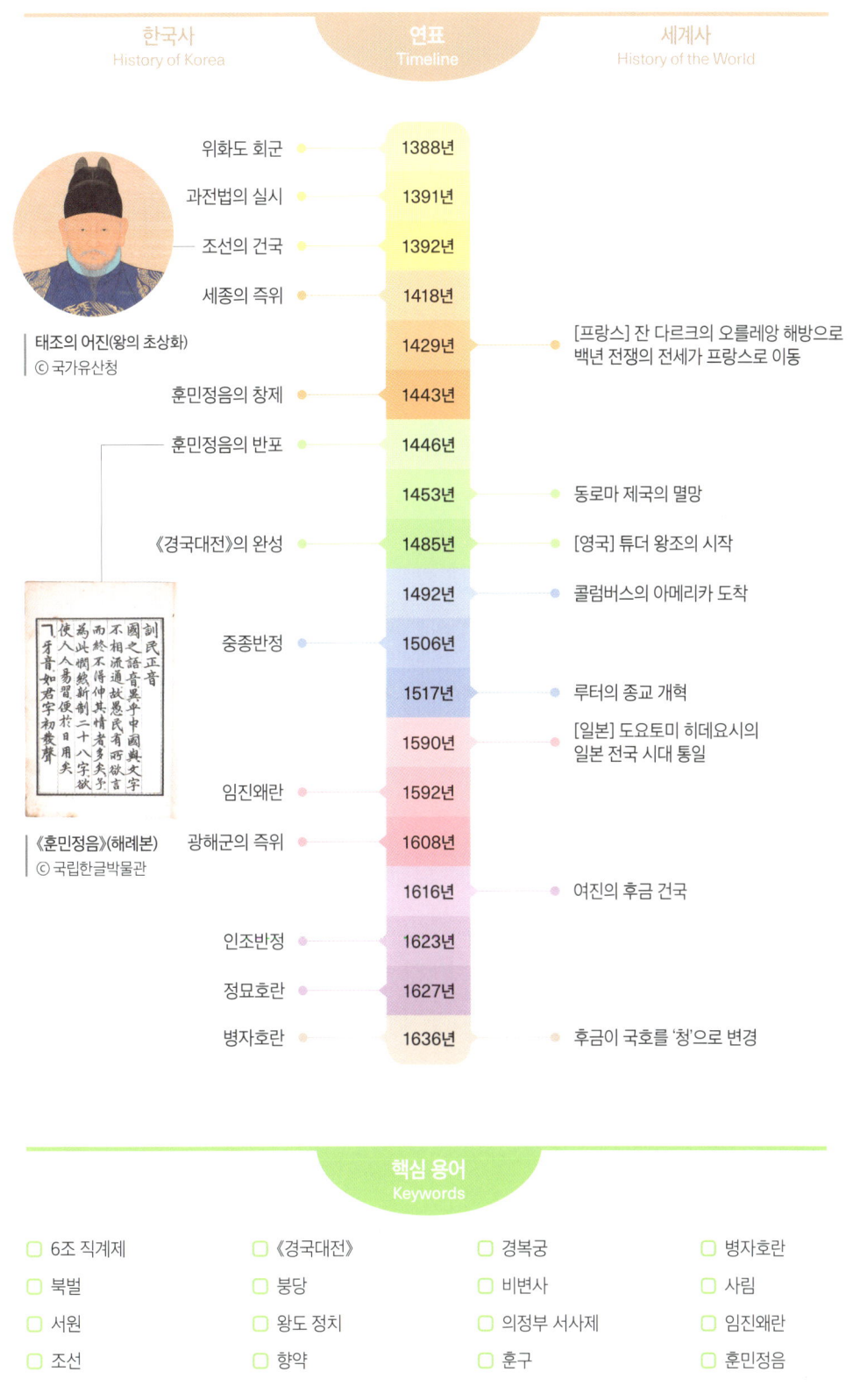

한국사 History of Korea	연표 Timeline	세계사 History of the World
위화도 회군	1388년	
과전법의 실시	1391년	
조선의 건국	1392년	
세종의 즉위	1418년	
	1429년	[프랑스] 잔 다르크의 오를레앙 해방으로 백년 전쟁의 전세가 프랑스로 이동
훈민정음의 창제	1443년	
훈민정음의 반포	1446년	
	1453년	동로마 제국의 멸망
《경국대전》의 완성	1485년	[영국] 튜더 왕조의 시작
	1492년	콜럼버스의 아메리카 도착
중종반정	1506년	
	1517년	루터의 종교 개혁
	1590년	[일본] 도요토미 히데요시의 일본 전국 시대 통일
임진왜란	1592년	
광해군의 즉위	1608년	
	1616년	여진의 후금 건국
인조반정	1623년	
정묘호란	1627년	
병자호란	1636년	후금이 국호를 '청'으로 변경

태조의 어진(왕의 초상화)

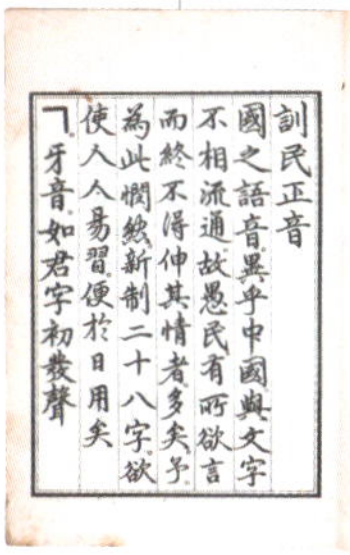

訓民正音
國之語音異乎中國與文字
不相流通故愚民有所欲言
而終不得伸其情者多矣予
爲此憫然新制二十八字欲
使人人易習便於日用矣
ㄱ牙音如君字初發聲

《훈민정음》(해례본)

핵심 용어
Keywords

- 6조 직계제
- 북벌
- 서원
- 조선
- 《경국대전》
- 붕당
- 왕도 정치
- 향약
- 경복궁
- 비변사
- 의정부 서사제
- 훈구
- 병자호란
- 사림
- 임진왜란
- 훈민정음

《경국대전》 *Gyeongguk Daejeon*

조선의 기본 법전인 《경국대전》은 조선 건국 초에 편찬하였던 《경제육전》 등을 바탕으로 그 후에 추가된 내용을 종합하여 만들어졌다. 이 법전은 세조 때 편찬을 시작하여 성종 때 완성되었으며, 이를 통해 법치주의에 입각한 조선 시대의 통치 기준이 확립되었다.

Gyeongguk Daejeon, or the Great Code of National Governance, was a fundamental legal code compiled on the basis of *Gyeongje Yukjeon*, or the Six Codes of State Administration, which had been created in the early years of the Joseon Dynasty. Subsequent additions were made, and *Gyeongguk Daejeon* was eventually completed. The compilation began during the reign of King Sejo and was finalized under King Seongjong, establishing the standard of governance in Joseon, firmly grounded in the rule of law.

경복궁 Gyeongbokgung Palace

경복궁은 태조 이성계가 조선 건국 후에 건립한 궁궐이다. 경복궁은 오늘날의 서울 종로구에 위치하며, 정문인 광화문 앞으로 여러 관청들이 모여 있던 육조 거리(지금의 세종 대로)가 펼쳐졌다. 1592년 임진왜란 때 불에 탔던 경복궁은 270여 년이 지난 후 흥선 대원군에 의해 재건되었다.

The Gyeongbokgung Palace was constructed by King Taejo, Yi Seong-gye, following the founding of the Joseon Dynasty. It is located in present-day Jongno-gu, Seoul. In front of the Gwanghwamun Gate, the palace's main entrance, Yukjo Street (now Sejong-daero) extended, along which various government offices were situated. The Gyeongbokgung Palace, which was destroyed during the Imjin War, Japanese invasions of 1592–1598, was rebuilt by Heungseon Daewongun 270 years later.

비변사 Border Defense Council

국방의 일을 대비하는 기관인 비변사는 16세기 중종 때 왜구와 여진의 잦은 침입에 대처하고자 임시로 설치되었다. 비변사는 임진왜란 때 권한이 더욱 강화되었으며, 조선 후기에는 의정부를 대신하여 국정을 총괄하는 최고 기관이 되었다.

Bibyeonsa, or the Border Defense Council, was an organization established during the reign of King Jungjong in the 16th century to address frequent invasions by Japanese pirates and the Jurchen. Initially created as a temporary body to manage defense affairs, its authority was greatly expanded during the Imjin War. By the late Joseon Dynasty, Bibyeonsa had become the highest institution overseeing state affairs, effectively replacing the Uijeongbu, or the State Council.

왕도 정치 Kingly Rule

왕도 정치란 통치자의 덕에 의한 정치로, 중국 사상가인 맹자의 핵심 사상이자 조선 왕들의 정치 이념이었다. 왕도 정치는 폭력과 강압이 아닌 덕과 인품으로 백성을 이끌고, 백성의 의견을 경청하여 그들의 고통을 함께 나누는 민본 사상을 담고 있다.

Kingly rule is a system of governance based on the virtue of the ruler. It was a core idea of Mencius, the Chinese philosopher, and became the guiding political ideology of the Joseon kings. Kingly rule does not rely on violence or coercion; rather, it embodies a people-oriented idea, leading the people with virtue and integrity, listening to their voices, and sharing in their hardships.

의정부 서사제와 6조 직계제 State Council Deliberative System & Direct Reporting System of the Six Ministries

조선의 중앙 통치 조직은 의정부와 6조(이조·호조·예조·병조·형조·공조)를 중심으로 구성되어 있었다. 의정부 서사제는 6조의 업무를 의정부가 먼저 논의한 후 왕에게 보고하고, 이에 대한 왕의 명령을 의정부가 다시 6조로 전달하는 제도였다. 세종을 비롯한 조선의 왕들은 대개 의정부 서사제를 실시하여 신하들의 의견을 경청함으로써 왕권과 신권의 조화를 도모하였다. 한편, 6조 직계제는 6조가 의정부를 거치지 않고 직접 왕에게 보고하고 명령을 받는 제도로, 의정부의 권한은 약화되었다. 6조 직계제는 태종이 왕권 강화를 위해 처음 실시하였고, 이후 세조도 실시하였다.

The central governance structure of the Joseon Dynasty was organized around the Uijeongbu (State Council) and the Yukjo (Six Ministries: Ijo, Hojo, Yejo, Byeongjo, Hyeongjo, and Gongjo). The Uijeongbu Seosaje, or State Council Deliberative System, was a system in which the Uijeongbu first discussed the work of the Six Ministries, reported it to the king, and then conveyed the king's orders back to the ministries. Joseon kings—including King Sejong—generally preferred the Uijeongbu Seosaje, as it allowed them to hear the opinions of their officials and promote harmony between royal authority and bureaucratic governance. In contrast, the Yukjo Jikgyeje, or Direct Reporting System of the Six Ministries, was a system in which the Six Ministries reported directly to the king and received orders without passing through the Uijeongbu, thereby weakening the council's authority. This direct reporting system was first introduced by King Taejong to strengthen royal power and was later adopted by King Sejo.

훈민정음과 《훈민정음》(해례본) Hunminjeongeum & *Hunminjeongeum* (Haerye)

한글의 옛 이름인 훈민정음(訓民正音: 백성을 가르치는 바른 소리)은 조선의 제4대 왕 세종이 1443년에 창제하고 1446년에 반포한 한국 고유의 문자를 말한다. 자음과 모음을 합쳐 28자였으나, 오늘날에는 24자만 쓰인다. 이의 사용법을 설명한 책은 《훈민정음》(해례본)이다.

Hunminjeongeum (The Proper Sounds for the Instruction of the People), the original name of Hangeul, is a unique Korean writing system created by King Sejong, the fourth king of the Joseon Dynasty, in 1443 and promulgated in 1446. It originally consisted of 28 letters, including both consonants and vowels, though only 24 are used today. *Hunminjeongeum* (Haerye) is the book that explains its principles and usage.

1 고려 멸망 이후 등장한 조선은 어떤 나라였을까?

◆ 왕권 강화를 위해 새 왕조는 어떤 정책을 추진했을까?

14세기 후반 동아시아의 정세와 조선의 건국

14세기 후반에 원나라가 쇠퇴하면서 중국 지역 각지에서 여러 •반원 세력들이 반란을 일으켰고, 이후 명나라가 건국되었다. 일본에서는 14세기 초에 성립한 무로마치 •막부가 이 시기에도 계속해서 통치하고 있었으나, 지방에 대한 통제력이 약화된 상태였다. 왜구들은 고려와 중국 지역의 해안을 침입하여 많은 피해를 입혔다. 14세기 후반의 동아시아를 둘러싼 이러한 국제 •정세는 고려에도 영향을 주었다. 홍건적과 왜구의 침입을 물리치는 과정에서 이성계를 비롯한 •신흥 무인 세력이 성장하였고, 고려의 공민왕이 실시한 반원 •개혁 정치를 바탕으로 신진 사대부가 성장하였다.

고려 말 우왕에 이르러 명나라는 고려 북쪽 지역이 자신들의 땅이라며 돌려 달라고 하였고, 우왕과 최영은 요동 정벌을 추진하였으나 이성계가 이에 반대하며 위화도에서 군사를 돌려 고려로 돌아왔다. 그는 우왕과 최영을 제거한 후 •실권을 장악하였고, 신진 사대부와 함께 본격적으로 개혁을 실시하였다.

그 과정에서 신진 사대부들은 두 갈래로 나뉘었다. 정몽주 등 •온건파는 고려 왕조를 유지하며 •점진적인 개혁을 주장하였다. 반면에 정도전 등 •급진파는 토지 제도 등의 •근본적인 개혁을 주장하며 이성계와 손을 잡고 공양왕을 세워 정치적 실권을 장악하였다. 급진파 신진 사대부는 새로운 토지 제도인 •과전법을 실시함으로써 권문세족의 기반을 약화시키고 경제적 실권도 장악하였다. 마침내 1392년, 급진파 신진 사대부와 신흥 무인 세력은 공양왕을 •폐위시켰고 이성계가 왕위에 올라 새 왕조인 •조선을 열었다.

Vocabulary

- 반원 anti-Yuan
- 막부 shogunate; military government
- 정세 political situation
- 신흥 emerging
- 개혁 reform
- 실권 real power; actual authority
- 온건파 moderate faction
- 점진적인 gradual; step by step
- 급진파 radical faction
- 근본적인 fundamental
- 과전법 land allotment system
- 폐위시키다 to dethrone; to depose
- 조선 Joseon
- 기틀 foundation; basis
- 개칭 renaming

태조과 태종의 정책

태조 이성계는 새 왕조의 권위를 높이고 나라의 •기틀을 새롭게 마련하고자, 단군 왕검이 세운 고조선을 계승한다는 의미로 국호를 '조선'으로 바꾸었다. 수도는 한양(태조 4년에 '한성'으로 •개칭)으로 옮기고 궁궐인 경복궁도 새로 지었다. 태조 이성계를 비롯한 조선 건국 세력은 왕도 정치를 나라를 운영하는 기본 이념으로 삼았다. 특히 정도전은 민심을 근본으로 삼는 •민본 사상을 강조하고, 최고위직 관리인 •재상이 중심이 되어 왕을 보좌하는 재상 정치를 주장하였다. 조선 시대에는 성리학 중심의 유교 정치를 추구하여 불교가 크게 •위축되었다.

호패의 앞면(왼쪽)과 뒷면(오른쪽)
© 국립중앙박물관

보통 호패의 앞면에 이름·신분·출생 연도 등을, 뒷면에 제작 연도 등을 새겼다. 호패를 통해 인구를 파악하고, 군역을 부과할 인원을 확보하였다.

태조의 다섯째 아들인 이방원은 태조가 왕위를 •막냇동생에게 물려주려는 것에 불만이 있었다. 이방원은 '왕자의 난'을 일으켜 세자가 된 막냇동생과 정도전 등을 제거하였고, 그 결과 이방원의 형인 정종이 왕위에 올랐다. 세자가 된 이방원은 왕족과 공신의 •사병을 없애 군사권을 왕에게 집중시키고, 최고 행정 기관으로 의정부를 설치하는 데 영향력을 끼쳤다. 정종에 이어 왕위에 오른 태종 이방원은 6조 직계제를 실시해 왕권을 강화하였다. 태종은 •논밭의 크기를 조사해 •토지 대장인 •양안을 만들었고, 인구도 조사해 •호적을 작성하였으며, 16세 이상의 남자에게는 •호패라는 일종의 신분증을 가지고 다니게 하는 호패법을 시행하였다.

◆ 조선 전기의 유교 중심 통치 체제를 살펴볼까?

세종의 정책과 그 이후 왕들의 정책

세종은 태종이 •다진 안정된 왕권을 바탕으로 이상적인 유교 정치를 •실현하고자 하였다. 그는 정책 연구 기관인 집현전을 설치해 인재를 •육성하고, 왕이 신하와 함께 유교 경전과 역사서 등을 읽으며 정치를 토론하는 '•경연'과 세자 교육인 '•서연'도 강화하였다. 또 세종은 6조 직계제를 폐지하고 신하들의 의견을 수렴하고자 의정부 서사

- 민본 people-oriented
- 막냇동생 youngest brother
- 토지 대장 land register
- 호패 identification tag
- 육성하다 to foster
- 재상 chief state councillor
- 사병 private army
- 양안 land survey register
- 다지다 to strengthen
- 경연 royal court debate
- 위축되다 to shrink
- 논밭 rice paddy and dry field; farmland
- 호적 family register
- 실현하다 to realize
- 서연 educational system for the crown prince

앙부일구
© 국립민속박물관

제를 부활시키는 등 유교에 근거한 문물과 제도를 갖추어 나갔다.

세종은 민본 정치를 실현하기 위해 1443년에 훈민정음을 창제하였고 1446년에 이를 반포하였다. 세종은 훈민정음으로 백성에게 유교 윤리와 왕조의 정통성을 알릴 수 있었고, 소수의 지배층만이 향유하던 문화를 더 많은 백성들이 누리게 하였다.

세종은 천문학을 비롯한 과학과 기술의 발전도 이루었다. 세종은 농경 사회에서 중요한 절기를 파악하기 위해 장영실·이천에게 천문 관측 기구인 혼천의와 해시계인 앙부일구 등을 만들게 하였다. 이때 역법서인 《칠정산》과 농업 기술을 소개한 《농사직설》도 편찬되었다.

문종에 이어 어린 단종이 즉위하자, 단종의 숙부인 수양 대군(세조가 왕자였을 때의 호칭)이 정변을 일으켰다(계유정난). 단종을 내쫓고 왕이 된 세조는 집현전과 경연을 폐지하고, 6조 직계제를 다시 실시하는 등 왕권 강화를 도모하였다. 그는 군사 제도를 개편하고, 기본 법전인 《경국대전》의 편찬도 시작하였다. 이후 왕위에 오른 성종은 세종 때의 유교 정치를 모범으로 삼아 집현전을 계승한 홍문관을 설치하고 경연을 강화하였다. 이때 《경국대전》도 완성해 반포함으로써 더 체계적으로 나라를 다스렸다.

조선의 통치 체제

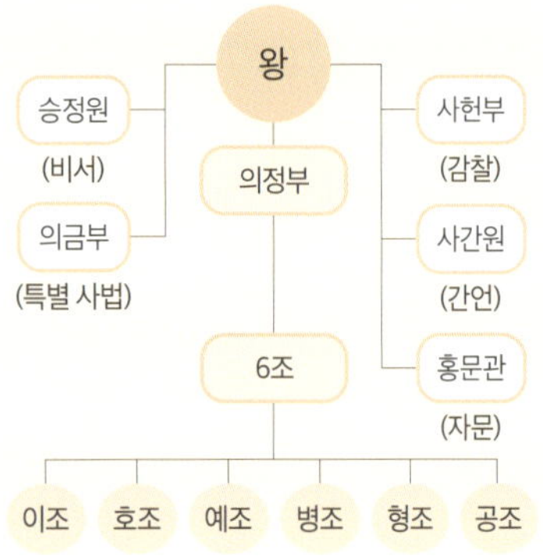

중앙 통치 조직의 정비와 조세 제도

조선 시대 중앙 통치 조직의 핵심은 의정부와 6조였다. 의정부는 영의정·좌의정·우의정의 세 정승이 국정을 총괄하는 최고 기구였고, 실질적인 행정 업무는 6조와 그 아래 여러 관청이 나누어 맡았다. 유교 정치를 강조한 조선은 권력이 개인, 특히 왕에게 집중되는 것을 방지하고자 관리의 비리를 감찰하는 사헌부·왕에 대한 간언을 맡은 사간원·왕의 학문적 자문 기관인 홍문관이라는 3개의 기관, 즉 3사를 두어 왕과 고위 관리를 견제하였다. 이밖에도 비서 기관인 승정원,

Vocabulary

- 창제하다 to create
- 혼천의 Armillary Sphere
- 역법서 calendar book
- 비리 corruption
- 자문 consulting
- 정통성 legitimacy
- 해시계 sundial
- 숙부 uncle
- 감찰하다 to inspect; to supervise
- 3사 Three Censorial Offices
- 절기 seasonal division; solar term
- 앙부일구 Hemispherical Sundial
- 정승 state councillor
- 간언 advice; remonstrance
- 중죄인 felon; serious criminal

•중죄인을 다스리는 의금부, 역사서를 편찬하는 춘추관, 최고 학부인 성균관, 수도인 한성의 행정과 사법을 맡아 관리하는 관청인 한성부 등이 있었다.

조선의 재정은 전세·역·공납의 조세 수입으로 이루어졌다. 조선 초기 전세 제도로는 수확량의 10분의 1을 거두는 과전법을 실시하였다가, 세종 때 농경지의 기름진 정도와 수확량을 고려하여 전세를 •차등 있게 거두는 •공법을 시행하였다. 역은 16세에서 60세까지의 양인 남자에게 부과하였으며, 일정 기간 군 복무를 하는 군역과 토목 사업에 동원되어 일하는 요역으로 나뉘었다. 16세기 이후로는 군역 •기피 현상이 심해져서 군 복무 대신에 •군포(군역 면제를 위해 내는 베)를 내는 경우가 늘어났다. 공납은 •가구 단위로 각 지방의 특산물을 나라에 바치는 것이었는데, 특산물의 •생산량이 일정하지 않고 운반에도 어려움이 있는 등 여러 폐단이 나타나 백성의 부담이 커졌다.

지방 행정 조직과 군사 제도

조선은 전국을 8개의 도로 나누고, 도 아래 부·목·군·현을 두어 각 지역에 지방관인 수령을 임명하였다. 고려와 달리 조선 시대에는 모든 군현에 수령을 파견함으로써 중앙 집권을 강화함과 동시에 지방 행정을 •일원화할 수 있었다. 수령은 행정을 비롯해 사법·군사 사무까지 담당하였고, 수령을 보조하던 역할인 향리는 고려 시대에 비해 그 지위와 권한이 약화되었다. 한편, 조선의 각 군현에는 지방 •양반들이 조직한 •유향소가 설치되어, 수령과 향리의 •부정을 견제하고 풍속을 •바로잡는 등 •향촌 사회 내 •자치적 기능을 수행하였다.

조선 전기의 군사 조직은 중앙군과 지방군으로 나뉘었다. 중앙군은 궁궐과 지방군은 한성을 •수비하는 5위로 구성되고, •문관이 지휘하였다. 지방군은 세조 때 실시된 진관 체제에 따라 각 도의 군사적 요충지에 군사 조직 단위인 진을 편성하고, 각 진을

- 차등 differentiated
- 군포 military cloth tax
- 일원화하다 to unify
- 부정 corruption
- 자치적 autonomous; independent
- 공법 land tax system of Joseon
- 가구 household; family unit
- 양반 aristocrat; nobleman
- 바로잡다 to correct
- 수비하다 to guard; to protect
- 기피 avoidance
- 생산량 output; production
- 유향소 Confucian Local Council
- 향촌 local village
- 문관 civil official

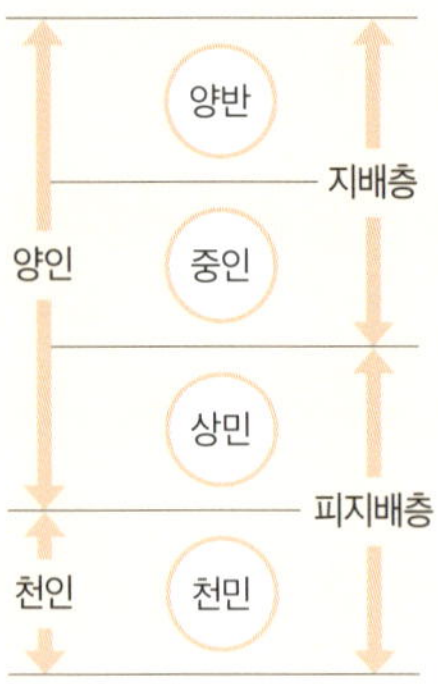

| 조선 전기의 신분 제도

중심으로 관리인 진관이 관할 구역을 방어하도록 하였다. 이때 육지의 주진에는 육군을 지휘하는 병마절도사를, 해안가의 주진에는 수군을 지휘하는 수군절도사를 파견하였다. 그리고 주진 아래에 여러 개의 거진을 두어 지역 방위를 담당하게 하였다.

신분 제도와 과거제

조선의 신분 제도는 법제적으로는 양인과 천인으로 이루어진 양천제였으나, 실제로는 양인층 내에서 지배층인 양반과 피지배층인 상민으로 구분된 반상제가 자리 잡았다. 여기에 문반·무반으로 이루어진 양반보다 지위가 낮은 지배층으로서 전문 분야의 실무를 맡은 기술관·향리 등의 중인 계층이 생겼고, 농민·상인·수공업자인 상민과 노비·백정·광대·기생 등의 천민까지 4개의 신분층이 정착되었다.

조선의 최고 교육 기관은 성균관이었으며, 유교적 소양을 갖춘 인재를 등용하기 위해 관리 선발 시험인 과거제를 중시하였다. 이 시험은 문신을 뽑는 문과·무신을 뽑는 무과·기술관을 뽑는 잡과로 실시되었으며, 원칙적으로는 천민이 아니면 누구나 응시할 수 있었지만 실제로 문과에는 양반이, 무과에는 양반이나 상민이 응시하였다. 의술·외국어 등의 기술학은 잡과에서 따로 시험을 치렀고, 중인들이 주로 응시하여 의관·역관 등으로 일하였다.

◆ 조선 전기의 국제 관계는 어떠했을까?

명나라와의 사대 관계

조선의 외교는 명나라에 대해서는 큰 나라를 받들어 섬긴다는 '사대'를, 그밖에 여진과 일본 등에 대해서는 이웃 나라와 대등하게 교류한다는 '교린'을 원칙으로 삼았다.

조선 건국 초인 태조 이성계 때 조선은 몽골과 함께 명나라를 위협하는 존재이자 요동 정벌을 준비하면서 명나라와 갈등을 빚었지만, 태종 이후로는 양국의 관계가 회

Vocabulary

- 관할 구역 jurisdiction
- 방위 defense
- 중인 middle-ranked professionals
- 백정 butcher
- 광대 clown; traditional entertainer
- 기생 female entertainer
- 문과 civil service examination
- 무과 military service examination
- 잡과 miscellaneous examination
- 의관 medical officer
- 역관 official interpreter
- 사대 policy of serving the great
- 교린 neighborly relations policy
- 책봉 investiture
- 조공 tribute

복되었다. 조선의 안정과 번영에는 명나라와의 평화로운 관계가 큰 영향을 끼쳤기 때문에 조선은 이를 중시하였고, 교류도 활발하였다.

조선의 왕은 명나라의 황제로부터 왕위 •책봉을 받았으며, 조선은 명나라에 •조공을 바치고 •답례품을 받았다(조공 책봉 체제). 이때 왕위 책봉은 평화 유지를 위한 외교 형식일 뿐 내정 간섭이나 지배를 의미하는 것은 아니었다. 또한 조선은 명나라의 선진 문물을 받아들이며 경제적·문화적 발전을 이룰 수 있었다. 다시 말해 당시 사대 관계는 국제적 평화를 유지하면서 •실리를 챙기는 외교 방법이었다.

주변국들과의 교린 관계

조선은 여진·일본 등 주변 나라들과의 관계에서 교린을 원칙으로 삼았지만, 국경 지역의 안정과 왜구 문제의 대처라는 •시급한 •과제에 •당면해 있었다. 이에 태조 이성계는 북쪽 국경 지역에 •맞닿아 있던 여진에 강경히 대응하고자 일찍이 두만강 지역을 개척하였다. 이후 세종 때에는 4군과 6진을 설치하여 압록강과 두만강까지 영토를 넓혔고, 이 지역에 충청도·전라도·경상도 삼남 지방의 일부 주민을 이주시키는 •사민 정책을 추진하였다. 한편, •회유의 방법으로써 여진족에게 •귀순을 적극 장려하고 무역을 허락하였으며, •토착민을 관리로 임명하였다. 하지만 여진이 조선의 국경을 침입하는 일을 그치지 않자, 조선은 군대를 동원하여 여진을 정벌하는 등 •강경책과 •회유책의 양면 정책을 취하였다.

전부터 해안으로 침입하여 •약탈을 일삼았던 왜구는 조선 시대에도 여전히 심각한 문제였다. 조선은 •전함과 화약 무기를 개발하여 왜구를 •격퇴하고자 하였으나 왜구의 약탈은 계속되었다. 세종 때에는 왜구의 근거지인 쓰시마섬을 정벌하기도 하였다. 이

4군 6진의 위치
© 셔터스톡

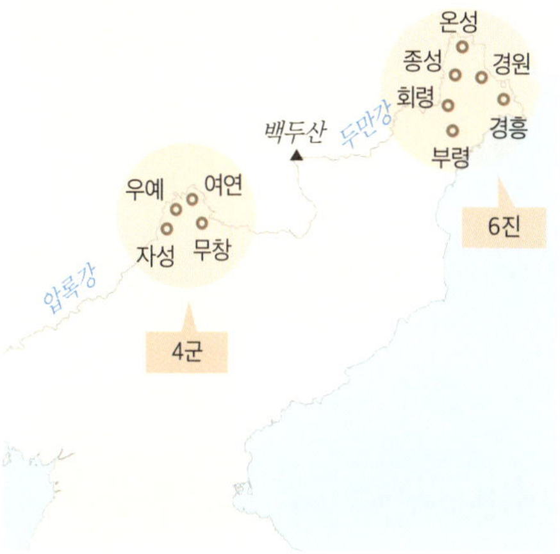

- 답례품 return gift
- 과제 task
- 사민 정책 Border Settlement Policy
- 토착민 native people
- 약탈 plunder
- 실리 practical interests
- 당면하다 to face
- 회유 appeasement; conciliation
- 강경책 hardline policy
- 전함 warship
- 시급한 urgent
- 맞닿다 to be adjacent
- 귀순 defection
- 회유책 appeasement policy
- 격퇴하다 to defeat

후 세종은 일본의 요구를 받아들여 부산포·제포(지금의 경상남도 창원)·염포(지금의 울산)의 3포를 개방하여 일본에 제한된 범위의 무역을 허용하였고, 왜관을 지어 허가받은 일본인들이 머물며 교역할 수 있게 하였다.

이외에도 조선은 류큐(일본 오키나와)·시암(태국)·자와(인도네시아 자바섬) 등 동남아시아의 여러 나라와 •진상(進上)과 조공의 형식으로 교류하며 •물자들을 주고받았다.

Q 다음 제시어와 알맞은 뜻풀이를 찾아 연결해 봅시다.

(1) 부정 •　　　　• ㉠ 실제로 얻는 이익.

(2) 실리 •　　　　• ㉡ 올바르지 아니하거나 옳지 못함.

A (1)-㉡ (2)-㉠

2 조선에는 어떤 정치적 변화와 전쟁이 일어났을까?

◆ 조선 시대 붕당은 어떻게 생겨났을까?

사림의 등장과 훈구와의 대립

왕조 교체 이후 지방에 정착하여 성리학을 연구하고 유향소를 통해 영향력을 키운 지식인층이 15세기 후반부터 중앙 정치 무대에 등장하였는데, 이들을 '•사림'이라고 부른다. 성종은 3사 등 언론 기관에 사림을 •중용하여 세조 때의 공신 출신으로 권력과 부를 독점하고 있던 •훈구 세력을 견제하고자 하였다. 왕도 정치를 강조한 사림은 훈구 •대신들의 부정과 비리를 비판하였고, 두 세력은 심하게 대립하였다. 이로써 조선 전기에 훈구 세력에 의해 사림이 피해를 입은 •사화가 여러 차례 발생하였다.

Vocabulary

- 진상 offering to the king
- 중용하다 to appoint appropriately
- 사화 political purge
- 도덕 morality; virtue
- 정계 political circle
- 물자 supplies; goods
- 훈구 meritorious elite
- 폭압적인 oppressive
- 추천받다 to be recommended
- 대거 on a large scale
- 사림 Neo-Confucian scholar
- 대신 minister
- 명망 reputation
- 현량과 examination for worthy and virtuous officials

15세기 말 연산군 때 훈구는 사림인 김종직이 쓴 글이 왕위를 뺏고 단종을 죽인 세조를 비판한 것이라 주장하고, 이를 빌미로 사림을 공격하였다(무오사화). 이후 사림은 연산군이 어머니의 죽음과 관련된 사람들을 제거하는 과정에서 또다시 큰 피해를 입었다(갑자사화).

훈구는 •폭압적인 정치를 하던 연산군을 몰아내고 정변을 일으켜 중종을 즉위시켰다(중종반정). 그러나 훈구의 권력이 지나치게 강해지자, 중종은 사림을 적극적으로 등용하여 이를 견제하였다. 이로써 사림들 사이에 •명망이 높은 조광조가 중용되었다. 그가 유교적 •도덕 정치의 시행을 주장하며 인재를 •추천받아 간단한 시험을 치른 결과에 따라 관리로 등용하는 •현량과를 실시하자, 사림이 중앙 •정계에 •대거 진출하였다. 나아가 그는 중종반정 때의 공신인 훈구 중에 •자격이 없는 사람이 많으니 그들의 공신 •칭호를 •박탈하자고 요구하였다. 이에 대한 훈구의 •반발로 조광조를 비롯한 여러 사림들은 죽음을 맞았으며(기묘사화), 중종 시기의 후반에 다시 등용되었던 사림은 명종 때 •외척 사이의 권력 싸움으로 또다시 많은 희생을 당하였다(을사사화).

붕당의 출현

계속된 사화에도 불구하고 사림은 •향약과 •서원을 바탕으로 지방에서 꾸준히 세력을 키웠다. 사림은 향촌의 •자치 •규약인 향약을 보급하여 유교적 •예절과 풍속을 정비하고 질서를 확립하였다. 이와 같은 유교의 •공동체 정신은 서로서로 돕는 •상부상조의 전통을 만들어 갔다. 사림의 노력으로 향약은 점차 전국 각지에서 실시되었다. 또한 사림은 향촌의 자치 운영 기구이자 •사설 교육 기관인 서원을 설치하여 학문을 연구하였으며, 훌륭한 모범을 보인 •선현에게 제사를 지냈다. 서원은 사림의 정치적 기반을 다지기 위한 방법으로써 •경쟁적으로 설립되었다.

16세기 후반 선조 때 사림은 중앙 정계를 장악하였으나 이번에는 사림들 사이에 대

- 자격 qualification
- 칭호 title
- 박탈하다 to deprive
- 반발 opposition; resistance
- 외척 maternal relatives
- 향약 village code
- 서원 Confucian school
- 자치 self-governance
- 규약 regulation
- 예절 etiquette; manners
- 공동체 community
- 상부상조 mutual aid; helping each other
- 사설 private
- 선현 sage; ancestors of virtue
- 경쟁적으로 competitively

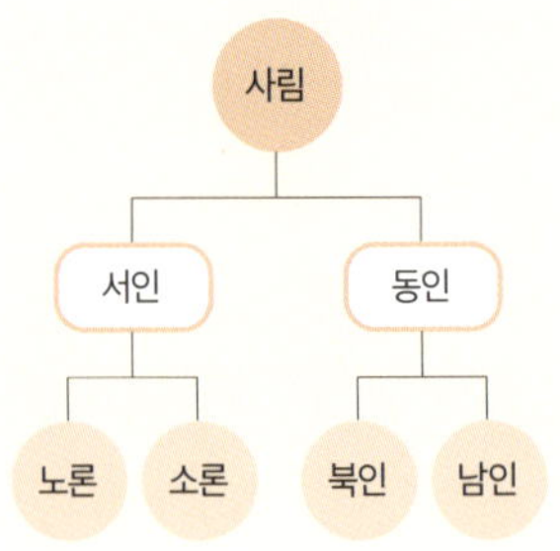

| 붕당의 변화

립이 생겨, 정치적 이념과 학문적 경향에 따라 무리를 이루는 '•붕당'이 출현하였다. 붕당의 시작은 외척 세력의 처리에 대한 사림들의 입장 차이에서 비롯되었다. 새롭게 등장한 신진 사림은 외척 세력들을 •철저하게 •청산하자고 주장하였고, 기존 사림은 사림에게 •우호적인 외척들은 •포용하자고 주장하였다. 의견의 차이를 보인 이들은 각각 동인과 서인으로 나뉘었는데, 동인에는 유학자 '이황'의 학문을 계승한 신진 세력이 다수 참여하였고 서인에는 '이이'를 따르는 문인이 많이 •가담하였다. 이처럼 붕당은 •정파적 성격과 학문적 성격을 동시에 띠었다. 이후 동인은 북인과 남인으로, 서인은 노론과 소론으로 나뉘었다.

◆ 임진왜란은 어떻게 발생하고 전개되었을까?

임진왜란의 발발

16세기 들어 일본인들은 조선에서 1510년에 3포 왜란과 을묘년(1555년)에 을묘왜변 같은 •난동을 일으켰다. 조선은 국방 문제를 담당하는 임시 기구로서 비변사를 설치하는 등 •조치하였지만, 국방력을 강화할 수 있는 적극적인 대책을 마련하지는 못하였다.

16세기 말 도요토미 히데요시가 일본을 통일하고 일본 내 불만 세력의 관심을 밖으로 돌리기 위해 '명나라를 정벌하러 가는 길을 빌려 달라.'라는 구실로 조선을 침략하였다. 일본이 1592년에 부산을 침입함으로써 •임진왜란이 시작되었으며, 조선은 부산진과 동래성에서 맞서 싸웠으나 일본군을 막아내지 못하였다. 일본은 20만여 명의 일본군을 동원하였고, 조선은 빠르게 •북상하는 일본군을 막기 위해 충청북도 충주에서 군사를 모아 전투를 벌였지만 패하였다. 조선군은 서양식 •신무기인 •조총으로 무장한 일본군을 막기에 •역부족이었고, 결국 약 20일 만에 한성을 함락당하였다. 당시 조선의 왕 선조는 압록강 국경 지대인 의주로 피란하여 명나라에 지원군을 요청하였고, 일본군은 계속 북상하여 평양을 점령한 후 함경도 지방까지 침략하였다.

Vocabulary

- 붕당 political faction
- 철저하게 thoroughly
- 청산하다 to eradicate
- 우호적인 friendly
- 포용하다 to embrace
- 가담하다 to join; to participate in
- 정파적 factional
- 난동 disturbance
- 조치하다 take action; take steps
- 임진왜란 Imjin War; 1592 Japanese invasion of Joseon
- 북상하다 to advance north
- 신무기 new weapon
- 조총 matchlock gun
- 역부족 no match (for)

임진왜란의 전개와 결과

전쟁 초반 조선에 •불리하던 •전세(戰勢)는 수군과 •의병의 활약으로 점차 바뀌었다. 이순신이 이끄는 수군이 경상남도 거제의 옥포 앞바다에서 벌어진 옥포 해전을 시작으로 한산도 대첩 등에서 일본군을 물리쳤던 까닭이다. 거북선과 뛰어난 화약 무기를 갖춘 조선의 수군은 일본군의 •보급로를 •차단하고 전라도의 •곡창 지대를 지켰다. 또 곽재우 등이 이끄는 의병과 휴정 등이 이끄는 •승병이 활약하며 일본군에게 큰 타격을 입혔는데, 이들이 김시민 장군과 힘을 합쳐 싸운 전주 대첩이 대표적이다. 이후 명나라에서 군대를 보내어 조·명 연합군이 평양성을 되찾았고, 권율은 오늘날 경기도 고양의 행주산성에서 백성들과 힘을 모아 일본군에게 크게 승리하였다(행주 대첩).

남쪽으로 밀려난 일본군이 명나라와 •휴전 협상을 진행하였으나, 3년에 걸친 협상이 실패하면서 다시 조선으로 쳐들어왔다. '정유재란'이라고 불리는 1597년의 일본 재침략은, 이를 미리 예상하고 준비한 조·명 연합군에 의해 격퇴되었다. 이때 이순신이 이끄는 조선의 수군은 명량 대첩에서 큰 승리를 거두었고, 도요토미 히데요시가 죽어 일본으로 돌아가려는 일본군을 1598년 노량 해전에서 물리쳤다. 하지만 이순신은 이 전투에서 전사하였고, 일본군의 침략으로 시작된 전쟁은 7년 만에 막을 내렸다.

임진왜란은 동아시아의 조선·명나라·일본이 •참전한 •국제전으로서 각국의 내정과 국제 질서에 상당한 영향을 끼쳤다. 이 중 조선은 전쟁의 가장 큰 피해국으로서 인구가 크게 감소하고, 농경지도 •황폐화되어 심각한 식량 문제와 재정 문제에 시달렸다. 중요한 책들을 보관하던 •사고(史庫)와 주요 건물들은 불에 탔고, 서적·미술품 등 수많은 문화재도 일본에게 약탈당하였다. 한편, 명나라는 재정이 어려운 상황에서 전쟁에 참여해 국력이 더욱 약화되었고, 와중에 만주에서 급속히 성장한 여진과 갈등하였다. 일본에서는 도쿠가와 이에야스가 에도 막부를 세우고 권력 집중을 •꾀하였다.

조선은 임진왜란 이후 포로의 •송환과 일본 정세 파악을 위해 •통신사를 파견하였

- 불리하다 to be disadvantageous
- 전세 war situation; tide of war
- 의병 righteous army
- 보급로 supply route
- 차단하다 to block
- 곡창 지대 granary region
- 승병 monk soldier
- 휴전 협상 truce negotiation
- 참전하다 to join the war
- 국제전 international war
- 황폐화되다 to be devastated
- 사고 archives
- 꾀하다 to attempt
- 송환 repatriation
- 통신사 diplomatic delegation to Japan

다. 일본의 에도 막부는 지도자인 쇼군이 바뀔 때마다 조선에 통신사를 보내 달라고 요청하였으며, 조선이 이를 •수락하며 일본과의 교류는 다시 활발해졌다.

◆ 병자호란은 어떻게 발생하고 전개되었을까?

전후 재건과 중립 외교

임진왜란 이후 왕위에 오른 광해군은 •민생을 안정시키고 나라의 재정을 •확충하기 위해 농경지를 •개간하고 토지와 인구를 다시 조사해 정리하였다. 전쟁 중에 질병으로 많은 사람이 죽는 것을 본 그는 허준에게 의학서인 《동의보감》을 완성하도록 지시하였고, 국방력을 정비하는 데에도 힘을 기울였다.

1616년에 만주 지역에서 여진이 후금을 건국하고 이후 명나라를 공격하자 명나라는 조선에 지원군을 요청하였는데, 광해군은 •강성해진 후금과의 직접적인 충돌을 피하기 위해 •중립 외교 정책을 펼쳤다. 그는 명나라에 지원군을 파견하면서도 조선군에게 상황에 따라 •실리적으로 대처하라고 지시하였다.

광해군은 중립 외교 정책으로 명나라에 대한 •의리와 •명분을 중시하는 양반들의 반대에 부딪혔고, '•이복동생인 영창 대군을 죽인 후 •계모인 인목 대비를 •핍박하여 •인륜에 •어긋나는 정치를 한다.'라는 비판을 받았다. 이를 구실로 당시 붕당의 하나였던 서인 세력이 중심이 된 정변이 일어나 광해군이 폐위되고, 인조가 다음 왕위에 올랐다(인조반정).

정묘호란과 병자호란, 그리고 북벌 정책

정변으로 권력을 장악한 인조와 서인 세력은 명나라와 친화적으로 지내고 후금을 배척하는 친명 배금 정책을 펼쳤다. 후금은 이를 빌미로 1627년 조선을 침략하여 •정묘호란을 일으켰다. 조선의 •관군과 의병이 맞서 싸웠으나 후금의 군대를 물리치기 쉽

Vocabulary

- 수락하다 to accept
- 개간하다 to reclaim land; to clear land
- 실리적으로 practically
- 이복동생 younger half-sibling
- 인륜 moral duty
- 민생 people's livelihood
- 강성해지다 to become powerful
- 의리 loyalty
- 계모 stepmother
- 어긋나다 to be against
- 확충하다 to expand
- 중립 neutrality
- 명분 justification
- 핍박하다 to oppress
- 정묘호란 1627 Manchu invasion of Joseon

지 않았고, 후금은 명나라와도 전투를 벌이는 상황이었기 때문에 일단 조선과는 •화의를 이루고자 하였다. 이로써 후금과 조선 사이에 형제 관계가 맺어졌다.

이후 국력이 더욱 강해진 후금은 국호를 '청'으로 바꾸고, 조선에 군신 관계를 요구하였다. 조선이 이를 거절하자 청나라의 태종은 1636년 직접 군사를 이끌고 조선을 침략해 •병자호란을 일으켰다. 청나라의 군대가 쳐들어와 수도 한성이 위험해지자 인조와 일부 신하들은 경기도 광주에 위치한 남한산성으로 들어가 •항거하였다. 이들이 청나라 군대에 •포위된 상황에서 청나라와의 화의를 주장하는 신하들이 있는 반면, •항전해야 한다고 주장하는 신하들도 있었다. 결국 인조는 청나라 태종이 머물고 있던 삼전도(지금의 서울 송파구)로 직접 나가 •항복을 하였다.

조선의 왕이 그동안 •오랑캐로 여기던 만주족(여진)이 세운 청나라에게 •굴욕적인 항복을 하고, 소현 세자와 많은 백성들이 •끌려가야 했기에 지배층의 충격은 매우 컸다. 또한 청나라에 바치는 조공이 늘어나 백성들의 생활은 더욱 힘들어졌다. 몇 년 후 조선에 돌아온 소현 세자는 청나라와 평화적 관계를 추진하고 발달한 문물을 도입하려 하였다. 그러나 이 과정에서 인조와 갈등이 생겼고, 소현 세자가 갑자기 세상을 떠나고 말았다. •세자빈도 죽임을 당했고 그의 아들들도 •유배지에서 목숨을 잃었다.

이후 인조의 둘째 아들인 효종이 왕위에 올라 청나라에 당한 •치욕을 씻고 명나라에 의리를 지키고자 청나라를 정벌하려는 •북벌 정책을 추진하였다. 그러나 •대국으로 성장한 청나라를 상대한 효종의 계획은 실현되지 못하였다.

Q 다음 빈칸에 문맥상 들어갈 수 <u>없는</u> 단어를 골라 봅시다. (　　　)

• 임진왜란이 발생하자 (　　　　　　　　)이 일본군과 맞서 싸웠다.

① 붕당　　　　② 승병　　　　③ 의병

A ①

• 관군 government army
• 화의 peace agreement
• 병자호란 1636-1637 Manchu invasion of Joseon
• 항거하다 to resist
• 포위되다 to be surrounded
• 항전하다 to fight back; to resist
• 항복 surrender
• 오랑캐 barbarian
• 굴욕적인 humiliating
• 끌려가다 to be taken away
• 세자빈 crown princess
• 유배지 place of exile
• 치욕 humiliation
• 북벌 northern expedition
• 대국 major power

유용한 표현 Expressions

1 N+와/과 손을 잡다 (to work hand in hand; to join hands)

- 정도전 등 급진파는 토지 제도 등의 근본적인 개혁을 주장하며 이성계와 손을 잡고 공양왕을 세워 정치적 실권을 장악하였다.
- 상품 개발을 위해 우리 회사는 경쟁 회사와 손을 잡기로 하였다.
- 우리 학교는 국제 교류 기반 프로그램에 대한 학생들의 수요를 반영하여 최근 해외 교육 기관과 손을 잡았다.

---

2 N+을/를 수렴하다 (to collect; to gather)

- 세종은 6조 직계제를 폐지하고 신하들의 의견을 수렴하고자 의정부 서사제를 부활시키는 등 유교에 근거한 문물과 제도를 갖추어 나갔다.
- 정부는 여론을 수렴해 새로운 정책을 시행하기로 하였다.
- 이번 간담회를 통해 현장의 목소리를 수렴하고, 이를 바탕으로 정책을 개선하며 지원 방안을 마련하고자 한다.

---

3 N+을/를 방지하다 (to prevent; to avoid)

- 유교 정치를 강조한 조선은 권력이 개인, 특히 왕에게 집중되는 것을 방지하고자 3사를 두어 왕과 고위 관리를 견제하였다.
- 이 매장의 입구에는 도난을 방지하기 위한 도난 경보기가 설치되어 있다.
- 역류성 식도염 증상의 악화를 방지하는 한 방법으로 카페인 섭취를 줄이는 것이 있다.

4 N+을/를 받들어 섬기다 (to serve with respect; to revere)

- 조선의 외교는 명나라에 대해서는 큰 나라를 받들어 섬긴다는 '사대'를, 그밖에 여진과 일본 등에 대해서는 이웃 나라와 대등하게 교류한다는 '교린'을 원칙으로 삼았다.
- 한국은 예로부터 조상을 받들어 섬기는 문화를 중요하게 여겼다.
- 백성들은 왕을 나라의 중심으로 받들어 섬겼다.

---

5 N+을/를 빌미로 (under the pretext of; using something as an excuse)

- 15세기 말 연산군 때 훈구는 사림인 김종직이 쓴 글이 단종을 죽이고 왕위에 오른 세조를 비판한 것이라 주장하고, 이를 빌미로 사림을 공격하였다.
- 사장님은 사소한 실수를 빌미로 부장님을 과도하게 꾸짖었다.
- 지배층은 외부의 위협을 빌미로 군사력을 강화해 사회 전반에 대한 통제를 강화하였다.

---

6 타격을 입히다 (to inflict damage on)

- 곽재우 등이 이끄는 의병과 휴정 등이 이끄는 승병이 활약하며 일본군에게 큰 타격을 입혔다.
- 전 세계에 퍼진 전염병은 관광 산업에 치명적인 타격을 입혔다.
- 가맹점의 불친절한 대응이 브랜드 이미지에 타격을 입히자, 본사는 직접 대응에 나섰다.

확인 문제 Reading Comprehension

※ 본문을 읽고 다음 질문에 답해 봅시다.

1. 1. 다음 자료의 ㉠에 들어갈 인물이 누구인지 골라 봅시다. (　　)

〈한국사 인물의 조사 보고서〉

조선의 제1대 왕, 태조 (㉠)	
• **시대**: 고려 말~조선 초 • **출생~사망**: 1335~1408년 • **재위**: 1392~1398년	• **업적**: 고려 말에 왜구를 물리쳤다. 위화도에서 회군하였다. 조선을 건국하였다. 수도를 한양으로 옮겼다.

① 궁예　② 왕건　③ 이성계　④ 이방원

2. 다음 자료를 읽고, 빈칸에 공통으로 들어갈 말을 써 봅시다. (　　　　)

□□□□

□□□□은/는 '백성을 가르치는 바른 소리'라는 뜻으로, 한글의 옛 이름이다. 이는 조선의 세종 대왕이 1443년에 창제하여 1446년에 반포하였다. 책으로서의 《□□□□》(해례본)에는 이 글자를 만든 이유와 원리, 사용 예시 등이 담겨 있다. 한국은 세종 대왕의 탄신일인 5월 15일을 '스승의 날'로, 10월 9일은 '한글날'로 정하여 그 뜻을 기념하고 있다.

3. 다음 제시어를 관련된 내용끼리 바르게 연결해 봅시다.

(1) 경복궁 •　　• ㉠ 조선의 기본 법전

(2) 성균관 •　　• ㉡ 조선의 최고 학교

(3) 《경국대전》 •　　• ㉢ 조선의 수도인 한양에 건설한 궁궐

4. 다음 대화를 읽고, ㉠에 공통으로 들어갈 말을 골라 봅시다. (　　　)

학　생: 조선 전기에 사화가 발생했다던데, 사화가 무엇인가요?
선생님: 훈구와 대립하던 (　　㉠　　)이/가 피해를 입은 사건들입니다.
학　생: 대표적인 사화에는 어떤 것이 있나요?
선생님: 연산군 때는 무오사화와 갑자사화, 중종 때는 기묘사화, 명종 때는 을사사화가 있었습니다.
학　생: 이후 피해를 입은 (　　㉠　　)은/는 어떻게 대응하였나요?
선생님: (　　㉠　　)은/는 향약과 서원을 통해 꾸준히 세력을 키웠고, 16세기 후반에 조선의 정국을 주도하였습니다.

① 북벌　　② 붕당　　③ 사림　　④ 소현 세자

5. 다음 자료를 읽고, 빈칸에 들어갈 알맞은 사람의 이름을 써 봅시다. (　　　　　　)

20○○년에 한 기관이 조사한 바에 따르면, 한국인이 존경하는 인물 1위로 (　　　　　　)이/가 뽑혔다. 그는 조선 시대의 장군으로 임진왜란 때 크게 활약하였다. 그는 수군을 이끌고 일본군에게 맞서 싸워 옥포 해전을 시작으로 한산도 대첩, 명량 대첩 등에서 승리하였다. 그는 임진왜란의 마지막 전투인 노량 해전에서 전사하였지만, 나라와 백성을 위해 전쟁을 승리로 이끌었던 그의 뜻은 한국인들의 마음에 오래도록 남아 있다.

6. 다음 내용이 옳으면 ○, 틀리면 ×로 표시해 봅시다.

(1) 임진왜란 이후 조선은 일본에 통신사를 파견하였다. (　　　)
(2) 조선 시대에 일본군이 쳐들어와서 병자호란이 발생하였다. (　　　)
(3) 병자호란 때 조선의 왕은 남한산성에서 저항하였으나, 결국 항복하였다. (　　　)

1. ③ 2. 훈민정음 3. (1)-㉢ (2)-㉡ (3)-㉠ 4. ③ 5. 이순신 6. (1) ○ (2) × (3) ○

주제 1 유교 문화의 특징

1. 다음은 한국의 유교 문화를 소개한 자료입니다. 이를 참고하여 유교 문화의 특징에 대해 요약하여 써 봅시다.
Read the following information about Korean Confucian culture. Write a summary of the characteristics of Confucian culture.

- 길쌈: 실을 내어 옷감을 짜는 과정을 통틀어 이르는 말이다. 마을 사람들은 길쌈 때 함께 모여 딴 목화를 물레로 실을 뽑아내는 '물레 짜기'로 옷감을 만들었다.
- 두레: 농민들이 농사일을 공동으로 하기 위해 마을 단위로 만든 조직을 말한다. 두레를 통해 농민들은 함께 모여 '모내기' 등을 하였다.

물레 짜기
ⓒ 서울우리소리박물관

모내기
ⓒ 서울우리소리박물관

- 효: 부모를 잘 섬기는 것을 말한다. 유교에서는 특히 부모에 대한 효를 가장 기본적이고 중요한 덕목으로 보았다. 조선 시대에는 부모를 잘 모신 효자에게 '효자각'을 세워 칭찬하였다.
- 제사: 조상의 넋에게 음식을 바치어 정성을 나타내는 것, 또는 그런 의식을 의미한다. 유교는 조상에 대한 의례로서 '제사'를 중시하였다.

효자각
ⓒ 국가유산청

제사를 지내는 모습
ⓒ 한국학중앙연구원

▶

2. 1번을 바탕으로 친구들과 함께 토의해 봅시다.
Share your opinion and compare it with others.

주제 2 화폐와 상징

1. 다음은 한국은행 화폐박물관에 전시된 한국의 화폐로, 한국을 대표하는 인물과 문화 등을 살필 수 있습니다. 이를 참고하여 여러분 고향의 화폐를 살펴 어떠한 상징이 등장하는지 조사하여 소개하는 글을 써 봅시다.

Look at the Korean currency displayed at the Bank of Korea Monetary Museum. Each bill features famous Korean figures and landmarks. Research the currency of your hometown and write a paragraph introducing the symbols printed on it.

지폐		동전					
		종류	앞	뒤	종류	앞	뒤
1,000원 (이황)		1원 (무궁화)			50원 (벼)		
5,000원 (이이)		5원 (거북선)			100원 (이순신)		
10,000원 (세종 대왕)		10원 (다보탑)			500원 (학)		
50,000원 (신사임당)							

ⓒ한국은행 화폐박물관

▶

2. 1번을 친구들에게 발표해 봅시다.

Present your writing to the class.

전쟁 이후 조선 사회의 변화

Societal Transformations in Joseon after the Wars

학습 목표
Learning Objectives

1. 임진왜란과 병자호란 이후 조선의 정책 변화와 새로운 사상 및 문화를 이해하고 설명할 수 있다.
2. 전쟁 이후 조선의 부흥을 이끌었던 영조와 정조 시대 정책을 살피고, 조선 후기의 서민 문화에 나타난 특징 등을 조사하여 쓰고 이야기할 수 있다.

생각 열기
Warm Up

1. 연표상 임진왜란과 병자호란 이후 한국 조선 시대와 동시대의 세계사 항목을 비교하며 살핀 후, 여러분의 고향 혹은 알고 있는 나라에 대해 추가하고 싶은 내용을 표시해 봅시다.
2. 연표에 등장하는 임진왜란과 병자호란 이후 한국 조선 시대를 살펴, 알고 있는 항목이 무엇인지 말하고 친구가 말하는 항목은 별도로 표시해 봅시다.
3. 임진왜란과 병자호란 이후 한국 조선 시대를 이해할 수 있는 핵심 용어 중 알고 있는 것을 표시해 봅시다.

한국사 History of Korea	연표 Timeline	세계사 History of the World
광해군의 즉위, 대동법의 실시	1608년	
	1616년	여진의 후금 건국
인조반정	1623년	
정묘호란	1627년	
영정법의 실시	1635년	
병자호란	1636년	후금이 국호를 '청'으로 변경
	1644년	[중국] 청나라의 베이징 점령, 명나라의 멸망
	1689년	[영국] 〈권리 장전〉의 제정
영조의 즉위	1724년	
균역법의 실시	1750년	
	1769년	[영국] 제임스 와트가 증기 기관을 개량, 산업 혁명의 시작
정조의 즉위, 규장각의 설치	1776년	[미국] 독립 선언
	1789년	[프랑스] 프랑스 혁명
	1804년	[프랑스] 나폴레옹 1세의 즉위
홍경래의 난	1811년	
	1840년	아편 전쟁
임술 농민 봉기	1862년	

창덕궁 주합루

정조 때 규장각이 있던 창덕궁 내 주합루의 모습이다.

핵심 용어 Keywords

- ☐ 국학
- ☐ 도고
- ☐ 삼정
- ☐ 수원 화성
- ☐ 균역법
- ☐ 민화
- ☐ 서민
- ☐ 실학
- ☐ 노비종모법
- ☐ 보부상
- ☐ 서얼
- ☐ 영정법
- ☐ 대동법
- ☐ 사상
- ☐ 세도 정치
- ☐ 탕평책

대동법·영정법·균역법 Daedong Law, Yeongjeong Law, Gyunyeok Law

전쟁 이후 조선 후기의 왕들은 백성의 생활을 안정시키고 나라의 재정을 확보하고자 조세 제도를 정비하였다. 17세기 초에 광해군이 실시한 대동법은 지역별로 다른 특산물을 내야 했던 기존의 공납 대신에 쌀이나 포목 등으로 통일하여 납부하도록 한 것이다. 17세기 중반 인조 때는 전세의 비율을 고정하는 영정법을 실시하였다. 18세기 중반 영조 때는 군역 부담을 균등히 하는 균역법을 실시하여 농민이 군역 면제를 위해 납부하였던 포목인 군포를 줄이고, 재정을 보충하기 위해 여러 가지 세금을 별도로 부과하였다.

After the wars, the kings of the late Joseon Dynasty reorganized the tax system to stabilize people's lives and secure the state finances. The Daedong Law, implemented by Gwanghaegun in the early 17th century, required the payment of rice or hemp and cotton cloth instead of the traditional tribute system, which had demanded different regional specialties. In the mid-17th century, during the reign of King Injo, the Yeongjeong Law was introduced to fix the ratio of the land tax. Later, in the mid-18th century, King Yeongjo enacted the Gyunyeok Law, which distributed the burden of military service more evenly. This reform reduced *gunpo*—the cloth farmers paid to be exempt from military service—and imposed separate taxes to supplement the state finances.

사상과 도고 Private Merchant & Wholesale Merchant

조선 후기에는 상품 화폐 경제가 발달하고 대외 무역이 늘어 나라의 허가에 따라 시장에서 거래하는 시전 상인과 별개로 사적으로 상업 활동을 하는 사상이 등장하였고, 이들 중 일부는 물품을 대량으로 유통하는 도매 상인인 도고로 성장하였다. 사상과 도고는 특권을 가졌던 시전 상인에 대항하면서 18세기 조선의 경제에 큰 영향력을 끼쳤다.

In the late Joseon Dynasty, as the commodity-money economy developed and foreign trade expanded, *sasang* (private merchants) emerged, conducting commercial activities independently from the licensed merchants, who traded in the market under official approval from the government. Some *sasang* grew into *dogo* (wholesale merchants), distributing goods in large quantities. Both *sasang* and *dogo* played a significant role in the 18th-century Joseon economy, challenging the dominance of the privileged licensed merchants.

서얼과 노비종모법 *Seo-eol* & Nobijongmo Law

조선은 일부일처제였으나, 양반의 경우 대개 정식으로 결혼한 처 외에 첩을 두기도 하였다. 이들 첩이 낳은 자식을 서얼이라고 하였는데, 서얼은 첩인 어머니가 양인이면 '서자', 천인이면 '얼자'로 구분되었다. 이들은 가족 내 상속 등에서 차별을 받았으며 관리가 되는 데에도 제한이 있었다. 조선 후기에 이르러 서얼 계층은 차별 폐지를 요구하여 고위직으로의 진출이 허용되었다.

노비종모법은 노비에게서 태어난 자식의 신분이 어머니의 신분에 따른다는 법이다. 이 법에 따르면, 아버지가 천인인 노비여도 어머니가 양인이면 자식은 양인 신분이 되었다. 이는 나라에서 세금을 납부하는 상민층을 증가시켜 재정을 확보하는 데 기여하였고, 신분 상승의 수단으로 활용되기도 하였다.

Although Joseon society was officially monogamous, *yangban* aristocrats often had concubines in addition to their legally married wives. Children born to concubines were called *seo-eol*. *Seo-eol* were further divided into *seoja*, whose mothers were concubines, and *eolja*, whose mothers belonged to the lowest social class (*cheonin*). Both groups faced discrimination in family inheritance and were restricted from becoming government officials.

By the late Joseon Dynasty, however, *seo-eol* began demanding the abolition of such discrimination, and eventually they were permitted to hold high-ranking positions.

The Nobijongmo Law stipulated that a child born to a *nobi* (slave) would inherit the mother's status. According to this law, if the father was a *cheonin* but the mother was a commoner, the child would be recognized as a commoner. This law contributed to increasing the population of ordinary taxpayers, securing state finances, and it also served as a tool for status elevation.

세도 정치 Sedo Politics

세도 정치는 권력을 독점한 특정 세력이 정치를 주도하는 것이다. 정조가 갑자기 죽은 뒤 나이 어린 순조가 즉위하자, 왕권이 약화되고 권력 다툼이 일어났다. 이 과정에서 순조의 장인인 김조순의 안동 김씨 가문이 권세를 장악한 후 60여 년간 외척 가문에 의한 세도 정권이 이어졌다.

In sedo politics (politics dominated by powerful clans), a single influential family controlled the government. When the young King Sunjo ascended the throne following the sudden death of King Jeongjo, royal authority weakened and a power struggle emerged. In the meantime, the Andong Kim clan, led by Kim Jo-sun, King Sunjo's father-in-law, seized power, and the sedo regime, dominated by maternal relatives, lasted for more than 60 years thereafter.

탕평책 Tangpyeong Policy

조선 후기에 붕당으로 인한 혼란이 계속되자, 영조는 당파에 관계없이 인재를 골고루 등용하여 세력의 균형을 이루려는 정책인 탕평책을 실시하였다. 이어서 정조도 탕평책을 실시하여 나라의 안정을 추구하였다.

As political factionalism (*bungdang*) continued to cause turmoil in the late Joseon Dynasty, King Yeongjo introduced the Tangpyeong Policy, which sought to balance power by appointing talented individuals regardless of faction. Later, King Jeongjo also implemented this policy in his efforts to stabilize the nation.

1 임진왜란과 병자호란 이후 조선은 어떻게 변화했을까?

◆ 전쟁 후 조선은 어떤 모습이었을까?

정치 구조와 군사 제도의 변화

임진왜란과 병자호란을 치른 이후인 조선 후기에는 사회 전반에 변화가 일어났다. 먼저 정치 구조적 변화를 살펴보면, 조선 전기에 •변방의 방어를 논의하는 임시 기구로 설치된 비변사가 전쟁 동안 국정 전반을 총괄하는 기구로 변화하였다. 이후 서인이 자신들의 권력을 강화하기 위해 비변사의 •고위직을 독점하면서 비변사의 기능은 더욱 강화되었고, 의정부와 6조 중심의 행정 체계는 약화되었다.

군사 제도에도 큰 변화가 있었다. 조선은 임진왜란을 거치며 일본군에게 대응하고자 중앙군으로서 •훈련도감을 만들었다. 훈련도감의 소속 군인인 •삼수병 가운데 •포수는 조총, •살수는 창과 칼, •사수는 활을 사용하는 직업 군인이었다. 이후 어영청과 금위영 등이 추가되어 중앙군은 •5군영 체제가 성립되었다. 지방군의 경우 •상비군으로서 진관 체제를 보완하여 신분에 관계없이 •유사시 소집되는 속오군이 •편성되었다.

붕당 정치의 변질

학문적 경향과 정치적 이념에 따라 무리를 이루어 상호 비판하고 견제하던 붕당 정치는 선조 때 세력을 잡은 사림이 동인과 서인으로 나뉘면서 시작되었고, 이러한 정치 형태는 전쟁을 치르는 동안에도 계속되었다. 동인이 다시 북인과 남인으로 나뉜 후 광해군 때에는 북인이 권력을 잡았다가, 인조반정으로 북인이 몰락하고 다시 세력을 잡은 서인이 남인과 •공존하며 장기간 국정을 운영하였다.

조선 후기에는 붕당 정치를 통해 정치 참여의 폭이 확대되었고, •여론을 수렴해 논

Vocabulary

- 변방 border region
- 고위직 high-ranking position
- 훈련도감 Royal Military Training Command
- 삼수병 Three-Branch Troops
- 포수 gunner
- 살수 spearman and swordsman
- 사수 bowman; archer
- 5군영 Five Military Camps
- 상비군 standing army
- 유사시 case of emergency
- 편성되다 to be organized
- 공존하다 to coexist
- 여론 public opinion
- 공론 public consensus; collective opinion
- 지지 support

의하는 •공론이 중시되었다. 특히 중앙의 3사(사헌부 · 사간원 · 홍문관)가 여론 형성에 중요한 역할을 하였고, 지방의 서원과 향약은 각 붕당들이 향촌 양반들의 여론을 모아 •지지 세력을 •결집시키는 역할을 담당하였다. 하지만 붕당 정치의 공존과 견제의 원칙은 조선 후기 현종과 숙종 집권 때 일어난, 두 차례의 •상례에 대한 논쟁을 거치면서 깨지기 시작하였다. •엎치락뒤치락하던 정국은 서인이 비변사의 고위직을 독점하며 정치를 주도하게 되었고, 정권을 잡은 •당파는 자신들의 이익만을 앞세우며 권력을 지속시키기 위해 왕위 계승 문제까지 •개입하였다.

◆ 조선 후기 사회를 발전시킨 왕은 누구일까?

영조의 정책

붕당의 •폐해를 경험한 영조는 왕이 된 직후 탕평책을 실행하였다. 영조의 탕평책이란 당파 간의 타협과 공존을 중시한 탕평파를 중심으로 각 당파를 고르게 등용하여 붕당들 간 세력 균형을 유지하려는 정책이었다. 영조는 붕당의 지지 기반인 지방의 서원들도 •대폭 정리하였다. 한편, 영조는 백성을 위한 개혁도 추진하여 군역 제도를 정비해 균역법을 실시하고, 백성들이 북을 쳐 억울한 일을 나라에 알리게 했던 •신문고 제도를 부활시켰다. 또 한성의 홍수 예방과 •하수구 문제를 해결하고자, 지금의 서울 종로구와 중구 사이를 흐르는 하천인 •청계천도 정비하였다.

영조의 어진
© 국립고궁박물관

다만, 영조가 탕평파에 자신의 외척을 •끌어들여 정국 안정을 •도모한 •탓에 •척신(친척인 신하) 정치의 폐해가 나타나기도 하였다.

정조의 정책

영조의 뒤를 이은 정조도 탕평의 원칙을 계승하였다. 정조는 붕당을 아예 없애기보다는 •당론이 옳으면 받아들이는 탕평책을 추진하면서, 권력이 특정 붕당에 치우치는

- 결집시키다 to unite; to gather
- 당파 faction
- 대폭 significantly; drastically
- 청계천 Cheonggyecheon (stream)
- 탓 due to
- 상례 funeral rites
- 개입하다 to intervene
- 신문고 제도 petition drum system
- 끌어들이다 to involve
- 척신 relatives in power
- 엎치락뒤치락하다 to go back and forth
- 폐해 harm; harmful impact
- 하수구 drain
- 도모하다 to attempt; to try
- 당론 official opinion of a political faction

〈화성능행도〉
© 국립중앙박물관
이 그림은 정조가 개혁의 중심지로 삼은 수원에 있던 아버지 무덤에 어머니와 함께 찾아가는 장면을 그린 것이다.

것을 막았다. 정조는 •본래 왕실 도서관이던 •규장각을 왕이 신하들과 정책을 논의하고 유능한 신하를 육성하는 곳으로 변화시켰고, 사회 진출에 제약을 받고 있던 서얼 출신들을 규장각의 관리로 등용하였다. 또한 정조는 경기도 수원을 •계획 도시로 성장시키려는 목적에서 화성을 쌓았다. 그는 이곳을 •그릇된 붕당 정치를 •근절하고 왕도 정치의 •이상을 실현하는 개혁의 중심지로 활용하고자 하였다. 그는 왕의 친위 부대인 •장용영을 만들어 한성의 도성과 •수원 화성에 각각 배치함으로써 왕권 강화를 도모하였다.

정조가 펼친 탕평 정치는 붕당들을 포용하고 민생을 돌본 점에서 긍정적이며 개혁적이었다. 이와 같은 안정과 개혁은 새로운 계층의 성장을 자극하여 사회의 발전을 •촉진했다는 점에서 역사적 의미가 크다.

반면 탕평책은 붕당 정치의 본질적 문제를 해결하기보다 강력한 왕권에 의존하여 붕당 간 대립을 •일시적으로 •완화하는 데 그쳤다는 평가도 따른다. 그래서 정조가 죽은 후 왕권이 약화되자, 외척 가문이 권력을 잡은 세도 정치가 출현하였다.

◆ 조선 후기 사회의 모습은 어떠했을까?

조세 제도의 변화

몇 차례의 전쟁으로 조선의 많은 백성이 사망하였고, 살아남은 백성들도 •굶주림과 질병으로 힘들게 생활하였다. 이에 조선 조정은 전세·공납·군역을 정비하였다.

토지에 부과하는 세금인 전세의 경우 인조가 그해 •작물의 생산량에 상관없이 토지당 일정한 쌀을 거두는 영정법을 실시하였다. 영정법 실시 이후 백성들의 전세 부담이 다소 줄어들기는 하였으나, 여러 이유로 별도의 세금을 내야 했던 •소작 농민의 실

Vocabulary

- 본래 originally
- 규장각 royal library and research institute
- 계획 도시 planned city
- 그릇되다 to be wrong
- 근절하다 to eradicate
- 이상 ideal
- 장용영 Royal Guard Corps
- 수원 화성 Suwon Hwaseong Fortress
- 촉진하다 to promote; to encourage
- 일시적으로 temporarily
- 완화하다 to ease; to mitigate
- 굶주림 hunger; starvation
- 작물 crop
- 소작 tenant farming
- 대가 price; compensation

제 납부액은 법정 세액의 몇 배에 이르러 세금 부담이 오히려 증가하였다.

집집마다 그 지역의 특산물인 공물을 나라에 바치는 공납의 부담은 더욱 컸다. 여기에 하급 관리나 상인이 공물을 나라에 먼저 납부한 다음, 백성에게 그보다 더 많은 대가를 받아 내던 •방납이 사회 문제가 되었다. 이에 공납 제도를 개혁하고자 광해군 때부터 대동법을 실시하였는데, 이는 토지 •보유 정도를 기준으로 하여 특산물 대신에 쌀이나 •포목(베·무명) 등을 납부하던 제도였다. 대동법으로 공납이 대개 쌀로 납부되자, 나라는 필요한 물품을 마련해 주는 상인인 •공인에게 물품 구입을 맡겼다. 이로써 공인은 시장에서 물품을 대량으로 •매입하고 수공업자에게도 상품을 대량으로 주문하면서, 조선 후기에 •상품 화폐 경제가 발달하게 되었다.

조선 후기 농민의 대부분은 군역을 1년에 군포 2•필로 대신하고 있었으나, 관리들의 부정과 함께 양반으로 신분을 상승시킨 농민이 군역에서 벗어나면서 가난한 농민들에게 그 부담이 •가중되었다. 이에 영조는 농민의 군포 납부를 2필에서 1필로 줄이는 균역법을 시행하였고, 일부 부유한 상민층에게도 별도의 군포를 부과하여 부족한 세금을 •보충하였다. 백성은 균역법의 실시로 부담을 더는 듯하였으나, 징수 과정에서의 •폐단이 계속되어 여전히 힘든 삶을 살았다.

농촌의 변화와 상품 화폐 경제의 발달

전쟁 이후 농업과 상업 등 경제 전반에도 큰 변화가 일어났다. 밭농사의 경우 밭의 낮게 파인 부분인 •고랑에 씨를 뿌려 날씨의 영향을 덜 받게 되면서 수확량이 증가하였다. 논농사의 경우 모내기가 널리 활용됨으로써 같은 땅에서 여름에 벼를, 가을에 보리를 심어 1년에 작물을 두 번 거두는 •이모작과 넓은 땅을 경작하는 •광작이 가능해졌으나, 상대적으로 노동력은 덜 필요해져 소작지를 구하지 못하는 농민들도 생겨났다. 이들이 남의 일을 해 주는 •품팔이가 되거나 노동력을 제공하고 그 대가인 임금

- 방납 corrupt substitute tribute system
- 보유 possession
- 포목 hemp and cotton cloth
- 공인 licensed tribute merchants
- 매입하다 to purchase
- 상품 화폐 경제 commodity-money economy
- 필 traditional Korean unit for counting cloth bolts
- 가중되다 to be aggravated
- 보충하다 to make up for
- 폐단 problem
- 고랑 furrow
- 이모작 double cropping
- 광작 extensive cultivation
- 품팔이 day laborer

을 받는 •임노동자가 되면서 농민층 내에서 신분 변화가 일어났다.

조선 후기 수공업의 경우 나라가 운영하던 관영 수공업이 쇠퇴한 반면, •장인세를 납부하고 자유롭게 생산하는 •민영 수공업이 발달하였다. 민영 수공업자들은 상인이나 공인에게 •자금이나 원료를 미리 받아 제작하는 •선대제로 제품을 생산하였고, 이로 인해 작업의 분업화가 이루어졌다.

청나라와의 무역에서 은에 대한 수요가 증가하며 •광산 개발도 활발해졌다. 이 시기에는 나라가 광산을 독점적으로 •채굴하던 기존 정책에서 민간인에게 채굴을 허가하고 나라가 세금을 받는 정책으로 전환되었다. 그러자 허가 없이 몰래 광산을 채굴하는 •잠채도 성행하였다. 결국 조선 후기의 •광업은 •물주로부터 자금을 받은 광산 전문 경영자인 •덕대가 사람을 •고용하여 광산을 채굴하는 방식으로 운영되었다.

조선 후기에는 담배 · 생강 · 인삼 등 시장에서 •사고팔기 위한 상품 작물의 재배도 크게 늘어 상품 화폐 경제가 더욱 발달하였다. 18세기에 1,000여 개소를 넘어선 시장들은 대개 •5일장이었다. 짐을 지고 돌아다니며 물건을 파는 •보부상은 이들 시장을 하나의 유통망으로 연결시키는 역할을 하였고, •상평통보가 전국적으로 유통되는 등 화폐의 사용이 활성화되었다.

전국의 상권 중심지에는 민간 상인인 사상이 등장하였고, 이들은 도매 상인인 도고로 성장하기도 하였다. 당시 •시전 상인들은 나라에 세금을 내고 필요한 물품을 공급해 주면서, 자신들 외에는 허가 없이 난전(•무허가 가게)을 운영하는 것을 금지하는 특권인 •금난전권을 가지고 있었다. 사상들이 나라에 금난전권의 폐지를 끊임없이 요구하자, 정조는 •육의전(비단 · 무명 · 명주 · 종이 · 모시 · 생선 6개 품목을 팔던 시전)을 제외한 시전 상인의 금난전권을 폐지하는 신해통공 정책을 실시해 상업이 자유롭게 발전할 수 있는 길을 열었다. 더불어 •수로를 이용한 대규모 교역이 이루어지면서 배가 드나드는 곳에서의 상업이 성행하였고, 상인이자 상업 시설이라고 할 수 있는 •객주와 •여

Vocabulary

- 임노동자 wage worker
- 자금 money; funds
- 채굴하다 to mine
- 물주 financial backer; investor
- 사고팔다 to buy and sell; to trade
- 장인세 tax imposed on craftsmen
- 선대제 advance loan system
- 잠채 illegal mining
- 덕대 professional mining contractor
- 5일장 five-day market
- 민영 private
- 광산 mine
- 광업 mining industry
- 고용하다 to hire
- 보부상 peddler

각이 각 지방에서 들어오는 상품의 매매·보관·운송과 상인의 숙박 등을 담당하였다.

조선 내 상업의 발달과 더불어 대외 무역도 활기를 띠었다. 조선과 청나라 사이의 무역은 사신이 방문하는 시기에 이루어졌으며, 일본과는 왜관을 중심으로 무역이 이루어졌다. 대외 무역의 형태는 나라의 허가를 받아 공식적으로 교역하는 개시 무역과 •밀무역인 후시 무역으로 이루어졌다.

신분 제도의 변화

조선 후기에는 각 신분 계층에 변화가 생겼다. 양반층의 경우 소수의 상층 양반이 중앙 권력을 차지하고 있었고, 상당수의 양반은 향촌에서 권위를 유지하는 정도에 그치거나 몰락하는 양반도 생겨났다. 이들 몰락 양반의 등장은 신분이 높으면 경제적 지위도 높았던 사회 원리가 해체되었음을 의미하였다.

중간 신분인 서얼과 중인은 관직 진출에 제한이 있었으나, 정조 때 서얼들이 집단적으로 차별 폐지를 요구하는 •상소를 올려 이를 통해 유득공·박제가 등이 학문적으로 뛰어난 사람이 맡는 관직인 규장각의 •검서관으로 등용되기도 하였다. 중인들은 기술관으로 일하며 실무 경력을 바탕으로 신분이 상승되었는데, 이 중 청나라와의 외교 실무에 종사하던 역관은 외래 문물 수용에 앞장서는 •선구적 역할을 하였다.

이 시기 가장 큰 신분 변화를 맞이한 계층은 상민층이었다. 상민층의 대다수인 농민들 중 부를 축적한 부농도 생겨났고, 상인이나 수공업자들 중에도 상업 자본가가 등장하였다. 이에 따라 향촌 사회의 모습도 크게 바뀌었다. 부농들은 축적한 재산을 이용하여 이름이 비어 있는 •공명첩을 구입하거나 •족보를 •위조하는 등의 방법으로 신분을 상승시켰다. 조선 후기 지방의 향촌에서는 이와 같은 방법으로 새롭게 성장한 사람들과 기존 양반들이 주도권을 둘러싸고 갈등하였고, 수령은 새로 성장한 세력을 통해 기존 양반을 견제하며 향촌 질서를 주도해 나갔다.

공명첩
© 국립민속박물관
명목상 관직을 주는 백지 임명장으로, 관직을 받는 사람의 이름을 나중에 써 넣어 신분을 사고팔 수 있었다.

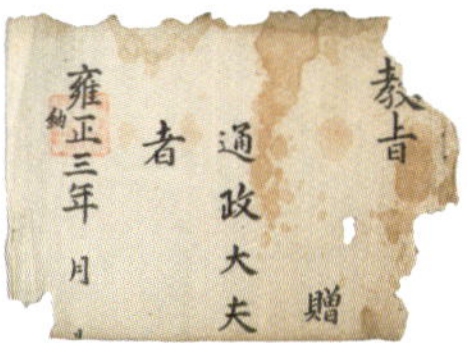

- 상평통보 legal tender of late Joseon
- 금난전권 exclusive trade privilege
- 객주 merchant broker
- 상소 petition to the king
- 공명첩 blank appointment certificate
- 시전 상인 licensed merchant
- 육의전 Six Licensed Stores
- 여각 inn; traveler's lodge
- 검서관 official in charge of book censorship
- 족보 family genealogy book
- 무허가 unlicensed
- 수로 waterway
- 밀무역 smuggling trade
- 선구적 pioneering
- 위조하다 to forge; to fabricate

천민층인 노비도 전쟁에서 공을 세우거나 곡물을 나라에 바치는 납속 같은 방법을 통해 상민이 될 수 있었다. 그러나 대개는 도망쳐서 임노동자가 되거나, 농사일과 잡일을 해 주고 그 집에 사는 머슴 또는 돌아다니며 물건을 파는 행상이 되어 생계를 꾸렸다. 나라에서는 노비의 신분 상승을 인정해 주는 정책을 실시하여 영조 때에는 노비의 수를 제도적으로 줄이기 위한 노비종모법을 시행하였고, 순조 때에는 중앙 관청의 노비 문서를 불태워 일부를 제외한 공노비를 해방하였다.

Q 다음 빈칸에 들어갈 알맞은 단어를 본문에서 찾아 써 봅시다. (   )

• 영조는 (   )(이)라는 정책을 실시하여 붕당 간 세력 균형을 유지하고자 하였다.

A 탕평책

2 조선 후기 사람들은 어떻게 살았을까?

◆ 조선 후기에 새롭게 등장한 학문은 무엇일까?

실학과 국학의 등장

조선 후기의 사회적·경제적 변동으로 인한 사회 모순을 해결하기에 어려움이 있던 성리학의 대안으로, 실생활에 이롭거나 도움을 주는 실용적이고 개혁적인 학문으로서 실학이 등장하였다. 실학자들은 토지 제도 개혁이나 상공업 진흥을 강조하였다. 또한 청나라의 고증학과 서양 과학의 영향을 받았다.

조선의 실학자들 중 농업 중심 개혁론자들은 농민의 삶이 안정되어야 한다고 생각하여 토지 제도의 개혁을 중시하였다. 유형원은 토지를 국유화하여 차등 지급하고

Vocabulary

- 잡일 chore
- 머슴 servant; farmhand
- 행상 peddler
- 제도적으로 institutionally
- 모순 contradiction
- 대안 alternative; replacement
- 실생활 real life
- 실학 Practical Learning
- 상공업 commerce and industry
- 진흥 development
- 고증학 Evidential Scholarship
- 개혁론자 reformer
- 국유화하다 to nationalize
- 자영농 independent farmer
- 분배하다 to distribute

•자영농을 육성하자는 균전론을 제시하였고, 이익은 한 가정의 생활 유지에 필요한 최소한의 토지를 설정하여 이 토지의 매매를 제한하자는 한전론을 제시하였다. 정약용은 여(마을을 나타내는 단위)의 사람들이 토지를 공동 소유·공동 경작하여 수확량을 노동량에 따라 •분배하자는 여전론을 제안하였다.

상공업 중심 개혁론자들은 상공업 진흥과 기술 •혁신을 주장하며, 상공업의 발전을 가로막는 요소로 신분제를 비판하고 •수레와 •선박을 이용한 유통의 활성화를 강조하였다. 이들은 특히 청나라의 발달된 기술을 뜻하는 북학을 적극 수용하자고 주장하여 '북학파'라고도 불렸다. 유수원은 직업 평등을 주장하였고, 홍대용은 문벌의 •철폐와 기술 혁신을 강조하였다. 상공업 중심의 개혁론은 북학파에서 핵심적으로 역할한 박지원에 의해 한층 발전하였다. 그는 청나라에 다녀온 후 《열하일기》를 •저술하여 수레와 선박의 이용, 화폐 유통 등을 강조하였다. 박제가는 《북학의》에서 청나라와 •통상 확대, 수레·선박 사용의 •증진, 절약보다 소비의 •권장 등을 주장하였다. 정치적 실권이 없었던 실학자들의 이와 같은 개혁론들은 대부분 정책에 반영되지 못하였으나, 그중 북학파의 사상은 19세기 후반 •개화파에 큰 영향을 주었다.

또 실학은 중국 중심의 •세계관을 비판하며 전통적인 한국의 정치·사회·역사 등을 연구하는 학문인 •국학(國學)의 발달에도 영향을 주었다. 안정복이 《동사강목》에서 고조선부터 고려까지의 역사에 대해 저술함으로써 한국 역사의 독자적인 정통성을 •정립하였고, 유득공은 《발해고》에서 남북국 시대를 처음 언급하였다. 이처럼 만주 지역을 무대로 진행된 •고대사 연구는 한반도에 한정된 •역사관을 극복하는 데 기여하였으며 •실증적인 역사 연구 태도도 강조되었다. 이긍익은 《연려실기술》을 저술하면서 400여 종의 책을 참고하였고, 한치윤은 청나라와 일본의 책들을 참고하여 《해동역사》를 편찬하였다.

- 혁신 innovation
- 철폐 abolition
- 증진 increase
- 세계관 worldview
- 고대사 ancient history
- 수레 cart
- 저술하다 to write
- 권장 encouragement
- 국학 Korean Studies
- 역사관 view of history
- 선박 ship; vessel
- 통상 trade
- 개화파 enlightenment faction
- 정립하다 to establish; to set up
- 실증적인 empirical

새로운 사상의 등장

지배층에게 수탈당하고 자연재해와 질병 등으로 고통받던 조선 후기 사람들은 새로운 사회가 열리기를 바랐다. 이러한 분위기 속에서 미래의 부처가 나타나 •중생을 구제한다는 미륵 신앙이 관심을 끌었다. 또 •길흉화복을 예언하여 기록한 예언서들도 유행하였다. 지배층은 예언서를 •금서로 취급하였지만, 이는 고통받는 사람들에게 세상이 변화할 것이라는 희망을 안겨 주었으며 사회 •변혁의 이념적 기반이 되었다.

천주교는 17세기 무렵부터 청나라를 통해 처음에는 서양 학문, 즉 서학으로서 조선에 소개되었다. 점차로 천주교를 적극 수용하여 신앙으로 받아들이자는 사람들이 나타나 정식으로 천주교 •신자가 되고자 •세례를 받았다. 그리고 '천주님 앞에 모든 사람이 평등하며 죽은 후 •천당에 갈 수 있다.'라는 약속에서 •위안을 얻었다. 하지만 조선 조정은 천주교가 유교 질서에 어긋난다고 판단하였는데, 천주교가 제사를 금지하는 것과 인간이 평등하다는 주장이 당시 사회 이념과 신분 질서를 부정하는 내용이었기 때문이다. 조선 조정은 천주교 신자가 •폭발적으로 증가한 18세기 후반부터 천주교를 •사교로 규정하고, 여러 차례 신자를 •박해하였다.

◆ 조선의 문화는 어떻게 변화했을까?

서민 문화의 발달과 한문학의 변화

조선 후기에는 상민들의 경제력과 사회적 지위가 이전보다 더욱 향상되면서 초중등 사설 교육 기관인 •서당을 통한 교육이 확대되고, 그들의 •정서가 담긴 •서민 문화가 발달하였다. 한국 최초의 한글 소설인 허균의 《홍길동전》 등에는 신분제에 대한 비판 의식이 두드러졌고, 노래와 몸짓으로 표현하며 이야기하는 •판소리와 얼굴에 탈을 쓰고 춤추며 노래하는 연극인 •탈놀이에도 지배층의 •위선을 •풍자하는 내용이 많았다. 서민들은 이러한 문화 활동을 통해 •풍류를 즐기는 동시에 비판 의식을 키워 나갔다.

Vocabulary

- 중생 all living beings
- 변혁 transformation; revolution
- 천당 Heaven
- 사교 cult; heretical religion
- 정서 emotion
- 길흉화복 fortune and misfortune
- 신자 believer
- 위안 comfort
- 박해하다 to persecute; to oppress
- 서민 문화 folk culture
- 금서 forbidden book
- 세례 baptism
- 폭발적으로 explosively; dramatically
- 서당 private village school
- 판소리 Korean traditional musical storytelling

1 김홍도, 〈씨름〉
2 신윤복, 〈거문고 줄 고르는 여인〉
ⓒ 국립중앙박물관

한편, 현실 비판적인 지식인이었던 박지원은 《양반전》 등의 한문 소설을 통해 양반 계층의 위선과 •무능을 풍자하고 비판하였다. 개혁적인 지식인이었던 정약용은 수령이 지켜야 할 지침을 담은 《목민심서》와 각종 제도의 개혁 원리를 제시한 《경세유표》를 집필하여 지배층을 비판하고 백성에 대한 연민을 드러냈다. 이 시기 전통적인 시조 형식을 벗어난 •사설시조도 유행하였는데, 사회 문제를 비판하거나 서민의 솔직하고 소박한 감정을 표현한 작품이 많았고 '김삿갓'이라는 별명으로 알려진 김병연과 정수동 같은 풍자 시인이 서민과 어우러져 활동하였다.

예술의 새로운 경향과 과학 기술의 발달

조선의 미술 발전은 그림을 그리는 일을 담당한 관청인 •도화서의 •화원들이 주도하였다. 화원들은 주로 •어진을 그렸고, 국가적 행사를 소재로 삼았다.

조선 후기에는 •문인 화가인 정선에 의해 조선의 자연을 직접 보고 그리는 •진경산수화가 정착되었다. 그리고 생활 모습을 그린 •풍속화가 유행하였다. 대표적인 풍속화 화가인 김홍도는 서민들의 일상적인 모습을 간결하고 •익살스럽게 표현했고, 신윤복은 양반의 풍류와 남녀의 애정을 섬세한 선과 구도 및 아름다운 색채로 표현하였다. 또 일반인들에 의한 •민화도 많이 나타났다. 생활 공간을 장식하는 그림이었던 민화는 다양한 소재로 서민의 정서와 •미의식, 복을 바라는 간절한 마음 등을 표현하였다.

한편, 조선 후기에는 청나라를 왕래하던 사신들을 통해 많은 서양 문물이 전래되었다. 특히 중인층 중심의 학자들이 과학과 기술 연구에 관심을 보이면서 당시 중국 중

- 탈놀이 Korean mask dance
- 풍류 artistic elegance
- 도화서 royal bureau of painting
- 문인 화가 literati painter
- 익살스럽게 humorously; comically
- 위선 hypocrisy
- 무능 incompetence
- 화원 royal painter
- 진경산수화 true view landscape painting
- 민화 folk painting
- 풍자하다 to satirize
- 사설시조 longer, playful form of Korean *sijo* (poem)
- 어진 king's portrait
- 풍속화 genre painting
- 미의식 aesthetic consciousness

심의 세계관에 변화가 일어나고 수학과 •역법 등도 큰 발전을 이루었다. 임진왜란 이후 허준이 저술한 《동의보감》은 조선뿐만 아니라 중국 지역과 일본 등지에서도 간행되었고, 정약용이 •홍역을 연구하여 펴낸 《마과회통》으로 의학 분야도 크게 발전하였다.

이 시기에는 국토에 대한 관심도 증대하여 역사 지리서로 한백겸의 《동국지리지》, 인문 지리서로 이중환의 《택리지》 등 다양한 지리서들이 편찬되었다. 더불어 정밀하고 실용적인 지도가 제작되었는데, 김정호는 10리마다 •눈금을 표시한 〈대동여지도〉를 목판에 새겨 많은 사람들이 지리 정보를 쉽게 알 수 있도록 하였다.

◆ 조선 후기 사람들이 저항한 세도 정치는 무엇일까?

세도 정치와 삼정의 문란

탕평책을 실행하던 정조가 갑자기 죽은 후에 그의 아들 순조가 어린 나이로 즉위하면서 •장인인 김조순 등 외척 세력이 권력을 잡게 되었다. 이후 헌종과 철종에 이르기까지 약 60여 년 동안 왕실의 외척 가문이 권력을 독점하여 주도한 정치를 '세도 정치'라고 한다. 세도 정치로 왕실의 외척과 권력을 차지한 몇몇 특정 가문이 고위직을 차지하고 비변사를 장악해 나라를 운영함에 왕권은 미약해졌고, 의정부도 제 구실을 하지 못하였다. 이들을 견제할 세력이 없게 되자 정치 •기강이 •해이해져 관직을 사고파는 •매관매직이 성행하였고, 과거 시험도 부정으로 •얼룩졌다.

수령들은 조세와 공물과 역 등을 걷는 •수취 제도로 백성들을 •착취하였다. 18세기 이후 나라 재정의 •근간을 이루는 수취 제도인 •삼정 가운데 땅에 부과하는 조세인 '•전정'과 사람에게 부과하는 조세인 '•군정(軍政)'의 불법적 징수도 상당했지만, 가난한 사람에게 곡식을 빌려주고 나중에 갚게 하는 •빈민 구제 제도였던 '•환곡(환정)'의 문제가 가장 심각하였다. 수령들이 지방 재정을 메우기 위해 곡식에 모래와 겨를 섞어 빌려주고 •고리대를 취하는 등 삼정의 •문란은 심각한 상태에 이르렀다.

Vocabulary

- 역법 calendar system
- 장인 father-in-law
- 매관매직 selling government posts
- 착취하다 to exploit
- 전정 land tax
- 홍역 measles
- 기강 discipline
- 얼룩지다 to be stained
- 근간 foundation; backbone
- 군정 military service tax
- 눈금 scale mark
- 해이해지다 to become lax
- 수취 제도 collection system
- 삼정 three fiscal systems
- 빈민 구제 제도 poor relief system

홍경래의 난과 임술 농민 봉기

한반도의 서북쪽에 위치한 평안도의 사람들은 오래된 지역 차별로 불만이 쌓여 있었다. 이들은 과거 시험에 합격해도 고위직에 진출할 수 없었고 양반으로 인정받지도 못하였다. 그런데 이 지역에 청나라와의 무역과 광업·수공업이 발달하면서 많은 상공업 계층이 형성되자, 세도 정권은 통제를 강화하고 과도한 세금을 거두어 이 지역의 부를 빼앗았다. 1811년 순조 때 홍경래는 세도 정권의 수탈과 •횡포에 맞서 평안도에서 난을 일으켰다(홍경래의 난). 그는 상인과 •광산업자 등을 끌어들여 자금을 마련하고, 가난한 농민들을 군사로 •훈련시켜 한때 평안도 지역을 장악하였으나 관군에 밀려 •후퇴한 후 결국 진압당하였다.

홍경래의 난 이후로도 세도 정권의 횡포는 사라지지 않았고, 철종 때 지방 수령들이 토지세를 과도하게 걷고 군사 자금으로 고리대를 하며 자신들이 •축낸 환곡을 농민에게 부담시키는 등 삼정의 문란으로 인한 폐해는 •극에 •달하였다. 이에 경상남도 진주를 중심으로 대규모의 농민 봉기가 발생하였다. 이는 다른 지역으로도 확산되어 1862년 한 해 동안 전국 70여 곳에서 농민들의 봉기가 일어났다(임술 농민 봉기).

삼정의 문란을 •바로잡기 위해 지방의 문제를 조사하는 관리인 안핵사가 파견되고, 개혁 기구로 삼정이정청도 설치되었으나, 농민 봉기가 •수그러들자마자 삼정이정청은 폐지되었고 개혁도 •흐지부지되고 말았다. 그럼에도 임술 농민 봉기는 농민들이 힘을 합해 집단적으로 저항하였다는 점에서 큰 의미가 있는데, 양반 중심의 지배 질서가 •무너지고 새로운 세계로 나아가는 중요한 •밑거름을 마련할 수 있었기 때문이다.

Q 다음 중 사람을 의미하는 단어가 아닌 것을 골라 봅시다. (　　)

① 화원　② 보부상　③ 탈놀이　④ 임노동자

③

- 환곡 grain loan system
- 고리대 usury
- 문란 disorder; confusion
- 횡포 tyranny
- 광산업자 mining entrepreneur
- 훈련시키다 to train
- 후퇴하다 to retreat
- 축내다 to use up
- 극 peak; climax
- 달하다 to reach
- 바로잡다 to correct
- 수그러들다 to subside
- 흐지부지되다 to fizzle out
- 무너지다 to collapse
- 밑거름 nourishment; foundation

유용한 표현 Expressions

1 N+을/를 거치다 (to go through; to undergo)

- 조선은 임진왜란을 거치며 일본군에게 대응하고자 중앙군으로서 훈련도감을 만들었다.
- 이번 계획은 여러 부서를 거쳐 확정되었다.
- 우리나라가 치열한 예선 경기를 거치고 이번 월드컵 본선에 진출하였다.

---

2 N+이/가 중요한(큰) 역할을 하다 (to play an important role)

- 중앙의 3사(사헌부 · 사간원 · 홍문관)가 여론 형성에 중요한 역할을 하였다.
- 사회가 발전하려면 교육이 중요한 역할을 해야 한다.
- 이번 조별 과제에서는 발표자가 중요한 역할을 한다고 볼 수 있다.

---

3 N+(으)로 전환되다 (to shift; to change)

- 이 시기에는 나라가 광산을 독점적으로 채굴하던 기존 정책에서 민간인에게 채굴을 허가하고 나라가 세금을 받는 정책으로 전환되었다.
- 기술이 발전하면서 학생들의 학습 방식이 오프라인에서 온라인으로 전환되었다.
- 최근 산업 전반의 에너지 사용 방식은 화석 연료 중심에서 신재생 에너지로 전환되고 있다.

4 N+이/가 활기를 띠다 (to thrive; to prosper; to flourish)

- 조선 내 상업의 발달과 더불어 대외 무역이 활기를 띠었다.
- 새로운 정책이 도입되자 지역 경제가 크게 활기를 띠었다.
- 명절을 앞두고 지역의 전통시장이 활기를 띠는 모습이다.

---

5 공을 세우다 (to make a contribution)

- 천민층인 노비도 전쟁에서 공을 세우거나 곡물을 나라에 바치는 납속 같은 방법을 통해 상민이 될 수 있었다.
- 그 소방관은 국가의 안전을 위해 뚜렷한 공을 세워 나라로부터 훈장을 받았다.
- 나라를 건국할 때 왕을 도와 큰 공을 세운 신하를 가리켜 개국 공신이라고 한다.

---

6 V+는 데 기여하다, N+에 기여하다 (to contribute)

- 만주 지역을 무대로 진행된 고대사 연구는 한반도에 한정된 역사관을 극복하는 데 기여하였으며 실증적인 역사 연구 태도도 강조되었다.
- 대중교통은 교통 체증 완화에 크게 기여하고 있다.
- 노벨상은 인류의 문명이 발전하는 데 크게 기여한 사람에게 주는 상이다.

확인 문제 Reading Comprehension

※ 본문을 읽고 다음 질문에 답해 봅시다.

1. 다음 내용에 해당하는 정책을 실시한 조선의 왕을 〈보기〉에서 골라 기호를 써 봅시다.

〈보기〉
㉠ 영조 ㉡ 정조

(1) 붕당 간 세력 균형을 유지하는 탕평책을 처음으로 실시하였다. ( )

(2) 왕실 도서관이던 규장각을 정책을 논의하고 신하를 육성하는 곳으로 변화시켰다. ( )

2. 다음 자료를 읽고, 빈칸에 공통으로 들어갈 건축물의 이름을 써 봅시다. ( )

〈답사 계획서〉

- **답사 주제:** 정조의 계획 도시, □□ □□
- **날짜:** 20○○년 ○○월 ○○일
- **장소:** 경기도 수원시 팔달구
- **내용:** 정조는 개혁 정치의 중심지로 삼기 위해 □□ □□을/를 쌓았다. 이 성은 독창성과 우수성 등을 인정받아 1997년 유네스코 세계 유산으로 등재되었다.

3. 다음 자료를 보고, 가장 알맞게 해석한 친구를 골라 봅시다. ( )

김홍도, 〈행상〉
ⓒ 국립중앙박물관

① **유진:** 조선 후기에 신분제의 변동이 심하여 양반층이 많아졌음을 알 수 있어.

② **소영:** 조선 후기 논농사에 모내기법을 활용하여 더 많은 수확물을 거두었음을 보여 주어.

③ **현정:** 조선 후기에 5일장이 많이 생겨 보부상 등이 물건을 가지고 다니며 팔았음을 짐작할 수 있어.

4. 다음 자료를 읽고, 빈칸에 알맞은 말을 써서 '1줄 감상문'을 완성해 봅시다.

- 조선 후기에는 몰락한 양반이 늘어났다.
- 조선 후기에는 상민층 중 부농들이 공명첩을 구입하거나 족보를 위조하여 양반이 되었다.
- 조선 후기에는 천민층인 노비들이 납속과 도망 등의 방법으로 노비 신분에서 벗어나고자 하였다.

▶ 조선 후기에는 양반층부터 천민층에 이르기까지 각 (   ) 계층에 변화가 일어났다.

5. 다음 문장의 괄호 내 두 가지 중에서 알맞은 말에 ○로 표시해 봅시다.

(1) 조선 조정은 18세기 후반 천주교를 (박해 / 수용)하였다.

(2) 조선 후기에는 판소리와 탈놀이 같은 (서민 / 양반) 문화가 유행하였다.

(3) (세도 / 탕평) 정치가 전개되면서 왕권이 약해지고 삼정의 문란이 심해졌다.

6. 다음 글을 읽고, 홍경래가 난을 일으킨 이유로 알맞은 것을 골라 봅시다. (   )

〈홍경래의 격문〉

나라에서는 평안도 지역을 썩은 흙과 같이 버렸다. 심지어 세력이 있는 집의 노비들도 평안도 사람을 보면 반드시 '평안도 놈'이라고 말한다. 어찌 억울하고 원통하지 않은 자 있겠는가?

① 청나라가 조선을 침입하였기 때문이다.

② 홍경래가 실학을 연구하였기 때문이다.

③ 홍경래가 영조의 탕평책에 반대하였기 때문이다.

④ 한반도의 서북 지역이 오랫동안 차별을 받았기 때문이다.

1. (1)-㉠ (2)-㉡ 2. 수원 화성 3. ③ 4. 신분 5. (1) 박해 (2) 서민 (3) 세도 6. ④

주제 1 갈등과 해결

1. 다음 자료를 참고하여 여러분은 서로 의견이 다를 때 어떤 방법으로 해결하는지 요약하여 써 봅시다.
Read the following text. Write about how you resolve differing opinions and reach a compromise.

〈탕평채의 유래〉

탕평채
© 국립민속박물관

조선 후기의 조리서인 《시의전서》 등에는 탕평채의 조리법이 소개되어 있다. 이에 따르면, 탕평채는 가늘게 채를 친 묵에 다져 볶은 소고기와 데친 미나리·숙주 등 색색의 야채를 한데 섞어 깨소금과 고춧가루 및 기름과 식초 등으로 양념한 후 부순 김을 뿌려 먹는 음식이다.

붕당 정치의 폐해를 염려하던 영조가 붕당을 초월한 인재를 등용함으로써 조정의 평화를 추구하겠다는 뜻으로 탕평책을 제안할 때, 색이 골고루 섞여 있는 이 음식을 차렸다는 데에서 '탕평채'라는 이름이 붙었다고 한다.

▶

2. 1번을 바탕으로 친구들과 함께 토의해 봅시다.
Share your opinion and compare it with others.

주제 2 서민 문화

1. 다음 자료들을 바탕으로 〈조선 후기의 서민 문화 전시회〉를 열고자 합니다. 여러분이 큐레이터가 되어 전시물을 설명하는 글을 써 봅시다.

Look at the pictures of folk culture. Imagine you are a curator preparing an "Exhibition of Folk Culture in Late Joseon." Choose one picture and write an explanatory paragraph that describes its cultural significance.

1 이재관, 〈어해도〉 2 작자 미상, 〈화조도〉 3 작자 미상, 〈호작도〉
4 탈춤 공연(현대) 5 정순임 소리꾼의 판소리 공연(현대)
© 국립중앙박물관(1, 2, 3), © 국가유산청(4, 5)

1	2	3
4	5	

▶

2. 1번을 친구들에게 발표해 봅시다.

Present your writing to the class.

8

19세기 국제 사회와 조선의 개화 정책

19th Century International Community and Joseon's Enlightenment Policy

학습 목표
Learning Objectives

1. 19세기 국제 사회에 등장한 제국주의와 이들의 문호 개방 요구에 대응하는 조선의 모습을 이해하고 설명할 수 있다.
2. 19세기 조선의 개화 정책을 당대 세계 여러 나라의 대응책과 비교·조사하여 쓰고 이야기할 수 있다.

생각 열기
Warm Up

1. 연표상 19세기 한국에서 일어난 사건과 동시대의 세계사 항목을 비교하며 살핀 후, 여러분의 고향 혹은 알고 있는 나라에 대해 추가하고 싶은 내용을 표시해 봅시다.
2. 연표에 등장하는 19세기 한국을 살펴, 알고 있는 항목이 무엇인지 말하고 친구가 말하는 항목은 별도로 표시해 봅시다.
3. 19세기 한국을 이해할 수 있는 핵심 용어 중 알고 있는 것을 표시해 봅시다.

한국사 History of Korea	연표 Timeline	세계사 History of the World
	1840년	아편 전쟁
최제우의 동학 창시	1860년	
	1861년	[중국] 양무운동
임술 농민 봉기	1862년	
고종의 즉위, 흥선 대원군의 집권	1863년	
	1865년	멘델의 〈유전의 법칙〉 발표
병인박해, 제너럴 셔먼호 사건, 병인양요	1866년	
오페르트 도굴 사건	1868년	[일본] 메이지 유신
신미양요	1871년	[독일] 독일 제국의 건설
〈강화도 조약〉	1876년	
〈조·미 수호 통상 조약〉, 임오군란, 〈조·청 상민 수륙 무역 장정〉, 〈제물포 조약〉	1882년	
갑신정변	1884년	청·프 전쟁
동학 농민 혁명, 갑오개혁	1894년	청·일 전쟁

흥선 대원군의 초상
© 국립중앙박물관

핵심 용어 Keywords

- ▢ 갑신정변
- ▢ 동학
- ▢ 이양선
- ▢ 척화비
- ▢ 〈강화도 조약〉
- ▢ 병인양요
- ▢ 임오군란
- ▢ 최혜국 대우
- ▢ 근대화
- ▢ 신미양요
- ▢ 제국주의
- ▢ 통상 개화론
- ▢ 동도서기
- ▢ 영사 재판권
- ▢ 중체서용
- ▢ 흥선 대원군

용어 풀이 Essential Concepts

근대화 Modernization

18세기 후반에 서구에서 산업 혁명이 시작된 이래, 19세기에 전 세계적으로 근대화를 향한 움직임이 일어났다. 동아시아 나라들 중에는 대표적으로 청나라에서 양무운동이, 일본에서 문명 개화론이 대두하며 근대화 운동이 펼쳐졌다. 일본의 문명 개화론은 서양의 기술뿐 아니라 제도와 문물까지 전면적으로 수용해야 한다는 주장으로, 조선의 개화파들에게 큰 영향을 끼쳤다.

The Industrial Revolution began in the West in the late 18th century, and a global movement toward modernization emerged in the 19th century. In East Asia, this trend was reflected in the rise of the civilization-enlightenment ideology in Japan and the Self-Strengthening Movement in the Qing Dynasty. Japan's civilization-enlightenment ideology, which emphasized that modernization required not only the adoption of Western technology but also the acceptance of Western institutions and culture, greatly influenced Joseon's enlightenment faction.

동도서기 Eastern Learning as the Foundation, Western Technology as Tools

청나라의 양무운동은 중국의 유교 문화를 근본으로 하되, 서양의 기술을 받아들이자는 중체서용을 주장하였다. 그 영향으로 조선에서는 동양의 윤리로서 유교의 도를 지키며 서양의 기술을 활용하자는 동도서기가 이론화되었다.

The Self-Strengthening Movement of the Qing Dynasty advocated the principle of *jungcheseoyong*, which emphasized the adoption of Western technology while maintaining Chinese Confucian culture as the foundation. Influenced by this movement, the concept of *dongdoseogi* (Eastern learning as the foundation, Western technology as tools) developed in Joseon, theorizing that Western technology could be utilized while preserving Confucianism as the guiding Eastern ethic.

영사 재판권과 최혜국 대우 Consular Jurisdiction & Most-Favored-Nation (MFN) Treatment

19세기에 세계의 열강들로부터 문호 개방 요구를 받은 조선은 1876년 〈강화도 조약〉을 시작으로 여러 조약을 체결하였는데, 그 조약들에는 영사 재판권이나 최혜국 대우 같은 불평등 조항이 포함된 경우가 많았다.

영사 재판권은 자국민이 외국에서 범죄를 저질렀을 때 외교관으로 파견된 영사가 자국의 법률을 적용하여 재판하는 제도이다. 따라서 외국인이 조선 내에서 범죄를 저질러도 조선의 법률로 처벌할 수 없었다.

최혜국 대우란 두 나라가 조약을 체결한 이후 그 중 한 나라가 제3국에 더 좋은 혜택을 허용한 경우에 별도의 조약 개정 없이 그 혜택을 조약 상대국에게도 자동으로 부여한다는 내용이다. 조선은 1882년 미국과 〈조·미 수호 통상 조약〉을 체결하면서 처음으로 최혜국 대우를 규정한 후 다른 열강들과의 조약에도 이를 적용하였다.

In the 19th century, Joseon faced demands from world powers to open its doors and consequently signed several treaties, beginning with the "Treaty of Ganghwa" in 1876. These treaties often contained unequal provisions, such as consular jurisdiction and Most-Favored-Nation (MFN) treatment.

Consular jurisdiction was a system in which, if a national committed a crime overseas, the consul, dispatched as a diplomat, applied his or her own country's laws and conducted the trial. As a result, foreigners who committed crimes in Joseon could not be punished under Joseon law.

MFN treatment meant that if one treaty partner later granted better benefits to a third country, those same benefits were automatically extended to the original partner without the need for a separate amendment. Joseon first stipulated MFN treatment in the "Treaty of Peace, Amity, Commerce and Navigation" with the United States in 1882, and subsequently included it in treaties with other major powers.

제국주의와 이양선 Imperialism & Foreign Vessel of Unusual Appearance

제국주의란 19세기에 약소국들을 침략하여 식민지를 개척했던 강대국의 대외 팽창 정책을 의미한다. 이 무렵 조선의 해안가에 자국의 배와 '모양이 다른 배'라는 의미에서 '이양선'이라고 불렀던 선박들이 등장했고, 서구 열강의 제국주의는 조선으로도 손을 뻗치기 시작하였다.

Imperialism refers to the expansionist policies of powerful nations that invaded and colonized weak nations in the 19th century. Around this time, foreign vessels—called *iyangseon* ("ships of unusual appearance") by Joseon—appeared along the coasts of Joseon, signaling the spread of Western imperialism to Joseon as well.

흥선 대원군과 척화비 Heungseon Daewongun & Stele Rejecting Reconciliation

조선 시대에 왕자가 없는 상태에서 왕이 죽은 경우에는 왕족들 중 한 사람이 왕위를 물려받았다. 이때 왕이 된 사람의 아버지를 높여 부르던 호칭이 '대원군'으로, 고종이 왕위에 오른 후 그의 아버지인 이하응이 흥선 대원군으로 불렸다. 그는 신미양요 이후 문호 개방을 배척하고, 서구 열강의 침략에 맞서 싸우겠다는 의미로 '서양 오랑캐가 침범하는데 싸우지 않으면 화친하는 것이요, 화친을 주장함은 나라를 팔아먹는 것이다.'라는 내용을 새긴 척화비를 세웠다.

In the Joseon Dynasty, when a king died without a crown prince, a member of the royal family inherited the throne. The father of such a king was given the title Daewongun. After King Gojong ascended the throne, his father, Lee Ha-eung, became known as Heungseon Daewongun. After the United States Expedition to Korea in 1871, he rejected the open-door policy and erected the Cheokhwabi (Stele Rejecting Reconciliation) to resist the invasion of Western powers. The inscription declared: "If you do not fight against the invasion of Western barbarians, you are pursuing *hwachin*, and claiming *hwachin* is equivalent to selling the country."

1 19세기 조선을 둘러싼 국제 질서는 어떠했을까?

◆ 19세기 세계와 조선의 상황은 어떠했을까?

제국주의의 등장

•서구에서는 18세기 후반부터 일어난 •산업 혁명으로 •자본주의가 급속히 발전하였다. 산업화 과정에서 경제 구조는 농업 중심에서 공업 중심으로 변화되었고, 도시화가 진행되면서 자본가와 노동자 계급의 갈등이 빚어졌다. 그럼에도 불구하고 영국에서 시작된 산업 혁명은 서구의 여러 나라들, 즉 프랑스와 독일 등을 부유하게 만들었다.

19세기 중반부터 서구 •열강은 자본을 투자하고 상품을 판매하며, 값싼 원료와 노동력을 공급받을 새로운 시장을 개척하고자 해외로 시선을 돌렸다. 당시 서구 열강이 아프리카·아시아·태평양 지역의 •약소국을 침략해 •식민지로 삼는 •대외 팽창 정책을 '제국주의'라고 한다. 서구 열강은 정치적·경제적·군사적 힘을 이용하여 식민지를 더욱 확대해 갔고, 많은 나라들이 이들의 지배를 받게 되었다.

서구 열강의 침략에 대한 청나라와 일본의 대응

19세기 서구 열강의 침략이 •본격화되자, 동아시아 각국은 이에 능동적으로 대처해야만 하였다. 외국과의 자유로운 무역을 금지하는 •해금 정책을 펼친 청나라는 18세기 중반부터 광저우를 개방하고 제한적으로나마 무역을 허용하였다. 청나라로부터 차·비단 등을 구입하던 영국은 •무역 적자가 늘자, 이를 해결하려고 아편을 광저우에서 몰래 판매하였다. 이로 인한 사회 문제가 커진 청나라가 아편을 모두 폐기하자, 이에 반발한 영국이 1840년 제1차 아편 전쟁을 일으켰다. 전쟁에서 패한 청나라는 영국과 •불평등 조약을 맺고 5개 항구를 개방하였다. 1856년에는 영국·프랑스 연합군이

Vocabulary

- 서구 Western
- 산업 혁명 Industrial Revolution
- 자본주의 capitalism
- 열강 world powers
- 약소국 minor power; weak nation
- 식민지 colony
- 대외 팽창 정책 expansionist policy
- 본격화되다 to be put into action
- 해금 정책 maritime prohibition policy
- 무역 적자 trade deficit
- 불평등 inequality
- 중체서용 Chinese learning as essence, Western learning for practical use
- 양무운동 Self-Strengthening Movement
- 전신 telegraphy

더 많은 이익을 얻기 위해 제2차 아편 전쟁을 일으켜 톈진과 베이징을 점령하였다. 청나라는 추가 불평등 조약으로 더 많은 항구를 개방하고, 아편 무역까지 인정하였다.

이후 청나라에는 '중국의 유교 문화를 바탕으로 서양의 선진 기술을 받아들이자.'라는 •중체서용의 원칙 아래 •양무운동이 전개되어 무기 공장을 비롯한 철도·•전신(電信) 등 근대적 설비가 마련되었다. 그러나 •보수 세력의 반대와 열강과의 잇따른 전쟁으로 양무운동에 따른 개혁은 전국적으로 이루어지지 못했고, •미미한 성과에 그쳤다.

일본의 에도 막부는 17세기부터 •문호 개방을 요청해 온 여러 나라들 중 기독교 •선교 활동을 하지 않던 네덜란드와 교류하여 부분적으로 서양 문물을 받아들였다. 1854년에는 미국과 불평등 조약을 체결하여 •개항장을 늘리고 무역을 확대하였다. 1868년에는 에도 막부가 무너지고 일본이 천황 중심의 중앙 집권 체제로 •탈바꿈하면서 정치·경제·문화 전반의 근대화를 추진하는 '메이지 유신'을 시작하였다. 메이지 정부는 •문명 개화론을 바탕으로 서양 문물을 적극적으로 수용하였다.

19세기 조선과 서구

19세기의 조선은 세도 정치로 정치 기강이 문란해졌고, 관리들의 •부정부패와 •가혹한 수탈로 농민들이 빈번하게 봉기하였다. 한편, 조선 조정은 세력이 확장된 천주교에 대해 나라의 질서를 무너뜨릴 위험이 있다며 사교로 규정하고 •탄압을 가하였다.

이 무렵 조선의 해안에는 서구의 선박들이 자주 모습을 드러냈다. 이양선이라고 불리던 서구 선박들의 선원에게 조선은 물자를 제공해 주기도 하였으나, 통상 요구는 •단호히 거절하였다. 이양선의 잦은 •출몰로 조선 내에서 서구 세력에 대한 •위기의식이 높아지는 가운데, 1860년 최제우가 서학(천주교)에 대응하는 개념으로서 '동쪽의 학문'이라는 의미의 •동학을 •창시하였다. 이에 조선 조정이 동학 또한 사교로 규정하고 탄압하였으나, 동학은 농민들 사이에 널리 퍼졌다.

- 보수 conservative
- 선교 missionary work
- 문명 개화론 civilization-enlightenment ideology
- 탄압 oppression
- 위기의식 sense of crisis
- 미미한 trivial; insignificant
- 개항장 port open to foreign trade
- 부정부패 corruption
- 단호히 firmly
- 동학 Donghak; Eastern Learning
- 문호 door; gate
- 탈바꿈하다 to transform
- 가혹한 severe
- 출몰 appearance
- 창시하다 to found; to establish

◆ 19세기 조선은 통상 요구에 어떤 태도를 취했을까?

흥선 대원군의 집권

1863년에 고종이 어린 나이로 왕위에 오르자 고종의 아버지인 흥선 대원군이 정치적 •실권을 잡고, 세도 정치로 인해 •흐트러진 나라의 기강을 세워 왕권을 강화하며 민심을 수습하기 위한 여러 개혁 정책들을 추진하였다. 그는 외척 세력들을 권력에서 밀어내고 다양한 정치 세력을 능력에 따라 골고루 등용하였다. 또한 세도 가문의 기반이었던 비변사를 폐지하고 의정부를 부활시키는 한편 •국방력 강화를 위해 •삼군부를 두어 군사 최고 기관으로 삼음으로써, 행정권과 군사권을 분리시켜 권력 독점을 막고자 하였다. 그는 법전인 •《대전회통》의 편찬도 지시하여 •법령 체계를 재정비하였다.

흥선 대원군은 농민들의 생활을 안정시키기 위해 삼정의 문란을 바로잡는 개혁도 실시하였다. 그는 전정의 문제를 바로잡기 위해 •양전 사업으로 토지의 실제 크기와 경작자 등을 조사하여, 토지 대장에서 기록이 빠진 토지를 찾아내고 공정하게 세금을 징수하고자 하였다. 또 그는 군정에 대한 불만을 줄이기 위해 •호포제를 실시하여, 군포를 개인이 아닌 집 단위로 부과하면서 농민뿐 아니라 양반에게도 군포를 징수하였다. 흥선 대원군은 삼정 중에 가장 •논란이 많았던 환곡의 여러 문제를 없애기 위해 지방 군현에 설치된 곡물 대여 기관인 사창을 중심으로, 나라 주도의 환곡제 폐단을 막고 민간 주도로 자치적으로 운영하는 •사창제를 본격적으로 시행하였다. 또 각종 •잡세와 지방의 특산물을 징수하던 •관행도 금지하였다. 이러한 수취 제도의 •개편은 나라의 재정을 확충하고 농민들의 부담을 어느 정도 덜어 주어, 흥선 대원군의 권력 기반을 강화하는 데 큰 역할을 하였다.

흥선 대원군은 이 시기에 문제가 많았던 서원도 정비하였다. 각 지역의 양반들은 서원을 앞세워 여러 특권을 누리고 있었고, 서원

운현궁의 노안당
© 국가유산청
서울 지하철 3호선 안국역 근처에 위치한 운현궁은 흥선 대원군의 집으로, 고종이 왕위에 오르기 전까지 함께 살았던 곳이다. 운현궁 안의 여러 건물 중 노안당은 흥선 대원군의 주된 거처였다.

Vocabulary

- 실권 real power; actual authority
- 흐트러지다 to break down
- 국방력 military capability
- 삼군부 Three Armies Command
- 《대전회통》 *Comprehensive Collection of the National Code*
- 법령 laws and regulations
- 양전 사업 land survey project
- 호포제 Household Military Cloth Tax System
- 논란 dispute
- 사창제 Community Grain Loan System
- 잡세 miscellaneous tax
- 관행 custom; convention
- 개편 reorganization
- 명목 pretext

을 통해 선현에게 제사를 지낸다는 •명목으로 농민들을 수탈하였다. 이렇듯 서원은 본래의 •취지와 달리 크게 변질되며 농민들의 •원성을 샀다. 이에 흥선 대원군은 양반 •유생들의 반발을 무릅쓰고 서원 •철폐령을 실시하였다. 전국의 서원들은 47개만 남고 모두 없어졌으며, 철폐된 서원들이 가지고 있었던 토지와 노비는 나라의 재정으로 편입되었다.

흥선 대원군은 왕실의 •위엄을 회복하기 위해 임진왜란 때 불에 탔던 경복궁을 다시 세웠다. 이 과정에서 많은 농민을 공사에 동원하고, 부족한 자금을 마련하기 위해 '당백전'이라는 화폐를 •발행하였다. 이로 인해 화폐 가치가 떨어져 물가가 •급등하는 등 경제 혼란으로 백성들의 불만이 높아졌다.

한편, 흥선 대원군은 수시로 출몰하는 이양선을 비롯한 외세의 침입에 대응하기 위해 국방력을 강화하는 데 힘썼다. 그는 청나라를 통해 서양의 •화포 기술을 도입하였으며, 수군을 강화하고 해안 지대에 적의 침입을 막기 위한 •보루를 설치하였다.

흥선 대원군의 통상 거부 정책

19세기 중반에 청나라와 일본이 서구 열강의 •무력에 •굴복하여 문호를 개방하였다는 소식이 조선에 전해졌다. 특히 1860년에 서구 열강이 청나라 수도인 베이징을 점령하였다는 소식은 조선에 큰 충격을 주었다. 나아가 러시아가 연해주를 차지하여 조선과 국경을 맞닿게 되자, 조선의 위기의식은 •고조되었다.

조선 내에서 사교로 규정된 천주교는 조선 조정의 거듭된 탄압에도 불구하고 더욱 확산되었고, 프랑스 신부들은 선교 활동을 계속하였다. 흥선 대원군은 국경을 맞닿게 된 러시아를 견제하기 위해 신부들을 통해 프랑스와 •교섭하려고 하였으나 •뜻대로 되지 않았다. 천주교를 금지해야 한다는 목소리는 점점 커졌고, 1866년 흥선 대원군이 천주교와 관련된 사람들을 대대적으로 탄압한 •병인박해가 일어났다. 이때

- 취지 purpose
- 철폐령 abolition order
- 급등하다 to soar
- 무력 military power
- 교섭하다 to negotiate
- 원성 complaint; resentment
- 위엄 dignity; authority
- 화포 cannon
- 굴복하다 to yield
- 뜻대로 as planned
- 유생 Confucian student
- 발행하다 to issue
- 보루 bulwark; bastion
- 고조되다 to intensify; to heighten
- 병인박해 Persecution of Catholics of 1866

병인양요 때의 전투(기록화)
© 전쟁기념관

8,000여 명의 천주교 신자들과 9명의 프랑스 신부가 체포되어 •처형되었다. 몇 달 후 프랑스는 자국민 •선교사의 처형을 구실로 내세우며 청나라에 있던 함대를 보내 조선의 강화도를 침략한 •병인양요를 일으켰다. 조선군이 맞서 치열하게 싸우자 프랑스군은 약 1개월 만에 •철수하면서 강화도의 외규장각(규장각의 부속 도서관)에 보관되어 있던 조선의 서적과 •보물들을 약탈하였다. 병인양요를 계기로 흥선 대원군은 서구 열강을 더욱 •경계하였고, 천주교에 대한 탄압도 더해졌다.

1868년에는 •오페르트 도굴 사건이 벌어졌다. 이는 독일 상인 오페르트가 통상 요구를 거절당하자, 충청남도 예산에 있는 흥선 대원군의 아버지 남연군의 •묘를 도굴하려다 실패한 사건이었다. 이 사건은 흥선 대원군을 크게 자극하여 서구에 대한 태도를 더욱 강경하게 만드는 계기가 되었다.

한편, 병인양요가 일어나기 직전에 무기를 •장착한 •상선인 미국의 제너럴 셔먼호가 대동강으로 와서 통상을 요구한 일이 있었다. 평안도 관찰사였던 박규수는 평화적으로 철수를 요구하였으나, 선원들은 •민가를 약탈하고 조선 관리들을 납치하는 등 난동을 부렸다. 이에 평양의 •관민들이 그 배를 불태우고 선원들을 모두 죽였다. 그런데 5년이 지난 1871년 미국이 이를 빌미로 •군함을 보내 강화도를 침략한 •신미양요를 일으켰고, 조선군은 강력하게 대항하였다. 결국 강화도 광성보가 함락당했으나 조선 조정이 미국의 협상 요구에 •응하지 않고 맞서자, 미국은 곧 함대를 철수하였다.

이후 흥선 대원군은 전국 각지에 서구와의 •화친을 배척한다는 의미의 비석인 척화비들을 세워 •수교를 거부하는 의지를 밝혔다. 흥선 대원군의 이와 같은 •통상 거부 정책은 서구의 침략을 일시적으로 막는 것에는 성공하였으나, •급변하는 세계 정세에 •주체적으로 대응하지 못했다는 문제점도 있었다.

Vocabulary

- 처형되다 to be executed
- 선교사 missionary
- 병인양요 French Expedition to Korea in 1866
- 철수하다 to retreat
- 보물 treasure
- 경계하다 to beware of; to watch out
- 오페르트 도굴 사건 Oppert Tomb Robbery Incident
- 묘 tomb; grave
- 장착하다 to equip
- 상선 merchant ship
- 민가 private house; civilian house
- 관민 government officials and civilians
- 군함 battleship
- 신미양요 United States Expedition to Korea in 1871

Q 다음 빈칸에 <u>공통으로</u> 들어갈 문맥상 가장 알맞은 단어를 〈보기〉에서 골라 써 봅시다.

(   )

〈보기〉

단호히　　　　뜻대로　　　　주체적으로

• 모든 일이 (   ) 되면 얼마나 좋을까.
• 등산을 가려고 계획했지만, 비가 와서 (   ) 이루어지지 않았다.

A 뜻대로

2 개화 정책이 실시된 이후 조선 사람들은 어떻게 살았을까?

◆ 문호 개방은 언제 이루어졌을까?

개화사상의 확산과 통상 개화론

흥선 대원군이 서구와의 통상을 거부하는 정책을 강력히 추진한 반면, 점차 문호를 개방해 통상해야 한다는 •통상 개화론이 대두하였다. 상공업 중심 개혁을 주장한 북학파 실학자에게 영향을 많이 받은 통상 개화론자들 중 문신인 박규수와 •역관인 오경석, •의관인 유홍기 등은 청나라의 양무운동 과정을 지켜보았고, 조선의 •부국강병을 위해 서구 문물의 수용이 필요하다고 생각하였다.

성인이 된 고종에게 직접 나라를 다스리라며 최익현이 올린 상소를 계기로, 1873년에 흥선 대원군이 물러나고 고종이 직접 나랏일을 돌보는 •친정 체제가 수립되었다. 아직 권력이 미약했던 고종은 외가이며 •처가인 민씨 일파와 젊은 개화 관료들을 등용하여 자신의 세력 기반으로 삼았다. 이들이 조선의 개혁과 개방 정책을 추진하며, 조선에도 점차 •개화파가 형성되어 갔다.

• 응하다 to respond
• 화친 peaceful relations
• 수교 establishment of diplomatic relations
• 통상 거부 정책 policy of rejecting trade and diplomatic relations
• 급변하다 to change rapidly
• 주체적으로 independently
• 통상 개화론 theory of trade and enlightenment
• 역관 official interpreter
• 의관 medical officer
• 부국강병 national prosperity and military strength
• 친정 체제 ruler-centered governing system
• 처가 wife's family
• 개화파 enlightenment faction

〈강화도 조약〉

일본은 메이지 유신 이후 조선에 외교를 담당하는 일본의 중앙 행정 기관인 외무성과의 직접적인 외교를 요구하였고, 조선은 이전과 달라진 격식에 요청을 거절하였다. 이에 일본에서는 '조선(한국)을 정벌하자.'라는 •정한론이 등장하였으나, 내부 의견 대립으로 당장 실행되지는 않았다.

일본은 고종의 친정 이후 조선의 외교 정책상 변화가 보이던 1875년, 일본 군함 운요호를 강화도에 파견하여 •도발하였다. 이에 조선이 경고 •사격을 하자 •함포를 •발사하며 약탈과 살인을 저지른 후 돌아갔다. 일본은 운요호 사건 당시 조선이 먼저 공격하였다고 주장하며 다시 조선에 군함을 보내어 •무력시위를 벌였고, 조선은 1876년 일본과 •회담을 열고 〈•강화도 조약〉(조·일 수호 조규)을 체결하였다.

〈강화도 조약〉은 조선 내부에서 대두된 통상 개화의 요구와 필요성에 의해 외국과 최초로 체결한 근대적 조약이었지만, 여러 면에서 조선에 불평등한 조약이었다. 이 조약에 따라 조선은 부산 외 2개의 항구를 추가로 개항하고 일본의 자유로운 해안 •측량을 허용해야 했으며, 조선에서 범죄를 저지른 일본인에게 조선의 법률을 적용하지 못한 채 일본 영사가 재판하도록 한 영사 재판권을 허용해야 하였다. 더욱이 그 부속 조약에서 조선은 일본인에게 •거류지(외국인의 거주와 영업을 허가한 지역)와 함께 개항장에서의 일본 화폐 유통을 허용하였다. 사실 〈강화도 조약〉 제1조의 '조선은 •자주국'이라는 문구는 청나라가 조선에 대한 •종주권을 주장하지 못하도록 일본이 요구한 것이나, 조선은 이미 자주국이었기 때문에 이를 받아들였다. 결국 조선은 •관세와 관련한 내용을 조약에 담지 못한 채 양곡의 무제한 •유출 등을 허용하였고, 일본은 조선을 경제적으로 침탈할 기반을 쌓아 나갈 수 있었다.

1876년 1월,
〈강화도 조약〉을 강요한
일본의 무력시위
ⓒ 국립중앙박물관

Vocabulary

- 정한론 theory of conquering Korea
- 함포 naval gun
- 회담 talks; conference
- 거류지 foreign settlement
- 관세 tariff
- 도발하다 to provoke
- 발사하다 to fire
- 강화도 조약 Treaty of Ganghwa
- 자주국 sovereign state
- 유출 outflow
- 사격 firing; shooting
- 무력시위 show of force
- 측량 survey
- 종주권 suzerainty
- 사절단 delegation; diplomatic mission

개화 정책의 추진과 수교

조선은 〈강화도 조약〉의 체결 직후인 1876년과 1880년에 일본으로 외교 사절단인 수신사를 파견하여 일본의 근대 문물을 살펴보도록 하였다. 이어서 개화 정책의 핵심 기구로 통리기무아문을 설치해 김홍집·김옥균 등 개화 세력을 등용하였다. 또한 조선은 군사 제도의 개혁도 실시하여 기존의 5군영을 무위영과 장어영의 2영으로 통합하였으며, 신식 군대인 별기군을 창설하고 일본인 교관을 데려와 근대식 군사 훈련을 시작하였다.

조선은 1881년에 일본으로 조사 시찰단을 파견하여 학교·공장 같은 근대 시설과 법률·조세 등의 근대 제도를 살피게 하였다. 또 사절단인 영선사와 함께 청나라에 유학생을 파견하여 무기 제조 기술을 배워 오게 하였다.

조선이 일본에 문호를 개방한 후, 청나라는 러시아의 남하를 견제하기 위해 조선에 서구와 수교하기를 권고하였다. 특히 일본에 수신사로 갔던 김홍집이 가져온 청나라의 외교관 황준헌이 저술한 《조선책략》이라는 책에는 조선이 미국과 관계를 맺을 것을 추천하는 내용이 담겨 있었다. 이에 영향을 받은 조선은 1882년에 미국과 〈조·미 수호 통상 조약〉을 체결하고, 1883년에 미국으로 외교 사절단인 보빙사를 파견하였다. 그런데 조선이 서구와 맺은 최초의 조약인 〈조·미 수호 통상 조약〉은 영사 재판권뿐만 아니라 조선이 다른 나라와 조약 체결 시 그 조약의 더 좋은 혜택을 미국이 자동으로 부여받을 수 있는 최혜국 대우를 규정하여 조선에 불평등한 조약이었다.

조선은 청나라의 주선으로 영국·독일과도 잇따라 조약을 체결하였으며, 러시아와는 청나라를 거치지 않고 직접 수교하였다. 조선은 이외에도 프랑스·이탈리아·오스트리아 등의 나라와 통상 조약을 체결하였다. 이로써 조선은 제국주의 열강이 주도하는 세계 질서에 편입되었다.

- 수신사 Korean diplomatic mission to Japan
- 별기군 Specialized Military Unit
- 조사 시찰단 Fact-Finding Mission to Japan
- 권고하다 to urge; to recommend
- 부여받다 to be granted; to be given
- 통리기무아문 Office for General Affairs
- 창설하다 to establish
- 영선사 Korean technical training mission
- 《조선책략》 *Joseon Strategy*
- 주선 mediation
- 신식 modernized
- 교관 military instructor
- 제조 manufacturing
- 보빙사 Korean diplomatic mission to the United States

◆ 문호 개방 이후 조선 사람들은 어떤 반응을 보였을까?

위정척사 운동

19세기 중반부터 서구 열강이 •침투해 오자 조선의 양반 유생들은 •위정척사 운동을 전개하였다. 이 운동은 올바른 학문으로서 •정학인 성리학적 질서를 지키고 •그릇된 학문, 즉 •사학(邪學)인 서양의 종교와 사상을 배척하려는 것이었다. 이는 개항과 서양 문물의 수용을 거부하는 움직임으로 이어졌다.

1866년 병인양요 무렵 프랑스가 조선에 통상을 요구하자, 이항로 등 유학자들은 통상에 반대하며 '서양과 •화의를 맺지 말고 맞서 싸워야 한다.'라는 •척화주전론을 주장하였다. 흥선 대원군은 이를 지지하며 통상 거부 정책을 펼쳤다. 1876년 〈강화도 조약〉 체결 당시에는 최익현을 비롯한 유생들이 '일본과 서양 세력은 같다.'라는 •왜양일체론을 내세우며 이에 반대하였다. 1882년 〈조·미 수호 통상 조약〉 체결 전후로는 위정척사 운동이 대대적으로 전개되었다. 이만손을 중심으로 경상도 지방의 약 1만 명의 유생들이 함께 •만인소를 올려 미국과의 수교를 반대하였고, 이를 계기로 개화 반대 운동이 전국으로 확산되었다. 위정척사 운동은 양반 중심의 질서를 유지하려는 운동이기는 하였으나, 외세의 정치적·경제적 침략에 맞선 •반외세 운동으로서 이후 일본의 침략에 저항하여 •항일 의병 운동으로 이어졌다는 의의를 갖는다.

임오군란의 발발과 결과

개화 정책에 대한 반발은 군영이 통합되어 실직하거나 오랫동안 •급료를 받지 못해 신식 군대인 별기군에 비해 차별 대우를 받는다고 여겼던 •구식 군인들에게서도 터져 나왔다. 1882년, 13개월 만에 급료로 지급된 쌀에 모래 등이 섞여 있는 데 분노한 구식 군인들이 •임오군란을 일으켰다. 이에 일본 상인이 조선의 곡물을 매입해 일본에 가져감으로 인해 쌀값이 올라 생활이 어려워진 빈민들도 합세하였다. 이들은 궁궐에

Vocabulary

- 침투하다 to infiltrate
- 위정척사 운동 Movement to Defend Orthodoxy and Reject Heterodoxy
- 정학 orthodox learning
- 그릇되다 to be wrong
- 사학 heterodox learning
- 화의 peace agreement
- 척화주전론 doctrine of rejecting foreign relations and advocating war
- 왜양일체론 theory that Japan and the Western powers are one
- 만인소 mass petition
- 반외세 anti-foreign
- 항일 의병 운동 anti-Japanese righteous army movement

쳐들어가 왕비를 죽이려 하였고 민씨 일파들의 집을 공격하였으며, 일본 •공사관을 습격하고 별기군의 일본인 교관을 죽였다. 고종이 흥선 대원군에게 사태 수습을 •위임하자, 흥선 대원군은 통리기무아문과 별기군을 폐지하고 5군영을 부활시켰다. 그러나 청나라가 조선에 군대를 파견하고 흥선 대원군을 임오군란의 책임자로 •지목하여 톈진으로 데려감으로써, 그의 재집권은 1개월여 만에 끝났다.

임오군란 시 일본 공사관의 습격(기록화)
© 서울역사박물관
임오군란 시 일본 공사관을 습격하는 장면을 묘사한 그림이다. 당시 일본 공사관은 경기 중군영(현재 서울 서대문구 천연동 근처)을 일본 초대 주한 공사가 점거하였던 건물이다.

청나라가 조선에 계속 군대를 •주둔시키자 조선은 청나라와 통상 조약인 〈조·청 상민 수륙 무역 장정〉을 체결하였고, 이로써 조선이 청나라에 종속국임을 뜻하는 •속방이 •명문화되어 청나라의 경제적 침탈이 강화되었다. 또 청나라는 조선에 청나라 관리와 독일인을 •고문(顧問)으로 파견하여 조선의 •내정과 외교에도 간섭하였다.

조선은 임오군란으로 발생한 문제들을 처리하기 위해 일본과는 〈제물포 조약〉을 체결하였다. 이 조약에는 조선이 일본에 •배상금을 지불하고, 한성 내 일본 공사관 경비를 위해 일본군을 주둔시키겠다는 내용이 담겼다.

갑신정변의 전개와 영향

조선은 1880년대 개화와 관련하여 •점진적인 개혁을 추진하였다. 이는 '동양의 유교 질서를 유지하되 서양의 발달된 기술만을 수용하자.'라는 동도서기에 바탕을 둔 것인데, 청나라와의 전통적인 관계를 중시했던 조선이 양무운동의 •구호인 '중체서용'의 영향으로 이론화한 주장이다. 김윤식·김홍집 등이 동도서기론을 주장한 대표적인 인물로서, 이들을 '온건 개화파'라고 부른다.

이와 달리, 임오군란 이후 청나라가 조선에 대한 내정 간섭을 강화하자, 청나라와의 사대 관계를 청산하자고 주장하며 •급진적인 개혁을 추구하는 세력이 형성되었다. 급

- 급료 salary
- 공사관 legation
- 주둔시키다 to station
- 고문 adviser
- 점진적인 gradual; step by step
- 구식 old-style; traditional
- 위임하다 to delegate
- 속방 tributary state
- 내정 domestic affairs
- 구호 slogan; rallying cry
- 임오군란 Imo Military Revolt of 1889
- 지목하다 to point out
- 명문화되다 to be clearly stipulated
- 배상금 indemnity
- 급진적인 radical

서울 우정총국
© 국가유산청

진 개화파(개화당)는 일본의 문명 개화론에 영향받은 김옥균·박영효·홍영식 등 젊은 관료들로, 이들은 일본의 메이지 유신을 모델로 삼아 서양의 기술뿐만 아니라 사상과 제도까지도 적극적으로 도입해야 한다고 주장하였다.

급진 개화파는 고종의 신임을 받으며 신문 •발간을 위한 •박문국과 근대적 우편 제도를 실시하기 위한 •우정총국의 설치 등 개화 정책을 추진하였다. 그러나 자금 부족과 청나라의 간섭, 청나라에 의존하는 집권 세력의 소극적 태도로 이들의 개화 정책은 쉽게 추진되지 않았다. 결국 급진 개화파는 집권 세력을 •타도할 대상으로 삼게 되었다.

김옥균 등의 급진 개화파는 개혁에 필요한 비용을 마련하기 위해 일본으로부터 자금을 빌려 오는 •차관(借款)을 시도했으나, 성공하지 못하였다. 이들은 1884년 우정총국의 개국 •축하연이 열리던 날에 •갑신정변을 일으켜 집권 세력들을 몰아냈고, 개화당 정권을 수립하여 청나라에 대한 사대 관계 청산·문벌 폐지와 인민 •평등권 확립·조세 제도 개혁 등 개혁 방안을 발표하였다. 하지만 개화당 정권은 청나라 군대의 개입으로 3일 만에 중단되었고, 개화당의 핵심 인물들은 살해되거나 일본으로 •망명하였다.

갑신정변은 근대 국가 건설을 목표했던 개혁 운동이었으나, 백성들에게 개혁의 방향과 •당위성을 알리는 데 부족하였으며, 일본의 힘에 의존했기 때문에 백성들의 지지를 얻지 못하였다. 갑신정변 후 조선은 일본과 〈한성 조약〉을 체결하여 일본 공사관의 •신축비와 배상금을 지불하기로 결정하였다. 또 정변 과정에서 대립하였던 청나라와 일본 사이에 〈톈진 조약〉이 체결되어 조선 내 청·일 양군은 철수하기로 하였고, •장차 조선에 군대를 •파병할 때 상대국에게 서로 알릴 것 등을 약속하였다. 〈톈진 조약〉의 이 조항은 훗날 •청·일 전쟁이 일어나는 데 큰 영향을 끼쳤다.

Vocabulary

- 발간 publishing
- 박문국 office of publications
- 우정총국 General Post Office
- 타도하다 to overthrow; to defeat
- 차관 foreign loan
- 축하연 celebratory banquet
- 갑신정변 Gapsin Coup of 1884
- 평등권 right to equality
- 망명하다 to go into exile
- 당위성 justification
- 신축비 construction cost
- 장차 in the future
- 파병하다 to send troops; to deploy troops
- 청·일 전쟁 First Sino-Japanese War
- 끌어들이다 to involve

조선을 둘러싼 열강의 움직임과 조선의 자주 외교를 위한 노력

갑신정변 이후 조선에 대한 청나라의 내정 간섭은 더욱 심해졌다. 조선은 청나라를 견제하기 위해 러시아 세력을 •끌어들이려 하였고, 이때 조선이 러시아와 •밀약을 추진한다는 소문이 퍼지자 영국은 러시아를 견제하고자 전라남도 여수 남쪽의 거문도를 전략적 요충지로 보아 1885년에 •일방적으로 점령하였다. 영국은 러시아의 남하 정책 •저지를 구실로 내세웠지만, 조선은 영국에 •국제법적으로 •불법(不法)임을 •통고하고 •즉각 철수를 요구하였다. 청나라가 •중재에 나서며 러시아가 조선에서 영토를 확보하지 않을 것을 약속하자, 영국군은 2년 만에 그곳에서 철수하였다. 하지만 거문도 사건은 조선이 언제든지 열강의 •각축장이 될 수 있음을 보여 주었다.

급진 개화파가 갑신정변으로 몰락한 이후 조선은 동도서기론을 바탕으로 개화 정책을 계속 추진하였다. 조선은 근대적 의료 시설인 •제중원, 근대식 교육 기관인 육영공원, •사관 양성을 위한 연무 공원 등을 설립하였으며, 이 과정에서 외국인 교사와 기술자를 데려오기도 하였다. 한편 유길준은 •중립화론을 •제기하여 조선을 둘러싼 열강들의 간섭 및 충돌에 대비하자고 주장하였으나 받아들여지지 않았다.

조선은 갑신정변 이후 여러 개화 정책들을 추진하고 •자주권을 지키려는 외교 노력을 기울였으나, 청나라의 지나친 간섭으로 구체적인 성과를 거두지 못하였다. 이에 집권 세력 및 관리들의 무능과 부정부패가 더하여 외세의 경제 침탈이 심해지면서, •동학 농민 혁명이 일어나는 계기가 되었다.

Q 다음 괄호 내 두 가지 중에서 문맥상 가장 알맞은 단어에 O로 표시해 봅시다.

(1) 초등학생 때 나의 꿈은 (장차 / 즉각) 의사가 되는 것이었다.

(2) 우리 학교는 오래된 장비를 버리고 (구식 / 신식) 장비로 모두 바꾸었다.

A (1) 장차 (2) 신식

- 밀약 secret agreement; secret treaty
- 국제법적으로 under international law
- 즉각 immediately
- 제중원 Jejungwon Hospital
- 제기하다 to raise; to bring up
- 일방적으로 unilaterally
- 불법 illegality
- 중재 mediation
- 사관 military officer
- 자주권 sovereignty
- 저지 prevention; block
- 통고하다 to notify
- 각축장 arena of competition; battleground
- 중립화론 neutralization theory
- 동학 농민 혁명 Donghak Peasant Revolution

유용한 표현 Expressions

1 N+이/가 빚어지다 (to arise; to happen)

- 산업화 과정에서 경제 구조는 농업 중심에서 공업 중심으로 변화되었고, 도시화가 진행되면서 자본가와 노동자 계급의 갈등이 빚어졌다.
- 사소한 오해를 풀지 않은 바람에 큰 문제가 빚어졌다.
- 명절 연휴 첫날인 오늘, 고향으로 가는 차량으로 고속도로는 극심한 정체 현상이 빚어졌다.

---

2 N+(으)로나마, N+(이)나마 (at least; even if only)

- 외국과의 자유로운 무역을 금지하는 해금 정책을 펼친 청나라는 18세기 중반부터 광저우를 개방하고 제한적으로나마 무역을 허용하였다.
- 직접 찾아뵙지는 못했지만, 생신이신 할아버지께 전화로나마 인사를 드릴 수 있어서 다행이었다.
- 나는 작은 노력이 모여 누군가에게 조금이나마 도움이 되었으면 하는 마음에서 봉사 활동을 꾸준히 하고 있다.

---

3 N+은/는 N+에 그치다 (to end up with; to be limited to)

- 보수 세력의 반대와 열강과의 잇따른 전쟁으로 양무운동에 따른 개혁은 전국적으로 이루어지지 못했고, 미미한 성과에 그쳤다.
- 이번 대책은 문제를 완전히 해결하지 못하고 잠시나마 불만을 달래는 정도에 그쳤다.
- 잠깐의 비는 땅을 적시는 수준에 그쳐 가뭄을 근본적으로 해결하지는 못하였다.

4 N+을/를 가하다 (to impose; to inflict)

- 조선 조정은 세력이 확장된 천주교에 대해 나라의 질서를 무너뜨릴 위험이 있다며 사교로 규정하고 탄압을 가하였다.
- 이번에 일어난 교통사고는 운전자에게 심한 충격을 가하였다.
- 법을 어긴 행위에 대해서는 일정한 제재를 가할 수 있다.

---

5 N+을/를 무릅쓰다 (to take the risk of)

- 흥선 대원군은 서원에서 유학을 공부하던 양반 유생들의 반발을 무릅쓰고 서원 철폐령을 실시하였다.
- 구조대원들은 폭풍우를 무릅쓰고 구조 작업을 시작하였다.
- 연구원은 실패의 가능성을 무릅쓰고 새로운 방법을 시도하였다.

---

6 N+이/가 대두하다 (to emerge)

- 흥선 대원군이 서구와의 통상을 거부하는 정책을 강력히 추진한 반면, 점차 문호를 개방해 통상해야 한다는 통상 개화론이 대두하였다.
- 심각한 환경 오염 문제가 대두하여 정부는 다방면으로 해결책을 논의하였다.
- 고령화 사회로 접어들면서 어르신을 위한 평생 교육이 중요한 과제로 대두하였다.

확인 문제 Reading Comprehension

※ 본문을 읽고 다음 질문에 답해 봅시다.

1. 다음 자료를 읽고, 빈칸에 알맞은 사람의 이름을 써서 '1줄 감상문'을 완성해 봅시다.

- 호포제를 실시하였다.
- 비변사를 폐지하고 의정부를 부활시켰다.
- 지역 농민을 수탈하던 서원을 대폭 정리하였다.

▶ 고종의 아버지인 ☐☐ ☐☐☐은/는 세도 정치의 폐단을 없애고, 여러 개혁 정책을 실시하였다.

2. 다음 제시어를 관련된 내용끼리 바르게 연결해 봅시다.

(1) 병인양요 • • ㉠ 병인박해를 구실로 프랑스 함대가 조선에 침입한 사건.

(2) 신미양요 • • ㉡ 제너럴 셔먼호가 불탄 것을 빌미로 미국 함대가 조선에 침입한 사건.

3. 다음 자료를 읽고, 빈칸에 들어갈 지역의 이름을 써 봅시다. (　　　　)

〈지역 조사 보고서〉

- **청동기 시대:** 이곳은 고인돌이 많은 지역으로, 고창·화순과 함께 이곳의 고인돌 유적이 유네스코 세계 유산으로 등재되었다.
- **고려 시대:** 고려 후기에 최씨 정권이 몽골의 침입에 대항하고자 이곳으로 수도를 옮겼다.
- **조선 시대:** 조선 후기에 이곳으로 프랑스와 미국의 함대가 침입하였으나, 조선군이 맞서 싸워 물리쳤다. 또한 이곳은 조선이 최초로 외국과 근대적 조약을 맺은 지역이다.

4. 다음 자료의 밑줄 친 내용에 영향을 받아 발생한 일로 알맞은 것을 골라 봅시다. (　　)

조선은 아시아의 요충지로서 그 형세가 반드시 다툼을 불러올 것이다. …… 러시아를 막을 수 있는 조선의 방법은 무엇인가? 중국과 친하고, 일본과 맺고, <u>미국과 연합하여</u> 스스로 강해지는 것을 도모하는 것뿐이다.

- 황준헌, 《조선책략》

① 조선이 일본에 수신사를 파견하였다.
② 조선이 일본에 조사 시찰단을 파견하였다.
③ 조선이 청나라에 영선사를 파견하였다.
④ 조선이 미국과 수호 통상 조약을 체결하였다.

5. 다음 자료를 읽고, ㉠에 들어갈 알맞은 말을 골라 봅시다. (　　)

| 별기군 © 한국학중앙연구원

조선은 개항 이후에 신식 군대인 별기군을 창설하였다. 기존의 구식 군인들은 오랫동안 급료를 받지 못하는 등 별기군에 비해 차별 대우를 받고 있었다. 게다가 13개월 만에 급료로 지급된 쌀에 모래 등이 섞여 있자, 구식 군인들이 분노하여 (　　㉠　　)을/를 일으켰다.

① 갑신정변
② 임오군란
③ 위정척사 운동
④ 임술 농민 봉기

6. 다음 문장의 괄호 내 두 가지 중에서 알맞은 말에 ○로 표시해 봅시다.

(1) 임오군란과 갑신정변 모두 (러시아 / 청나라)에 의해 진압되었다.
(2) (미국 / 영국)은 러시아의 남하 정책을 저지한다는 구실로 거문도를 불법 점령하였다.
(3) 김옥균 등 급진 개화파는 1884년에 우정총국 개국 축하연에서 (갑신정변 / 병자호란)을 일으켰다.

1. 흥선 대원군 2. (1)-㉠ (2)-㉡ 3. 강화 4. ④ 5. ② 6. (1) 청나라 (2) 영국 (3) 갑신정변

토의 활동 Writing & Speaking

주제 1 문호 개방과 대응책

1. 조선은 19세기 다른 나라들로부터 문호 개방을 요구받았고, 흥선 대원군은 통상 거부 정책을 추진하며 한반도 여러 지역에 척화비를 세웠습니다. 이 시기에 문호 개방을 요구받은 다른 나라들의 대응책도 조사하여 소개하는 글을 써 봅시다.

In the 19th century, Joseon was pressured by foreign powers to open its doors. In response, Heungseon Daewongun pursued a policy of rejecting trade and diplomatic relations and erected the Cheokhwabi (Stele Rejecting Reconciliation) in various parts of the Korean Peninsula. Investigate how other East Asian countries responded to similar pressures during this period, and then write an explanatory paragraph about their countermeasures.

| 척화비 © 국립중앙박물관

洋夷侵犯	양 이 침 범	서양 오랑캐가 침범하는데
非戰則和	비 전 즉 화	싸우지 않으면 화친하는 것이요,
主和賣國	주 화 매 국	화친을 주장함은 나라를 팔아먹는 것이다.

▶

2. 1번을 바탕으로 친구들과 함께 토의해 봅시다.

Share your opinion and compare it with others.

주제 2 바람직한 국가 관계

1. 다음은 <강화도 조약>의 일부 내용을 소개한 자료입니다. 이를 참고하여 바람직한 국가 관계는 어떠해야 하며 어떤 노력을 기울여야 할지, 짧은 에세이를 써 봅시다.
Read the following excerpt from the "Treaty of Ganghwa." Based on this text, write a short essay discussing what desirable national relations should look like and what efforts are necessary to achieve them.

제1조 조선은 자주국이며 일본과 평등한 권리를 가진다.
제2조 일본 정부는 수시로 사신을 파견하여 조선의 관리와 사무를 협의한다.
제4조 조선은 부산 외에 두 곳의 항구를 개항하여 통상해야 한다.
제7조 조선의 섬과 암초는 자세히 조사한 적이 없으므로 항해의 안전을 위하여 일본의 항해자가 수시로 해안을 측량한다.
제10조 조선에서 일본인이 죄를 지었을 경우 일본 관리가 조사하고, 조선인이 죄를 지었을 경우 조선 관리가 조사한다. 각각 그 나라의 법률에 의거하여 판결한다.
제11조 양국 상인의 편의를 위하여 통상 장정을 체결하기로 한다.

▶

2. 1번을 친구들에게 발표해 봅시다.
Present your writing to the class.

9

근대 국가 수립 운동

Movements for Establishing a Modern State

학습 목표
Learning Objectives

1. 조선이 근대 국가로 나아가는 움직임과 당대 개혁 정책들을 이해하고 설명할 수 있다.
2. 조선의 근대화 과정에서 일어난 동학 농민 혁명과 대한 제국 성립을 둘러싼 일련의 사건을 살피고, 세계사 속 근대화 과정에서의 격변 등을 조사하여 쓰고 이야기할 수 있다.

생각 열기
Warm Up

1. 연표상 한국의 근대 국가 수립 당시 동시대의 세계사 항목을 비교하며 살핀 후, 여러분의 고향 혹은 알고 있는 나라에 대해 추가하고 싶은 내용을 표시해 봅시다.
2. 연표에 등장하는 한국의 근대 국가 수립 당시를 살펴, 알고 있는 항목이 무엇인지 말하고 친구가 말하는 항목은 별도로 표시해 봅시다.
3. 한국의 근대 국가 수립 시기를 이해할 수 있는 핵심 용어 중 알고 있는 것을 표시해 봅시다.

연표 Timeline

한국사 History of Korea	연표 Timeline	세계사 History of the World
최제우의 동학 창시	1860년	
〈조·미 수호 통상 조약〉, 임오군란, 〈조·청 상민 수륙 무역 장정〉, 〈제물포 조약〉	1882년	
갑신정변	1884년	청·프 전쟁
동학 농민 혁명, 갑오개혁, 〈전주 화약〉	1894년	청·일 전쟁
을미사변, 을미의병	1895년	
아관 파천, 《독립신문》의 창간, 독립 협회의 설립	1896년	[그리스] 제1회 아테네 올림픽 대회의 개최
대한 제국의 수립	1897년	
	1898년	[중국] 변법 자강 운동
〈대한국 국제〉의 선포, 〈한·청 통상 조약〉	1899년	[중국] 의화단 운동
〈대한 제국 칙령〉 제41호의 반포	1900년	

환구단의 황궁우(왼쪽)와 석고(오른쪽)
ⓒ 국가유산청

환구단은 천자(황제)가 하늘에 제사를 드리던 곳으로, 고종이 이곳에서 황제 즉위식을 한 후 대한 제국의 자주독립을 대내외에 알렸다. 일제 강점기에 환구단은 철거되었고, 현재 서울 중구의 그 터에는 위패를 모신 사당인 황궁우와 돌로 만든 북인 석고 3개가 남아 있다.

핵심 용어 Keywords

- ▢ 갑오개혁
- ▢ 광무개혁
- ▢ 〈교육 입국 조서〉
- ▢ 군국기무처
- ▢ 단발령
- ▢ 대한 제국
- ▢ 독립 협회
- ▢ 《독립신문》
- ▢ 동학 농민 혁명
- ▢ 사발통문
- ▢ 아관 파천
- ▢ 을미개혁
- ▢ 을미사변
- ▢ 자주독립국
- ▢ 집강소
- ▢ 항일 의병 운동

〈교육 입국 조서〉 Imperial Rescript on Education

고종은 1895년에 〈교육 입국 조서〉를 발표하여 전 국민을 대상으로 근대적인 교육을 실시하겠다는 의지를 드러냈다. 이 조서에는 교육이 나라를 보존하는 근본으로 과학적 지식과 실용을 추구하며, 학교 설립과 인재 양성이 곧 나라 발전과 직결된다는 점이 강조되었다.

In 1895, King Gojong issued the "Imperial Rescript on Education," expressing his commitment to providing modern education for all people. The rescript emphasized that education should pursue scientific knowledge and practical application as the foundation for preserving the state, and that the establishment of schools and the cultivation of talent were directly linked to national development.

군국기무처 Council for State Affairs

일본군이 1894년 6월 경복궁을 기습적으로 점령하면서 이전에 조선 조정이 설립한 교정청을 통한 개혁은 실시될 수 없었고, 개화파 관료를 중심으로 갑오개혁의 핵심 기구인 군국기무처가 설치되었다. 군사와 나라의 중요 업무를 처리하는 군국기무처는 초정부적 입법·정책 결정 기구로서 약 3개월 동안 200여 건이 넘는 개혁안을 처리하였다.

When the Japanese military seized the Gyeongbokgung Palace in June 1894, reforms through the Gyojeongcheong (Office of Rectification), previously established by the Joseon Dynasty, could not be implemented. In response, the Council for State Affairs, a key organization of the Gabo Reform, was established under the leadership of enlightenment faction officials. The Council for State Affairs, which oversaw major military and state affairs, functioned as a supra-governmental legislative and policy-making body and enacted more than 200 reforms within approximately three months.

단발령 Ordinance on Cutting Hair

조선 시대 결혼한 남자의 머리 모양은 상투, 즉 머리카락을 틀어서 위로 감아올린 형태였다. 1895년 김홍집 내각은 위생과 편리성을 이유로 들어 상투를 비롯해 머리카락을 짧게 자르라는 명령인 단발령을 발표하였다. 백성들은 부모에게 물려받은 신체를 소중히 여겨야 한다는 유교 윤리에 어긋난다 하여 단발령에 심한 반감을 드러냈고, 이는 전국적인 의병 운동으로 이어졌다.

During the Joseon Dynasty, a married man's hairstyle was a topknot called *sangtu*—hair twisted and tied up. In 1895, the cabinet of Kim Hong-jip issued the Ordinance on Cutting Hair, which required men to cut their hair short, including their topknots, for reasons of hygiene and convenience. The people strongly opposed this ordinance, arguing that it violated the Confucian ethic of cherishing the body inherited from one's parents, and their resistance led to a nationwide righteous army movement.

사발통문과 집강소 Bowl-shaped Circular Letter & Local Reform Office

사발통문은 19세기 조선의 농민들로부터 비롯된 동학 농민 혁명 때, 누가 주모자인지 알 수 없도록 참여자의 이름을 사발 모양으로 둥글게 돌려 가며 쓴 격문이다. 이때 '사발'은 국그릇이나 밥그릇을 말하고, '통문'은 여러 사람에게 알리는 문서를 뜻한다. 동학 농민 혁명의 1차 봉기 때 전주성을 점령했던 농민군은 조선 조정과 〈전주 화약〉을 맺고 해산하였으며, 이후 농민군은 전라도 각 지역에 자치적 개혁 기구로서 집강소를 설치하여 질서를 바로잡고 개혁을 추진하였다.

Sabal Tongmun (a bowl-shaped circular letter) was a document used during the Donghak Peasant Revolution, which arose among Joseon farmers in the 19th century, in which the participants' names were written in a circular, bowl-shaped arrangement so that the principal instigator could not be identified. At this time, *sabal* referred to a bowl for soup or rice, while *tongmun* meant a document circulated among many people. During the first uprising of the Donghak Peasant Revolution, the peasant army, after occupying the Jeonju Fortress, signed the "Jeonju Truce" with the Joseon government and disbanded. Following this, the peasant army established the Jipgangso (Local Reform Office) as an autonomous reform organization in each region of Jeolla-do to restore order and promote reform.

아관 파천 Royal Refuge at the Russian Legation

고종은 1896년 2월부터 약 1년 동안 일본의 감시와 위협을 피하고자 러시아 공사관으로 피신하여 생활하였다. 이를 '아관 파천'이라고 한다. '아관'은 러시아 공사관을, '파천'은 왕이 본래 거주하던 궁궐을 떠나 다른 곳으로 피란하는 것을 뜻한다.

From February 1896, King Gojong took refuge and resided at the Russian legation for about a year to escape Japanese surveillance and threats. This event is known as Agwan Pacheon (Royal Refuge at the Russian Legation), in which *Agwan* refers to the Russian legation and *Pacheon* means leaving the royal palace and relocating to another place.

항일 의병 운동 Anti-Japanese Righteous Army Movement

의병은 외적의 침입이 있을 때 백성들이 자발적으로 만든 군사 조직을 말한다. 이들은 일본이 조선의 국권을 침탈하는 과정에서도 활약하여 항일 의병 운동을 전개하였다. 1895년 을미사변 때의 을미의병, 1905년 〈을사늑약〉 때의 을사의병, 1907년 〈한·일 신협약〉(《정미 7조약》) 때의 정미의병이 대표적이다.

A righteous army refers to a military organization voluntarily formed by the people to resist foreign invasions. During Japan's encroachment on Joseon's sovereignty, the righteous armies played an active role in the anti-Japanese righteous army movements. Representative examples include the Eulmi Righteous Army during the Eulmi Incident of 1895, the Eulsa Righteous Army during the "Eulsa Treaty of 1905," and the Jeongmi Righteous Army during the "Japan-Korea Treaty of 1907" ("Jeongmi Treaty").

1 근대 국가로 탈바꿈하던 조선에서는 어떤 일들이 일어났을까?

◆ 동학 농민 혁명은 왜 일어났을까?

동학의 등장과 확산

19세기 조선에서는 세도 정치로 많은 백성이 고통을 겪고 이양선의 출현으로 사회 불안이 고조되고 있었다. 1860년 최제우는 전통 사상인 유교나 불교가 기운이 다하여 백성을 구제하는 데 한계가 있다고 판단하고, '사람이 곧 하늘'이라는 인내천 사상을 바탕으로 인간 평등을 강조한 •동학을 •창시하였다. 농민들은 인간 평등 사상으로 신분제를 부정하는 동학을 빠른 속도로 받아들였다. 반면에 지배층의 불안은 점차 커져서 조정은 동학을 사교로 규정하고 탄압하며, 세상을 •어지럽히고 백성을 속이고 있다는 •죄명을 •씌워 1864년 제1대 •교주였던 최제우를 처형하였다.

임오군란과 갑신정변이 일어난 이후 외세의 간섭이 심해지던 때, 집권 세력의 •매관매직이 성행하며 관리들의 수탈이 극심해졌다. 나라의 재정이 부족하자 농민의 조세 부담이 늘었고, 농촌 경제는 •지주층의 수탈에 더하여 일본의 상인이 조선에 진출하면서 더욱 어려워졌다. 제2대 교주가 된 최시형은 •교단을 정비하고 꾸준히 동학을 알리는 일에 힘써, 이 시기 수탈에 시달리고 있던 충청도·전라도·경상도 삼남 지방의 농민들 사이에서 동학이 •급속도로 확산되었다.

1890년대 동학교도들은 동학에 대한 탄압을 중지하고 최제우의 억울한 죄명을 풀어 달라 요구하며 대규모 •집회를 열었다. 특히 1893년 충청북도 보은에서 열린 집회에서 동학교도들은 종교적인 요구 외에도 백성들의 재산을 •탐내는 올바르지 못한 관리인 •탐관오리를 •처벌해 달라는 주장과 함께 외세 배척을 부르짖어, 동학이 종교 운동에서 사회 운동으로 발전하는 계기를 마련하였다.

Vocabulary

- 동학 Donghak; Eastern Learning
- 죄명 charge
- 매관매직 selling government posts
- 급속도 rapid pace
- 탐관오리 corrupt official
- 창시하다 to found; to establish
- 씌우다 to frame
- 지주층 landowning class
- 집회 assembly; public gathering
- 처벌하다 to punish
- 어지럽히다 to disrupt
- 교주 religious leader
- 교단 religious order
- 탐내다 to covet; to desire
- 만석보 Manseokbo Weir

동학 농민 혁명의 전개

전라도 고부(지금의 전라북도 정읍)에서는 군수 조병갑이 농민들을 동원하여 저수지인 •만석보를 쌓고 농민들에게 세금을 강제로 징수하였다. 억울하고 •분한 농민들은 전봉준을 대표로 내세워 개선을 요구하였고, 이 요구가 받아들여지지 않자 1894년 사발통문으로 힘을 모은 농민들이 고부 지역을 관리하는 •관아를 습격하여 군수를 내쫓고 향리들에게 벌을 주었다(고부 농민 봉기).

농민들은 새로운 군수 박원명이 제시한 •타협안을 받아들이고 •자진 해산하였다. 그러나 원인을 조사하기 위해 파견된 관리인 이용태가 봉기 참여자를 찾아내어 가혹하게 처벌하여 농민들의 반발을 불러왔다. 전봉준은 각 지역의 동학 대표들에게 봉기에 함께 참여하기를 •호소하였고, 이에 농민들이 •호응하며 •동학 농민 혁명이 시작되었다(1차 농민 봉기).

전라도 무장(지금의 전라북도 고창)에서 봉기한 농민군들은 백산(지금의 전라북도 부안)에 모여 전봉준과 김개남 등을 중심으로 •지휘부를 구성하였다. 농민군들은 전라북도 정읍의 황토현 전투에서 •관군을 물리쳤고, 조선 조정은 농민군을 진압하기 위해 한성에 있는 군사들까지 파견하였다. 농민군들은 전라남도 장성의 황룡촌 전투에서 이들을 •격파한 다음 전주성까지 차지하였다.

고종은 일부 신하들의 반대에도 불구하고, 청나라에 군사 지원을 요청하였다. 청나라의 군대가 충청남도 아산만에 파견되자, 일본의 군대도 〈톈진 조약〉의 내용을 내세우며 제물포(지금의 인천 중구)에 •상륙하였다. 농민군들은 청·일 양군을 철수시키라는 요구와, •폐단이 많은 정치에 대한 개혁을 조건으로 내건 〈•전주 화약〉을 조선 조정과 체결하고 해산하였다.

이후에 동학 농민군은 전라도 각지에 •자치적 개혁 기구인 집강소를 설치하였다. 농민들은 집강소를 통해 탐관오리 처벌, 조세 개혁, 신분 차별 철폐, 일본과 •내통하는

- 분한 angry; enraged
- 관아 government office
- 타협안 compromise proposal
- 자진 voluntarily
- 호소하다 to appeal
- 호응하다 to respond
- 동학 농민 혁명 Donghak Peasant Revolution
- 지휘부 command group
- 관군 government army
- 격파하다 to defeat
- 상륙하다 to land
- 폐단 problem
- 전주 화약 Jeonju Truce
- 자치적 autonomous; independent
- 내통하다 to collude with

자에 대한 •엄벌 등의 개혁안을 실천하기 위해 노력하였다. 이는 농민들이 지방 행정에 참여하는 최초의 사례였다.

1차 갑오개혁과 2차 농민 봉기

1894년 동학 농민군과 〈전주 화약〉을 맺은 후 조선 조정은 •교정청을 설치하여 잘못된 정치를 바로잡으려고 하였고, 청·일 양군에게 조선 땅에서 철수할 것을 요구하였다. 그러나 일본군은 고종이 생활하던 경복궁을 불법적으로 침탈하고, 아산만에 있던 청나라의 함대를 •기습적으로 공격하며 청·일 전쟁을 일으켰다.

일본의 위협 속에 조선에서는 김홍집을 총리로 하는 친일 정부가 수립되고, 흥선 대원군이 왕을 대신하여 나라를 다스리는 •섭정으로 •추대되었다. 김홍집 정부는 군국기무처를 설치하여 1차 •갑오개혁을 추진하였다.

군국기무처는 우선 중앙 관제를 개편하여 국정과 왕실의 사무를 각각 의정부와 궁내부로 분리하였고, 의정부 아래의 6조를 8아문으로 재구성하였다. 청나라의 연호는 폐지하고 조선을 건국한 1392년을 시작점으로 연도를 세는 •개국 기년을 사용하여 청나라와의 사대 관계도 •단절하였다. 또한 과거제를 폐지하여 신분의 차별 없이 능력 있는 인재를 •채용하고자 하였으며, 새로운 경찰 제도를 시행하였다.

경제 분야에서는 나라의 모든 재정을 •탁지아문이 맡아 관리하게 하였고, 은을 단위로 하는 •은 본위 화폐 제도를 •채택하였다. 또한 세금을 물건이 아닌 화폐로 납부하는 조세 •금납제를 시행하였고, 길이·부피·무게 등의 단위를 재는 방

경복궁의 수정전
© 궁능유적본부
경복궁 수정전은 조선 세종 때 한글을 창제한 집현전이 있던 곳이자, 갑오개혁 당시 군국기무처로 사용되었던 곳이다.

Vocabulary

- 엄벌 severe punishment
- 기습적으로 suddenly
- 갑오개혁 Gabo Reform of 1894
- 단절하다 to cut off; to terminate
- 은 본위 silver standard
- 교정청 Office of Rectification; temporary judicial and punitive office
- 섭정 regency
- 추대되다 to be acclaimed; to be chosen
- 개국 기년 dating years from the founding year
- 채용하다 to hire; to recruit
- 탁지아문 Central Financial Administration Office
- 채택하다 to adopt

법인 •도량형도 통일하였다. 1차 갑오개혁에는 동학 농민군의 개혁 요구도 많은 부분이 반영되어, 오랫동안 유지되어 온 신분제를 폐지하였다. 또 어린 나이에 일찍 결혼하는 •조혼을 금지하고, •과부가 다른 남자와 다시 결혼하는 •재가를 허용하는 등의 개혁 조치들도 취해졌다.

동학 농민군은 일본이 경복궁을 침탈하고 청·일 전쟁을 일으키자 일본군을 물리치기 위해 다시 봉기하였다(2차 농민 봉기). 전봉준은 항일 •투쟁에 참여하기를 호소하였고, 수만 명의 농민군들이 모여들었다. 그동안 종교 활동을 강조하며 봉기에 반대하였던 동학 교단의 지도부도 이에 참여하였다. 한성으로 북상하던 동학 농민군은 충청남도 공주의 우금치에서 일본군과 관군의 연합 부대에 맞서 •격전을 벌였다. 소총 등 신식 무기를 지닌 연합 부대에 대항하던 농민군은 무기가 •열악하여 거의 •전멸하고 말았다. 농민군은 후퇴하며 여러 지역에서 •항전을 계속하였으나 패배하였고, 전봉준을 비롯한 동학의 지도자들은 체포되어 처형당하였다.

동학 농민 혁명의 의의와 한계

동학 농민 혁명은 농민들이 중심이 되어 신분 차별을 비롯한 •전근대적 질서를 바꾸려고 한 •반봉건적 움직임이었고, 일본의 침략에 •무장 투쟁으로 대항하며 외세의 침략을 •자주적으로 물리치고자 했던 반외세의 민족 운동이었다.

그러나 동학 농민 혁명은 근대 사회 건설을 위한 구체적인 방안을 제시하지는 못하였다. 또한 신식 무기가 없던 농민군이 근대 무기로 무장한 일본군을 물리치기에는 역부족이었던 탓에, 조선의 집권 세력과 일본의 탄압으로 결국 실패하고 말았다. 이후 살아남은 농민군 일부는 항일 의병 운동에 •가담하여 활약하였다.

- 금납제 cash payment system
- 도량형 weights and measures
- 조혼 early marriage
- 과부 widow
- 재가 remarriage
- 투쟁 struggle
- 격전 fierce battle
- 열악하다 to be poor; to be inadequate
- 전멸하다 to be completely destroyed
- 항전 resistance
- 전근대적 pre-modern
- 반봉건적 anti-feudal
- 무장 투쟁 armed struggle
- 자주적으로 independently
- 가담하다 to join; to participate in

◆ 조선이 실시한 근대적 개혁 정책은 무엇일까?

2차 갑오개혁과 을미사변

청·일 전쟁에서 •승기를 잡은 일본은 조선의 내정에 적극적으로 간섭하며 흥선 대원군을 물러나게 하고 군국기무처를 폐지하였다. 또 급진 개화파의 핵심 인물로서 갑신정변 실패 후 일본에 망명 중이던 박영효 등을 귀국시켜 김홍집·박영효 •연립 •내각을 구성하고, 이들로 하여금 2차 갑오개혁을 •단행하게 하였다. 고종은 개혁의 기본 강령이라고 할 수 있는 〈•홍범 14조〉를 •반포하여, 이를 통해 청나라와의 전통적 관계를 끊고 조선이 •독립국임을 국내외에 •선포하였다.

2차 갑오개혁에서는 의정부를 내각으로 바꾸어 왕의 권한을 제한하였다. 8아문을 7부로 개편하고 전국의 8도를 23부로 •재편하며, 부·목·군·현 등 다양한 행정 구역의 명칭을 군으로 통일하여 지방 행정을 일원화하였다. 아울러 재판소를 설치하여 사법 제도의 근대화를 꾀하였고, 〈교육 입국 조서〉를 발표하여 교육 개혁을 추진함에 따라 한성 •사범 학교와 외국어 학교 등도 설립하였다. 개혁을 추진하는 동안 일본은 각 •부처(部處)에 일본인 고문을 의무적으로 고용하게 하여 조선의 개혁에 실질적으로 •관여하였다.

2차 갑오개혁이 진행되는 사이 청·일 전쟁에서 승리한 일본이 청나라와 〈•시모노세키 조약〉을 체결하여 타이완과 요동반도를 차지하였다. 그러자 남하 정책을 추진하고 있던 러시아가 프랑스와 독일을 끌어들여 삼국이 함께 일본에게 요동반도를 청나라로 돌려줄 것을 요구하였고, •삼국 간섭에 의해 일본은 청나라에 요동반도를 •반환하였다.

조선 왕실은 러시아를 이용하여 일본의 압력에서 벗어나고자 하였고, 왕실 측근 세력이 내각에 등용되면서 조선에 대한 일본의 영향력이 급속히 줄어들었다. 그러자 일본은 군인 출신의 미우라 고로를 조선 •주재 공사로 임명하여 무력 행동에 나섰다. 러

Vocabulary

- 승기 chance to win
- 연립 coalition
- 내각 cabinet
- 단행하다 to carry out; to implement
- 홍범 14조 Hongbeom Fourteen Articles
- 반포하다 to promulgate; to proclaim
- 독립국 sovereign state
- 선포하다 to declare; to proclaim
- 재편하다 to reorganize
- 사범 학교 teacher training school
- 부처 government department
- 관여하다 to be involved in
- 시모노세키 조약 Treaty of Shimonoseki
- 삼국 간섭 Triple Intervention
- 반환하다 to return

시아를 끌어들여 일본과 대립하게 한 세력의 핵심 인물이 조선의 왕비라고 생각한 일본은 1895년, 경복궁을 습격하여 왕비를 •시해하는 •만행을 저질렀다(•을미사변).

을미개혁과 항일 의병 운동

을미사변으로 일본이 조선에서의 지배력을 되찾은 가운데, 다시 구성된 김홍집 내각은 3차 개혁인 •을미개혁을 추진하였다. 이 내각은 을미개혁을 통해 1차 갑오개혁 이후로 사용하던 개국 기년을 폐지하고 1896년부터 '건양'이라는 연호를 쓰기로 결정하였다. 그리고 한성에 중앙군으로 •친위대를, 지방에 •진위대를 설치하였다. 초등 교육 기관으로는 소학교를 두었고 •우체사를 설립해 갑신정변으로 중단된 우편 사무를 다시 실행하였으며, 국제 기준에 따른 •태양력을 도입하고 •천연두 예방법인 •종두법을 실시하였다.

그런데 을미개혁의 내용 중 상투를 비롯해 머리카락을 짧게 자르라는 단발령이 백성들의 강력한 반발을 •초래하였다. 을미사변으로 •울분에 쌓여 있던 사람들은 단발령까지 더해지자 전국 각지에서 항일 의병 운동을 일으켰다(을미의병). 이 시기 의병 운동은 주로 양반 유생들이 주도하였고, 농민들이 호응하여 활동하였다. 이후에도 의병들은 나라에 큰일이 있을 때마다 힘을 모아 맞서 싸웠다.

한편, 을미사변 후 •신변의 위협을 느끼던 고종은 1896년에 친위대가 의병 진압을 위해 지방으로 파견된 틈을 타서 경복궁에서 러시아 공사관으로 피신하는 아관 파천을 단행하였다. 이로써 김홍집 내각은 무너졌고, 을미개혁은 중단되었다.

갑오개혁과 을미개혁의 의의와 한계

갑오개혁과 을미개혁은 비록 외세의 간섭 아래 진행되었으나, 조선 조정과 관료들에 의해 자주적으로 추진된 정책들도 많았다. 갑오개혁은 갑신정변 때 급진 개화파가

- 주재 stationed
- 시해하다 to regicide
- 만행 brutality; atrocity
- 을미사변 Assassination of Empress Myeongseong in 1895
- 을미개혁 Eulmi Reform of 1895
- 친위대 Imperial Guard
- 진위대 Provincial Troops
- 우체사 postal bureau
- 태양력 solar calendar
- 천연두 smallpox
- 종두법 smallpox vaccination
- 초래하다 to result in
- 울분 pent-up anger
- 신변 personal safety

추구한 개혁 내용의 일부를 포함하고 있었고, 사회 •변혁을 원하던 동학 농민군의 요구 사항 일부도 반영하였다. 이렇듯 조선의 정치·사회·경제 제도가 근대적으로 바뀐 갑오개혁은 신분제의 폐지를 통해 평등한 근대 사회의 기틀을 마련하였다는 점에서 큰 의의가 있다. 을미개혁 또한 군대 정비·교육 제도 개혁·근대적 의료 체계의 마련 등 근대화 정책들을 실시했다는 의의를 가진다. 다만 갑오개혁과 을미개혁은 일본의 정치적 간섭과 군사적 •압박 및 급진적 추진으로 인해 사회 혼란을 불러일으켰고 백성들의 지지를 얻지 못하였다는 점에서 한계도 있었다.

Q 다음 제시어와 알맞은 뜻풀이를 찾아 연결해 봅시다.

(1) 변혁 ——— ㉠ 급격하게 바꾸어 아주 달라지게 함.

(2) 금납제 · · ㉡ 길이·부피·무게 등의 단위를 재는 방법.

(3) 도량형 · · ㉢ 세금을 물건이 아닌 현금으로 내는 제도.

A (2)-㉢ (3)-㉡

2 독립 협회와 대한 제국에 대해 알아볼까?

◆ 독립 협회는 구체적으로 어떤 활동을 했을까?

독립 협회의 창립과 대한 제국의 수립

1896년의 아관 파천을 주도한 세력은 대체로 친러·친미적 개화파 세력이었다. 새 내각은 원하는 사람만 •단발해도 된다고 변경하고 의병을 •회유하며 •민심 수습에 나서면서도, 러시아인 고문을 요청하는 등 러시아에 의존하였다. 이렇듯 조선이 독립

Vocabulary

- 변혁 transformation; revolution
- 회유하다 to appease; to conciliate
- 채굴권 mining rights
- 파격적으로 exceptionally
- 창간하다 to found
- 압박 pressure; oppression
- 민심 public sentiment
- 부설권 construction rights
- 계몽 enlightenment
- 자주독립 independence and sovereignty
- 단발하다 to cut hair short
- 이권 rights and interests
- 채벌권 logging rights
- 《독립신문》 *The Independent*
- 정세 political situation

국으로서의 지위가 약화되자 서구 열강의 이권 침탈이 본격화되어, 러시아를 비롯하여 미국·영국·프랑스 등의 열강들은 조선의 광산 채굴권·철도 부설권·삼림 채벌권 등을 파격적으로 유리한 조건으로 계약을 체결하였다.

조선 내 개혁 세력은 국민 계몽을 위해 신문 발간을 추진하였다. 이 무렵 갑신정변 실패 후 일본을 거쳐 미국으로 망명했던 서재필은 귀국해 정부의 지원을 받아 1896년 《독립신문》을 창간하였다. 《독립신문》은 조선의 자주독립과 개혁을 주장하며, 국민에게 세계 정세 등에 대한 정보를 제공하였다.

개혁 관료들은 조선이 청나라로부터 독립했음을 알리려는 목적으로 독립문을 건립하기 위해 독립 협회를 창립하였다. 독립 협회는 독립문의 건립을 위한 기금을 내면 누구나 회원이 될 수 있도록 하였고, 이를 통해 왕실을 비롯한 관료와 상인 등 다양한 계층이 참여할 수 있었다. 이후 독립 협회는 독립문을 세우고 독립 공원을 만들었으며, 독립관에서 토론회를 개최하였다. 토론의 주제는 산업 개발·문화 발전 등의 계몽적 주제를 비롯하여, 외세의 이권 침탈 반대·민권의 신장 등 정치적 문제까지 다양하였다. 토론회를 통해 독립 협회는 국민의 민권 의식과 독립 의식을 북돋웠다.

《독립신문》
© 국립한글박물관
한국 최초의 한글 신문으로, 민중의 의식을 높이는 데 이바지하였다.

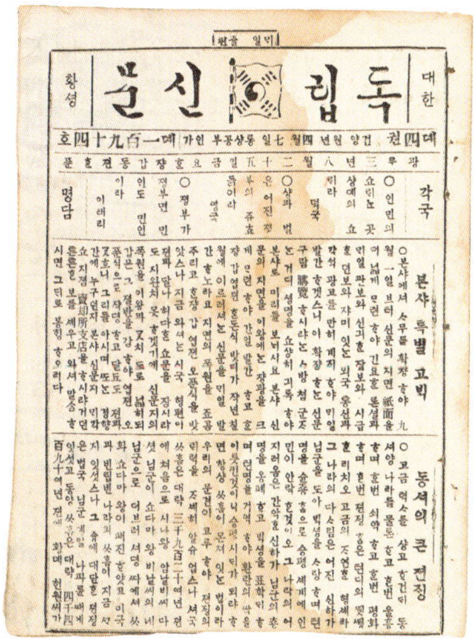

고종이 러시아 공사관에 머무르는 동안, 한반도를 둘러싼 국제 정세는 러시아가 우위를 점한 가운데 열강들이 세력 균형을 이루고 있었다. 조선 내에서는 고종이 다시 궁궐로 돌아오기를 바라면서 환궁을 요구하는 상소가 이어졌고, 고종은 아관 파천 이후 1년 만에 경운궁(지금의 덕수궁)을 수리하여 환궁하였다.

1897년 궁궐로 돌아온 고종은 왕을 황제로 칭하고 독자적인 연호를 만들자는 뜻의 칭제 건원을 추진하는 여론에 힘입어 연호를 '광무'로 바꾸었다. 그 뒤 고종은 하늘에 제사를 드리는 환구단을 설치해 황제

- 독립문 Dongnimmun Arch
- 창립하다 to found; to establish
- 민권 civil rights
- 상소 petition to the king
- 힘입다 to benefit from
- 건립하다 to construct
- 기금 fund
- 신장 advancement; expansion
- 수리하다 to repair; to fix
- 환구단 Altar of Heaven
- 독립 협회 Independence Club (1896)
- 개최하다 to hold
- 환궁 returning to the palace
- 칭제 건원 proclamation of an empire and adoption of a new era name

즉위식을 거행하고 대한 제국의 수립을 선포함으로써 자주독립국임을 내세웠고, 세계의 열강들로부터 승인받았다.

독립 협회의 개혁 운동

대한 제국이 수립될 무렵 러시아는 군사 교관과 재정 고문을 파견하고, 절영도(지금의 부산 영도)에 석탄 기지로 사용할 땅을 빌려 달라고 요구하였다. 이에 독립 협회는 1898년에 각계각층의 사람들이 모였다는 의미의 만민 공동회를 개최하고, 러시아의 요구를 비판하는 운동을 벌였다. 그 결과 독립 협회는 러시아 군사 교관과 재정 고문의 철수 및 석탄 기지 요구의 철회라는 성과를 거두었다.

독립 협회는 회장인 윤치호를 중심으로 민권 운동과 내정 개혁 운동에 힘을 쏟았다. 독립 협회는 여러 차례 만민 공동회를 개최하고 정치·사회의 여러 문제에 대한 토론회를 벌여, 보수 관료의 퇴진을 주장하였다. 이후 독립 협회는 정부 내각의 대신들까지 참석한 관민 공동회를 개최하여 〈헌의 6조〉를 결의하였다. 여기에는 자주 국권의 수호, 열강의 이권 침탈 방지, 민권 보장 등의 내용이 담겨 있었다. 고종은 〈헌의 6조〉를 재가하였고, 의회의 성격을 가진 〈중추원 관제〉를 발표하였다.

중추원 의원의 절반을 독립 협회에서 선출한다는 내용이 발표되자 위기를 느낀 보수 세력은 독립 협회가 황제를 폐위하고 공화국을 수립하려 한다고 모함하였다. 이에 고종은 독립 협회의 간부들을 체포하라고 지시하였고, 만민 공동회를 통한 반대 시위가 계속되자 고종은 군대를 동원하여 만민 공동회를 강제로 해산시켰다.

독립 협회 활동의 의의와 한계

독립 협회는 외세의 간섭과 이권 침탈에 대항하여 자주독립을 추구하였으며, 이를 위해 대한 제국 정부와 협조하였다. 의회 설립 같은 정치 문제에 대해서는 개혁 내각

Vocabulary

- 즉위식 enthronement ceremony
- 대한 제국 Korean Empire
- 자주독립국 sovereign and independent state
- 승인받다 to be approved
- 각계각층 from all walks of life
- 만민 공동회 All People Joint Assembly
- 철회 withdrawal
- 퇴진 resignation
- 관민 공동회 Government Officials-Civilians Joint Assembly
- 헌의 6조 Six Articles of Proposal
- 결의하다 to resolve
- 재가하다 to grant approval
- 의회 assembly

과 의견을 같이하였으나, 보수 세력과는 강하게 대립하였다.

또한 독립 협회는 국민을 계몽하고 자강 개혁을 이루고자 하였다. 아울러 만민 공동회를 통해 개혁 운동에 민중이 참여하게 함으로써, 관료들이 주도했던 갑오개혁의 한계를 극복할 수 있었다. 독립 협회는 전국적으로 지회를 설치하고 4천여 명이 넘는 회원을 보유하면서 민중의 지지도 얻었다. 한편, 최초의 민간 신문인 《독립신문》이 한글과 영문으로 발간되어 국민에게 정보를 제공하고 한글의 위상도 높였다.

그러나 독립 협회는 러시아를 배척하는 것에 적극적이었던 반면, 미국·영국·일본에 대해서는 우호적인 태도를 보였다. 특히 독립 협회는 일본의 침략 의도를 제대로 파악하지 못하였다는 한계를 보였다.

◆ 대한 제국의 황제인 고종은 어떤 국가를 꿈꾸었을까?

〈대한국 국제〉와 광무개혁의 추진

독립 협회의 해산 이후 고종은 황제 중심의 근대 국가를 수립하기 위해 노력하였다. 그는 1899년에 국가 헌법으로서 〈대한국 국제〉를 선포하여 대한 제국이 자주독립국임을 천명하고, 황제에게 모든 권한이 집중된 전제 군주 국가임을 분명히 하였다.

대한 제국은 '옛 법을 근본으로 하고 새로운 제도와 문물을 참조한다.'라는 구본신참의 원칙을 내세워 점진적 개혁을 추진하였다. 광무개혁이라고 이름 붙은 이 개혁의 추진 과정에서 고종의 측근으로 황실 재정 업무를 맡은 이용익이 주된 역할을 하였다.

고종은 군주권을 강화하기 위해 황실 업무를 총괄하는 궁내부를 확대하였다. 특히 궁내부의 핵심 기관으로서 황실 재정을 담당하는 내장원의 기능을 확대하여 이곳에서 정부의 조세 수입도 총괄하게 하였다. 이를 바탕으로 대한 제국의 황실은 광산 개발과 철도 부설 등의 개혁 사업을 주도적으로 추진할 수 있었다.

- 공화국 republic
- 모함하다 to falsely accuse
- 간부 executive
- 자강 self-strengthening reform
- 지회 branch
- 위상 status
- 대한국 국제 Constitution of the Korean Empire (1899)
- 천명하다 to proclaim; to declare
- 전제 군주 국가 absolute monarchy
- 참조하다 to refer to
- 광무개혁 Gwangmu Reform
- 주되다 to be the main
- 군주권 royal authority
- 주도적으로 proactively

이와 함께 고종은 •원수부라는 군 •통수 기관을 설치하여 군사에 관한 •지휘권을 가지고 국방을 직접 •통솔하였다. 또한 고종은 •정예병으로 이루어진 황제의 •호위대에게 경호를 맡겨 위엄을 과시하였다. 아울러 그는 군사력 •증강에도 힘써 중앙군인 친위대를 확대하고, 지방군인 진위대를 •증설하였다.

대한 제국은 이러한 개혁들을 추진하기 위해 필요한 재정을 확보하고자 전국의 토지를 조사하는 양전 사업을 실행하였다. 일부 지역에서는 토지 •소유권을 보장하는 문서인 •지계를 발행하였는데, 이는 국가가 개인의 토지 소유권을 법적으로 인정한 것이었다.

대한 제국은 경제 개혁에도 힘써 서구의 문물을 도입하여 상공업을 진흥시키고자, 생산을 늘리고 산업을 일으키는 •식산흥업 정책을 추진하였다. 그 결과 철도·•전기(電氣)·•해운·광업·금융 분야 등에서 근대적 공장과 회사가 설립되었다. 아울러 대한 제국은 화폐 제도의 개혁과 •중앙은행의 창립을 추진하였으며, 교육 •진흥책으로서 •실업 학교와 기술 교육 기관을 세우고, 외국에 유학생도 파견하였다.

대한 제국은 1899년에 청나라와 대등한 위치에서 〈한·청 통상 조약〉을 체결하였다. 그리고 국경 지역을 관리하고자 압록강과 두만강의 북쪽 일대인 •간도에 지역의 행정을 관리하는 •관리사를 파견하고, •울릉도의 •관할 구역에 •독도를 •명시적으로 포함하였다.

광무개혁의 의의와 한계

광무개혁은 국가의 자주독립과 근대화를 •지향하고 외세의 간섭을 •배제하면서 추진된 개혁이었다. 특히 이 개혁은 국방력의 강화를 비롯하여, 상공업의 발전과 근대적 토지 소유 제도의 확립에 노력을 기울였다는 점에서 의의가 크다. 또 이 개혁은 교육·과학·기술 면에서도 골고루 성과를 거두었다.

Vocabulary

- 원수부 Supreme Military Headquarters
- 통수 기관 high command
- 지휘권 command authority
- 통솔하다 to command; to lead
- 정예병 elite soldier
- 호위대 royal guard
- 증강 enhancement; augmentation
- 증설하다 to expand; to augment
- 소유권 ownership
- 지계 land deed
- 식산흥업 promotion of industry and commerce
- 전기 electricity
- 해운 shipping; marine transport
- 중앙은행 central bank

그러나 광무개혁은 개혁에 필요한 인재와 재정을 충분히 확보하지 못한 점이 한계로 작용하였다. 더욱이 지나치게 황실 중심으로 진행되어 전제 군주권의 강화에 개혁이 집중되었고, 황제권 강화에 힘쓴 나머지 민권을 보장하는 개혁에는 소홀한 면도 있었다. 오히려 집권 세력의 부정부패가 만연하고 수탈도 계속되어, 국민의 생활은 여전히 어려웠다.

이러한 상황에서 더욱 세력이 강성해진 일본의 침략이 본격화되자, 황실로부터 특권을 부여받아 설립되었던 근대적 기업들 대부분이 몰락하였다. 이후 대한 제국도 자주권을 지키는 데 큰 어려움을 겪게 되었다.

Q 다음 빈칸에 들어갈 단어를 〈보기〉에서 고른 후, 문장에 알맞게 고쳐 써 봅시다.

〈보기〉

모함하다　　수리하다　　창립하다

(1) 나는 고장 난 자전거를 (　　　　　　　　) 안전하게 사용하고 있다.

(2) 그 배우는 평소 동료 배우들을 (　　　　　　　　) 나쁜 태도 때문에 주변 사람들과 멀어졌다.

A (1) 수리하여 (2) 모함하는

- 진흥책 promotion policy
- 관리사 administrator
- 독도 Dokdo
- 배제하다 to exclude
- 소홀한 careless; negligent
- 실업 학교 industrial school
- 울릉도 Ulleungdo
- 명시적으로 clearly; explicitly
- 전제 군주권 absolute monarchical power
- 만연하다 to be widespread; to be rampant
- 간도 Gando; Jiandao
- 관할 구역 jurisdiction
- 지향하다 to aim
- 황제권 imperial authority; imperial power
- 자주권 sovereignty

1 V+는 데(에) 한계가 있다 (to have limitations in ~ing)

- 1860년 최제우는 전통 사상인 유교나 불교가 기운이 다하여 백성을 구제하는 데 한계가 있다고 판단하고, '사람이 곧 하늘'이라는 인내천 사상을 바탕으로 인간 평등을 강조한 동학을 창시하였다.
- 개인의 노력만으로 사회적 문제를 해결하는 데에 한계가 있다.
- 일반 스마트폰으로는 달을 선명하게 촬영하는 데 한계가 있어, 전문가용 카메라를 구입하기로 마음먹었다.

2 아울러 (in addition; along with)

- 아울러 재판소를 설치하여 사법 제도의 근대화를 꾀하였고, 〈교육 입국 조서〉를 발표하여 교육 개혁을 추진함에 따라 한성 사범 학교와 외국어 학교 등도 설립하였다.
- 정부는 대학생을 위한 교육 지원을 강화하고, 아울러 취업 프로그램도 확대하였다.
- 봄이 되면서 꽃이 피기 시작하였다. 아울러 야외 활동을 즐기는 사람들이 많아졌다.

3 V+게 한 N (to make something happen)

- 러시아를 끌어들여 일본과 대립하게 한 세력의 핵심 인물이 조선의 왕비라고 생각한 일본은 1895년, 경복궁을 습격하여 왕비를 시해하는 만행을 저질렀다.
- 정부의 대응책이 오히려 시민들을 동요하게 한 요소로 작용하였다.
- 이 사건의 범인을 특정하게 한 결정적 단서는 탐정이 제시하였다.

4 N+을/를 북돋우다 (to encourage)

- 토론회를 통해 독립 협회는 국민의 민권 의식과 독립 의식을 북돋웠다.
- 선생님은 시험을 앞둔 학생들에게 자신감을 북돋워 주었다.
- 많은 사람들이 나의 마라톤 완주를 응원하고 사기를 북돋워 주었다.

5 우위를 점하다 (to take the lead; to gain the upper hand)

- 고종이 러시아 공사관에 머무르는 동안, 한반도를 둘러싼 국제 정세는 러시아가 우위를 점한 가운데 열강들이 세력 균형을 이루고 있었다.
- 우리 회사는 기업들과의 경쟁에서 선진 기술력으로 우위를 점하였다.
- 우리 팀은 전반전에 경기의 우위를 점하였으나, 후반전에 접어들며 역전패를 당하였다.

6 N+을/를 과시하다 (to show off; to boast)

- 고종은 정예병으로 이루어진 황제의 호위대에게 경호를 맡겨 위엄을 과시하였다.
- 저 사람은 유난히 유명 인사와의 친분을 과시하고는 한다.
- 그는 자신의 부를 과시하기 위해 비싼 제품을 잔뜩 사들였다.

확인 문제 Reading Comprehension

※ 본문을 읽고 다음 질문에 답해 봅시다.

1. 다음 자료의 ㉠에 공통으로 들어갈 말을 골라 봅시다. (　　)

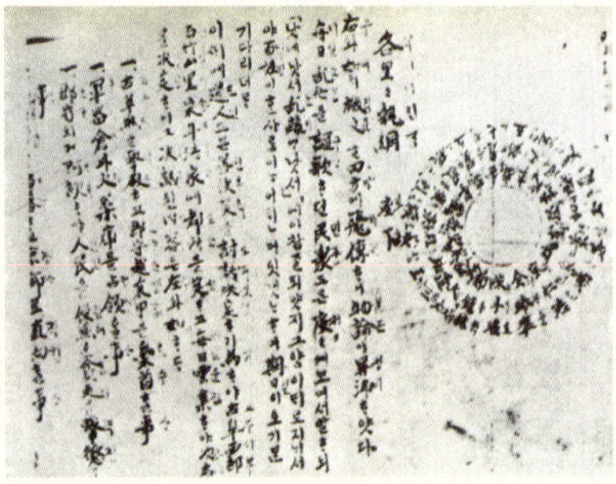

| 사발통문 ⓒ한국학중앙연구원

사발통문은 (　㉠　) 농민 혁명에 앞장선 세력들이 그 내용을 주변에 알리고 참여를 호소하기 위해 작성한 문서이다. 이는 주모자가 누구인지 알 수 없게 사발 모양으로 둥글게 이름을 쓴 것이 특징이다. (　㉠　) 농민 혁명을 일으킨 농민들은 1894년에 외세를 배척하고 탐관오리의 처벌 등을 주장하며 여러 전투에서 승리하였으나, 결국 일본군과 조선의 관군에 의해 진압되었다.

① 갑신　② 갑오　③ 동학　④ 서학

2. 다음 문장의 괄호 내 두 가지 중에서 알맞은 말에 ○로 표시해 봅시다.

〈전주 화약〉 이후에 일본은 경복궁을 침탈하고 청·일 전쟁을 일으켰다. 이어 구성된 김홍집 내각은 (갑오개혁 / 척화비 건립)을 추진하였다.

3. 다음 자료의 밑줄 친 '그'가 누구인지 골라 봅시다. (　　)

- 어린 나이에 왕이 된 그를 대신해 아버지인 흥선 대원군이 섭정하였다.
- 왕비가 시해당한 을미사변 이후에 그는 아관 파천을 단행하였다.
- 그는 대한 제국의 수립을 선포하고 황제로 즉위하였다.
- 그는 광무개혁을 추진하여 대한 제국의 근대화를 추진하였다.

| ⓒ한국학중앙연구원

① 고종　② 서재필　③ 전봉준　④ 최익현

4. 다음의 대화를 읽고, 빈칸에 <u>공통으로</u> 들어갈 말을 써 봅시다. (   )

학　생: 선생님, (   )의 의미가 무엇인지 궁금합니다.
선생님: '아'는 러시아를, '관'은 공사관을 의미해요. 또 '파천'은 왕이 피란을 갔다는 뜻입니다.
학　생: 그럼 (   )은/는 러시아 공사관으로 왕이 피란을 갔다는 뜻인가요?
선생님: 네, 맞습니다. 1896년에 조선의 왕이 일본의 위협을 피해 러시아 공사관으로 피란을 갔던 일이 있었습니다. 이것을 (   )(이)라고 합니다.

5. 다음 자료를 읽고, 빈칸에 <u>공통으로</u> 들어갈 말을 써 봅시다. (   )

〈답사 감상문〉

나는 오늘 서울 서대문구에 있는 독립문을 보고 왔다. 독립문은 개혁 관료들이 조직한 단체인 □□ □□ 이/가 만들었다. 선생님의 설명에 따르면 원래 독립문 부근에는 청나라 사신을 맞이하는 영은문이 있었다고 한다. 또 □□ □□ 은/는 독립관에서 토론회를 하고 만민 공동회를 개최했으며, 〈헌의 6조〉를 채택하는 등 다양한 활동을 했다고 한다.

| 독립문 ⓒ 국가유산청

6. 다음 제시어를 관련된 내용끼리 바르게 연결해 봅시다.

(1) 동학 •　　　　• ㉠ 신분제 폐지
(2) 갑오개혁 •　　　　• ㉡ 광무개혁 실시
(3) 대한 제국 •　　　　• ㉢ 〈전주 화약〉 체결

1. ③ 2. 갑오개혁 3. ① 4. 아관 파천 5. 독립 협회 6. (2)-㉠ (3)-㉡

주제 1 동학 농민 혁명과 사회 변화

1. 다음은 19세기 조선 사회에서 일어난 동학 농민 혁명에 대한 대화문입니다. 이를 참고하여 세계사 속 근대화 과정에서의 격변을 조사하여 비교하는 글을 써 봅시다.

Read the dialogue about the Donghak Peasant Revolution in 19th-century Joseon. Then, research another case of social upheaval that occurred during the process of modernization in world history. Write a paragraph comparing the two events.

소영: 신분제를 부정하고 평등을 주장하는 동학이 19세기 세도 정치 이후로 힘들어하던 농민들의 지지를 받은 사실은 당연한 일인 것 같아.

현정: 그러한 상황에서 일본의 간섭까지 심해지니, 동학교도들과 농민들이 힘을 합해 동학 농민 혁명을 일으킨 것이지.

소영: 농민들이 주장했던 내용을 살펴보니, 노비 문서를 없애고 신분 차별도 폐지해 달라고 한 점에서 동학 농민 혁명은 반봉건 성격의 사회 변혁 운동이었음을 알 수 있어.

현정: 물론이지. 일본의 침략에 대항한 점에서는 반외세의 민족 운동이었다고도 볼 수 있어.

▶

2. 1번을 바탕으로 친구들과 함께 토의해 봅시다.

Share your opinion and compare it with others.

주제 2 국호(나라의 이름)와 국기

1. 다음은 대한민국 국호의 유래와 국기인 태극기에 대한 자료입니다. 이를 참고하여 여러분 고향의 이름과 국기에 대해 소개하는 글을 써 봅시다.

Read the following information about the origin of Korea's national title and the Taegeukgi, the national flag. Then write a paragraph introducing the name of your country and its national flag.

- **대한민국 국호의 유래:** 고종은 1897년에 국호를 '대한(大韓)'으로 선포하였고, 대한민국 임시 정부는 1919년에 〈대한민국 임시 헌법〉에서 '대한민국(大韓民國)'을 국호로 확정하였다. 1945년 8월 15일 광복을 맞이한 이후 1948년 7월 17일에 공포한 〈대한민국 헌법〉에서도 한국의 정식 국호를 '대한민국'으로 분명하게 밝히고 있다. '대한민국'이라는 국호는 사용의 편의상 '대한' 또는 '한국'으로 사용할 수 있고, 영문 표기는 'Republic of Korea'로 한다.

- **대한민국의 국기:** 대한민국의 국기는 '태극기'이다. 태극기는 1882년 〈조·미 수호 통상 조약〉 때부터 사용했다고 알려져 있다. 오늘날 태극기는 흰색 바탕(순수와 평화를 의미)의 가운데에 빨간색과 파란색 태극 문양(우주 만물의 조화를 상징)이 위치하고, 네 모서리에 검은색의 '건곤감리' 4괘가 있다. 태극기의 건곤감리 4괘 중 왼쪽 상단의 3개 긴 선으로 그려진 '건(☰)'은 하늘, 대각선 아래 6개의 짧은 선으로 그려진 '곤(☷)'은 땅, 5개의 길고 짧은 선으로 그려진 오른쪽 상단의 '감(☵)'은 물, 4개의 길고 짧은 선으로 그려진 '이(리)(☲)'는 불을 각각 상징하여 자연의 조화를 의미한다. 이처럼 태극기는 한국인의 화합과 통일에 대한 염원을 담고 있다.

▶

2. 1번을 친구들에게 발표해 봅시다.

Present your writing to the class.

10

제국주의의 침탈에 맞선 한국의 국권 수호 운동

The National Rights Protection Movement against Imperialism

학습 목표
Learning Objectives

1. 서구 열강과 일본의 국권 침탈에 맞선 한국인들의 국권 수호 운동의 흐름을 이해하고 설명할 수 있다.
2. 한국이 국권을 침탈당하고 이에 맞서 수호하려던 당시 국내외 정세를 살피고, 당대 건축물로서 현재 남아 있는 근대 건축물들이 어떤 의미를 갖는지 조사하여 쓰고 이야기할 수 있다.

생각 열기
Warm Up

1. 연표상 한국의 국권 침탈 당시 동시대의 세계사 항목을 비교하며 살핀 후, 여러분의 고향 혹은 알고 있는 나라에 대해 추가하고 싶은 내용을 표시해 봅시다.
2. 연표에 등장하는 한국의 국권 침탈 당시를 살펴, 알고 있는 항목이 무엇인지 말하고 친구가 말하는 항목은 별도로 표시해 봅시다.
3. 한국의 국권 침탈 시기를 이해할 수 있는 핵심 용어 중 알고 있는 것을 표시해 봅시다.

한국사 History of Korea	연표 Timeline	세계사 History of the World
〈대한 제국 칙령〉 제41호의 반포	1900년	
	1902년	제1차 영·일 동맹
〈한·일 의정서〉, 제1차 〈한·일 협약〉	1904년	러·일 전쟁
〈을사늑약〉(제2차 〈한·일 협약〉)	1905년	아인슈타인의 〈특수 상대성 이론〉 발표, 제2차 영·일 동맹
헤이그 특사의 파견, 〈한·일 신협약〉(〈정미 7조약〉), 국채 보상 운동	1907년	
	1909년	〈간도 협약〉
〈한국 병합 조약〉, 일제의 토지 조사 사업	1910년	

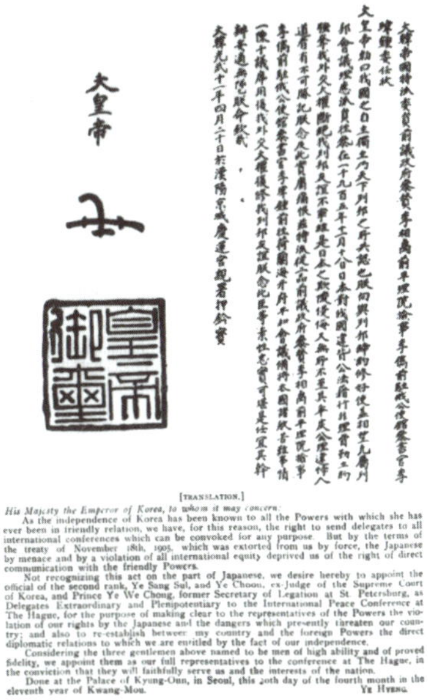
大皇帝

[TRANSLATION.]

His Majesty the Emperor of Korea, to whom it may concern:

As the independence of Korea has been known to all the Powers with which she has ever been in friendly relation, we have, for this reason, the right to send delegates to all international conferences which can be convoked for any purpose. But by the terms of the treaty of November 18th, 1905, which was extorted from us by force, the Japanese by menace and by a violation of all international equity deprived us of the right of direct communication with the friendly Powers.

Not recognizing this act on the part of Japanese, we desire hereby to appoint the official of the second rank, Ye Sang Sul, and Ye Choon, ex-Judge of the Supreme Court of Korea, and Prince Ye We Chong, former Secretary of Legation at St. Petersburg, as Delegates Extraordinary and Plenipotentiary to the International Peace Conference at The Hague, for the purpose of making clear to the representatives of the Powers the violation of our rights by the Japanese and the dangers which presently threaten our country; and also to re-establish between my country and the foreign Powers the direct diplomatic relations to which we are entitled by the fact of our independence.

Considering the three gentlemen above named to be men of high ability and of proved fidelity, we appoint them as our full representatives to the conference at The Hague, in the conviction that they will faithfully serve us and the interests of the nation.

Done at the Palace of Kyung-Oun, in Seoul, this 20th day of the fourth month in the eleventh year of Kwang-Mou.

Ye Hyeng

1 3명의 헤이그 특사(이상설·이준·이위종)
2 헤이그 특사의 신임장 및 번역 신임장

핵심 용어
Keywords

- ▢ 간도
- ▢ 경찰권
- ▢ 국채 보상 운동
- ▢ 《대한매일신보》
- ▢ 덕수궁 석조전
- ▢ 독도
- ▢ 만국 평화 회의
- ▢ 백두산 정계비
- ▢ 사법권
- ▢ 〈시일야방성대곡〉
- ▢ 신민회
- ▢ 애국 계몽 운동
- ▢ 외교권
- ▢ 〈을사늑약〉
- ▢ 을사의병
- ▢ 정미의병
- ▢ 통감부
- ▢ 통치권
- ▢ 〈한국 병합 조약〉
- ▢ 헤이그 특사

《대한매일신보》 *Daehan Maeil Sinbo*

《대한매일신보》는 영국인 베델이 양기탁 등과 함께 1904년 서울에서 창간한 신문이다. 한국어판과 영어판을 통해 항일 여론을 확산하려는 성격이 강하였고, 특히 국채 보상 운동을 적극 보도·지원하였다. 이후 일제의 탄압과 통제 속에서 《대한매일신보》는 〈한국 병합 조약〉 직후인 1910년 8월 30일에 '매일신보'로 신문의 이름을 바꾸고, 조선 총독부의 한글 기관지로 변질되었다.

The *Daehan Maeil Sinbo* was a newspaper founded in Seoul in 1904, by the British journalist Ernest T. Bethell, together with Yang Gi-tak and others. It was strongly oriented toward fostering anti-Japanese public opinion through both its Korean-language and English-language editions. In particular, it reported on and supported the National Debt Redemption Movement. Later, under Japanese repression and control, it was renamed The *Maeil Sinbo* on August 30, 1910, immediately following the "Japan–Korea Annexation Treaty," and its role was transformed into the Korean-language edition of the official publication of the Government-General of Korea.

덕수궁 석조전 Seokjojeon Hall, Deoksugung Palace

대한 제국은 근대화 정책의 일환으로 서양식 건물을 많이 건축하였는데, 그중 대표적인 것이 덕수궁에 있는 석조전이다. 나무가 주재료였던 이전 건축물들과 달리 석조전은 돌로 만들어졌으며, 서양식 정원·분수대·발코니 등 색다른 모습을 갖추었다. 이곳은 1945년 광복 후 미·소 공동 위원회의 회담 장소로 사용되었으며, 현재는 대한 제국 역사관으로 활용되고 있다.

The Korean Empire constructed many western-style buildings as part of its modernization policy, and one representative example is the Seokjojeon Hall in the Deoksugung Palace. Unlike earlier structures, which were primarily made of wood, this buliding was built of stone and features a distinctive design with western-style gardens, fountains, and balconies. After Korea's liberation in 1945, it served as the venue for meetings of the United States–Soviet Joint Commission, and today it is used as the Korean Empire History Museum.

만국 평화 회의와 헤이그 특사 The Hague Peace Conferences & The Hague Secret Envoys

만국 평화 회의는 군비 축소와 국제 분쟁을 중재·조정하기 위해 네덜란드 헤이그에서 1899년(1차)과 1907년(2차)에 열린 국제회의이다. 대한 제국의 고종은 일본의 강요로 체결된 〈을사늑약〉이 무효임을 알리려고 1907년 만국 평화 회의에 이상설·이준·이위종을 헤이그 특사로 파견하였다. 이들은 국제적 공론화를 위해 노력했지만, 일본과 영국의 방해로 회의에 참석하지 못하였다.

The Hague Peace Conferences were international meetings held in The Hague, the Netherlands, in 1899 (the First Conference) and 1907 (the Second Conference) to promote arms limitation and the mediation and arbitration of international disputes. In 1907, Emperor Gojong of the Korean Empire dispatched Yi Sang-seol, Yi Jun, and Yi Wi-jong as

The Hague Secret Envoys to inform the international community that the "Eulsa Treaty of 1905," concluded under Japanese coercion, was invalid. Although they sought to internationalize the issue through public opinion and the press, interference from Japan and Britain prevented them from participating in the conference.

〈을사늑약〉과 〈시일야방성대곡〉 Eulsa Treaty of 1905 & Siilyabangseongdaegok

일본은 러·일 전쟁에서 승리한 후 1905년 대한 제국에 〈을사늑약〉의 체결을 강요하고 외교권을 빼앗았다. 대한 제국의 국민들은 다방면으로 반대 투쟁을 벌였는데, 그중 장지연은 《황성신문》에 '이 날에 목 놓아 크게 운다.'라는 뜻의 논설인 〈시일야방성대곡〉을 발표하여 〈을사늑약〉의 굴욕적인 내용과 그에 협력한 대신들의 비겁함을 폭로하였다.

After winning the Russo-Japanese War, Japan forced the Korean Empire to sign the "Eulsa Treaty of 1905," stripping it of its diplomatic authority. The people of the Korean Empire resisted in various ways, and among them, Jang Ji-yeon published an editorial in the *Hwangseong Shinmun* titled "Siilyabangseongdaegok" (I Cry Loudly on This Day), which exposed the humiliating terms of the treaty and the cowardice of government officials who cooperated with it.

통감부 Residency-General of Korea

통감부는 〈을사늑약〉으로 대한 제국이 일본의 보호국이 된 이후 일본이 1906년에 한국의 정치를 바로잡는다는 명목으로 만든 통치 기구이다. 1910년 8월 〈한국 병합 조약〉으로 조선 총독부가 설치되기 전까지, 통감부는 한국의 국정 전반을 장악하였다.

The Residency-General of Korea was established by Japan in 1906 to control Korean politics after the Korean Empire became a Japanese protectorate through the "Eulsa Treaty of 1905." The Residency-General oversaw Korea's state affairs until the Government-General of Korea was created following the "Japan–Korea Annexation Treaty" in August 1910.

〈한국 병합 조약〉 Japan–Korea Annexation Treaty

〈한국 병합 조약〉은 대한 제국이 무력을 앞세운 일본에 의해 1910년 8월 강제로 체결하게 된 조약이다. 그전부터 일본은 대한 제국의 재정에 간섭하고, 외교권을 박탈하였으며, 대한 제국의 군대를 해산시켰다. 그 후 일본에 사법권과 경찰권마저 박탈당한 대한 제국은 〈한국 병합 조약〉으로 인해 통치권을 모두 빼앗기고, 일본의 식민지로 전락하였다.

The "Japan–Korea Annexation Treaty" was a treaty that the Korean Empire was forced to sign in August 1910 under Japanese coercion. Prior to this, Japan had interfered with the finances of the Korean Empire, deprived it of diplomatic power, and dissolved its military forces. Later, the Korean Empire, having been deprived of its judicial and police authority, lost all rights of of governance and became a Japanese colony as a result of the "Japan–Korea Annexation Treaty."

1 20세기 한국의 국권 수호 운동은 어떻게 전개되었을까?

◆ 한국이 일본에 강제로 병합되기까지 어떤 과정을 거쳤을까?

20세기 초 동아시아의 정세

청나라가 청·일 전쟁에서 패배한 이후 러시아와 일본이 대한 제국과 만주를 두고 치열하게 대립하였다. 특히 러시아는 •조차한다는 명목으로 청나라의 뤼순 지역을 •장악하면서 만주의 이권을 독차지하려 들었다. 러시아를 경계하고 있던 영국은 1902년 제1차 영·일 동맹을 맺어 일본을 지원하였다.

이 무렵 러시아는 압록강 하구에 위치한 항구인 용암포를 점령하고 조차를 요구하며 한반도에 군사 기지를 만들고자 하였다. 일본은 한반도를 장악하고 만주의 이권을 행사하려는 자신들의 계획에 러시아의 팽창이 위협이 된다고 여겨, 1904년 2월 뤼순에 있던 러시아 함대를 •기습 공격해 러·일 전쟁을 일으켰다.

일본의 대한 제국 침략과 〈을사늑약〉의 강요

대한 제국은 러·일 전쟁이 일어나기 직전에 어느 한 나라에도 •가담하지 않겠다는 •국외 중립을 선언하였다. 그러나 일본은 한성을 점령하고 전쟁 수행에 필요한 대한 제국의 영토를 마음대로 사용하겠다는 내용을 담은 〈•한·일 의정서〉 체결을 강요하였다. 일본은 •전세가 유리해지자 제1차 〈•한·일 협약〉의 체결도 강요하여, 대한 제국으로 하여금 일본인 재정 고문과 미국인 외교 고문을 채용하게 하였다. 이렇듯 일본은 대한 제국의 재정과 외교에 본격적으로 간섭하기 시작하였다.

러·일 전쟁의 •승기를 잡은 일본은 1905년 7월 미국과의 〈가쓰라·태프트 각서(•밀약)〉와 8월 영국과의 제2차 영·일 동맹을 통해 대한 제국에 대한 •지배권을 인정받았

Vocabulary

- 조차하다 to lease
- 장악하다 to take control of
- 기습 공격 sudden attack
- 가담하다 to join; to participate in
- 국외 중립 neutrality abroad
- 한·일 의정서 Japan–Korea Protocol of 1904
- 전세 war situation; tide of war
- 한·일 협약 Japan–Korea Agreements
- 승기 chance to win
- 밀약 secret agreement; secret treaty
- 지배권 control; dominion
- 대신 minister
- 비준 ratification
- 외교권 diplomatic rights; diplomatic authority

다. 또 9월에는 미국의 중재로 러시아와 전쟁의 강화 조약인 〈포츠머스 조약〉을 체결하였다. 이 조약으로 일본은 러시아로부터 대한 제국에 대한 특별 권리도 보장받았다.

일본은 1905년 11월에 이토 히로부미를 대한 제국으로 보냈고, 그는 일본군을 동원하여 궁궐을 포위한 후 대한 제국의 •대신들에게 조약을 체결하라고 위협하였다. 결국 조약을 마지막으로 확인하고 동의하는 절차인 고종의 •비준 없이 5명의 대신들(이완용을 비롯한 을사 5적)이 〈을사늑약〉(제2차 〈한·일 협약〉)에 찬성하였다. 이로써 일본은 대한 제국의 •외교권을 빼앗고 통감부를 설치해 외교와 내정에 간섭하면서 대한 제국을 일본의 •보호국으로 만들었다.

고종의 강제 퇴위와 한국 강제 병합

고종은 〈을사늑약〉이 무효임을 알리고자 외교 활동을 시작하였고, 1907년에는 네덜란드의 헤이그에서 열린 만국 평화 회의에 이상설·이준·이위종을 대한 제국의 •특사로 파견하였다. 그러나 헤이그 특사는 일본과 영국의 방해로 회의장에 입장하지 못하였고, 일본은 이를 빌미로 고종을 강제 •퇴위시켰다. 고종의 아들인 •순종이 즉위한 다음 일본은 〈•한·일 신협약〉(《정미 7조약》)을 강제로 체결하여 통감부의 장관인 통감의 권한을 강화함과 함께 각 부의 •차관(次官)에 일본인들을 임명하였다. 더불어 일본은 국권 침탈에 가장 큰 •걸림돌이 될 대한 제국의 군대를 해산시켰다.

1909년이 되자 일본은 대한 제국의 •사법권을 •박탈하고, 1910년에는 •경찰권마저 빼앗아 모든 분야의 지배권을 장악하였다. 일본은 대한 제국을 완전히 병합하기 위해 친일 단체인 일진회를 앞세워 통감부와 대한 제국 정부에 '대한 제국과 일본을 합치자.'라는 〈•합방 청원서〉를 제출하게 하였다. 이어 일본은 대한 제국의 영토 곳곳에 일본인 •헌병 경찰과 군인을 배치하고, 1910년 8월 강제로 〈한국 병합 조약〉을 체결하였다. 이로써 대한 제국은 •통치권을 모두 빼앗기고 일본의 •식민지가 되었다.

- 보호국 protectorate
- 순종 King Sunjong
- 차관 vice minister
- 박탈하다 to deprive
- 헌병 경찰 Japanese military police
- 특사 envoy; emissary
- 한·일 신협약 Japan-Korea Treaty of 1907 (Jeongmi year)
- 걸림돌 stumbling block; obstacle
- 경찰권 police authority
- 통치권 right of governance
- 퇴위시키다 to dethrone; to depose
- 사법권 judicial authority
- 합방 청원서 Petition for Annexation
- 식민지 colony

◆ 의병들의 활약과 애국 계몽 운동의 모습은 어떠했을까?

〈을사늑약〉에 대한 반발

일본이 러·일 전쟁을 일으킨 직후부터 대한 제국에 대한 침략을 본격화하자, 국민들은 여러 방면으로 반대 투쟁을 하였다. 1905년에 체결된 〈을사늑약〉으로 대한 제국이 일본의 보호국이 된 후에는 조약을 •무효화하라는 상소가 계속되었다. 장지연은 《황성신문》에 〈을사늑약〉을 비판하는 •논설인 〈시일야방성대곡〉을 발표하였다. 상인들은 가게의 문을 닫았고 학생들은 •동맹 휴학으로 항의하였으며, 민영환처럼 스스로 목숨을 끊어 저항의 뜻을 밝힌 대신이 생기는 등 •대대적인 항일 운동이 일어났다.

일본인 침략자들과 〈을사늑약〉에 서명했던 대신들인 을사 5적을 •처단하기 위한 •의거 활동도 잇따라 일어났다. 나철 등은 '자신회'라는 5적 •암살단을 조직하여 활동하였고, 이재명은 〈을사늑약〉 체결에 가장 앞장선 대신이었던 이완용을 처단하기 위해 칼로 •중상을 입혔다. 이러한 의거 활동은 해외에서도 활발히 이루어졌다. 장인환은 미국의 샌프란시스코에서 일본의 침략이 •정당하다고 주장한 미국인 외교 고문인 스티븐스를 사살하였으며, 청나라 하얼빈에서는 안중근이 〈을사늑약〉 체결의 핵심적인 역할을 담당한 이토 히로부미를 1909년에 처단하였다.

안중근
ⓒ한국학중앙연구원
의거 활동 이후 체포된 안중근의 모습이다. 안중근은 독립운동을 하는 동지들과 왼손 넷째 손가락 한 마디를 잘라 결의를 다졌을 정도로 독립에 대한 열망이 컸다.

을사의병과 정미의병

〈을사늑약〉이 체결되자 의병들이 다시 일어났다(•을사의병). 민종식은 충청도에서 의병을 모아 투쟁하였으며, 최익현은 전라도에서 활동하였다. 강원도부터 부산에 이르는 한국의 가장 긴 산맥인 태백산맥 일대에서는 최초의 평민 출신 •의병장인 신돌석의 의병 부대가 활약하였는데, 한때 그 규모가 수천 명이었다.

1907년에 〈한·일 신협약〉이 체결되면서 군대가 해산되자, 해산된 일부 군인들이 •합류하여(•정미의병) •전투력이 더욱 강화되었다. 이 시기부터 항일 의병 운동은 유

Vocabulary

- 무효화하다 to invalidate
- 대대적인 extensive
- 의거 patriotic uprising; righteous act
- 정당하다 to be justified
- 합류하다 to join; to unite
- 논설 editorial
- 처단하다 to execute; to eliminate
- 암살단 assassination squad
- 을사의병 Eulsa Righteous Army of 1905
- 정미의병 Jeongmi Righteous Army of 1907
- 동맹 휴학 student strike; solidarity school strikes
- 중상 serious injury
- 의병장 righteous army commander
- 전투력 combat power

생과 농민을 비롯해 군인과 상인 등 각계각층이 참여한 의병 전쟁으로 발전하였다.

의병 전쟁이 전국적으로 확산되는 가운데 의병장들은 1907년 말에 전국 의병 연합 부대인 •13도 창의군을 결성하고 이인영을 총대장으로, 허위를 군사장으로 삼았다. 13도 창의군은 각국 공사관에 •격문을 보내 의병을 국제법상 교전 단체로 인정해 줄 것을 요구하였고, •서울 진공 작전을 추진하였다. 허위가 이끄는 선발대는 서울의 동대문 근처까지 와서 일본군에게 맞서 싸웠으나, 패배한 뒤 후퇴하였다. 게다가 총대장 이인영이 아버지가 사망하자 고향으로 돌아가면서 연합 부대는 •뿔뿔이 흩어졌다. 이후 의병들은 소규모 부대로 나뉘어 •끈질긴 투쟁을 벌였으며, 특히 홍범도 등 평민 출신 의병장들이 활약하였다.

1900년대 활동하던 의병의 모습
© 한국학중앙연구원
영국 신문사의 특파원인 프레더릭 매켄지가 촬영한 정미년(1907) 당시 의병의 모습이다.

일본은 1909년 9월부터 두 달에 걸쳐 '남한 •대토벌 작전'을 전개하여 의병들뿐만 아니라 그들에게 협조한 주민들을 •학살하고 •민가에 불을 질렀다. 일본의 •공세로 국내에서 활동하기 어려워진 의병들 중 일부는 만주나 연해주로 이동해 무장 독립 투쟁을 이어 나갔다.

애국 계몽 운동

관료와 지식인들 사이에서는 실력을 양성하여 국권을 수호하자는 •애국 계몽 운동이 실시되었다. 애국 계몽 운동가들은 각종 정치·사회단체를 만들었고, 학교를 설립해 인재를 양성하였으며, 신문과 잡지를 발행하여 국민들을 계몽하였다.

정치·사회단체의 대표적인 예로, 1904년에 조직된 •보안회를 들 수 있다. 보안회는 일본이 황무지를 개간한다는 이유로 대한 제국의 토지를 약탈하려던 것을 막는 데 성공하였으나, 그 직후 일본의 압력에 의해 해산되었다. 1905년에 조직된 •헌정 연구회

- 13도 창의군 Thirteen Provinces Righteous Army
- 격문 proclamation
- 서울 진공 작전 Seoul Offensive
- 뿔뿔이 separately; dispersedly
- 끈질긴 persistent
- 대토벌 large-scale suppression
- 학살하다 to massacre; to slaughter
- 민가 private house; civilian house
- 공세 offensive; attack
- 애국 계몽 운동 Patriotic Enlightenment Movement
- 보안회 Society for the Preservation of National Rights
- 헌정 연구회 Constitutional Research Association

는 •입헌 군주제, 즉 군주의 권력을 헌법에 의해 제한하는 정치 체제 수립을 목표로 활동하였으나, 통감부가 설치된 직후 해산되었다. 1906년에 조직된 •대한 자강회는 교육 진흥·산업 발전을 목표로 계몽 운동을 하며 정기적인 연설회를 열었다. 일본이 고종의 퇴위를 추진하자, 대한 자강회는 이에 반대하는 운동을 하다가 강제로 해산되었다.

통감부의 탄압으로 정치·사회단체 활동이 어려워지자, 안창호·양기탁·신채호 등은 1907년에 비밀 조직인 •신민회를 만들었다. 신민회는 국권 회복과 •공화정을 목표로 삼고 다방면으로 활동하였다. 우선 인재 양성을 위해 대성 학교와 오산 학교 등을 설립하였고, 책을 출판하고 보급하기 위한 •태극서관을 운영하였으며, 민중 계몽을 위한 강연회도 개최하였다. 또 평양에 회사도 설립하여 민족 산업을 육성하고자 하였다. 국권을 빼앗길 위기에 처하자 신민회의 일부 회원들은 실력 양성 운동의 한계를 깨닫고, 장기적인 무장 독립 투쟁을 위해 만주에 •독립운동 기지를 건설하였다.

애국 계몽 운동가들의 교육 운동 단체로 서북 •학회·기호 흥학회 등 많은 학회가 설립되었다. 이들 학회는 •기관지를 발행하여 민중을 계몽하고, 사립 학교 설립에도 기여하였다. 그리하여 1910년경 전국에 2천 개가 넘는 사립 학교가 설립되었다.

언론 활동의 경우 몇몇 신문은 의병 투쟁 소식을 전하는 등 •민족의식의 확산을 위해 노력하였다. 그러나 통감부가 〈신문지법〉을 제정하고 사전 •검열을 하는 등의 방법으로 탄압하자, 언론 활동은 점차 어려움을 겪게 되었다.

애국 계몽 운동의 이념적 기반이 되었던 것은 당시 유행하던 •사회 진화론이었다. 애국 계몽 운동가들은 국가 간의 생존 경쟁에서 살아남기 위해 실력을 양성해야 한다는 의미로 이 이론을 받아들였다. 이들의 노력은 국민의 근대 의식을 •일깨우는 데 큰 역할을 하였다. 하지만 사회 진화론이 '•적자생존의 법칙에 따라 실력이 없는 민족과 국가는 강대국의 침략을 받는 것이 당연하다.'라는 인식으로 일본의 제국주의적 침략을 정당화하는 구실이 되기도 하였다.

Vocabulary

- 입헌 군주제 constitutional monarchy
- 대한 자강회 Daehan Self-Strengthening Society
- 신민회 New People's Association
- 공화정 republican system of government
- 태극서관 Taeguk Bookstore
- 독립운동 independence movement
- 학회 academic society
- 기관지 official publication
- 민족의식 national consciousness
- 검열 censorship
- 사회 진화론 Social Darwinism
- 일깨우다 to awaken; to enlighten
- 적자생존 survival of the fittest
- 독도 Dokdo

◆ 〈을사늑약〉 전후 한국의 영토를 둘러싼 이해관계는 어떠했을까?

독도의 역사

•독도는 •울릉도에 가까이 있어 오랫동안 울릉도에 •부속된 섬으로 인식되었다. 17세기경 일본의 에도 막부도 울릉도와 독도를 조선의 영토로 인정하고 있었다. 특히 일본의 최고 기관이었던 태정관은 1877년에 '울릉도와 독도가 일본과는 관계없음을 •명심하라.'라는 •지령을 통해 독도가 조선의 영토라고 인정하였다. 고종은 1900년 〈•대한 제국 칙령〉 제41호를 반포해 울릉도의 이름을 울도로 바꾸고, 울도 군수의 관할 구역을 울릉도와 석도로 규정하였다. 석도는 '돌로 이루어진 섬'이라는 뜻으로, 독섬(돌섬)으로 불린 독도의 한자 표기이다. 이로써 독도가 대한 제국의 영토임을 분명히 하였다.

그런데 러·일 전쟁 중이던 1905년 일본의 지방 정부인 시마네현은 독도를 일본의 땅으로 •편입하고, '주인이 없는 섬을 처음으로 차지하였다.'라는 •무주지 선점을 주장하였다. 독도는 일본 태정관 지령에서 이미 밝힌 것처럼, 주인 없는 땅이 아닌 대한 제국의 영토였기 때문에 이는 •명백한 •불법 행위였다. 〈을사늑약〉 체결 후에도 대한 제국은 독도를 일본의 영토라고 주장하는 것에 대하여 동의하지 않았다.

이후 일본은 1905년에 독도를 편입한 것은 원래 일본의 영토인 '독도의 •영유 의사를 재확인한 것'이라고 말을 바꾸었다. 그 이유는 독도가 일본의 •고유 영토라는 주장과 무주지 선점이라는 주장이 서로 •모순되기 때문이었다. 그러나 이 역시 역사적·지리적·국제법적으로 인정될 수 없는 일본의 •일방적인 주장에 불과하였다.

독도
© 대한민국역사박물관 현대사 아카이브
독도는 한국의 경상북도 울릉군에 속한 화산섬이다. 독도는 서도와 동도 및 89개의 바위섬으로 이루어져 있다.

간도의 역사

조선 후기 숙종 때인 1712년에 조선과 청나라는 두 나라가 맞닿아 있는 지역을 공동

• 울릉도 Ulleungdo
• 부속되다 to belong to; to be attatched to
• 명심하다 to keep in mind
• 지령 order; directive
• 대한 제국 칙령 Imperial Ordinance of the Korean Empire
• 편입하다 to incorporate
• 무주지 선점 occupation of terra nullius; acquisition by occupation
• 명백한 obvious; clear
• 불법 행위 illegal act; unlawful act
• 영유 possession
• 고유 inherent; native
• 모순되다 to contradict
• 일방적인 unilateral; one-sided

으로 조사하고, 한반도 북쪽의 백두산 부근에 •백두산 정계비를 세워 두 나라 사이의 •경계를 정하였다. 이 •비석에는 '서쪽은 압록강, 동쪽은 토문강을 경계로 한다.'라는 내용이 새겨져 있었다. 19세기 후반부터 •간도 지역으로 조선인들의 이주가 늘어났고, 이들이 정착하여 황무지를 개간하고 벼농사를 확대하자 청나라의 간섭이 시작되었다. 조선과 청나라 사이에는 백두산 정계비에 새겨져 있는 토문강의 위치가 어디인지 •해석하는 문제를 두고 간도에 관한 •분쟁이 발생하였다. 이에 대한 제국은 이범윤을 간도 관리사로 파견하여 적극적으로 대처하였다.

〈을사늑약〉으로 인해 대한 제국이 외교권을 일본에 빼앗긴 이후 간도 문제는 청나라와 일본 사이의 문제로 바뀌었다. 일본은 1909년에 청나라와 〈•간도 협약〉을 맺어 청나라에게 남만주 철도 부설권을 받는 •대가로 간도를 청나라의 영토로 인정해 주었다.

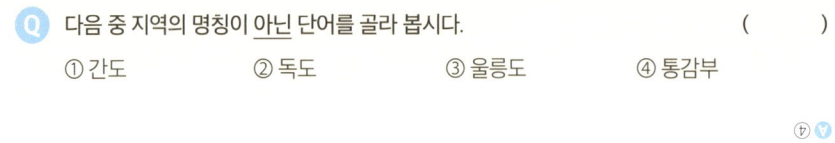

Q 다음 중 지역의 명칭이 아닌 단어를 골라 봅시다. (　　)

① 간도　② 독도　③ 울릉도　④ 통감부

A ④

2 개항 이후 경제 침탈과 사회 변화를 알아볼까?

◆ 경제적 구국 운동은 어떻게 전개되었을까?

제국주의 열강의 경제 침탈과 일본의 재정 장악

아관 파천을 •계기로 러시아를 비롯한 제국주의 열강의 광산·철도·삼림에 대한 경제적 침탈이 심화되었다. 대한 제국은 1898년 모든 광산의 채굴권을 궁내부에서 관

Vocabulary

- 백두산 정계비 Baekdusan Boundary Stele
- 경계 border
- 비석 stele; stone monument
- 간도 Gando; Jiandao
- 해석하다 to interpret
- 분쟁 dispute
- 간도 협약 Gando Convention
- 대가 price; compensation
- 계기 chance; opportunity; trigger
- 독점하다 to monopolize
- 민간 은행 private bank; civilian bank
- 자금 money; funds
- 장악 control
- 민족 자본 national capital
- 좌절되다 to be thwarted; to fail

리하게 하여 열강의 이권 요구를 막으려고 하였고, 독립 협회는 각국의 이권 요구에 맞서 이권 수호 운동을 펼치기도 하였다.

청·일 전쟁에서 승리를 거둔 일본은 대한 제국의 무역을 •독점하기 시작하였다. 여기에 외국인 상인들의 상업 활동까지 더해져 피해를 입게 된 시전 상인들은 1898년에 황국 중앙 총상회를 만들어 상권 수호 운동을 벌였다. 기업과 상인을 보호하기 위한 금융 기관의 필요성이 나타나, 1896년 조선 은행을 시작으로 대한 천일 은행 등 여러 •민간 은행이 설립되었으며 정부 고위층들이 회사도 설립하였다. 하지만 이러한 시도들은 •자금 및 기술의 부족과 일본의 재정 •장악으로 인해 •민족 자본을 형성하는 정도에 이르지 못하고 •좌절되었다.

일본은 철도 설치와 군사 시설 등으로 사용할 땅을 마련하기 위해 대한 제국의 많은 •국유지를 빼앗고, 일본의 민간인들도 •막대한 •농장을 확보하였다. 또한 일본은 대한 제국의 토지·자원을 수탈할 목적으로 1908년 •동양 척식 주식회사를 설립해 일본인들의 토지 •매수와 농업 이민을 장려하였다. 한편으로는 •화폐 정리 사업이라는 명목으로 당시 유통되던 백동(구리와 니켈의 •합금)으로 만든 화폐인 백동화를 •회수하여 일본 제일 은행에서 발행하는 화폐로 교환하게 하였다. 이 과정에서 백동화의 화폐 가치가 떨어져 금융상 •혼란이 일어났고, 수많은 상인들이 몰락하였다.

국채 보상 운동

일본은 식민지 지배를 위한 시설의 건설 비용을 대한 제국 정부가 일본으로부터 돈을 빌려오는 •차관 형식으로 •떠넘겼다. 이를 통해 빌린 자금은 대한 제국 내 일본인들을 위한 시설을 만드는 데 주로 사용되었다. 1907년 무렵에는 차관 •금액이 대한 제국의 1년 예산에 가깝게 늘어났다.

이로 인해 일본에 대한 경제적 •예속이 심해지자, 국민들은 •성금을 모아 일본에 국

- 국유지 state-owned land; public land
- 막대한 enormous; huge
- 농장 farm
- 동양 척식 주식회사 Oriental Development Company
- 매수 purchase; buying
- 화폐 정리 사업 currency reform project
- 합금 alloy
- 회수하다 to collect; to retrieve
- 혼란 chaos; confusion
- 차관 foreign loan
- 떠넘기다 to pass on; to dump on
- 금액 amount of money
- 예속 subordination
- 성금 donation; contribution

가의 빚인 국채를 갚고 국권을 회복하자는 •국채 보상 운동을 벌였다. 이는 대구에서 시작되어 《대한매일신보》 등의 언론을 통해 전국으로 확산된 경제적 •구국 운동으로, 남자들은 담배를 끊고 여자들은 •비녀와 반지를 팔아 성금을 모았다.

이 운동이 국채를 갚는 데 그치지 않고 국권 회복 운동으로 발전할 것을 우려한 통감부는 성금을 가로챘다는 •누명을 씌워 《대한매일신보》의 중심 인물이었던 양기탁을 구속하였다. 이로 인해 국채 보상 운동은 실패로 끝나고 말았지만, 국민들이 힘을 합해 일본의 경제적 침탈에 대항한 •모금 운동을 벌였다는 점에서 의미가 있다.

◆ 근대 문물이 수용되면서 한국 사회는 어떻게 달라졌을까?

일상생활의 변화

서구 열강 및 청나라·일본 등 외국과의 •접점이 늘면서 대한 제국의 정치 상황뿐만 아니라 국민들의 일상생활에도 큰 변화가 나타났다. 의복의 경우 개화파를 중심으로 서양식 복장인 •양복을 입는 사람이 생겨났다. 또 성인 남자들의 머리 모양도 상투에서 짧게 자른 머리로 달라졌다. 갑오개혁 이후 관리와 군인의 복장은 •차츰 양복으로 바뀌었고 신분에 따른 옷의 차별이 사라졌으며, 여성들의 옷도 전통적인 •저고리와 치마 형태에서 활동성과 편리성을 추구하는 경향으로 변화되었다.

•식생활에서는 외국의 여러 음식이 유입되었고, 커피와 케이크 등이 •기호품으로 인기를 끌었다. 신분에 따라 따로 •상차림을 했던 것에서 벗어나 여러 사람이 •한자리에 모여 식사하는 •겸상 문화도 생겨났다.

서양식 의학은 미국인 •선교사들을 통해 도입되었다. 조선 정부는 1885년에 최초의 근대식 병원인 •제중원을 세우고 미국인 의사인 알렌으로 하여금 치료를 담당하게 하였다. 같은 해에 설립된 제중원 의학당은 나중에 세브란스 의학교로 이어졌다. 이후 대한 제국 시기에도 기타 의학교와 여러 병원들이 설립되었다.

Vocabulary

- 국채 보상 운동 National Debt Redemption Movement
- 구국 national salvation
- 비녀 traditional Korean hairpin
- 누명 unjust charge; false accusation
- 모금 fundraising
- 접점 meeting point; common ground
- 양복 western-style clothes
- 차츰 gradually
- 저고리 *hanbok* top; traditional Korean jacket
- 식생활 food culture
- 기호품 non-essential goods
- 상차림 table setting
- 한자리 same place
- 겸상 sharing a table

전기·통신·교통·건축의 변화

한성의 전차 모습
© 서울역사박물관

개항 이후 전기와 통신 등에서도 급격한 변화가 일어나 기존과 다른 생활 방식이 나타났다. 1887년 경복궁에 처음으로 •전등이 설치되었고, 이후 시내에 •가로등이 설치되었다. 또 가정에서는 초의 •심지에 불을 붙여 사용하던 •등잔불 대신 석유를 •연료로 하는 •남포등을 사용하였다. 전화도 1898년 경운궁에 처음 •가설된 이후, 1902년에는 한성과 인천 간 시외 전화가 •개통되었다. 대한 제국은 1900년 만국 우편 연합에 정식 가입하여 국제 우편 업무가 가능해졌고, 전신 시설과 •우체 업무를 통합적으로 관리하는 통신원을 설립하였다.

교통의 경우 1899년에 처음으로 서대문과 청량리 사이를 오가는 •전차가 개통되었다. 대한 제국은 독자적으로 철도를 부설하려고 노력하였으나 실패하였다. 철도 부설권은 서구 열강과 일본이 나누어 가졌고, 1899년 일본에 의한 경인선 개통을 시작으로 경부선과 경의선이 잇따라 개통되었다.

한편, 개항장이나 한성의 일본인 거류지에는 일본식 건물이 들어서기 시작하였다. 각국의 •영사관과 공사관 건물을 비롯하여 서울의 정동 교회와 명동 성당 등 서양식 건축물도 •완공되었다. 또 궁궐 내에도 건축 양식의 변화가 일어나, 덕수궁 석조전 등의 서양식 건물이 들어섰다.

Q 다음 빈칸에 공통으로 들어갈 문맥상 가장 알맞은 단어를 〈보기〉에서 골라 써 봅시다.
( )

〈보기〉
겸상 성금 저고리

- 홍수로 피해를 입은 지역을 위해 ( )을/를 거두고 있다.
- 이번 행사를 통해 불우 이웃 돕기 ( )이/가 많이 모였다.

A 성금

- 선교사 missionary
- 제중원 Jejungwon Hospital
- 전등 electric light; electric lamp
- 가로등 streetlight; street lamp
- 심지 wick
- 등잔불 candle lamp
- 연료 fuel
- 남포등 kerosene lamp
- 가설되다 to be installed
- 개통되다 to begin operation; to be inaugurated
- 우체 업무 postal service
- 전차 tram
- 영사관 consulate
- 완공되다 to be completed

유용한 표현 Expressions

1 V+(으)려(고) 들다 (to be eager to; to be keen to)

- 러시아는 조차한다는 명목으로 청나라의 뤼순 지역을 장악하면서 만주의 이권을 독차지하려 들었다.
- 기업들은 해외 시장 진출을 적극적으로 확대하려고 들었다.
- 아이는 배가 고파서 저녁 식사를 하기 전에 간식부터 먹으려 들었다.

2 N+의 (대표적인) 예로 N+을/를 들다 (to take ~ as a representative example of)

- 정치·사회단체의 대표적인 예로, 1904년에 조직된 보안회를 들 수 있다.
- 패스트푸드로 인해 생기는 문제의 대표적인 예로 비만을 들 수 있다.
- 언어나 문자를 제외한 방법으로 의사를 전달하는 비언어적 의사소통의 예로, 몸짓이나 표정과 같은 신체 언어를 들 수 있다.

3 N+이/가 심화되다 (to intensify; to be intensified)

- 아관 파천을 계기로 러시아를 비롯한 제국주의 열강의 광산·철도·삼림에 대한 경제적 침탈이 심화되었다.
- 사회 구조의 변화와 경제 환경의 불안정 속에서 경제적 불평등이 점점 심화되고 있다.
- 지구 온난화의 영향으로 이례적인 폭염과 한파가 더욱 심화되고 있다는 연구 결과가 발표되었다.

4 V+는 정도에 이르다, Adj+(으)ㄴ 정도에 이르다 (to reach the stage/degree of)

- 이러한 시도들은 자금 및 기술의 부족과 일본의 재정 장악으로 인해 민족 자본을 형성하는 정도에 이르지 못하고 좌절되었다.
- 난민 문제가 심각해져 국제적 논의가 필요한 정도에 이르렀다.
- 오랜 시간 꾸준히 연습한 끝에 그녀의 연주 실력은 관객을 감동시키는 정도에 이르렀다.

---

5 한편으로(는) (on the other hand)

- 한편으로는 화폐 정리 사업이라는 명목으로 당시 유통되던 백동으로 만든 화폐인 백동화를 회수하여 일본 제일 은행에서 발행하는 화폐로 교환하게 하였다.
- 유학길에 오르는 것이 설레면서도 한편으로는 두려웠다.
- 케이블카는 지역 경제 활성화에 기여한다는 평가를 받기도 하지만, 다른 한편으로 환경 파괴를 초래한다는 우려도 제기되고 있다.

---

6 N+을/를 가로채다 (to steal; to seize; to take over)

- 통감부는 성금을 가로챘다는 누명을 씌워 《대한매일신보》의 중심 인물이었던 양기탁을 구속하였다.
- 경쟁사의 아이디어를 가로채고 입사한 신입 사원은 결국 경찰에 붙잡혔다.
- 사람들이 많은 관광지에서는 소매치기가 소지품을 가로채지 못하도록 각별한 주의가 필요하다.

확인 문제 Reading Comprehension

※ 본문을 읽고 다음 질문에 답해 봅시다.

1. 다음 ㉠에 들어갈 알맞은 말을 골라 봅시다. (　　　)

- 1904년 일본은 대한 제국에 제1차 〈한 · 일 협약〉의 체결을 강요하여 재정과 외교에 간섭하였다.
- 1905년 일본은 강제로 〈을사늑약〉을 체결하여 대한 제국의 (　　㉠　　)을/를 빼앗았다.
- 1910년 〈한국 병합 조약〉으로 대한 제국은 일본에 통치권을 완전히 빼앗겼다.

① 경찰권　　② 부설권　　③ 사법권　　④ 외교권

2. 다음 자료를 읽고, 빈칸에 들어갈 알맞은 말을 본문에서 찾아 써 봅시다. (　　　　)

〈시일야방성 □□〉

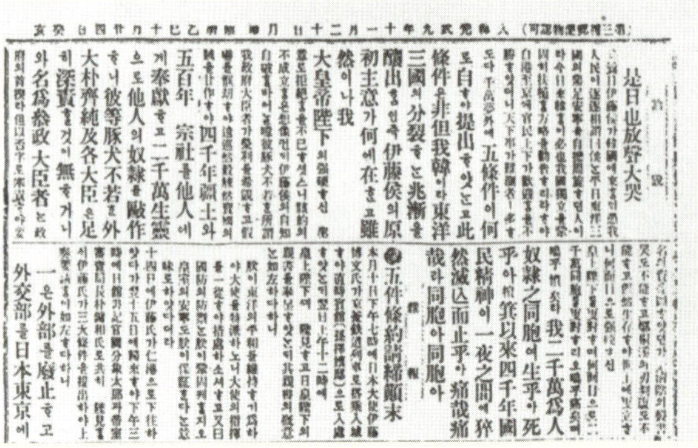
是日也放聲大哭

五件條約請締顚末

| ⓒ한국학중앙연구원

이토 히로부미가 한국으로 와서 …… 우리 대황제 폐하께서 거절함을 그치지 아니하셨으니 해당 조약이 불성립한다는 것은 이토가 스스로 알고 스스로 깨칠 바이거늘. 아아, 저 개돼지만도 못한 우리 정부 대신이란 자들이 이익을 바라고 거짓 위협에 벌벌 떨면서 나라를 팔아먹는 도적이 되어 …… 이천만 국민을 남의 노예가 되게 하니 …… 어떤 면목으로 이천만 동포를 다시 대하리오. 오호, 아프고 분하도다. ……

-《황성신문》

3. 다음의 원인에 따라 각각 어떤 항일 의병 운동이 일어났는지 알맞은 말을 써 봅시다.

(1) 일본이 을미사변을 일으켰다. → (　　　　)의병

(2) 일본의 강요로 〈을사늑약〉이 체결되었다. → (　　　　)의병

(3) 〈정미 7조약〉이 체결되고 대한 제국의 군대가 해산되었다. → (　　　　)의병

4. 다음 괄호 내 두 가지 중에서 문맥상 가장 알맞은 말에 ○로 표시해 봅시다.

(1) (안중근 / 전봉준)은 청나라의 하얼빈에서 이토 히로부미를 처단하였다.

(2) 1905년 (〈을사늑약〉 / 〈한 · 일 의정서〉)에 서명한 5명의 대신들을 을사 5적이라고 한다.

(3) 다방면으로 실력을 양성하여 국권을 수호하려는 (애국 계몽 / 항일 의병) 운동이 펼쳐졌다.

5. 다음 자료를 읽고, 빈칸에 들어갈 알맞은 단체의 이름을 써 봅시다.

〈□□□의 활동〉

- 안창호 · 양기탁 · 신채호 등이 1907년에 조직하였다.
- 국권 회복과 공화정을 목표로 정하고 활동하였다.
- 장기적인 무장 독립 투쟁을 위해 만주에 독립운동 기지를 건설하였다.
- 여러 학교를 설립하여 인재를 양성하였고, 회사도 세워 민족 산업을 육성하려고 하였다.

6. 다음 자료를 읽고, ㉠에 들어갈 알맞은 말을 골라 봅시다. (　　)

대한 제국은 20세기 초 일본의 압박에 의해 일본으로부터 막대한 차관을 들여왔고, 그 액수가 갚기에 불가능한 수준까지 늘어났다. 이로 인해 대한 제국의 경제적 예속이 심해지자, 1907년 대구에서 국민의 힘으로 나라의 빚을 갚자는 (　　㉠　　)이 시작되었다. 《대한매일신보》 등 여러 신문사가 적극적으로 홍보한 이 운동은 전국으로 확산되었다.

① 국채 보상 운동　　② 한국 강제 병합

③ 서양식 건축물 완공　　④ 전차와 철도의 개통

1. ④ 2. 대곡 3. (1) 을미 (2) 을사 (3) 정미 4. (1) 안중근 (2) 〈을사늑약〉 (3) 애국 계몽 5. 신민회 6. ①

주제 1 국권 침탈과 국권 수호 운동

1. <을사늑약> 체결 이후 한국, 즉 '대한 제국의 1905년과 그 이후'를 주제로 다음 제시어들 중 하나를 선택하여 기사문을 써 봅시다.

Write a newspaper article about the Korean Empire in 1905, following the "Eulsa Treaty of 1905" and its aftermath, using one of the following keywords of your choice.

- 애국 계몽 운동
- 국채 보상 운동
- 헤이그 특사의 파견
- <시일야방성대곡>의 발표
- 을사 5적의 처단
- <간도 협약>

▶

2. 1번을 바탕으로 친구들과 함께 역사 신문을 만들어 봅시다.

Create a history newspaper by gathering and organizing articles.

주제 2 한국 서울의 근대식 건축물 답사

1. 현재 한국 서울에 위치한 다음 장소들 중 한 곳을 골라, '근대식 건축물로서의 역사'를 중심한 여행 안내문을 써 봅시다.
Choose one of the following historic sites in Seoul, and write a travel guide that highlights its history as an example of modern architecture.

덕수궁 석조전
ⓒ 국가유산청

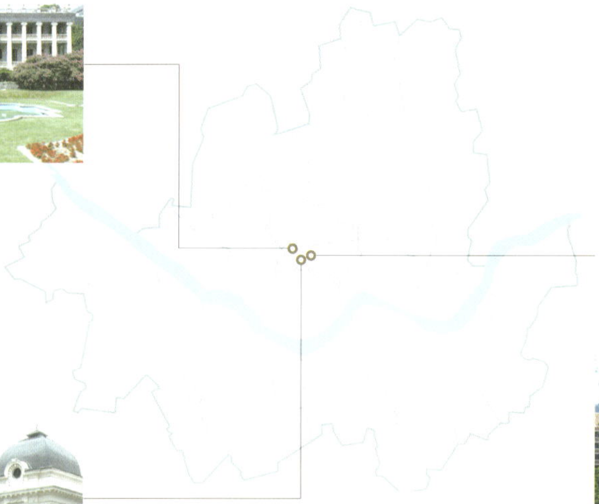

우리은행의 본점(전 대한 천일 은행의 본점)
ⓒ 국가유산청

서울의 명동 성당
ⓒ 국가유산청

- 여행 주제: 근대식 건축물과 함께하는 서울 나들이
- 출발 일시: 20○○년 ○○월 ○○일 10시
- 모임 장소: 서울 지하철 ○호선 ○○역
- 여행 안내:

2. 1번을 친구들에게 발표해 봅시다.
Present your writing to the class.

11

1910~1920년대 일제 식민지 지배 정책과 민족 운동

Japanese Colonial Rule Policies and Nationalist Movements in the 1910s and 1920s

학습 목표
Learning Objectives

1. 1910~1920년대 일제의 식민지 지배 정책과 한국의 국내외 독립운동 흐름을 이해하고 설명할 수 있다.
2. 1910~1920년대 한국의 독립운동과 이를 위해 애쓴 인물들이 끼친 영향을 조사하여 쓰고 이야기할 수 있다.

생각 열기
Warm Up

1. 연표상 일제 강점 전반기인 1910~1920년대와 동시대의 세계사 항목을 비교하며 살핀 후, 여러분의 고향 혹은 알고 있는 나라에 대해 추가하고 싶은 내용을 표시해 봅시다.
2. 연표에 등장하는 1910~1920년대 당시를 살펴, 알고 있는 항목이 무엇인지 말하고 친구가 말하는 항목은 별도로 표시해 봅시다.
3. 일제 강점 전반기인 1910~1920년대를 이해할 수 있는 핵심 용어 중 알고 있는 것을 표시해 봅시다.

한국사 History of Korea	연표 Timeline	세계사 History of the World
〈한국 병합 조약〉, 일제의 토지 조사 사업	1910년	
105인 사건	1911년	
	1914년	제1차 세계 대전
〈대동단결 선언〉의 발표	1917년	[러시아] 러시아 혁명
	1918년	[미국] 윌슨의 〈14개조 평화 원칙〉 발표
3·1 운동, 대한민국 임시 정부의 수립	1919년	[중국] 5·4 운동
봉오동 전투, 청산리 대첩, 간도 참변	1920년	국제 연맹의 출범
자유시 참변	1921년	[중국] 공산당 창당
	1922년	소비에트 연방(소련)의 결성
6·10 만세 운동	1926년	
광주 학생 항일 운동	1929년	세계 경제 대공황
신간회의 해소안 가결	1931년	만주 사변

서울 종로구 탑골 공원 안에 있는 팔각정
© 국가유산청

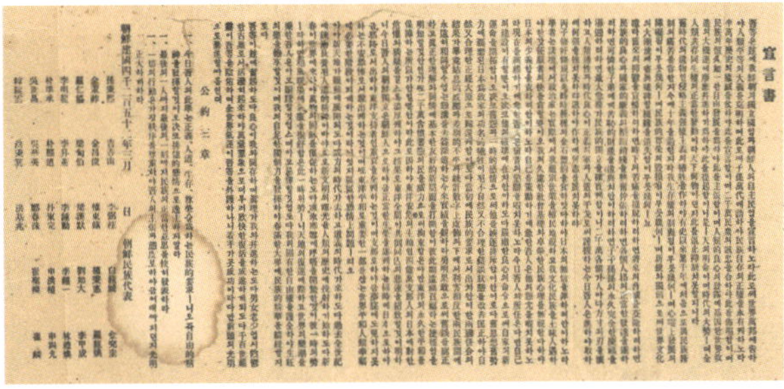

宣言書

〈3·1 독립 선언서〉
© 국립중앙박물관

핵심 용어 Keywords

- 〈3·1 독립 선언서〉
- 3·1 운동
- 6·10 만세 운동
- 광주 학생 항일 운동
- 대한민국 임시 정부
- 무단 통치
- 문화 정치
- 민족 분열 정책
- 민족 자결주의
- 산미 증식 계획
- 신간회
- 의열단
- 조선 총독부
- 토지 조사 사업
- 헌병 경찰 제도
- 〈회사령〉

〈3·1 독립 선언서〉 March 1 Declaration of Independence

대한민국 임시 정부의 수립에 영향을 준 3·1 운동은 한국에서 일어난 일제 강점기 최대 규모의 전 민족적 독립운동이었다. 천도교·기독교·불교의 종교계 민족 대표 33인은 1919년 3월 1일에 본문 및 행동 강령인 공약 3장으로 구성된 〈3·1 독립 선언서〉를 발표하였다. 이는 당시 한국인들에게 큰 울림을 주어 전국적으로 독립운동이 일어나는 데 큰 힘을 발휘하였다.

The March 1 Independence Movement, which influenced the establishment of the Provisional Government of the Republic of Korea, was the largest national independence movement during the Japanese colonial period. On March 1, 1919, thirty-three representatives from Cheondogyo, Christianity, and Buddhism issued the three-page "March 1 Declaration of Independence," consisting of a main text and pledges that served as a code of conduct. The declaration deeply resonated with Koreans at the time and became a powerful driving force behind independence movements across the country.

대한민국 임시 정부 Provisional Government of the Republic of Korea

대한민국 임시 정부는 1919년 3·1 운동의 영향으로 중국 상하이에서 그해 4월 11일 독립운동가들이 모여 수립한 정부이다. 이는 삼권 분립의 원칙에 따라 입법 기관인 임시 의정원, 행정 기관인 국무원, 사법 기관인 법원으로 구성된 대한민국 최초의 민주 공화제 정부였다. 대한민국 임시 정부는 초대 대통령이었던 이승만 대통령이 1925년 탄핵된 후 임시 의정원에서 선출한 국무령 중심의 국무령제와 집단 지도 체제인 국무 위원제, 단일 지도 체제인 주석 중심의 주석제를 거쳐 1944년에 주석·부주석제로 운영되었다. 현재 한국은 4월 11일을 대한민국 임시 정부 수립 기념일로 삼고 있다.

The Provisional Government of the Republic of Korea was established on April 11, 1919, in Shanghai, China, by independence activists, influenced by the March 1 Independence Movement. It was the first democratic republican government of Korea, consisting of the Provisional Legislative Assembly as the legislative body, the State Council as the administrative body, and the court as the judicial body, in accordance with the principle of separation of powers. The Provisional Government underwent several leadership systems: a premier system led by a Premier elected by the Provisional Legislative Assembly, a state council system which was a collective leadership system, and a chairman-centered system based on single leadership after President Syngman Rhee was impeached in 1925. In 1944, it adopted the chairman-vice chairman system. Today, April 11 is commemorated as the anniversary of the establishment of the Provisional Government of the Republic of Korea.

무단 통치와 문화 정치 Military Rule & Cultural Rule

1910년 〈한국 병합 조약〉 이후로 일제는 한국에 무단 통치를 실시하였다. 이는 헌병 경찰을 곳곳에

배치하고 강압적인 무력을 행사하는 식민지 통치 정책으로, 한국인들은 함께 모일 수 있는 집회와 결사의 자유를 제한당하였고 교육·경제 등 모든 부분에서 제약을 받았다.

3·1 운동을 통한 한국인들의 거센 반발에 일제는 1920년대에 문화의 발달이라는 명목으로 문화 정치라는 이름을 내세워 식민지 통치 정책에 변화를 주는 듯하였다. 하지만 이는 친일파를 육성하여 민족을 분열시키려는 목적이 강하였고, 한국인의 자유는 회복되지 않았다.

After the "Japan-Korea Annexation Treaty of 1910," Japan implemented Military Rule in Korea. This colonial policy deployed the military and police throughout the country and relied on coercive force. As a result, Koreans were deprived of the freedom of assembly and association, which allowed people to gather together, and they faced restrictions in all areas of life, such as education and the economy.

Against the strong resistance through the March 1 Independence Movement, Japan appeared to shift its colonial policy to what was called Cultural Rule, under the pretext of promoting cultural development in the 1920s. In reality, however, the policy aimed to divide the nation by fostering pro-Japanese collaborators, and Koreans' freedoms were never restored.

민족 자결주의 National Self-determination

민족 자결주의는 미국의 윌슨 대통령이 1918년에 제시한 〈14개조 평화 원칙〉에 담긴 내용이다. 이는 각 민족이 자유롭게 자신들의 정치적 미래를 결정할 수 있는 권리를 인정해야 한다는 것이었고, 제1차 세계 대전 후 개최된 파리 강화 회의에서 채택되었다. 민족 자결주의는 식민지 상태의 약소민족에게 큰 영향을 끼쳤으나, 제1차 세계 대전에서 승리한 국가의 식민지에는 적용되지 않았다.

National self-determination was included in the "Fourteen Points" announced by U.S. President Woodrow Wilson in 1918. It asserted that each nation should freely exercise the right to determine its own political future, and the principle was adopted at the Paris Peace Conference after World War I. National self-determination had a great impact on small nations under colonial rule, but it was not applied to the colonies of the victorious powers after World War I.

조선 총독부 Japanese Government-General of Korea

조선 총독부는 일제가 한국을 식민 통치하기 위해 설치한 최고 기구였다. 조선 총독부는 일본 내각으로부터 분리된 독자적인 정부로 역할하였으며, 최고 책임자인 총독은 천황의 직속으로 입법·사법·행정·군사 등에서 전권을 행사하였다.

The Japanese Government-General of Korea was the highest administrative authority established by Japan to govern colonial Korea. It functioned as an independent body, separate from the Japanese cabinet, and its chief executive, the Governor-General, held full power over legislative, judicial, administrative, and military affairs under the direct authority of the emperor.

1 일제의 식민지 지배 정책은 어떤 내용이었을까?

◆ 1910년대 일제의 무단 통치는 어떠했고, 3·1 운동은 어떻게 전개되었을까?

무단 통치와 헌병 경찰 제도

1910년 〈한국 병합 조약〉으로 한국의 국권을 빼앗은 일제(제국주의 국가인 일본)는 식민 통치 기구로 조선 총독부를 설치하고, 일본군 •대장 중 총독을 임명하여 한국 통치의 모든 권한을 행사하게 하였다. 일제는 •헌병 경찰 제도를 통해 강압적인 무력을 행사하는 무단 통치를 실시하였다. 일제는 정식 재판을 거치지 않고도 한국인에게 •벌금이나 형벌 등을 가할 수 있었고, 한국인의 •집회와 •결사의 자유를 제한하였으며, 한글 신문의 발행도 중지하였다. 이뿐만 아니라 일반 관리와 교사들에게까지 •제복을 입고 칼을 차게 하였다.

조선 총독부는 교육을 통해 한국인을 종속시키고자 제1차 〈•조선 교육령〉을 발표하였다. 일제는 한국인을 일본의 충실한 백성으로 만들기 위해 일본어로 된 교과서로 학습시키고 일본 문화에 •동화되는 교육을 진행하였다. 또 한국인에게는 고등 교육이 아닌 초등 교육을 의미하는 보통 교육과 실업 교육을 위주로 수업했으며, 보통학교의 수업 •연한도 일본보다 짧은 4년이었다. 일제가 사립 학교와 서당 등 한국의 민족 교육 기관들을 •억압한 결과, 1910년경 2천여 개 이상이었던 사립 학교들은 1919년에 740여 개로 급격히 줄어들었다.

토지 조사 사업과 〈회사령〉

일제는 근대적 토지 소유권을 확립한다는 •명분으로 1910년부터 1918년까지 •토지 조사 사업을 실시하였다. 그런데 이 정책의 실제 목적은 한국의 경제 침탈을 •가속화

Vocabulary

- 대장 general; admiral
- 헌병 경찰 제도 Japanese military police system
- 벌금 fine; penalty
- 집회 assembly; public gathering
- 결사 association
- 제복 (military) uniform
- 조선 교육령 Joseon Education Decree
- 동화되다 to be assimilated
- 연한 period; term
- 억압하다 to oppress
- 명분 justification
- 토지 조사 사업 Land Survey Project
- 가속화하다 to accelerate
- 유치하다 to attract; to solicit

하여 한국인들의 토지를 조선 총독부 소유로 만들고 일본인들의 투자를 •유치하려는 것이었다. 토지를 소유한 사람이 정해진 기간 내 증거를 갖추어 직접 신고하는 형태였던 토지 조사 사업의 방식으로 인해 조선 총독부는 소유권이 불명확한 토지들을 소유하게 되었고, 이 토지들을 한국의 경제를 침탈하려고 만든 회사인 동양 척식 주식회사에 넘겨주어 일본에서 온 이주민들에게 싼값에 분배하도록 하였다. 이로써 •관습상 인정되던 한국인 •소작농의 •경작권은 무시되었고, 소작 조건도 크게 나빠졌다.

조선 총독부는 회사의 설립을 총독의 •허가제로 진행하는 〈•회사령〉도 •공포하였다. 이는 실상 일본인의 회사 설립에 유리한 정책이어서 한국인은 회사를 자유롭게 설립하지 못하였다. 일제는 〈어업령〉·〈삼림령〉·〈광업령〉 등도 제정하여 각종 자원을 독점하였고, 인삼·소금 등에 대하여 •전매제도 실시해 조선 총독부의 재정 수입을 확대하였다. 이 시기에 일제는 상품 시장과 원료 공급지로서 한국을 더욱 확고히 장악하기 위해 도로와 철도를 설치하고 •항만 시설을 확충해 한국으로부터 많은 물자들을 수탈해 갈 준비를 진행하였다.

1910년대 한국 국내외의 독립운동

〈한국 병합 조약〉의 체결 전후로 한국인들은 국내외에서 독립운동을 계속하였고, 특히 황해도와 평안도 등지에서 신민회 회원들과 기독교인들이 활발하게 활동하였다. 그러나 한국인이 데라우치 총독을 암살하려고 했다는 누명을 쓴 한국인 독립운동가 수백 명이 검거되고 그중 105명이 1심에서 유죄를 •선고받은 •105인 사건이 일어나 신민회가 해체되었다. 기타 국내에서 일제 탄압이 강화되며 독립운동에 •차질이 빚어지자, 많은 •애국지사들이 해외로 이동하여 독립운동을 이어 나갔다.

이보다 앞서 애국지사들은 해외 •각지에 독립운동 기지를 건설하였다. 북간도에 학교 설립을 시작으로, 서간도에 이회영 •일가의 형제들이 1911년 신흥 강습소를 설립했

- 관습상 customarily
- 소작농 tenant farmer
- 경작권 cultivation rights
- 허가제 permit system; licensing system
- 회사령 Ordinance for Company Establishment
- 공포하다 to promulgate
- 전매제 monopoly system
- 항만 시설 port facilities
- 선고받다 to be sentenced
- 105인 사건 105-Man Incident
- 차질 setback; obstacle
- 애국지사 patriotic independence activist
- 각지 various places
- 일가 family

다가 1919년에 •신흥 무관 학교로 발전시켰다. •미주 지역에서는 박용만이 1909년부터 네브래스카주에서 한인 소년병 학교를 본격적으로 운영하였고, 그는 안창호 등과 함께 대한인 국민회도 조직하였다. 이어 안창호가 샌프란시스코에서 흥사단을, 박용만이 하와이에서 대조선 국민 군단을 각각 조직하였다. 멕시코 메리다에는 독립군을 •양성하기 위한 숭무 학교가 세워졌다.

마침내 1917년 중국 상하이에서 독립운동가들이 하나로 뭉쳐야 한다는 것을 강조하는 〈•대동단결 선언〉이 발표되면서 '독립운동 단체들이 협력하여 임시 정부를 수립하자.'라는 논의가 구체화되었다. 한국 내에서의 독립운동도 이어져 비밀리에 고종의 지시를 받은 임병찬이 독립 의군부를 조직해 의병들이 활동하게 하였고, 박상진 등은 대한 광복회를 조직해 독립군을 양성하였다.

3·1 운동

소련의 지도자 레닌이 1917년 •러시아 혁명 이후 식민지의 •민족 해방 운동 지원을 선언하고, 미국의 대통령 윌슨이 1918년에 끝난 제1차 세계 대전의 •전후 처리 문제를 논의하는 •파리 강화 회의에서 〈14개조 평화 원칙〉을 제시해 민족 자결주의를 주장하였다. 국내외에서 활동하고 있던 독립운동가들은 이를 기회로 삼아 독립을 이루고자 하였다. 중국 상하이에서 조직된 신한 청년당은 1919년에 김규식을 파리 강화 회의에 대표로 파견하였다. 만주 지역에 있던 한국의 •저명한 인사들은 〈대한 독립 선언서〉를, 일본의 유학생들은 도쿄에서 〈2·8 독립 선언서〉를 발표하였다.

한국에서는 1919년 1월 고종이 사망하자, 종교계와 학생들이 •만세 시위를 계획하였다. 종교인으로 구성된 민족 대표 33인은 •비폭력 시위를 원칙으로 하고 경성(일제가 이전의 한성을 고친 것으로, 지금의 서울)과 전국 주요 도시에서 만세 시위를 계획하였다. 〈3·1 독립 선언서〉에 서명한 민족 대표들은 1919년 3월 1일 현재의 서울 종로구

Vocabulary

- 신흥 무관 학교 Sinheung Military Academy
- 미주 American
- 양성하다 to train
- 대동단결 선언 Declaration of Great Unity (1917)
- 러시아 혁명 Russian Revolution
- 민족 해방 운동 national liberation movement
- 전후 처리 postwar settlement
- 파리 강화 회의 Paris Peace Conference
- 저명한 famous; renowned
- 만세 시위 *manse* demonstration
- 비폭력 nonviolence
- 자진 voluntarily
- 낭독하다 to recite; to read aloud
- 시가지 downtown

에 있던 태화관에 모여 독립 선언식을 한 후 경찰에 •자진 체포되었다. 이와 별개로 탑골 공원에서 학생과 시민들은 〈3·1 독립 선언서〉를 •낭독하고 •시가지에서 평화적인 만세 시위로 •3·1 운동을 시작하였다. 지방의 주요 도시에서도 독립 선언을 하며 만세 시위가 일어났다.

독립기념관의 3·1 정신상 모습
ⓒ 대한민국역사박물관 현대사 아카이브

만세 시위는 •휴교령으로 고향에 내려간 학생들을 통해 여러 도시와 농촌으로 급속히 퍼졌고, 전국에서 학생과 농민의 참여가 •폭발적으로 늘어났다. 만세 시위는 중국의 만주와 상하이, 러시아의 연해주, 미주 지역에 이르기까지 한국인들이 살고 있는 해외 지역에서도 일어났다.

일제는 군대와 경찰을 동원해 한국인들의 만세 시위를 폭력적으로 진압하였다. 시간이 흐를수록 시위는 •격화되어 •군경의 총칼에 사망한 사람들이 •급증하였고 구속된 사람들도 늘었다. 경기도 화성의 제암리를 비롯한 전국 곳곳에서 일제의 •보복으로 인해 수많은 주민이 학살당하는 일도 일어났다.

3·1 운동은 •남녀노소를 가리지 않고 이념과 계급을 •초월한 전 민족적 운동으로, 한국인의 독립에 대한 강한 의지를 세계에 알린 움직임이었다. 비록 일제의 •무자비한 탄압으로 독립을 이루지는 못하였으나, 만세 시위에 참여한 학생·지식인·노동자·농민 등은 이후에도 독립을 이루기 위한 활동에 주체적으로 참여하였다.

3·1 운동은 독립운동의 방향성을 제시하며 국내외에 큰 변화를 일으켰다. 국내에서는 일제가 식민지 통치 방식을 무단 통치에서, 이른바 문화 정치로 바꾸는 계기를 마련하였다. 국외에서는 독립운동을 체계적으로 지도할 기관의 필요성이 높아져 •민주 공화제에 바탕을 둔 대한민국 임시 정부의 수립이 결실을 맺었으며, 무장 독립운동에도 큰 영향을 주었다. 또한 3·1 운동은 •국제 사회에도 큰 •반향을 일으켜 중국에서 일본 제국주의에 저항하는 •5·4 운동이 일어나는 데 영향을 끼쳤고, 식민지 상태에 있던 아시아 각국의 민족 운동에 커다란 자극을 주었다.

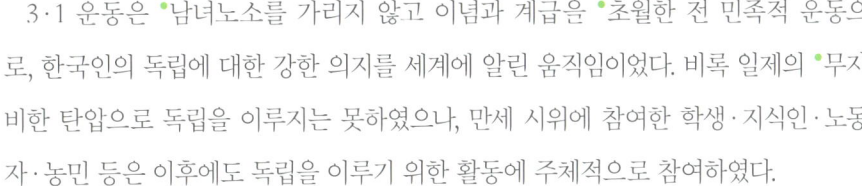

- 3·1 운동 March 1 Independence Movement
- 휴교령 school closure order
- 폭발적으로 explosively; dramatically
- 격화되다 to intensify
- 군경 military and police
- 급증하다 to increase rapidly
- 보복 revenge
- 남녀노소 people of all ages and genders
- 초월하다 to go beyond; to transcend
- 무자비한 ruthless; brutal
- 민주 공화제 democratic republic
- 국제 사회 international community
- 반향 resonance; echo
- 5·4 운동 May 4 Movement

◆ 1920년대 문화 정치는 어떤 모습이었을까?

문화 정치와 민족 분열 정책

일제는 식민 지배에 대한 반발을 •잠재우기 위해 3·1 운동 이후인 1920년대부터 문화 정치를 내세웠고, 양보와 타협으로 한국인들의 민심을 사겠다는 •유화 정책을 펼쳤다. 그러나 이는 사태를 일시적으로 •무마하는 것에 불과했고, 실제로는 일제에 •동조하는 •친일파를 육성하여 한민족의 분열을 꾀하려는 •민족 분열 정책이었다.

문화 정치 시기에 실시된 대부분의 정책들은 일제가 앞세운 내용과 그 실제가 달랐다. 일제는 문관 출신도 총독에 임명될 수 있도록 하였지만, 실제로는 단 한 명도 임명되지 않았다. 헌병 경찰 제도를 폐지하고 •보통 경찰 제도를 도입하였으나, 경찰의 수는 3배 이상 증가하였다. 신문·잡지의 출간도 허용하였으나 •검열을 통해 통제하였고, 집회·결사의 자유를 허용한다고 하면서도 〈•치안 유지법〉으로 민족 운동을 탄압하였다. 또 일제는 한국인의 정치 참여를 •선전하기 위해 •지방 자치제를 일부 시행하였으나, 의결권이 없는 •자문 기관들만 설치하고 극소수의 한국인에게만 •선거권을 주었다. 일제는 제2차 〈조선 교육령〉도 발표하여 대학 설립을 허용하고 보통학교의 •증설과 교육 연한을 6년으로 바꾸는 등의 조치를 발표하였으나, 보통학교의 경우 한국인의 •취학률은 일본인의 6분의 1밖에 되지 않았고 대학은 한 곳도 설립되지 않았다.

산미 증식 계획과 농촌의 몰락

1920년대 일본에서는 급격한 인구 증가로 쌀 소비량이 늘고 산업화에 따른 농촌의 노동력이 부족해지면서 쌀 생산량이 줄었다. 이에 일제는 한국에서의 쌀 생산량을 늘려 일본으로 가져가려는 •산미 증식 계획을 실시하였다. 일제는 이 계획의 •원활한 수행을 위해 한국의 수리 시설을 확충하려는 목적으로 •수리 조합을 만들었고, 기존의 밭을 논으로 바꾸며 •간척 사업을 대규모로 실시하였다. 나아가 •종자와 농기구를

Vocabulary

- 잠재우다 to calm; to quell
- 유화 정책 appeasement policy
- 무마하다 to cover up; to hush up
- 동조하다 to agree
- 친일파 pro-Japanese collaborator
- 민족 분열 정책 divide-and-rule policy
- 보통 경찰 제도 ordinary police system
- 검열 censorship
- 치안 유지법 Peace Preservation Law
- 선전하다 to propagandize; to promote
- 지방 자치제 local self-governing system
- 자문 consulting
- 선거권 right to vote
- 증설 expansion; augmentation
- 취학률 school enrollment rate

•개량하고 •비료를 사용하여 쌀 생산량을 늘리고자 하였다.

결국 한국의 쌀 생산량은 늘었지만 일제가 늘어난 양보다 더 많은 쌀을 일본으로 가져 가서 한국 내에서 '쌀이 없는 •증산'으로 식량 부족 현상이 심해졌다. 일제는 이 문제를 해결하고자 만주에서 잡곡을 수입해 한국인들에게 제공하였으나, 농민들의 삶은 더욱 어려워졌다. 이로 인해 해외로 이주하는 한국의 농민들이 많았다.

Q 다음 제시어와 알맞은 뜻풀이를 찾아 연결해 봅시다.

(1) 남녀노소 • • ㉠ 1919년 3월 1일에 일제에 대항하여 한국에서 일어난 독립운동.

(2) 3·1 운동 • • ㉡ '남자·여자·늙은이·젊은이'라는 뜻으로, 모든 사람을 이르는 말.

A (1)-㉡ (2)-㉠

2 1920년대 한국 국내외에서 일어난 독립운동의 모습은 어떠했을까?

◆ 대한민국 임시 정부는 어떻게 수립되었을까?

대한민국 임시 정부의 수립과 초기 활동

3·1 운동을 전후하여 임시 정부를 수립하려는 움직임이 각지에서 나타났다. 1919년 4월 중국 상하이에 모인 독립운동가들이 •임시 의정원을 구성하고 대한민국 임시 정부 수립을 •선포하였다. 그밖에도 러시아 블라디보스토크의 •대한 국민 의회와 한국 경성의 •한성 정부에서 임시 정부의 •수립안을 발표하였다. 곧 상하이와 블라디보스토크에서는 정부 통합을 논의하여 한성 정부의 •구상안을 중심으로 새로운 정부를 조직하기로 의견을 모았다. 1919년 9월, 정부의 위치는 상하이에 두고 명칭은 '대한민

- 산미 증식 계획 Rice Production Increase Plan
- 수리 조합 irrigation association
- 개량하다 to improve
- 임시 의정원 Provisional Legislative Assembly
- 한성 정부 Hanseong Government
- 간척 사업 land reclamation project
- 비료 fertilizer
- 선포하다 to declare; to proclaim
- 수립안 plan for establishment
- 원활한 smooth; effective
- 종자 seed
- 증산 production increase
- 대한 국민 의회 Korean National Assembly
- 구상안 conception plan

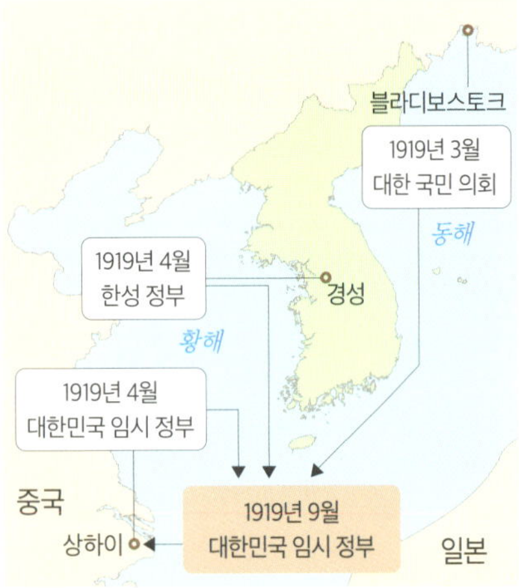

대한민국 임시 정부의 수립
© 셔터스톡

국 임시 정부'로 결정하여 민주 공화제에 바탕을 둔 통합된 대한민국 임시 정부가 수립되었다. 대통령에는 이승만, •국무총리에는 이동휘가 추대되었다. 대한민국 임시 정부에는 •민족주의자뿐만 아니라 •사회주의자 등 서로 다른 독립운동 •노선을 주장하는 여러 인물들이 함께 하였다.

대한민국 임시 정부는 입법·행정·사법의 •삼권 분립 원칙에 따라 각각 임시 의정원·•국무원·법원을 구성하였다. 또한 국내외를 연결하는 비밀 행정 조직인 •연통제와 비밀 통신 기관인 •교통국을 두었다. 초기 활동은 외교에 집중되었는데, 신한 청년당의 대표로 파리 강화 회의에 파견된 김규식을 임시 정부의 외교 사절인 •전권 대사로 임명하여 〈•독립 청원서〉를 제출하게 하였고, 미국에는 구미 위원부를 설치하여 한국의 독립 문제를 국제 사회에 제기하도록 하였다. 또한 독립운동 자금을 마련하기 위해 독립 •공채를 발행하고 신문도 발행하여 독립운동 소식을 알렸다. 임시 정부는 군사 활동을 위해 군무부를 두고 그 아래에 군사 기관을 설치하여 무장 투쟁 준비도 하였다.

국민 대표 회의와 임시 정부의 개편

대한민국 임시 정부는 연통제와 교통국이 일제에 발각되며 국내 독립 자금을 구하기 어려워졌고, 외교 활동도 강대국의 외면으로 좌절되어 1921년 무렵 •침체 상태에 빠졌다. 특히 이승만 대통령이 미국에 머물며 상하이로 가지 않다가 1920년 말에야 합류했으나, 곧 다시 미국으로 떠나 그 어려움이 더욱 커졌다. 이런 상황에서 이승만이 미국의 윌슨 대통령에게 '•국제 연맹이 한국을 •위임 통치해 달라.'라는 〈위임 통치 청원서〉를 보낸 사실이 알려졌다. 이를 계기로 임시 정부 활동에 비판적이었던 신채호와 박용만 등이 독립운동의 방향을 논의하자며 •국민 대표 회의를 제안하였다.

Vocabulary

- 국무총리 prime minister
- 노선 political line
- 연통제 secret liaison network system
- 독립 청원서 Petition for Independence
- 침체 slump; downturn
- 민족주의자 nationalist
- 삼권 분립 separation of powers
- 교통국 Bureau of Transportation
- 공채 government bond
- 국제 연맹 League of Nations
- 사회주의자 socialist
- 국무원 State Council
- 전권 대사 ambassador extraordinary and plenipotentiary
- 위임 통치 mandate system

1923년 1월 상하이에서 개최된 •국민 대표 회의에 참석한 사람들은 새 정부를 만들자는 •창조파와, 대한민국 임시 정부는 그대로 두고 개편만 하자는 •개조파 등으로 의견이 나뉘었다. 회의는 성과를 거두지 못한 채 끝났고, 함께 활동하던 많은 독립운동가들이 떠나면서 대한민국 임시 정부는 크게 약화되었다. 이후 이승만은 대통령으로서의 직무를 다하지 않고 미주 지역의 독립 자금을 독점한다는 이유로 •탄핵되어 •파면당하였다. 대한민국 임시 정부의 제2대 대통령이 된 박은식은 •대통령제를 내각 중심의 •국무령제로 바꾼 후 대통령직에서 스스로 물러났다.

◆ 1920년대 한국 국내외의 독립운동을 살펴볼까?

독립군의 무장 독립 전쟁과 의열단의 의열 투쟁

대한민국 임시 정부가 1920년을 항일 독립 전쟁의 •원년으로 선포한 이후 해외 지역들을 중심으로 50여 개의 크고 작은 독립군 부대들이 무장 독립 전쟁을 준비하였다. 특히 1920년 6월 만주 지역에서 독립군들이 국내 진공 작전을 전개하자 일본군이 공격해 왔고, 홍범도가 이끈 독립군 연합 부대는 일본군을 만주의 봉오동 골짜기로 •유인하여 크게 무찔렀다(•봉오동 전투). 10월에도 약 2만 명의 일본군이 만주의 한국 독립군 근거지를 공격하자, 김좌진과 홍범도 등이 지휘하는 독립군 연합 부대가 만주 청산리 일대에서 10여 회의 전투를 벌여 크게 승리하였다(•청산리 대첩).

연달아 패배한 일본군은 간도의 한국인 마을을 습격해 민간인 수천 명을 학살한 간도 •참변을 일으켰다. 독립군들은 당시 •약소민족의 독립운동을 지원하겠다는 러시아의 도움을 기대하며 자유시(스보보드니)로 이동하였고, 러시아에서 활동하던 한국인으로 구성된 사회주의 계열의 항일 •유격대도 이곳으로 모여들었다. 그러나 독립군 부대를 통합하는 과정에서 지휘권 다툼이 일어났고, 러시아 적군(붉은 군대)이 독립군의 무장을 해제시키려 하여 수많은 사상자가 발생한 자유시 참변이 일어났다.

- 국민 대표 회의 National Representative Conference
- 창조파 creation faction
- 개조파 reform faction
- 탄핵되다 to be impeached
- 파면당하다 to be removed; to be ousted
- 대통령제 presidential system
- 국무령제 premier system
- 원년 first year; founding year
- 유인하다 to lure; to entice
- 봉오동 전투 Battle of Fongwudong
- 청산리 대첩 Battle of Cheongsanri
- 참변 tragedy
- 약소민족 small nations
- 유격대 guerrilla unit

1920년대 중반 독립군 세력은 만주에서 3부, 즉 참의부·정의부·신민부를 성립하여 이를 항일 독립 전쟁을 수행하는 •군정 기관과 주민을 위한 •민정 기관으로 활용하면서 •공화주의와 삼권 분립에 따라 조직을 운영하고자 하였다. 그러나 1925년에 일본이 •만주 군벌과 독립군을 탄압하는 〈•미쓰야 협정〉을 체결하여 3부의 활동은 크게 위축되었다. 3부는 나뉘어진 독립운동 세력을 통합하려는 •민족 유일당 운동을 통해 남만주에 국민부를, 북만주에 혁신 의회를 각각 조직하였다. 국민부는 조선 혁명당을 결성하고 조선 혁명군을 두었으며, 혁신 의회의 경우 곧 해체된 뒤에 한국 독립당과 한국 독립군을 창설하였다.

한편, 개인이나 소규모 조직들도 일본 기관 및 핵심 일본 세력과 친일파를 공격하는 의열 투쟁을 벌였다. 1919년 11월 만주에서 김원봉 등 신흥 무관 학교의 졸업생들로 구성된 •의열단은 한국으로도 •단원들을 파견해 일제의 식민 통치 기관과 친일파 등을 공격하였다. 그들은 신채호에게 •의뢰해 작성한 〈•조선 혁명 선언〉에 담긴 내용처럼, •외교론이나 •준비론 등을 모두 비판하고 민중의 직접 혁명에 의한 독립 의지를 •불태우며 목숨을 건 의열 투쟁을 벌였다. 의열단은 의열 투쟁만으로는 민족 해방을 •쟁취하기 어렵다고 판단하여 더욱 계획적인 무장 투쟁에 •착수하고자 하였다. 당시 중국 광저우 황포에 위치한 중국 국민당의 군사 교육 기관인 황포 군관 학교에는 대한민국 임시 정부에서 추천한 한국인들이 입학해 군사 훈련을 받고 있었는데, 1926년에는 •단장인 김원봉을 비롯한 의열단원들도 이 학교에 입학해 훈련을 받았다. 의열단원들은 이후 중국 혁명 세력과 •연대하여 항일 운동을 계속해 나갔다.

1920년대 한국 국내의 독립운동과 사회주의의 확산

1920년에 한국은 일제에 의해 〈회사령〉이 철폐되면서 일본 자본이 본격적으로 진출하는 상황을 맞이하였다. 이에 더하여 일제가 일본 상품에 부과하던 관세까지 없애

Vocabulary

- 군정 기관 military government agency
- 민정 기관 civil government agency
- 공화주의 republicanism
- 만주 군벌 Manchurian warlords
- 미쓰야 협정 Mitsuya Agreement
- 민족 유일당 운동 National United Party Movement
- 의열단 Righteous Patriots Corps; Heroic Corps
- 단원 member
- 의뢰하다 to request; to ask
- 조선 혁명 선언 Declaration of the Joseon Revolution
- 외교론 diplomacy theory
- 준비론 preparation theory

내살림내것으로
土産奬勵 今日부터實行 自作自給
二千萬民衆의一致合勢로成就할自活運動
兩處의大講演
行列禁止에憤慨
조선사람조선것

물산 장려 운동에 대한 기사
ⓒ한국학중앙연구원

려는 움직임이 일자, 한국의 자본가들은 민족의 경제적 실력 양성을 주장하며 •물산 장려 운동을 벌였다. 이 운동은 '조선 사람 조선 것' 등의 구호를 내세워 •토산품 •애용을 강조하였으나, 오히려 토산품 가격이 •폭등하고 일부 사회주의자들로부터 자본가를 위한 운동이라는 비판을 받아 큰 성과를 거두지 못하였다.

이 시기에 일제의 식민지 차별 교육에 대항하여 한국 내에도 고등 교육 기관을 설립해야 한다는 목소리가 높아졌고, 한국인 지도자들은 •민립 대학 설립 운동을 시작하였다. 1923년부터 대학 설립을 위한 대대적인 모금 운동이 국내외에서 전개되었지만, 일제의 방해로 곧 중단되고 말았다. 일제는 민립 대학 설립 운동을 무마시키려는 목적에서 1924년에 경성 제국 대학을 설립하였다.

한편, 소련의 레닌에게 영향받은 유학생들 사이에 사회주의 사상이 확산되어 1918년에 최초의 한국인 사회주의 단체인 한인 사회당이 러시아 하바로프스크에서 결성된 이후 1920년대에 중국 등지에서도 사회주의 단체가 조직되었고, 한국의 독립을 위해 노력하였다. 한국 내에서도 지식인들을 중심으로 강연회 등을 통해 사회주의 사상이 확산되었다. 한국의 사회주의자들은 1925년 •조선 공산당을 •창립하고, 노동 운동과 농민 운동을 주도함과 동시에 민족주의자들과 독립을 위한 활동들도 함께하였다. 문인들 중에는 조선 프롤레타리아 예술가 동맹(카프)을 결성해 •계급 운동으로서 문학 활동을 하는 사람들도 있었다.

6·10 만세 운동과 신간회의 활동

한국인들은 3·1 운동 이후 1920년대에도 일제의 수탈이 심해지고 식민지 차별 교육도 계속되자 만세 시위를 다시 계획하였다. 사회주의 계열의 조선 공산당과 민족

- 불태우다 to ignite; to burn
- 단장 leader; commander
- 토산품 native products
- 폭등하다 to soar
- 조선 공산당 Communist Party of Korea
- 쟁취하다 to secure; to attain
- 연대하다 to unite
- 애용 frequent use
- 민립 대학 설립 운동 Private University Establishment Movement
- 창립하다 to found; to establish
- 착수하다 to start
- 물산 장려 운동 Native Products Promotion Movement
- 계급 운동 class movement

주의 계열의 •천도교 및 학생들은 연합하여, 순종의 •장례식이 거행되는 1926년 6월 10일을 만세 시위 날짜로 정하였다. 그러나 시위를 준비하는 과정에서 조선 공산당 간부들과 천도교인들이 일제 경찰에 발각되었다. 이에 따라 학생들이 중심이 되어 6월 10일 장례 •행렬이 지나는 곳곳에 격문을 뿌리며 '독립 만세'를 외쳤고, 시위 현장에서 2백여 명이 넘는 학생들이 체포당하였다. •6·10 만세 운동은 학생들이 항일 민족 운동의 •주체로서 자신들의 역할을 •자각하는 계기가 되었다. 이후 학생들은 동맹 휴학을 하는 등 투쟁을 계속하였고, 여기에 조선 공산당과 천도교 측이 함께 참여하면서 이때의 협력 경험을 바탕으로 서로 •단결할 수 있는 토대를 마련하였다. 이는 후일 한국 내 민족 유일당 운동의 일환으로 •신간회가 만들어지는 데 기여하였다.

이와 반대로, 1920년대 초반 물산 장려 운동과 민립 대학 설립 운동이 좌절되고 독립에 대한 전망이 어두워지자, 소설가 이광수 등이 일제의 식민 지배를 인정하는 가운데 •자치 운동론을 주장하였다. 이에 •비타협적 민족주의자들은 사회주의자들과 연대하여 민족 운동을 강화하고자 하였는데, 사회주의자들 역시 일제의 강력한 탄압으로 활동에 어려움을 겪으며 연합의 필요성을 느꼈다. 이와 같은 움직임이 일어난 데에는 중국에서 이루어진 국민당과 공산당의 연합(제1차 •국·공 합작), 공산당 국제 조직인 •코민테른의 •민족 통일 전선 우선론(계급·이념을 넘어 민족의 해방을 위해 통일 전선을 이루어야 한다는 주장), 중국에서 일어난 한국인 독립운동가들의 민족 유일당 운동 등이 영향을 끼쳤다. 이에 따라 한국 내에서 비타협적 민족주의자들과 사회주의자들이 연합해 1927년 2월 신간회를 창립하였다.

전국에 4만여 명의 회원과 140여 개의 •지회를 두고 만주와 일본 등에도 지회를 둔 신간회는 일제 강점기 최대의 항일 사회 운동 단체로서, 민중 계몽에 힘쓰고 일제의 식민 통치 정책을 비판하였다. 신간회는 농민 운동과 1929년 지금의 북한 원산에서 일어난 •원산 총파업 같은 노동 운동 등 다양한 사회 운동도 지원하였다.

Vocabulary

- 천도교 Cheondoism (Religion of the Celestial Way)
- 장례식 funeral
- 행렬 procession
- 6·10 만세 운동 June 10 Independence Movement
- 주체 main force
- 자각하다 to realize; to recognize
- 단결하다 to unite; to bond together
- 신간회 New Korea Society
- 자치 운동론 autonomy movement theory advocating compromise with Japanese imperialism
- 비타협적 uncompromising
- 국·공 합작 United Front
- 코민테른 Comintern (Communist International)

광주 학생 항일 운동과 신간회의 해소

1929년 10월 30일 전라남도 나주역에서 발생한 한국인 학생과 일본인 학생의 충돌이 인근 지역인 광주(지금의 광주광역시)로 번졌고, 일제 경찰은 편파적 태도를 취하며 한국인 학생들을 탄압하였다. 이에 11월 3일 광주의 학생들이 대규모 시위를 전개함으로써 광주 학생 항일 운동의 시작을 알렸다. 동맹 휴학·격문 살포·교내외 시위 등 다양한 투쟁을 벌인 광주 학생 항일 운동은 전국으로 확산되어 194개의 학교에서 5만 4천여 명이 참여함으로써, 3·1 운동 이후 최대 규모의 항일 민족 운동으로 발전하였다.

신간회는 광주에 진상(眞相) 조사단을 파견하였고, 항일 운동을 더욱 확산시키고자 민중 대회를 개최하려 했지만 그 전에 일제 경찰에게 발각되어 신간회 간부들이 체포되었다. 새로 구성된 신간회의 집행부는 일제와 직접적 대결을 피하고 타협적인 움직임을 보였다. 이 무렵 중국의 국·공 합작이 결렬되고 소련의 코민테른에서 식민지의 반제국주의 민족 통일 전선을 부정적으로 인식하는 흐름이 나타나자, 사회주의자들은 신간회를 일시적으로 없애자고 주장하였다. 이후 비타협적 민족주의자들의 반발 속에 열린 1931년 신간회 전체 대회에서 해소안이 가결되고 말았다.

Q 다음 빈칸에 들어갈 문맥상 가장 알맞은 단어를 〈보기〉에서 골라 써 봅시다.

〈보기〉

공채 애용 침체 행렬

(1) 계속 경기에서 패하여 ( ) 상태에 빠진 그 팀이 드디어 승리하였다.

(2) 놀이공원에 간 아이들은 음악에 맞추어 움직이는 퍼레이드 ( )을/를 보며 환호하였다.

A (1) 침체 (2) 행렬

- 민족 통일 전선 National United Front
- 지회 branch
- 원산 총파업 Wonsan General Strike
- 편파적 biased; partial
- 광주 학생 항일 운동 Gwangju Student Independence Movement
- 살포 distribution
- 진상 fact; truth
- 민중 대회 mass rally
- 집행부 executive committee
- 결렬되다 to break down; to fail
- 반제국주의 anti-imperialism
- 부정적으로 negatively
- 해소안 dissolution proposal
- 가결되다 to be passed; to be approved

유용한 표현 Expressions

1 N+이/가 구체화되다 (to take shape; to be embodied)

- 1917년 중국 상하이에서 독립운동가들이 하나로 뭉쳐야 한다는 것을 강조하는 〈대동단결 선언〉이 발표되면서 '독립운동 단체들이 협력하여 임시 정부를 수립하자.'라는 논의가 구체화되었다.
- 수차례 회의를 거쳐 여러 사람의 아이디어가 모이자, 실현 가능한 방안으로 구체화되었다.
- 원작 소설을 읽으며 상상했던 이 이야기의 세계관이 영화를 통해 구체화되면서 몰입감이 한층 높아졌다.

2 기회로 삼다 (to use something as an opportunity)

- 국내외에서 활동하고 있던 독립운동가들은 이를 기회로 삼아 독립을 이루고자 하였다.
- 우리 팀은 이번 실패를 자기 발전의 기회로 삼아 다시 도전하기로 하였다.
- 선생님은 현장 학습 체험을 학생들이 진로 탐색을 위한 기회로 삼기를 희망하신다.

3 이른바 (so-called; what is/was called)

- 국내에서는 일제가 식민지 통치 방식을 무단 통치에서, 이른바 문화 정치로 바꾸는 계기를 마련하였다.
- 그는 창업 성공 신화를 써 가며, 이른바 청년 창업의 아이콘으로 평가받고 있다.
- 〈햄릿〉·〈오셀로〉·〈리어왕〉·〈맥베스〉로 대표되는, 이른바 셰익스피어의 4대 비극은 오늘날까지도 많은 사랑을 받고 있다.

4 결실을 맺다 (to come to fruition; to bear fruit)

- 국외에서는 독립운동을 체계적으로 지도할 기관의 필요성이 높아져 민주 공화제에 바탕을 둔 대한민국 임시 정부의 수립이 결실을 맺었으며, 무장 독립운동에도 큰 영향을 주었다.
- 그는 오랜 시간 열심히 공부했기에 합격이라는 결실을 맺을 수 있었다.
- 이번 신품종 출원은 우리 농가가 품종 개발을 시작한 지 10년 만에 첫 결실을 맺은 것이다.

---

5 N+에야 (only when ~; not until ~)

- 이승만 대통령이 미국에 머물며 상하이로 가지 않다가 1920년 말에야 합류했으나, 곧 다시 미국으로 떠나 그 어려움이 더욱 커졌다.
- 우리는 밤새도록 이야기하느라 새벽에야 잠이 들었다.
- 이 문제는 충분한 자료가 확보된 다음에야 정확히 판단할 수 있다.

---

6 N+이/가 N+에/에게/(으)로 번지다 (to spread; to extend)

- 1929년 10월 30일 전라남도 나주역에서 발생한 한국인 학생과 일본인 학생의 충돌이 인근 지역인 광주로 번졌다.
- 초기 일부 지역에서 발생한 전염병이 빠르게 전국으로 번지고 있다.
- 작은 불씨가 산에 번져 큰 화재로 이어졌다.

확인 문제 Reading Comprehension

※ 본문을 읽고 다음 질문에 답해 봅시다.

1. 다음 자료를 읽고, 빈칸에 알맞은 말을 써서 '1줄 감상문'을 완성해 봅시다.

일제는 1910년부터 1918년까지 한국의 토지를 조사하는 사업을 실시하였다. 이는 실상 한국인에게 토지세를 더 부과하고, 소유권이 명확하지 않은 토지를 조선 총독부의 소유로 만들어 일본인이 한국의 토지를 쉽게 구매하게 하려는 목적으로 이루어졌다. 결국 이 사업으로 인해 지주의 소유권만 인정되고 땅을 빌려 농사짓는 한국 농민의 경작권은 인정되지 않았다.

▶ 일제는 1910년대에 (　　　　　　　　) 사업을 실시하였고, 그로 인해 한국 농민의 처지는 악화되었다.

2. 다음 자료를 읽고, 빈칸에 들어갈 알맞은 한국의 민족 운동을 써 봅시다. (　　　　　　　　)

〈(　　　　　　　　) 조사 보고서〉

(1) 배경: 민족 자결주의, 2·8 독립 선언 등
(2) 전개
① 1919년 3월 1일 탑골 공원에서 학생과 시민들이 만세 시위를 시작하였다.
② 시위는 전국 주요 도시와 농촌으로 확산되었다.
③ 시위는 해외로까지 확산되었다.
(3) 의의: 일제 강점기 최대 규모의 민족 운동으로서, 대한민국 임시 정부 수립에 영향을 끼쳤다.

3. 다음 자료를 읽고, 빈칸에 들어갈 알맞은 말을 써서 단체의 이름을 완성해 봅시다. (　　　　　　　　)

〈□□□□ 임시 정부〉

- 3·1 운동에 영향을 받아 중국 상하이에 수립된 대한민국 최초의 민주 공화제 정부이다.
- 삼권 분립의 원칙에 따라 임시 의정원, 국무원, 법원으로 구성되었다.
- 비밀 행정 조직인 연통제와 비밀 통신 기관인 교통국을 두었다.

4. 다음 자료의 밑줄 친 '이 전투'가 무엇인지 골라 봅시다. (　　)

| © 한국학중앙연구원

사진은 <u>이 전투</u>에서 승리한 후 찍은 북로 군정서군의 모습으로, 가장 앞에 앉아 있는 사람이 '김좌진 장군'이다. 북로 군정서군을 비롯한 독립군 연합 부대는 만주의 청산리 일대에서 일본군과 수차례 싸워 크게 승리하였다.

① 간도 참변　② 봉오동 전투　③ 자유시 참변　④ 청산리 대첩

5. 다음 괄호 내 두 가지 중에서 문맥상 가장 알맞은 것에 ○로 표시해 봅시다.

(1) (물산 장려 운동 / 민립 대학 설립 운동) 과정에서 대학 설립을 위한 모금 활동을 벌였다.

(2) 순종의 장례일인 1926년 6월 10일에 (6·10 만세 운동 / 광주 학생 항일 운동)이 일어났다.

(3) 1929년 11월 광주에서는 대규모 항일 운동인 (6·10 만세 운동 / 광주 학생 항일 운동)이 일어났다.

6. 다음의 ㉠에 <u>공통으로</u> 들어갈 단체의 이름을 골라 봅시다. (　　)

〈1920년대 민족 운동의 흐름〉

…… 1926년: 6·10 만세 운동 → 1927년: (　㉠　)의 창립 → 1929년: 광주 학생 항일 운동 ……

(1) (　㉠　)의 강령
- 우리는 정치적·경제적 각성을 촉진한다.
- 우리는 단결을 공고히 한다.
- 우리는 기회주의를 일체 부인한다.

(2) (　㉠　)의 활동 및 규모
- 원산 총파업 지원
- 광주 학생 항일 운동 때 진상 조사단의 파견
- 전국 4만여 명의 회원과 140여 개 지회의 설립

① 신간회　② 의열단　③ 독립 협회　④ 대한 광복회

1. 토지 조사 2. 3·1 운동 3. 대한민국 4. ④ 5. (1) 민립 대학 설립 운동 (2) 6·10 만세 운동 (3) 광주 학생 항일 운동 6. ①

주제 1 민족 자결주의와 독립운동

1. 다음은 미국 윌슨 대통령이 발표한 〈14개조 평화 원칙〉 일부와 3·1 운동 때 민족 대표 33인이 발표한 〈3·1 독립 선언서〉 일부 자료입니다. 〈14개조 평화 원칙〉에 영향받은 세계의 다른 독립운동을 조사하여 소개하는 글을 써 봅시다.

Read the following excerpts from the "Fourteen Points" announced by U.S. President Wilson and the "March 1 Declaration of Independence"proclaimed by 33 national representatives during the March 1 Independence Movement in Korea. Write a paragraph introducing the global independence movements that were influenced by these historic documents.

〈14개조 평화 원칙〉

윌슨 대통령

⋮

제5조 모든 식민지의 주권 문제는 각 민족이 간섭을 받지 않고 자유롭고 공정하게 스스로 결정해야 한다.

⋮

〈3·1 독립 선언서〉

민족 대표 33인

우리들은 지금 조선이 독립국이고, 조선 사람이 자주적인 국민이라는 것을 선언한다. 이러한 사실을 세계 여러 나라에 알려 인류 평등이라는 마땅히 지켜야 할 도리를 분명히 밝히고, 후손들에게 대대로 전하여 민족의 독자적 생존이라고 하는 정당한 권리를 영원히 누릴 수 있도록 할 것이다.

⋮

▶

2. 1번을 친구들에게 발표해 봅시다.

Present your writing to the class.

주제 2 노블레스 오블리주와 독립운동

1. 다음 자료의 인물에 대한 자신의 생각을 에세이로 써 봅시다.
Read the following information about Lee Heo-young, and then write an essay expressing your thoughts about him.

이회영
ⓒ한국학중앙연구원

《이회영 평전》의 요약문

이회영은 일제 강점기에 활동한 독립운동가이자 사상가이다. 그는 〈을사늑약〉으로 대한 제국이 일본에 외교권을 빼앗기자, 비밀리에 신민회에 참여하고 만국 평화 회의로 보낼 헤이그 특사 파견을 계획하였다.

대한 제국의 군대가 해산되자, 그는 일본에 대항할 강력한 군대를 만들어야 한다고 생각하였다. 당시 이회영의 집안은 경성에서 많은 땅을 가지고 있는 등 굉장히 부유하였는데, 이회영을 비롯한 형제들은 모든 재산을 팔고 만주 지역으로 이동하여 신흥 무관 학교의 전신인 신흥 강습소를 설립하였다. 그는 이곳에서 항일 무장 투쟁을 준비하며 독립군을 양성하였다.

전 재산을 바쳐서 독립군을 훈련시키는 데 힘을 보탰던 이회영은 1932년에 체포되었고, 고문을 당한 후 세상을 떠났다. 현재 서울 종로구에 이회영기념관이 마련되어 있다.

▶

2. 1번을 친구들에게 발표해 봅시다.
Present your writing to the class.

1930~1940년대 일제 식민지 지배 정책과 민족 운동

Japanese Colonial Rule Policies and Nationalist Movements in the 1930s and 1940s

학습 목표
Learning Objectives

1. 1930~1940년대 일제의 식민지 지배 정책과 한국의 국내외 독립운동 흐름을 이해하고 설명할 수 있다.
2. 일제 강점 후반기인 1930~1940년대 세계 각지에서 독립운동을 한 한국인들의 주요 활동을 조사하여 쓰고 이야기할 수 있다.

생각 열기
Warm Up

1. 연표상 일제 강점 후반기인 1930~1940년대와 동시대의 세계사 항목을 비교하며 살핀 후, 여러분의 고향 혹은 알고 있는 나라에 대해 추가하고 싶은 내용을 표시해 봅시다.
2. 연표에 등장하는 1930~1940년대 당시를 살펴, 알고 있는 항목이 무엇인지 말하고 친구가 말하는 항목은 별도로 표시해 봅시다.
3. 일제 강점 후반기인 1930~1940년대를 이해할 수 있는 핵심 용어 중 알고 있는 것을 표시해 봅시다.

한국사 History of Korea	연표 Timeline	세계사 History of the World
광주 학생 항일 운동	1929년	세계 경제 대공황
브나로드 운동, 신간회의 해소안 가결, 한인 애국단의 결성	1931년	만주 사변
〈한글 맞춤법 통일안〉의 발표	1933년	
	1937년	중·일 전쟁
일제의 〈국가 총동원법〉 제정·지원병제 실시	1938년	
	1939년	제2차 세계 대전
한국 독립당의 창당, 한국광복군의 창설	1940년	
〈대한민국 건국 강령〉의 발표	1941년	〈대서양 헌장〉 발표, 아시아·태평양 전쟁
조선어 학회 사건	1942년	
일제의 학도 지원병제 실시	1943년	카이로 회담
일제의 징병제 실시·〈여자 정신 근로령〉 공포, 조선 건국 동맹의 결성	1944년	
8·15 광복	1945년	얄타 회담, 포츠담 회담

한국광복군
ⓒ 한국학중앙연구원

핵심 용어
Keywords

- ▢ 광복
- ▢ 민족 말살 정책
- ▢ 식민 사관
- ▢ 〈한글 맞춤법 통일안〉
- ▢ 〈국가 총동원법〉
- ▢ 민주주의
- ▢ 일본군 '위안부'
- ▢ 한글날
- ▢ 남면북양 정책
- ▢ 병참 기지화 정책
- ▢ 《조선말 큰사전》
- ▢ 한인 애국단
- ▢ 〈대한민국 건국 강령〉
- ▢ 삼균주의
- ▢ 징병제
- ▢ 〈황국 신민 서사〉

〈국가 총동원법〉 National Mobilization Law

일제는 제국주의적 침략 전쟁 중에 물적·인적 자원을 동원해 이용하기 위한 방법으로 1938년 〈국가 총동원법〉을 제정하였다. 이 법은 일본뿐 아니라 식민지였던 한국에도 적용되어, 한국인 강제 동원과 물자의 수탈이 심화되었다.

Japan enacted the National Mobilization Law in 1938 to mobilize and utilize material and human resources during its imperialist war. This law was applied not only in Japan but also in colonial Korea, intensifying the forced mobilization of Koreans and the exploitation of supplies.

삼균주의 Doctrine of Triple Equality

대한민국 임시 정부가 1941년에 발표한, 정책의 방향 및 이념을 밝힌 〈대한민국 건국 강령〉은 한국의 독립운동가이자 정치가인 조소앙이 주장한 삼균주의를 바탕으로 한다. 이때 '삼균'이란 개인과 개인, 민족과 민족, 국가와 국가 사이의 완전한 균등을 뜻한다. 조소앙은 개인 간 균등은 정치·경제·교육을 통해, 민족 간 균등은 민족 자결을 통해, 국가 간 균등은 침략 전쟁을 금지하여 국가들이 서로 침탈하지 않을 때 이루어진다고 보았다.

The "Fundamental Principles of the Establishment of the Republic of Korea," announced by the Provisional Government of the Republic of Korea in 1941, outlined the direction and ideology of its policies. These principles were based on the Doctrine of Triple Equality (Samgyun Doctrine), a political ideology advocated by Cho So-ang, a Korean independence activist and politician. *Gyun* referred to complete equality between individuals, between peoples, and between nations. Furthermore, it was understood that equality among individuals could be achieved through politics, economy, and education, while equality among nations would be realized when they refrained from invading one another by prohibiting wars of aggression.

식민 사관 Colonial Historiography

식민 사관은 일본이 한국 침략과 식민 지배를 합리화하기 위해 만든 역사관이다. 이는 한국의 역사가 외세의 영향으로 전개되었다는 타율성론, 한국의 사회·경제가 발전하지 못한 채 머물러 있었다는 정체성론, 조선의 붕당 다툼으로 한국의 정치 발전이 불가능했다는 당파성론으로 요약된다. 한국의 역사학자들은 한국의 독자성과 주체성을 부정하는 일제의 한국사 왜곡에 대항하였다. 그리하여 한국사 연구는 민족정신을 강조한 민족주의 사학, 정체성론에 반박한 사회 경제 사학, 역사적 사실을 객관적으로 밝히려는 실증 사학으로 발전하였다.

The colonial historiography (colonial view of history) was developed by Japan to rationalize its invasion and colonial rule of Korea. It can be summarized in three main theories: the theory of heteronomy, which argued that Korean history was shaped under the influence of foreign powers; the theory of stagnation, which claimed that Korean society and economy remained undeveloped; and the theory of factionalism, which asserted that the development of Korean politics was impossible due to Joseon's political factional strife. Korean historians opposed Japan's distortion of Korean history, which denied Korea's independence and identity. Consequently, the study of Korean history evolved into nationalist historiography that highlighted the national spirit, socio-economic historiography that refuted the theory of stagnation, and empirical historiography that sought to objectively reveal historical facts.

《조선말 큰사전》과 〈한글 맞춤법 통일안〉

Grand Dictionary of the Korean Language & Unified Korean Orthography

한글의 연구와 발전을 위해 활동한 단체인 조선어 학회는 한국어 사전인 《조선말 큰사전》의 편찬을 진행하였다. 편찬 작업은 1942년에 일제가 국어학자들을 검거한 조선어 학회 사건으로 중단되었다가, 광복 직후인 1945년 9월 서울역 창고에서 일제에 압수당했던 원고가 발견되면서 재개되었다. 《조선말 큰사전》은 1947년에 1권을 시작으로 1957년에 6권까지 모두 간행되었다.

조선어 학회는 한글의 맞춤법 체계를 통일하기 위해 1933년에는 〈한글 맞춤법 통일안〉도 발표하였다. 광복 후 한국 정부는 1948년에 이를 공식적으로 채택하여 한글 표기의 기준으로 삼았다.

The Korean Language Society, an organization dedicated to the research and development of Hangeul, began compiling the dictionary titled *Grand Dictionary of the Korean Language* in 1929. Compilation work was suspended in 1942 due to the Korean Language Society Incident, in which Japan arrested Korean language scholars. It resumed in 1945 when the manuscript, previously confiscated by the Japanese police, was discovered in a warehouse at Seoul Station. *Grand Dictionary of the Korean Language* was eventually published in six volumes, beginning with the first volume in 1947 and concluding in 1957.

In addition, the Korean Language Society released the "Unified Korean Orthography" in 1933 to standardize the Korean spelling system. After liberation, the Korean government officially adopted it in 1948, establishing it as the standard for writing in Hangeul.

〈황국 신민 서사〉 Oath of Imperial Subjects

'황국 신민'은 원래 '천황이 다스리는 나라의 신하된 백성'이라는 뜻으로, 〈황국 신민 서사〉는 일본과 천황에게 충성을 다짐하는 맹세문이다. 일제는 1930년대 후반부터 한국인의 민족정신을 말살시키고자 가정은 물론 관공서와 회사 및 학교 행사나 조회에서 이 내용을 크게 외우도록 하였다.

Hwangguk sinmin was a term literally meaning 'subjects of a country ruled by the emperor,' and "Hwangguk Sinmin Seosa" (Oath of Imperial Subjects) refers to a pledge of loyalty to Japan and the emperor. From the late 1930s Japan forced Koreans to memorize and recite this pledge aloud not only at home but also in government offices, companies, schools, and public assemblies, in an effort to eradicate the national spirit of the Korean people.

1 한국이 1930년대부터 더 많이 수탈당한 이유는 무엇일까?

◆ 전시 동원 체제로 변화한 일제의 수탈 정책은 어떠했을까?

남면북양 정책과 병참 기지화 정책

1929년 미국의 주가가 •폭락하면서 •세계 경제 대공황이 발생하였고, 일본의 경제도 심각하게 악화되었다. 일제는 경제적 어려움을 해결하고자 식민지였던 한국으로 눈을 돌려 •광공업 개발 정책을 세웠다. 이를 계기로 한국에서 •광산물 채취가 늘고, 금속·화학 등 •중화학 공업에 일본의 대자본이 본격적으로 진출하였다. 일제는 특히 지하자원이 풍부하고 전력 확보에 유리하면서 중국에 인접한 함경도와 평안도 등 한반도 북부 지방에 집중적으로 자본을 투자하였다. 일제는 일본의 •방직업자들에게 원료를 공급하고자 한국의 남쪽에는 면화를, 북쪽에는 양모를 집중적으로 생산하는 •남면북양 정책도 실시하였다.

일제가 실시한 1930년대의 정책들은 일본 기업을 위해 한국인들을 희생시키는 것이었다. 특히 1937년 •중·일 전쟁을 일으킨 이후 일제는 •전시 동원 체제를 갖추고, 한국을 대륙 침략을 위한 군사 작전에 필요 물자와 인력을 지원하는 병참 기지로 만들려는 정책을 본격적으로 실시하였다. 일제는 전쟁에 필요한 물적·인적 자원을 수탈하고자 1938년 〈국가 총동원법〉을 제정하였고, 이러한 수탈은 1941년에 일본이 미국 하와이의 진주만을 기습 공격해 •아시아·태평양 전쟁을 일으키면서 더욱 심해졌다.

물적·인적 자원 수탈의 심화

일제는 •병참 기지화 정책의 일환으로 한국에서 •군수 공업을 발전시키고자 하였다. 이를 위해 한반도 각지에 비행기와 화약 등을 제조하는 공장과 •제철소를 만들었

Vocabulary

- 폭락하다 to plummet
- 세계 경제 대공황 Great Depression
- 광공업 mining and manufacturing industry
- 광산물 mining product
- 중화학 공업 heavy and chemical industry
- 방직업자 textile manufacturer
- 남면북양 정책 Southern Cotton and Northern Sheep Policy
- 중·일 전쟁 Second Sino-Japanese War
- 전시 동원 체제 wartime mobilization system
- 아시아·태평양 전쟁 Asia-Pacific War
- 병참 기지화 정책 policy of turning Korea into a logistics base
- 군수 공업 munitions industry

다. 전쟁을 계속하던 일제는 군수 물자를 조달하는 일이 점차 어려워지자 이를 보충하기 위해 한국에서 각종 금속류를 공출하는 등 물적 자원의 수탈을 강화하였다. 일제는 한국인들의 집에 있던 놋그릇과 놋대야(물을 담아 씻기 위한 둥글넓적한 그릇), 수저와 농기구 등을 비롯하여 학교와 절의 종까지 일상생활에서 사용하는 모든 금속류를 강제로 거두어 갔다.

또한 일제는 군대의 식량을 조달하기 위해 1920년대에 실시했던 산미 증식 계획을 다시 시행하였다. 쌀이 계속 부족하자, 일제는 한국의 쌀을 싼 가격에 강제로 사들이는 미곡 공출제를 실시하였다. 그리고 식량 배급제를 시행하여 개인이 시장에서 쌀을 사고팔지 못하게 하고 배급받게 하였다. 이렇듯 일제는 쌀 소비에 대한 통제를 더욱 강화하여 모든 식량의 가격과 수량을 결정하였다.

일제는 전쟁에 참여할 군인이 부족해지자, 이를 한국인들로 채우는 등 인적 자원도 수탈하였다. 일제는 1938년에 지원병제를 실시하여 한국인들을 침략 전쟁에 동원하였다. 이는 '지원'이라는 표현으로 자발적인 입대처럼 보이지만, 실제로는 일제의 강제력으로 이루어진 방식이었다. 1943년에는 학도(학생) 지원병제를 실시하여 전문학교 이상의 한국인 학생들을 끌고 갔으며, 다음 해에는 징병제를 실시하여 수많은 청년들을 강제로 전쟁에 동원하였다. 그 결과 약 40만 명의 한국인들이 전쟁터에 총알받이로 내몰렸다.

아시아·태평양 전쟁을 일으킨 후 산업 노동력이 부족해진 일제는 한국인들을 동원하여 공장과 탄광에서 일하게 하였다. 일제는 1944년에 〈국민 징용령〉을 개정하여 한국에서도 본격적인 징용제를 실시하며 더욱 강제적으로 노동력을 동원하였고, 그 결과 많은 한국인이 열악한 조건에서 일하다가 목숨을 잃는 경우도 있었다.

한국의 여성들도 일제가 발표한 〈여자 정신 근로령〉에 따라 공장 등에 동원되었다. 일부 여성들은 일본군이 1930년대 초반부터 운영해 온 군 위안소로 끌려가 성노예

- 제철소 steel plant
- 미곡 공출제 Rice Requisition System
- 징병제 conscription system
- 징용제 forced labor mobilization system
- 군 위안소 military comfort station
- 공출하다 to requisition; to confiscate
- 배급제 rationing system
- 총알받이 cannon fodder; bullet catcher
- 열악한 poor; inadequate
- 성노예 sexual slavery
- 놋그릇 brass bowl
- 지원병제 volunteer soldier system
- 탄광 coal mine; pit
- 여자 정신 근로령 Women's Volunteer Labour Service Order

생활을 강요당하였다. 일본군 '위안부'로 동원된 여성들은 전쟁 중 갖은 수모와 고통을 겪었으며, 전쟁이 끝난 뒤에도 이들 중 일부는 현지에 버려지는 등 많은 여성이 희생되기도 하였다. 일본군 '위안부' 피해자들은 정신적·육체적 피해로 인해 오랜 세월 힘든 삶을 살아갔다.

◆ 민족 말살 정책의 내용과 당시 한국인들의 생활은 어떠했을까?

민족 말살 정책

중·일 전쟁 이후 일제는 '일본인과 조선인은 하나'라는 내선일체를 강조하였고, '일본 천황의 충성스러운 신민이 되자.'라며 황국 신민화를 내세웠다. 이처럼 일제는 '조선인'의 민족정신을 짓밟는 민족 말살 정책을 추진하였다. 민족 말살 정책의 목적은 '조선인'을 일본 천황의 신하로 만들고, 일본의 침략 전쟁에 수월하게 동원하기 위한 것이었다.

일제는 민족 말살 정책을 본격적으로 실시하면서 '일본인과 조선인의 조상이 같다.'라는 일선 동조론을 내세웠다. 또 '조선인'들에게 아침마다 일본 천황이 사는 궁을 향해 절하는 궁성 요배를 강요하였고, 충성을 맹세하는 〈황국 신민 서사〉를 외우게 하였다. 일제는 서울의 남산에 일본의 신과 조상을 숭배하는 신궁을 짓고 한국 각지에 신사를 세워 '조선인'들에게 참배하게 하였으며, 학교는 물론 가정에서 일본어 사용과 근로 봉사 등도 강요하였다.

그 무렵 일제는 '조선인'의 성과 이름도 일본식으로 바꾸도록 하였다. 이 또한 겉으로는 조선 총독부가 장려하는 차원에서 실시하는 듯 보였으나, 사실상 행정 기관·경찰·학교 등 권력을 총동원하여 강제적으로 이루어졌다. '조선인'은 일본식으로 성과 이름을 바꾸지 않으면 자녀를 학교에 보낼 수 없었고, 식량도 배급받을 수 없었다.

일제는 제3차 〈조선 교육령〉을 발표하여 당시 한국인도 학교의 명칭과 교육 내용을

Vocabulary

- 일본군 '위안부' Japanese military 'comfort women'
- 수모 humiliation; disgrace
- 현지 local area; site
- 내선일체 Japan and Korea Are One Entity
- 황국 신민화 Imperial Subjectification
- 민족정신 national spirit
- 민족 말살 정책 Ethnic Eradication Policy
- 수월하게 easily
- 일선 동조론 Japan-Korea Common Ancestry Theory
- 궁성 요배 Distant Worship of the Imperial Palace
- 맹세하다 to swear; to pledge
- 숭배하다 to worship

일본인 학교와 동일하게 바꾸면서 이것이 교육 차별을 없앤 것이라고 주장하였다. 그러나 실제로는 학교 수업에서 한국어를 필수가 아닌 선택 과목으로 지정하여 한국어 교육이 이루어지지 않는 경우가 대부분이었다. 또 1941년에는 소학교의 명칭을 '황국 신민의 학교'라는 뜻의 국민학교로 바꾸었다.

1930년대 이후 한국인들의 생활

일제가 물적·인적 자원을 수탈하고 민족 말살 정책을 실시하면서 한국인들의 생활은 더욱 •힘겨워졌다. 특히 1930년대의 한국 농촌은 경제적으로 심각한 상황이었다. 세계 경제 대공황의 영향과 일제의 심화된 수탈로 인해 봄이 되면 수확해 둔 식량이 떨어지는 •농가가 전체 농가의 절반에 가까웠다. 이에 조선 총독부는 농촌을 구제한다는 명분으로 1932년에 농촌 진흥 운동을 시작하였다. 그러나 이 운동은 당시 한국의 농민들이 가난한 이유를 일제의 수탈 때문이 아닌 농민들의 생활 태도 때문이라며, 농민들에게 절약만을 강조할 뿐 근본적인 대책을 마련하지 않았다.

한편, 일제는 1938년에 국민 정신 총동원 조선 연맹이라는 친일 조직을 만들어 한국인들로 하여금 자신들의 침략 정책에 적극적으로 협력하도록 하였다. 이를 위해 일제는 10개 •가구를 단위로 '애국반'을 조직하여 한국인들의 일상생활을 •감시하였다.

일제는 한국인의 사상을 통제하고 독립운동가들을 감시하기 위해 언론과 출판도 철저하게 •단속하였다. 일제의 •억압은 더욱 강화되어 1940년에는 한글 신문인 《동아일보》와 《조선일보》를 •폐간하였다. 또 1941년에는 〈조선 •사상범 예방 •구금령〉을 공포하여 독립운동에 참여한 경력이 있는 사람들을 언제든지 체포해 구금할 수 있게 하였다. 이렇듯 일제의 철저한 감시와 탄압 속에서 한국인들의 활동은 •극도로 제한되었다.

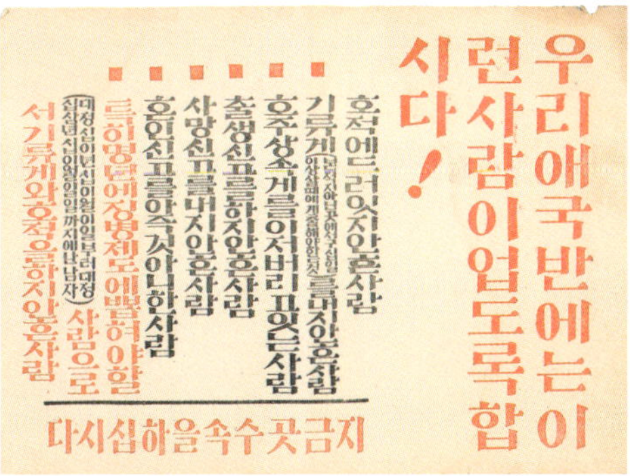

1940년대 애국반 포스터
© 국립중앙박물관

- 신궁 grand shrine; imperial shrine
- 근로 봉사 labor service
- 농가 farm household
- 단속하다 to enforce; to control
- 사상범 political offender
- 신사 Shinto shrine
- 총동원하다 to fully mobilize
- 가구 household; family unit
- 억압 oppression
- 구금령 detention order
- 참배하다 to pay respects
- 힘겨워지다 to become difficult; to grow tough
- 감시하다 to supervise; to monitor
- 폐간하다 to cease publication
- 극도로 extremely

Q 다음 중 일제의 민족 말살 정책이 아닌 단어를 골라 봅시다. (　　)

① 내선일체　② 궁성 요배　③ 황국 신민화　④ 남면북양 정책

A ④

2 1930~1940년대 한국 국내외에서 일어난 독립운동의 모습은 어떠했을까?

◆ 1930~1940년대 한국 국내외의 독립운동을 살펴볼까?

만주와 중국 관내에서의 독립운동

일제는 1931년 남만주 지역의 철도를 •폭파하고 이를 중국군이 벌인 일처럼 꾸민 후 보복한다는 명분으로 •만주 사변을 일으켰다. 만주 지역을 •점령하는 데 성공한 일본은 이곳에 만주국을 수립하여 실질적인 지배권을 행사하였다. 이에 북만주에서 활동하던 지청천의 한국 독립군과 남만주에서 활동하던 양세봉의 조선 혁명군은 각각 중국군과 •연합 작전을 전개하여 일본군에게 승리를 거두기도 하였다. 그러나 일본군의 •거센 공세가 계속되면서 중국군의 활동이 •위축되고, 독립군의 활동 •여건도 악화되었다. 이에 한국 독립군 일부는 •만리장성의 동쪽 끝 관문인 산해관을 넘어 중국 •관내로 이동하였다. 조선 혁명군은 1930년대 후반까지 활동을 이어갔고, 이들 중 일부는 중국 공산당이 조직한 동북 항일 연군에 가담하였다.

동북 항일 연군에는 당시 만주에서 활동하던 한국인들도 있었는데, 이 한국인 •유격대는 만주의 한국인 사회주의자와 민족주의자를 •포괄하는 •조국 광복회를 결성하였다. 조국 광복회는 한국 내에서도 조직을 확대하여 함경도·평안도 북부 국경 지대에 •지부를 결성하였다. 이들의 지원으로 한국인 유격대의 일부가 국내로 들어와

Vocabulary

- 폭파하다 to explode; to blow up
- 만주 사변 Mukden Incident (Manchurian Incident)
- 점령하다 to occupy
- 연합 작전 joint operation
- 거센 severe; tough
- 위축되다 to shrink
- 여건 situation; circumstances
- 만리장성 Great Wall
- 관내 within the jurisdiction
- 유격대 guerrilla unit
- 포괄하다 to include; to embrace
- 조국 광복회 National Liberation Association
- 지부 branch

함경남도 보천보의 일본 경찰 주재소와 면사무소 등을 공격하기도 하였다. 그러나 1930년대 후반 일본군의 •대공세로 동북 항일 연군의 세력이 크게 약해졌고, 이들 중 다수는 1940년에 소련으로 이동하였다.

한편, 중국의 주요 도시가 있는 중국 관내는 독립운동을 하는 한국인의 주요 •거점이었다. 김원봉은 1935년에 중국 난징에서 의열단을 중심으로 조선 민족 혁명당을 결성하였고, 조소앙·지청천 등 민족주의자들이 참여하여 연합 전선을 형성하였고 미국에 지부를 두기도 하였다. 조선 민족 혁명당은 중국 국민당의 •후원을 받으며 중국 관내에서 최대 한국인 정당이 되었으나, 이후 조직 내 •성향과 •노선 차이로 인해 일부 세력이 •탈당하였다.

1937년 중·일 전쟁의 발발은 중국 관내에서 한국의 독립운동 세력이 연합하는 계기가 되었다. 조선 민족 혁명당은 다른 단체들과 결합하여 조선 민족 전선 연맹을 결성하고, 1938년 무장 조직으로서 조선 의용대를 창설하였다. 조선 의용대는 주로 일본군에 대한 •심리전을 벌이거나 정보를 수집하고, •후방에서 •교란 작전을 펼쳤다. 이후 조선 의용대의 일부 •대원들은 중국의 화북 지역으로 이동하여 조선 의용대 화북 지대로 개편되었고, 1942년 결성된 조선 독립 동맹 •산하의 독립군 부대로서 흡수되어 조선 의용군으로 재편되었다. 조선 의용군은 중국 공산당의 주력 부대인 •팔로군과 연합 전선을 형성하여 •대일 항전을 계속하였다.

국내의 계몽 운동과 사회주의 운동

한국 내의 민족주의 계열에서는 1920년대 후반부터 문자 보급 운동을 전개하였다. 《조선일보》는 1929년 '아는 것이 힘, 배워야 산다.'라는 구호를 내걸고 많은 한국인들이 한글을 사용할 수 있도록 힘썼다. 신문사와 계몽 운동가들은 한글 교재를 나누어 주고 전국을 돌아다니며 강연회를 열었다. 《동아일보》도 1931년에 •문맹 •퇴치와

- 대공세 large-scale offensive
- 거점 base; foothold
- 후원 support
- 성향 tendency
- 노선 political line
- 탈당하다 to leave the party
- 심리전 psychological warfare
- 후방 rear area
- 교란 disturbance
- 대원 member
- 산하 subordinate to; under
- 팔로군 Eighth Route Army
- 대일 against Japan; anti-Japan
- 문맹 illiteracy
- 퇴치 eradication

브나로드 운동의 포스터
ⓒ한국학중앙연구원

•미신 •타파를 목표로 •브나로드 운동을 전개하였다. '브나로드'는 러시아어로 '민중 속으로'라는 뜻이며, 이 운동은 주로 학생들이 방학을 이용하여 직접 농촌으로 가서 농민들에게 한글을 가르치는 등의 계몽 활동이었다.

또한 민족 문화의 정신적 측면을 지키기 위해 역사적으로 중요한 •위인의 업적을 보전하려는 운동이 일어났다. 대표적인 위인으로 민족 형성의 •정통성과 관계된 단군왕검과, 대외적으로 민족의 위기 극복에 기여한 이순신·권율 장군 등이 언급되었다.

사회주의 계열은 코민테른의 지시에 따라, 해체된 조선 공산당을 노동자와 농민에 기반한 새로운 조직으로 재건하려는 조선 공산당 재건 운동을 전개하였다. 그 대중적 기반을 마련하고자 사회주의 계열은 일제에 저항하는 •혁명적 노동·농민 조합의 조직화를 시도하였다. 이러한 움직임은 당시 사회주의자들의 활동이 활발했던 함경도에서 주로 일어났다.

노동 운동과 농민 운동

세계 경제 대공황과 일제의 병참 기지화 정책으로 한국의 노동자와 농민의 생활은 더 어려워졌고, 노동 운동과 농민 운동이 조직화되기 시작하였다. 노동자들은 1929년 원산 총파업을 비롯하여 집단적으로 작업을 중지하는 •파업을 계속 시도했으나, 일제는 근로 조건의 개선·노동 시간의 •단축·임금 인상 같은 노동자들의 요구를 거의 받아들이지 않았다. 이에 노동 운동은 사회주의자들의 혁명적 •노동조합과 연계되면서 더욱 강경해졌다. 1930년대 이후 노동 운동은 기존의 생존권 투쟁에 더하여 계급 해방을 추구하는 혁명 운동으로서 반제국주의 투쟁의 성격을 띠게 되었다. 하지만 일제의 탄압이 강력해지면서 •조직적 파업이 힘들어졌고, 노동 운동은 점차 약화되었다.

아울러 지주에게 소작 조건상 개선을 요구하는 소작농들의 •쟁의도 급증하였다. 조선 총독부는 이에 대한 대책으로 1932년에 〈조선 소작 조정령〉을 시행하였다. 이는 소

Vocabulary

- 미신 superstition
- 위인 great person; hero
- 혁명적 revolutionary
- 노동조합 labor union
- 조정 adjustment
- 타파 eradication
- 정통성 legitimacy
- 파업 strike
- 조직적 systematic; organized
- 농민 조합 farmers' association
- 브나로드 운동 V Narod Movement (Going to the People Movement)
- 단축 shortening; reduction
- 쟁의 dispute
- 작물 crop

작인이 지주와 분쟁이 있을 때 관계 기관에 조정(調整)을 요청하도록 하는 것이었으나, 지주에게 유리한 결과가 대부분이었다. 점차 혁명적 농민 조합에 소속된 농민들이 늘어나고 그들이 안정된 지위를 요구하자, 일제는 1934년에 〈조선 농지령〉을 시행하였다. 여기에는 작물에 따라 소작 기간을 3~7년으로 정한다는 내용이 담겨 있었고, 일제는 이를 통해 소작 농민들의 소작권을 안정시켜 농촌 사회의 불안을 완화하겠다는 점을 내세웠다. 그러나 실제로는 지주의 권익을 옹호하는 데 중점을 두었고 소작료도 여전히 높아서 농촌의 위기 상황은 해결되지 않았다. 중·일 전쟁 이후 경찰이 강력한 탄압을 가하여 농민 조합은 거의 사라졌으며, 소작 쟁의도 줄었다. 농민들은 생활이 더욱 열악해지는 중에도 공출 반대·징용 거부 투쟁 등을 이어 나갔다.

한국어 보호와 한국사 연구

일제가 한국인들에게 일본어 보급을 강화하는 것에 대응하여 국어학자인 주시경의 제자들을 중심으로 한글을 지키기 위한 노력이 전개되었다. 이들은 한글 연구 및 한글 보급 운동을 위해 1921년 조선어 연구회를 조직하고 조선어 강습회를 열었다. 1926년에는 훈민정음의 반포를 기념하기 위해 가갸날을 제정하였고, 이를 1928년부터 한글날로 바꾸어 기념하였다.

1929년에 《조선말 큰사전》의 편찬 작업을 시작한 조선어 연구회는 1931년에 조선어 학회로 이름을 바꾸고 1933년에 〈한글 맞춤법 통일안〉을 발표하였다. 일제는 한글 연구로 민족의식이 높아지는 것을 막기 위해, 1942년에 조선어 학회를 독립운동 단체로 간주하여 회원들을 체포하고 강제로 해산시켰다(조선어 학회 사건).

또한 일제는 한국 역사를 왜곡하는 식민 사관을 수립하였다. 이 일에 동원된 일본의 어용학자들은 한국사의 타율성과 정체성(停滯性) 및 당파성 등을 강조하였다. 이에 대응하기 위한 한국 역사학자들의 노력은 민족주의 사학과 사회 경제 사학, 그

《조선말 큰사전》의 원고
© 국가유산청

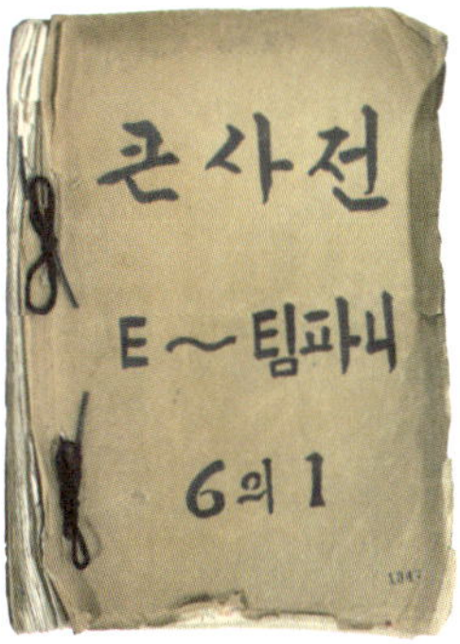

- 소작권 tenant farming rights
- 권익 rights and interests
- 옹호하다 to advocate
- 강습회 workshop; seminar
- 가갸날 former name of Hangeul Day
- 한글날 Hangeul Day
- 민족의식 national consciousness
- 왜곡하다 to distort; to pervert
- 어용학자 regime-aligned scholar
- 타율성 heteronomy
- 정체성 stagnation
- 당파성 factionalism
- 민족주의 사학 nationalist historiography
- 사회 경제 사학 socio-economic historiography

리고 •실증 사학 연구로 나타났다.

민족주의 사학은 민족정신과 한국사의 •주체적인 발전을 강조하였다. 신채호는 고대사 연구에 •주력하여 《조선 상고사》 등을 편찬하였으며, 박은식은 《한국 통사》를 통해 일제의 침략 과정을 알리고 《한국 독립운동 지혈사》를 써서 한국 독립운동의 역사를 서술하였다. 민족주의 사학을 이어받은 정인보와 안재홍 등은 민족정신의 본질을 찾기 위해 •조선학 운동을 전개하여 한국의 전통 사상과 문화 등을 연구하였다. 이들은 특히 실학을 주체적인 민족 학문으로서 강조하였다.

사회 경제 사학은 역사가 생산 수단이나 경제 구조 같은 물질적 조건에 의해 발전한다는 •유물 사관을 바탕으로 한국사를 연구하는 것이다. 사회 경제 사학은 한국사가 세계사와 마찬가지의 단계를 거쳐 사회적·경제적 발전을 이루었음을 강조하였다. 대표적으로 백남운이 《조선 사회 경제사》와 《조선 봉건 사회 경제사》를 집필하여 식민 사관의 정체성론을 •반박하였다.

실증 사학은 •주관적인 주장이 아닌 •객관적인 증거를 들어 한국의 역사를 밝히려는 것이다. 대표적으로 이병도와 손진태 등은 진단 학회를 만들어 활동하였다.

◆ 한국의 광복 이후를 준비하는 사람들은 누구였을까?

대한민국 임시 정부의 독립운동과 건국 준비

중국 상하이에 위치해 있던 대한민국 임시 정부의 김구는 •재정난과 외교 운동의 침체 등 어려운 상황을 극복하기 위해 1931년에 •한인 애국단을 조직하였다. 한인 애국단인 이봉창은 1932년 1월 일본 도쿄에서 천황을 암살하려고 시도하였으나 실패하였다. 이후 4월에는 윤봉길이 천황의 생일과 •상하이 사변의 승리를 축하하기 위한 기념식이 열리던 상하이의 훙커우 공원에서 •폭탄을 던지고 체포되었다. 그는 일본 고위 관료와 군사 지휘관 다수를 살상하는 데 성공하였다.

Vocabulary

- 실증 사학 empirical historiography
- 조선학 운동 Movement for Korean Studies
- 주관적인 subjective
- 한인 애국단 Korean Patriotic Organization
- 창당하다 to form a new party
- 주체적인 independent
- 유물 사관 historical materialism
- 객관적인 objective
- 상하이 사변 Shanghai Incident
- 여당 ruling party
- 주력하다 to concentrate; to focus
- 반박하다 to refute; to rebut; to counter
- 재정난 financial difficulties
- 폭탄 bomb
- 총사령관 chief commander

이 사건 이후 중국 국민당은 대한민국 임시 정부를 적극 지원하였으나, 일제의 탄압이 심해지면서 임시 정부는 상하이를 떠나 항저우로 이동하였다. 김구 등은 1935년 항저우에서 한국 국민당을 조직하여 임시 정부를 재정비하였다. 이후 김구·조소앙·지청천 등 민족주의 계열이 힘을 모아 1940년에 한국 독립당을 •창당하였고, 이는 대한민국 임시 정부의 •여당으로서 역할하였다. 임시 정부는 1940년에 충칭으로 근거지를 옮기고 한국광복군을 창설하여 •총사령관에 지청천을, •참모장에 이범석을 각각 임명하였다. 10월에는 임시 정부의 지도 체제를 여러 구성원이 함께 국정을 논의하는 •국무 위원제에서 •주석이라는 최고 지도자가 중심이 되는 주석제로 개편하였고, 김구를 주석으로 하는 단일 지도 체제로 운영하였다.

윤봉길의 선서 사진
© 국가유산청

1940년대 초반 국내외 여러 단체가 독립을 이룬 후 새로운 국가를 건설하기 위한 준비에 열심이었고, 그 중심에 대한민국 임시 정부가 있었다. 임시 정부는 조소앙의 삼균주의를 •이론적 틀로 삼아 1941년 11월에 〈•대한민국 건국 강령〉을 발표하였다. 여기에는 '•보통 선거에 •기초한 민주 공화국 건설', '토지와 중요 산업의 국유화', '•무상 교육' 등의 내용을 담았다. 그 직후인 12월에 아시아·태평양 전쟁이 발발하자, 임시 정부는 〈대한민국 임시 정부 대일 선전 •성명서〉를 발표하여 일본에 정식으로 •선전 포고를 하였다.

이러한 가운데 미주 지역에서 결성된 •재미 한족 연합 위원회는 모금 활동을 통해 대한민국 임시 정부의 활동을 후원하고, 미국 정부를 상대로 임시 정부를 •승인받기 위한 외교 활동을 전개하였다. 조선 민족 혁명당의 김원봉은 국제 정세가 변화하며 제2차 세계 대전에 참여한 미국·영국·프랑스·소련 등 •연합국이 임시 정부를 승인할 가능성이 높아지자, 임시 정부에 참여하겠다고 선언하였다. 그는 조선 의용대의 남은 병력을 이끌고 한국광복군에 •합류하였다.

- 참모장 chief of staff
- 국무 위원제 state council system
- 주석 chairman
- 이론적 theoretical
- 대한민국 건국 강령 Founding Charter of the Republic of Korea
- 보통 선거 universal suffrage
- 기초하다 to be based on
- 무상 교육 free education
- 성명서 statement; declaration
- 선전 포고 declaration of war
- 재미 Korean American; Korean in America
- 승인받다 to be approved
- 연합국 Allied Powers
- 합류하다 to join; to unite

대한민국 임시 정부는 1943년, 영국군의 요청에 따라 인도·미얀마에서 실시하는 작전에 한국광복군의 일부 대원들을 파견하여 일본군 •포로 대상의 •심문·•전단 살포 등을 담당하였다. 또 1945년에는 미국 전략 사무국(OSS: Office of Strategic Services)과 협력하여 한국광복군의 일부가 특수 훈련을 받는 등 국내 진공 작전을 계획하고 준비하였다. 그러나 한국광복군이 이 작전을 실행하기 직전에 일본이 연합국에 •항복을 선언함으로써 실현되지는 못하였다.

한국의 국내외 독립운동 단체들의 건국을 위한 준비

대한민국 임시 정부와 마찬가지로 국내외 독립운동 단체들도 장기화되는 아시아·태평양 전쟁의 상황을 살펴보면서 건국 준비 활동을 하였다.

중국 화북 지역에서는 •조선 독립 동맹이 조선 민주 공화국 건설을 표방하는 〈조선 독립 동맹 건국 강령〉을 발표하였다. 이들은 이 강령에서 '보통 선거 시행'과 '국민 •기본권 확보', '•남녀평등', '•대기업의 국유화', '토지 •분배' 등을 내세웠다.

국내의 건국 준비 활동은 여운형에 의해 실행되었다. 그는 일제의 •패망을 •예견하고 1944년 비밀리에 •조선 건국 동맹을 조직하였는데, 많은 사람들이 참여하여 조직이 전국으로 확대되었다. 이들은 '일본 제국주의 •타도를 위한 대동단결', '•민주주의 원칙' 등의 내용을 담은 〈조선 건국 동맹 건국 강령〉 하에 활동하였다. 이에 국외 독립운동 세력과 연계할 목적으로 중국에서 활약하던 조선 독립 동맹에 책임자를 파견해 조선 의용군과의 •합동 작전을 계획하였다. 조선 건국 동맹은 대한민국 임시 정부와의 •연계도 추진하였으나, 임시 정부와 연락이 닿기 전에 일본이 항복을 선언하였다.

대한민국 임시 정부와 조선 독립 동맹, 그리고 조선 건국 동맹의 건국 강령들을 통해, 당시 대부분의 독립운동가들이 •광복 이후 민주 공화국을 수립하고자 했다는 사실을 알 수 있다.

Vocabulary

- 포로 prisoner of war
- 심문 interrogation
- 전단 leaflet; flyer
- 항복 surrender
- 조선 독립 동맹 Korean Independence League
- 기본권 fundamental rights
- 남녀평등 gender equality
- 대기업 large enterprise; conglomerate
- 분배 distribution
- 패망 collapse; downfall
- 예견하다 to anticipate; to predict
- 조선 건국 동맹 Korean National Preparatory Alliance
- 타도 overthrow; defeat

전후 처리를 위한 연합국의 회담과 광복

미국과 영국은 1941년에 발표한 〈대서양 헌장〉을 통해 제2차 세계 대전 이후 세계 평화와 국제 협력을 도모해야 한다는 점에 합의하였다. 이어 미국·영국·중국은 1943년 11월에 열린 카이로 회담에서 일본이 무조건 항복할 때까지 싸우기로 합의하였다. 또한 이들은 일본이 침략 전쟁으로 차지한 영토를 회수하고, '한국인의 노예 상태에 유의하여 적당한 절차에 따라 한국을 자유롭고 독립적인 국가로 만든다.'라는 점을 특별히 결정하였다. 1945년 2월에 열린 얄타 회담에서는 미국·영국·소련이 모여, 독일과의 전쟁이 끝난 후에 소련이 아시아·태평양 전쟁에 참전한다는 것을 결정하였다. 그리고 7월에 열린 포츠담 회담에서 연합국은 앞서 카이로 회담에서 결정한 모든 조항을 이행할 것을 확인하며, 일본에 무조건 항복을 요구하였다.

1945년 8월에 미국은 일본의 히로시마와 나가사키에 원자 폭탄을 투하하였으며, 소련도 일본에 선전 포고를 하고 만주와 한반도 북부로 진격하였다. 그러자 일본은 8월 15일에 무조건 항복을 선언하였고, 한국은 광복을 맞이하였다.

연합국이 했던 한국의 독립 약속은 대내외적으로 꾸준히 전개해 온 한국 민족의 독립운동을 국제 사회가 인정한 것이었다. 하지만 일본에 승리한 연합국은 한반도 문제를 각자 자신들에게 유리한 쪽으로 처리하려고 하여, 한국의 완전한 독립이 바로 찾아오지는 않았다.

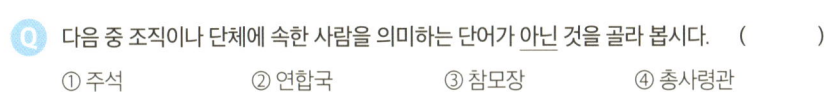

Q 다음 중 조직이나 단체에 속한 사람을 의미하는 단어가 아닌 것을 골라 봅시다. (　　　)

① 주석　　② 연합국　　③ 참모장　　④ 총사령관

A ②

- 민주주의 democracy
- 광복 liberation
- 카이로 회담 Cairo Conference
- 얄타 회담 Yalta Conference
- 원자 폭탄 atomic bomb
- 합동 작전 joint operations
- 대서양 헌장 Atlantic Charter
- 회수하다 to collect; to retrieve
- 포츠담 회담 Potsdam Conference
- 투하하다 to drop; to relaease
- 연계 collaboration
- 합의하다 to agree
- 독립적인 independent
- 이행하다 to carry out; to perform
- 국제 사회 international community

유용한 표현 Expressions

1 눈을 돌리다 (to turn one's attention to)

- 일제는 경제적 어려움을 해결하고자 식민지였던 한국으로 눈을 돌려 광공업 개발 정책을 세웠다.
- 기술 발전으로 사람들이 전통적인 직업 대신 새로운 직업 시장으로 눈을 돌리기 시작하였다.
- 나는 한번 마음먹으면 주변의 유혹이나 다른 선택지에 눈을 돌리지 않고 처음 세운 목표를 끝까지 지키는 편이다.

---

2 N+에 인접하다 (to be adjacent to)

- 일제는 특히 지하자원이 풍부하고 전력 확보에 유리하면서 중국에 인접한 함경도와 평안도 등 한반도 북부 지방에 집중적으로 자본을 투자하였다.
- 새로 입학할 학교가 지하철역에 인접해 있어 통학이 편리할 것으로 예상된다.
- 바다에 인접한 단독 주택에서 사는 것이 나의 오랜 소원이다.

---

3 N+(으)로/에 내몰리다 (to be driven into; to be forced into)

- 그 결과 약 40만 명의 한국인들이 전쟁터에 총알받이로 내몰렸다.
- 집을 잃어 갈 곳이 없는 사람들은 결국 거리로 내몰렸다.
- 갑작스러운 정책의 변화로 수많은 난민이 추방 위기에 내몰렸다.

4 N+을/를 짓밟다 (to trample on; to crush)

- 일제는 '조선인'의 민족정신을 짓밟는 민족 말살 정책을 추진하였다.
- 이번 사건은 노동자의 권리를 짓밟은 대표적인 사례로 볼 수 있다.
- 한 정치인의 지역 비하 발언이 해당 지역 시민의 자존심을 짓밟아 논란이 되고 있다.

---

5 N+(으)로/(이)라고 간주하다 (to consider ~ as; to regard ~ as)

- 일제는 한글 연구로 민족의식이 높아지는 것을 막기 위해, 1942년에 조선어 학회를 독립운동 단체로 간주하여 회원들을 체포하고 강제로 해산시켰다.
- 현대인들은 휴대폰을 생활필수품으로 간주하고 있다.
- 한 참가자가 정해진 시간까지 오지 않아 이를 기권이라고 간주하기로 하였다.

---

6 N+을/를 표방하다 (to advocate)

- 중국 화북 지역에서는 조선 독립 동맹이 조선 민주 공화국 건설을 표방하는 〈조선 독립 동맹 건국 강령〉을 발표하였다.
- 우리 회사는 고객 편의를 표방하며 새로운 서비스를 출시하였다.
- 법과 정의의 상징인 정의의 여신상은 두 눈을 안대로 가린 모습으로 공정성을 표방한다.

확인 문제 Reading Comprehension

※ 본문을 읽고 다음 질문에 답해 봅시다.

1. 다음 자료를 읽고, 빈칸에 알맞은 말을 본문에서 찾아 써 봅시다. (　　　　)

〈일제 강점기에 사용한 한국의 생필품들〉

일제는 1930~1940년대에 여러 전쟁을 일으키면서 식민지였던 한국에서 □□ 기지화 정책을 실시하였다. 이는 한국을 군수 물자를 조달하는 기지로 만들기 위한 정책이었다. 이 시기에 일제는 무기를 만들기 위해 한국인들이 일상생활에서 사용하던 놋그릇·놋숟가락·놋대야 등 일상의 모든 금속을 강제로 거두어 갔다.

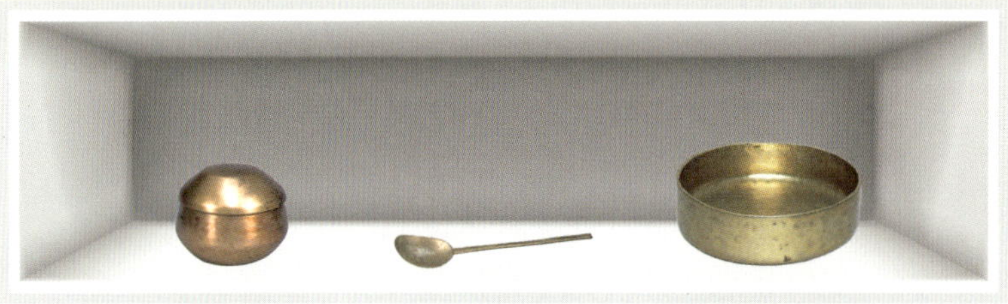

1 놋그릇　2 놋숟가락　3 놋대야

© 국립춘천박물관(1)
© 국립민속박물관(2, 3)

2. 다음 자료를 읽고, 빈칸에 알맞은 말을 써서 '1줄 감상문'을 완성해 봅시다.

일제는 중·일 전쟁이 일어난 이후 한국인의 민족정신을 말살시키려는 정책을 강화하였다. 일제는 전국 각지에 신사를 만들어 당시 한국인들에게 참배를 강요하였다. 또 성과 이름을 일본식으로 바꾸도록 강요하고, 그에 따르지 않는 사람에게는 여러 가지 불이익을 주었다.

▶ 일제는 1930년대 후반 이후 (　　　　　　　　) 정책을 강화하였다.

3. 다음 제시어를 관련된 내용끼리 바르게 연결해 봅시다.

(1) 백남운 •	• ㉠ 브나로드 운동을 실시
(2) 조선어 학회 •	• ㉡ 〈한글 맞춤법 통일안〉을 발표
(3) 《동아일보》와 학생들 •	• ㉢ 《조선 사회 경제사》 등으로 식민 사관을 비판

4. 다음 자료를 읽고, 빈칸에 알맞은 사람의 이름을 본문에서 찾아 써 봅시다. (　　　　　)

대한민국 인명 사전

□□□

(1) 출생·사망 및 주요 활동

- 1908년 충청남도 예산에서 출생, 1932년 일본에서 사망.
- 1931년 대한민국 임시 정부가 있는 상하이로 이동함.
- 1932년 한인 애국단 소속으로 상하이의 훙커우 공원에 폭탄을 던져 일본인 관료들과 군인들을 살상함.

(2) 두 아들에게 남긴 유언

너희도 만일 피가 있고 뼈가 있다면
반드시 조선을 위하여 용감한 투사가 되어라.
태극의 깃발을 높이 드날리고
나의 빈 무덤 앞에 찾아와
한잔 술을 부어 놓으라.

5. 다음 ㉠에 공통으로 들어갈 독립군 부대를 골라 봅시다. (　　)

대한민국 임시 정부는 1940년 중국의 충칭에 정착하였고, (　　㉠　　)을/를 조직하였다. 임시 정부는 영국군의 요청에 따라 인도·미얀마에 (　　㉠　　)의 일부를 파견하였다. 또 미국 전략 사무국의 지원을 받아 일부 대원이 특수 훈련을 받는 등 국내 진공 작전을 준비하였다.

① 신간회　　② 의열단　　③ 을미의병　　④ 한국광복군

6. 다음 연합국들의 회담과 이후의 상황을 시기순으로 정리한 자료의 빈칸에 알맞은 말을 써 봅시다. (　　　　　)

- **1943년 11월:** 카이로 회담에서 한국의 독립을 약속하였다.

↓

- **1945년 2월:** 얄타 회담에서 소련의 아시아·태평양 전쟁 참전을 결정하였다.

↓

- **1945년 7월:** 포츠담 회담에서 카이로 회담의 내용 재확인 및 일본에 무조건 (　　　　)을/를 요구하였다.

↓

- **1945년 8월 15일:** 일본은 무조건 항복을 선언하였고, 한국은 광복을 맞이하였다.

1. 병참 2. 민족 말살 3. (2)-㉠ (3)-㉡ 4. 윤봉길 5. ④ 6. 항복

주제 1 **시대와 사람들 1**

1. 다음 지도에는 세계 각지에서 독립운동을 한 한국인들의 주요 활동이 표시되어 있습니다. 이 중 하나를 골라 활동 내용을 구체적으로 조사하여 소개하는 글을 써 봅시다.
Look at the map showing the main activities of Koreans who fought for independence in different parts of the world during the Japanese colonial period. Choose one of these activities and write an article introducing it in detail.

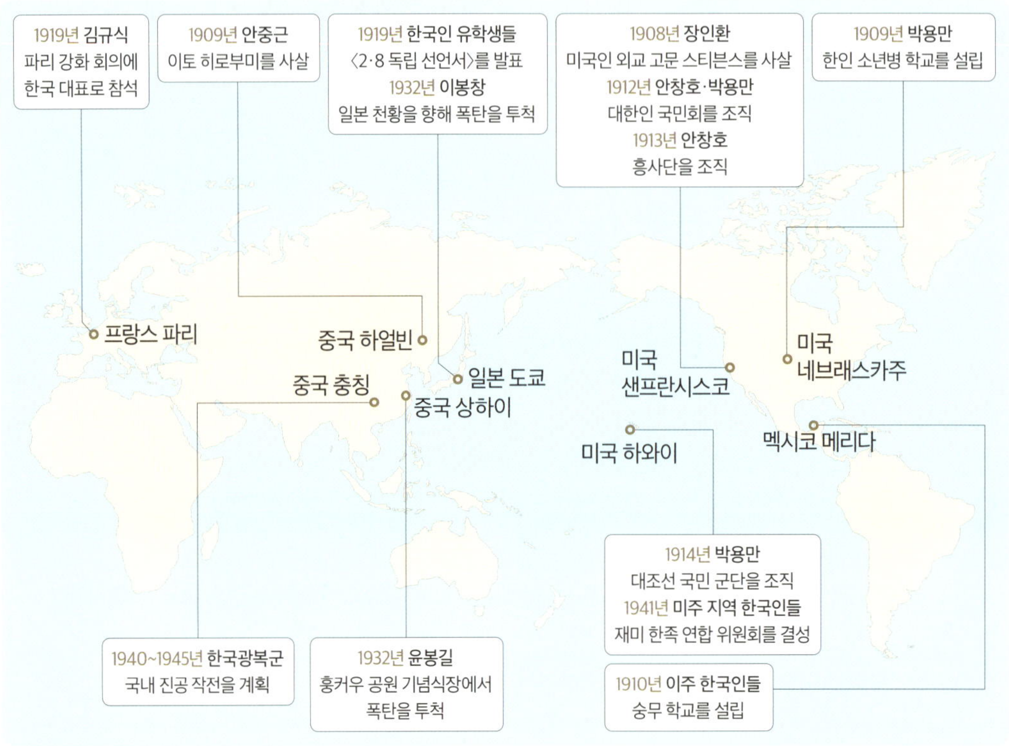

▶

2. 1번을 친구들에게 발표해 봅시다.
Present your writing to the class.

주제 2 시대와 사람들 2

1. 일제 강점기에 활동했던 한국의 시인 윤동주가 사망한 후 출간된 시집 《하늘과 바람과 별과 시》에는 민족의 암울한 시대 시인의 자아 성찰과 독립에 대한 염원 등을 담은 많은 시가 수록되어 있습니다. 다음 〈자료 1〉의 〈서시〉를 감상한 후, 당대를 살았던 〈자료 2〉의 인물들 중 한 사람에게 편지글을 써 봅시다.

Yoon Dong-ju was a poet during the Japanese colonial period. His posthumous collection, *Heaven, Wind, Stars, and Poems*, reflects a poet's self-examination in a dark era and his longing for independence. Read the following poem titled "Prologue" and write a letter to one of the characters listed below who lived during the same time as him.

〈자료 1〉

〈서시〉

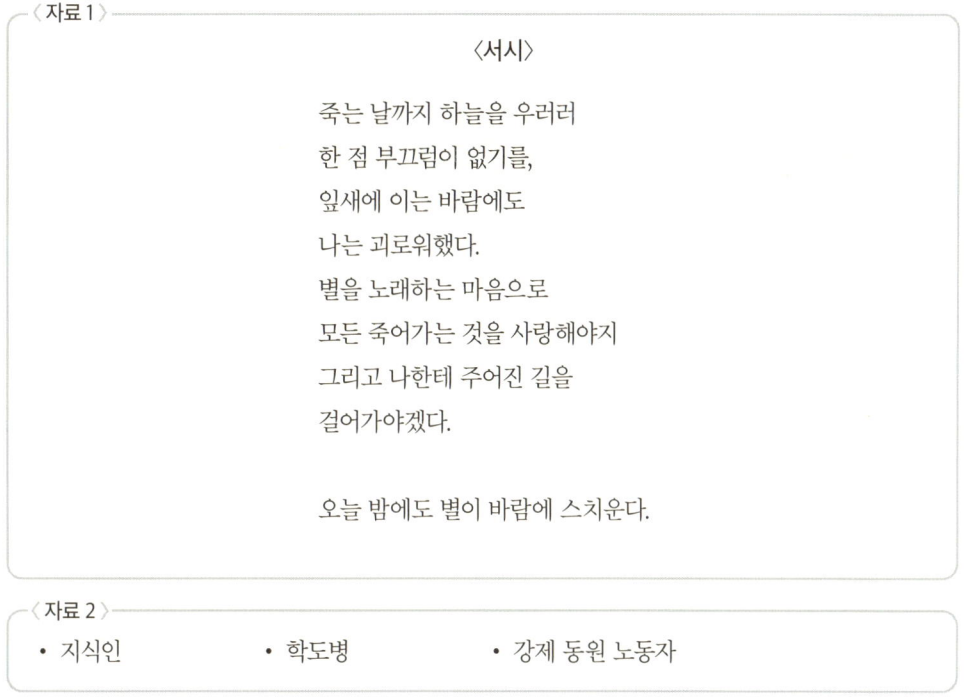

죽는 날까지 하늘을 우러러
한 점 부끄럼이 없기를,
잎새에 이는 바람에도
나는 괴로워했다.
별을 노래하는 마음으로
모든 죽어가는 것을 사랑해야지
그리고 나한테 주어진 길을
걸어가야겠다.

오늘 밤에도 별이 바람에 스치운다.

〈자료 2〉

- 지식인
- 학도병
- 강제 동원 노동자

▶

2. 1번을 친구들에게 발표해 봅시다.

Present your writing to the class.

13

광복 이후 격동의 한국

Korea in the Tumultuous Post-Liberation Period

학습 목표
Learning Objectives

1. 광복 이후 격동의 한국 상황을 이해하고 설명할 수 있다.
2. 광복 이후 6·25 전쟁으로 이어지는 격동의 한국을 보여 주는 자료를 살피고, 오늘날 현대인이 유념해야 할 점을 조사하여 쓰고 이야기할 수 있다.

생각 열기
Warm Up

1. 연표상 광복 이후 한국의 격동기와 동시대 세계사 항목을 비교하며 살핀 후, 여러분의 고향 혹은 알고 있는 나라에 대해 추가하고 싶은 내용을 표시해 봅시다.
2. 연표에 등장하는 광복 이후 한국의 격동기를 살펴, 알고 있는 항목이 무엇인지 말하고 친구가 말하는 항목은 별도로 표시해 봅시다.
3. 광복 이후 한국의 격동기를 이해할 수 있는 핵심 용어 중 알고 있는 것을 표시해 봅시다.

한국사 History of Korea	연표 Timeline	세계사 History of the World
8·15 광복	1945년	유엔(국제 연합) 출범, 모스크바 3국 외상 회의
좌·우 합작 운동	1946년	제1차 미·소 공동 위원회
	1947년	[미국] 〈트루먼 독트린〉 발표, 제2차 미·소 공동 위원회
5·10 총선거, 대한민국 정부의 수립	1948년	
	1949년	[중국] 중화 인민 공화국의 수립
6·25 전쟁	1950년	
	1951년	〈샌프란시스코 강화 조약〉
〈정전 협정〉	1953년	
	1955년	반둥 회의
4·19 혁명	1960년	
5·16 군사 정변	1961년	

8·15 광복
ⓒ한국학중앙연구원

핵심 용어 Keywords

- ▢ 3·15 부정 선거
- ▢ 38도선
- ▢ 4·19 혁명
- ▢ 6·25 전쟁
- ▢ 계엄
- ▢ 군정
- ▢ 남북 협상
- ▢ 독재 정권
- ▢ 반공주의
- ▢ 분단
- ▢ 신탁 통치
- ▢ 이산가족
- ▢ 인천 상륙 작전
- ▢ 정경 유착
- ▢ 〈정전 협정〉
- ▢ 판문점

3·15 부정 선거 March 15 Rigged Election

3·15 부정 선거는 이승만과 자유당이 장기 집권을 목적으로, 1960년 3월 15일에 실시된 대통령·부통령 선거에서 부정을 저지른 사건이다. 이승만 정권은 야당 부통령 후보의 선거 유세에 학생들이 참여하지 못하도록 일요일에 학생들을 강제로 등교시켰으며, 선거 당일에는 공개 투표 방식을 적용하고 투표함을 바꾸거나 후보의 득표율을 조작하였다. 이에 학생과 시민들이 항의 시위를 전개하자 이승만 정권은 이를 무력으로 진압하였고, 시위는 전국으로 확산되어 4·19 혁명으로 이어졌다.

The March 15 Rigged Election was a fraudulent incident committed by Syngman Rhee and the Liberal Party during the presidential and vice-presidential elections held on March 15, 1960, in an effort to maintain long-term power. On that sunday, the Syngman Rhee administration compelled students to attend school to prevent them from participating in the election campaigns of the opposition vice-presidential candidate. On the day of the election, an open voting system was adopted, ballot boxes were changed, and vote counts were manipulated. As a result, when students and citizens staged protests, the Syngman Rhee administration suppressed them by force, and the demonstrations spread nationwide, ultimately leading to the April 19 Revolution.

38도선 38th Parallel

38도선은 한반도 중앙을 가로지르는 북위 38도에 그어진 군사 분계선이다. 1945년 한국의 광복 후 일본군의 무장 해제를 위해 미군과 소련군이 한반도의 경계선 설정에 합의한 이래, 38도선은 오늘날까지 한반도 분단의 상징적 경계선이 되었다.

The 38th parallel is a military demarcation line drawn at 38 degrees north latitude across the center of the Korean Peninsula. Since the U.S. and Soviet troops agreed to establish a boundary line on the Korean Peninsula following its liberation in 1945, the 38th parallel has remained the symbolic boundary line of the peninsula to this day.

계엄 Martial Law

대통령이 법률에 의거하여 선포하는 계엄은 '일정 구역을 병력으로 엄격히 경계함.'을 뜻하며, 비상계엄과 경비계엄으로 구분된다. 비상계엄은 전시·사변 등 국가 비상사태로 행정 및 사법 기능의 수행이 곤란한 경우 선포되며, 군대가 국가의 주요 기능을 담당하고 권한을 행사한다. 경비계엄은 사회 질서가 혼란스러워져 일반 행정 기관만으로는 치안을 확보할 수 없을 때 선포하는 것으로, 군대는 행정에 관한 사무만 관리할 수 있다. 한국에서는 1960년대 이후 수시로 계엄이 선포되어 국민들의 기본권을 제한하는 등 정권 장악의 도구로 사용되는 경우가 많았다.

Martial law, declared by the president in accordance with the law, refers to 'the strict control of a designated area by military forces,' and is classified into emergency martial law and security martial law. Emergency martial law is declared when it becomes extremely difficult to carry out administrative and judicial duties during a national emergency, such as war or a major incident, and the military assumes authority over all functions of the state. Security martial law is declared when social order is disrupted and public security cannot be maintained solely by general administrative agencies, allowing the military to oversee administrative affairs. In Korea, martial law has been declared frequently since the 1960s and has often been used as a tool of regime control, restricting the basic rights of the people.

반공주의 Anti-communism

반공주의는 공산주의 이념·체제·운동에 반대하는 정치적·사회적 입장이다. 한국에서 반공주의는 6·25 전쟁과 분단이라는 특수 상황이 결합되어 국가 정체성과 안보를 강화하는 핵심 이념으로 작용하였고, 한국의 강압적 통제를 정당화하는 수단으로 활용되기도 하였다.

Anti-communism is a political and social stance opposing communist ideology, systems, and movements. In Korea, anti-communism, shaped by the unique circumstances of the Korean War and national division, served as a core ideology to reinforce national identity and security. In this process, it was also used as a means of justifying coercive control in Korea.

인천 상륙 작전 Incheon Landing Operation

인천 상륙 작전은 6·25 전쟁 중이던 1950년 9월 15일, 미국 맥아더 장군의 지휘로 한국군과 유엔군이 인천에 상륙해 북한군의 보급품과 병력이 이동하는 주보급로와 배후를 공격한 작전이다. 이 작전으로 한국군과 유엔군은 함락당했던 서울을 빨리 되찾을 수 있었다.

The Incheon Landing Operation, commanded by U.S. General Douglas MacArthur, was a military campaign in which South Korean and UN forces landed at Incheon on September 15, 1950, during the Korean War, targeting the main supply routes and rear areas where North Korean troops and military supplies were concentrated. As a result of this operation, the South Korean and UN forces were able to quickly recapture Seoul, which had previously fallen to the North.

판문점 Panmunjeom

판문점은 한국 행정 구역상 경기도 파주시에 속하지만 북한 행정 구역으로는 개성시에 속하며, 6·25 전쟁 때 〈정전 협정〉이 체결된 곳이다. 2018년 이곳에서는 남북 정상이 회담을 가져 한반도 평화의 전환점을 마련하기도 하였으나, 여전히 판문점은 분단을 상징하는 장소로 남아 있다.

Panmunjom, located in Paju-si, Gyeonggi-do under South Korea's administrative district but in Gaeseong-si under North Korea's administrative district, was the site where the "Korean Armistice Agreement" was signed during the Korean War. In 2018, the leaders of South Korea and North Korea met there to mark a turning point for peace on the Korean Peninsula, yet Panmunjom remains a symbol of division.

1 한국은 광복 후 대한민국 정부가 수립되기까지 어떤 과정을 거쳤을까?

◆ 한국은 어떻게 광복을 맞이할 수 있었을까?

8·15 광복과 미·소 양군의 진주

대한민국은 1945년 8월 15일 마침내 •광복을 맞이하였다. 이는 한국인들이 끈질기게 독립운동을 벌이고 제2차 세계 대전에서 연합국이 승리함으로써 얻은 결과였다. 광복 당일 여운형은 안재홍 등과 함께 •좌익과 •우익 세력이 참여한 •조선 건국 준비 위원회(건준)를 결성하고 질서 유지에 힘썼다. 한국에 미군이 •진주한다는 소식이 알려지자, 건준은 '•조선 인민 공화국'의 수립을 선포하고 지방에 •인민 위원회를 조직하였다. 그러나 미군정은 이들의 실체를 인정하지 않았다.

미군과 소련군은 일본군을 무장 해제시키겠다며 •북위 38도를 기준으로 남과 북에 각각 진주하였다. 소련군은 인민 위원회를 이용해 •간접 통치를 하고, 미군은 •군정(軍政) 선포 후 •직접 통치를 하며 친일 관리들을 계속 근무시켰다.

38도선
© 셔터스톡

그 후 미국에서 활동하던 이승만이 먼저 한국으로 귀국하였고, 김구를 비롯한 대한민국 임시 정부의 중요한 인물들도 한국에 돌아왔다. 하지만 이들은 미군정이 대한민국 임시 정부를 인정하지 않아 개인 자격으로 한국에 들어와야 하였다. 한편, 38도선 이북에서는 김일성을 중심으로 한 세력이 소련군의 지지를 등에 업고 점차 권력을 장악해 갔다.

모스크바 3국 외상 회의와 좌우 대립

미국·소련·영국의 •외무 장관들은 1945년 12월 소련의 모스크바에서 회의를 열어 한반도 문제를 논의하였다. 미국과 소련이 제시한 의견은 •절

Vocabulary

- 광복 liberation
- 좌익 left-wing
- 우익 right-wing
- 조선 건국 준비 위원회 Committee for the Preparation of Korean Independence
- 진주하다 to be stationed
- 조선 인민 공화국 People's Republic of Korea
- 인민 위원회 People's Committee
- 북위 north latitude
- 간접 통치 indirect rule
- 군정 military government
- 직접 통치 direct rule
- 외무 장관 foreign minister
- 절충 compromise

충을 통해 한국에 •민주적인 임시 정부 수립과 이를 위한 •미·소 공동 위원회의 설치, 최고 5년간의 •신탁 통치 등으로 결정되었다. 신탁 통치란 유엔(UN: United Nations)의 •위임을 받은 강대국이 자치 능력이 부족한 지역을 대신 통치해 주는 제도로, 안정적인 정치 질서를 마련하겠다는 것이 목적이었다.

•모스크바 3국 외상 회의의 합의문이 공식화되기 전, 미국은 한국의 독립을 주장하고 소련은 신탁 통치를 주장했다는 왜곡된 보도가 국내에 퍼졌다. 우익 세력은 신탁 통치가 한국인의 자치 능력을 부정하는 것이라며 강력한 신탁 통치 반대(•반탁) 운동을 전개하였다. 좌익 세력도 처음에는 같은 취지에서 신탁 통치에 반대했지만, 민주적인 임시 정부의 수립이 중요하다고 판단하여 회의의 결정을 지지하는 입장으로 태도를 바꾸었다. 신탁 통치를 둘러싼 논쟁을 시작으로 좌익과 우익의 갈등은 깊어져 갔다.

미·소 공동 위원회와 남북 협상

1946년 3월이 되자, 제1차 미·소 공동 위원회가 개최되었다. 소련은 모스크바 3국 외상 회의 결정에 찬성하는 정당과 사회단체만을 임시 정부 수립에 참여할 협의 단체로 정하자고 주장하였다. 반면에 미국은 모든 정당과 사회단체를 참여시키자고 주장하였다. 두 나라의 주장이 •엇갈리며 제1차 미·소 공동 위원회는 결렬되었다.

이에 이승만은 전라북도 정읍에서 '통일 정부의 수립이 어려우니 남쪽만이라도 먼저 임시 정부를 수립하자.'라고 주장하였다. 그러자 •중도 세력인 여운형과 김규식 등은 통일 정부 수립을 위해 •좌·우 합작 운동을 전개하였지만, 이는 1947년 7월 여운형이 암살되면서 중단되고 말았다. 그보다 앞서 1947년 5월부터 제2차 미·소 공동 위원회의 회의가 시작되었으나, 의견 대립이 발생하여 별다른 성과 없이 끝났다.

제2차 미·소 공동 위원회가 결렬되자, 미국은 한반도 문제를 유엔 총회에 •상정하였다. 유엔 총회는 •인구 비례에 따른 남북한 •총선거를 통해 한반도에 정부를 수립하

- 민주적인 democratic
- 신탁 통치 trusteeship
- 반탁 anti-trusteeship
- 중도 moderate
- 상정하다 to submit; to bring forward
- 미·소 공동 위원회 United States-Soviet Joint Commission
- 위임 delegation
- 엇갈리다 to be at odds; to disagree
- 좌·우 합작 운동 Left-Right Coalition Movement
- 인구 비례 population proportion
- 모스크바 3국 외상 회의 Moscow Conference of Foreign Ministers
- 총선거 general election

자는 •결의안을 채택하고, 유엔 한국 임시 위원단을 파견하였다. 이를 두고 소련은 모스크바 3국 외상 회의의 결정을 •위반한 것이라고 주장하며 유엔 총회에 참석하지 않았고, 유엔 한국 임시 위원단이 북한 지역으로 들어가는 것도 •거부하였다. 이에 유엔은 •소총회를 열어 선거가 가능한 지역만이라도 •단독 선거를 하기로 결정하였다.

•분단의 가능성이 높아지자 김구와 김규식은 이를 막기 위해 북한의 김일성과 김두봉에게 •정치 회담을 •제의하였다. 1948년 4월 북한의 평양에서 남과 북의 정치 지도자들이 •한자리에 모였다. 몇 차례에 걸친 •남북 협상 결과 '외국 군대 즉시 철수', '총선거를 통한 통일 정부 수립', '단독 선거 절대 반대' 등의 내용을 담은 •공동 성명이 발표되었다. 그러나 미국과 소련은 이 •합의안을 무시하였고, 남북 협상에 참여한 정치 세력들의 입장에도 차이가 있어 남북의 분단을 막지는 못하였다.

◆ 대한민국 정부의 수립 과정을 알아볼까?

대한민국 정부의 수립

1948년 5월 10일에 한국 역사상 최초로 직접·평등·비밀·보통의 원칙에 따라 총선거가 실시되었다. 남한 지역에서만 치러진 •5·10 총선거에는 이승만과 한국 민주당, 일부 중도 세력이 참여하였다. 김구와 김규식 등 남북 협상에 참여한 정치 세력은 통일 정부의 수립을 요구하며 선거에 •불참하였고, 좌익 세력은 전국 각지에서 단독 선거 반대 운동을 벌였다. 총선거의 결과, 198명의 국회 의원이 •선출되어 최초의 국회인 •제헌 국회가 구성되었다. 제헌 국회의 국회 의원 정원은 300명이었으나, 100명은 통일 정부 수립을 고려하여 나중에 38도선 이북 지역에서 선출하기로 결정하였고 제주 4·3 사건으로 제주도의 2개 •선거구에서 선거가 실시되지 못하였기 때문이다.

7월 17일에 제헌 국회가 •공포한 〈제헌 헌법〉에는 대한민국이 3·1 운동으로 건립된 대한민국 임시 정부를 계승하였다는 내용과 함께 삼권 분립·•다당제·대통령 •간선

Vocabulary

- 결의안 resolution
- 위반하다 to violate; to breach
- 거부하다 to refuse
- 소총회 Interim Committee of the General Assembly
- 단독 선거 separate election
- 분단 division
- 정치 회담 political talks
- 제의하다 to propose; to offer
- 한자리 same place
- 남북 협상 Inter-Korean Conference
- 공동 성명 joint statement
- 합의안 agreement
- 5·10 총선거 May 10 General Election
- 불참하다 to be absent; not to attend

제 등의 내용이 포함되어 있었다. 이에 따라 국회에서 이승만을 대통령으로, 이시영을 부통령으로 선출하였다. 이승만 대통령은 광복 3주년인 1948년 8월 15일에 대한민국 정부의 수립을 국내외에 선포하였다. 이후 12월에 열린 제3차 유엔 총회에서 대한민국을 한반도의 •유일한 합법 정부로 승인하였다.

정부 수립 전후의 갈등

대한민국 정부 수립을 전후로 갈등도 나타났다. 제주도에서 열린 1947년 3·1절 기념 행사에서 경찰이 총을 •발포해 사상자가 발생하자 제주도민들과 관리들이 총파업에 들어갔고, 미군정이 이를 탄압해 제주도민들의 •반감을 샀다. 1948년 4월 3일에는 남한만의 단독 선거 반대와 통일 정부 수립을 주장하며 제주도 남로당이 •무장봉기한 제주 4·3 사건이 발생하였다. 미군정과 이승만 정부는 •토벌대를 파견해 무력 진압에 나서 3만 명으로 •추산되는 제주도민이 희생당하고 말았다. 그러는 가운데 5·10 총선거 때 제주도의 3개 선거구 중 2개의 선거구에서 선거를 치르지 못하였다.

1948년 10월에 이승만 정부가 여수에 주둔 중이던 군부대를 제주도로 파견하려고 했을 때, 부대 내 일부 좌익 세력들이 출동을 반대하고 통일 정부 수립 등의 구호를 내세워 군사 반란을 일으켜 여수와 순천을 점령하였다. 여수·순천 10·19 사건이 발생함에 정부는 계엄을 선포하고 여수와 순천 등 여러 지역에 진압군을 파견하였는데, 이때 반란군뿐 아니라 많은 민간인도 희생되었다. 이후 정부는 좌익 세력의 활동을 근본적으로 차단하려는 의도로 1948년 12월 〈•국가 보안법〉을 제정하였다.

대한민국 정부의 과제

8·15 광복 후에도 미군정이 일제 강점기 당시의 관리와 경찰들을 계속 채용하자, 대다수의 한국인들은 친일파를 •청산하자고 요구하였다. 1948년 5·10 총선거를 통

- 선출되다 to be elected
- 선거구 voting district; constituency
- 간선제 indirect election
- 반감 antipathy; hostility
- 추산되다 to be estimated
- 제헌 국회 Constituent National Assembly of 1948
- 공포하다 to promulgate
- 유일한 only; sole; single
- 무장봉기하다 to rise up in arms
- 국가 보안법 National Security Act
- 다당제 multi-party system
- 발포하다 to shoot; to fire
- 토벌대 suppression force
- 청산하다 to eradicate

해 구성된 제헌 국회는 친일 민족 •반역자들을 처벌하기 위한 〈•반민족 행위 처벌법〉을 제정하고, 반민족 행위 특별 조사 위원회(반민 특위)와 특별 재판부를 설치하였다. 이후 반민 특위는 7,000여 명의 반민족 행위자를 •선정하고, 주요 인물들의 검거에 나섰다.

반공주의 정책을 •중점적으로 추구하고 있던 이승만 대통령은 반민 특위의 활동에 부정적인 태도를 보였다. 이런 분위기 속에서 •현직 경찰 간부가 친일 •혐의로 체포되자, 오히려 경찰이 반민 특위를 습격하는 사태가 벌어졌다. 결국 〈반민족 행위 처벌법〉은 개정되어 친일파를 처벌할 수 있는 기한이 줄어들었고, 반민족 행위의 범위도 크게 축소되어 반민 특위의 활동이 유명무실해졌다. 이로써 광복 이후에 친일을 청산하려는 목표는 해결하지 못하고 좌절되었다.

한편, 광복 이후 한국은 물가 •폭등·해외 •동포의 •귀환·북한의 •송전 중단·미군정의 •미숙한 정책 시행 등으로 경제적 어려움을 겪고 있었다. 정부는 급격히 •치솟는 물가를 잡기 위해 노력함과 동시에 미군정으로부터 •넘겨받은 •귀속 재산에 대한 처리를 시작하였다. 이를 위해 정부는 1949년에 '유상 매수와 유상 분배'를 내용으로 하는 〈•농지 개혁법〉을 제정하였다. 유상 매수와 유상 분배란 국가가 지주의 토지를 돈을 주고 매수하고, 농민은 분배받은 토지의 값을 일정 기간에 걸쳐 •상환하는 방식이었다. 농지 개혁은 〈농지 개혁법〉이 제정된 다음 해인 1950년 3월부터 실시되어 대부분의 농민이 자신의 땅을 가질 수 있었다. 이로써 지주 중심의 토지 소유는 폐지되고, 농민 중심의 토지 소유가 확립되었다.

북한의 상황

8·15 광복 직후 38도선 이북 지역에서도 조선 건국 준비 위원회 지부·•자치대·치안 유지 위원회 등 여러 조직이 만들어졌다. 각 지역의 인민 위원회는 •관공서와 산업

Vocabulary

- 반역자 traitor; betrayer
- 반민족 행위 처벌법 Special Act for the Punishment of Anti-National Activities
- 선정하다 to select
- 중점적으로 mainly; primarily
- 현직 current post; incumbent
- 혐의 charge; accusation
- 폭등 soaring
- 동포 compatriot
- 귀환 return; homecoming
- 송전 power transmission
- 미숙한 inexperienced; immature
- 치솟다 to soar
- 넘겨받다 to take over
- 귀속 재산 vested property

시설을 접수하고 치안을 유지하였다. 38도선 이북에 진주한 소련군은 인민 위원회에 행정권을 넘겨주었지만, 1945년 12월에 열린 모스크바 3국 외상 회의의 결정에 반대한 조만식 등 우익 세력을 배제시켰다.

1946년 2월에 각 지방의 인민 위원회를 총괄하는 중앙 권력 기구로서 사실상 정부 역할을 담당한 북조선 임시 인민 위원회가 출범하고, 위원장에는 김일성이 취임하였다. 이후 북조선 임시 인민 위원회를 중심으로 사회주의 정권을 수립하는 작업이 추진되었는데, 대표적으로 〈토지 개혁법〉을 실시해 '무상 몰수와 무상 분배' 방식의 토지 개혁을 단행하였다. 이는 국가가 지주의 토지를 대가 없이 몰수하고 농민에게 토지를 무상으로 분배하는 방식이었다. 이어 〈노동법〉과 〈남녀평등법〉도 시행하였고, 공장·광산·철도를 비롯한 중요 산업과 지하자원·산림 등을 국유화하였다.

1947년 2월 북조선 임시 인민 위원회는 북조선 인민 위원회로 개편하여 1948년 2월에 조선 인민군을 창설하였고, 같은 해 9월에 제1차 최고 인민 회의를 개최하여 〈헌법〉을 제정하였다. 최고 책임자인 수상으로 선출된 김일성은 9월 9일 '조선 민주주의 인민 공화국(북한)'이 수립되었음을 선포하였다.

이로써 한반도의 남과 북에는 체제가 다른 2개의 정부가 수립되었다. 미국과 소련이 임시로 그어 놓은 38도선 또한 분단선으로 남아 남북 간 대립과 갈등은 고조되었다.

Q 다음 제시된 풀이에 해당하는 알맞은 단어를 〈보기〉에서 골라 써 봅시다.

〈보기〉

절충 혐의

(1) 범죄를 저질렀을 가능성이 있다고 봄. 또는 그 가능성.: (   )

(2) 서로 다른 사물이나 의견, 관점 따위를 알맞게 조절하여 서로 잘 어울리게 함.: (   )

A (1) 혐의 (2) 절충

- 농지 개혁법 Land Reform Act
- 관공서 government office
- 위원장 chairman
- 산림 forest
- 조선 민주주의 인민 공화국 Democratic People's Republic of Korea
- 상환하다 to pay back; to redeem
- 출범하다 to launch; to inaugurate
- 몰수 confiscation
- 국유화하다 to nationalize
- 자치대 autonomous unit; local self-defense corps
- 단행하다 to carry out; to implement
- 수상 prime minister
- 분단선 division line

2 6·25 전쟁은 어떻게 일어났고, 한국에 어떤 변화를 가져왔을까?

◆ 6·25 전쟁은 어떻게 일어난 것일까?

전쟁과 평화의 갈림길

한반도의 남과 북에 수립된 양측 정부는 상대 지역을 통합하겠다는 공통적인 전략을 추진하였다. 한국(남한)은 북진 통일을 내걸고 국군을 창설하여 국방력을 강화하였다. 또 지리산 주변에서 활동하던 북한의 유격대를 토벌하고, 좌익 활동가를 찾아내어 그들이 추구하는 이념의 방향이 바뀌도록 전향시키는 등의 활동을 전개하였다. 북한은 남북한 총선거로 통일 정부를 수립하자는 평화 통일의 공세를 벌이는 한편, 전쟁 준비에 속도를 내며 한국 지역에서의 유격대 활동을 지원하였다. 이러한 가운데 38도선 일대에서 크고 작은 무력 충돌이 빈번하게 일어났다.

1949년 6월 한반도에서 군대를 철수한 미국은 애치슨 라인(태평양 방위선)에서 한반도를 제외하면서도, 〈한·미 상호 방위 원조 협정〉을 맺어 한국을 지원하였다. 소련과 중국은 북한의 군사력 강화를 적극 지원하고, 북한의 남침 계획에도 동의하였다.

6·25 전쟁의 발발과 전개

1950년 6월 25일, 북한군이 38도선을 넘어 기습적으로 남침하였다. 전쟁이 일어난 지 3일 만에 한국의 수도인 서울이 함락되었고, 이 과정에서 수많은 사람들이 피란길에 올랐다. 유엔이 북한의 행위를 침략으로 규정하고 유엔군을 파견함으로써 전쟁은 국제전으로 확대되었다. 북한군은 남하를 계속하여, 9월 무렵에는 경상도 일부와 제주도를 제외한 한국의 대부분을 점령하였다.

북한군과 치열한 전투를 벌이던 한국군과 유엔군은 맥아더 장군이 지휘한 인천 상

Vocabulary

- 북진 통일 unification through northward advance
- 창설하다 to establish
- 국방력 military capability
- 유격대 guerrilla unit
- 토벌하다 to suppress
- 전향시키다 to convert
- 평화 통일 peaceful reunification
- 공세 offensive; attack
- 빈번하게 frequently
- 애치슨 라인 Acheson Line
- 원조 aid
- 남침 invasion of South Korea
- 기습적으로 suddenly
- 피란길 road to refuge

오늘날 판문점의 모습
ⓒ경기도

륙 작전에서 성공을 거두며 전세를 •역전시키고 9월 28일 서울을 •탈환하였다. 한국군과 유엔군이 10월 1일에 38도선을 넘고 10월 말경에 압록강까지 진격하자 중국군이 전쟁에 개입하였다. 이로써 •6·25 전쟁은 자본주의 •진영과 사회주의 진영이 맞붙은 세계 최초의 전쟁이 되었다. 중국군이 본격적으로 개입하면서 전세가 뒤집혀 1951년 1월 4일에 서울은 다시 함락되었다(1·4 후퇴). 이후 한국군과 유엔군은 •전열을 정비하여 서울을 다시 탈환하고, 38도선 일대까지 나아가 북한군 및 중국군과 대치하였다. 양측이 38도선 부근에서 치열한 •공방전을 벌이는 도중 •정전(停戰) 협상이 시작되었다.

1951년 7월부터 북한의 개성에서 시작된 회담은 중립 지역인 판문점으로 자리를 옮겨 계속되었다. 한국 정부는 정전에 반대하여 회담에 참여하지 않았으며, •반공 포로를 •석방하기도 하였다. 유엔군과 북한군·중국군이 군사 분계선 설정과 포로 교환 방식 등의 문제를 놓고 지루한 협상을 하는 가운데, 이어진 전투들에서 한국과 북한 모두에 희생자가 많이 발생하였다. 1953년 7월 27일에야 유엔군과 북한군·중국군 간 〈•정전 협정〉이 체결되었다. 이를 통해 양측은 군사 시설이나 인원을 배치하지 않고 무장이 금지된 지역인 비무장 지대(DMZ: Demilitarized Zone)를 두고 중립국 감독 위원회와 군사 정전 위원회를 설치하기로 합의하였다. 포로 교환의 경우는 우선적으로 본인의 의사를 확인하여, 그들의 •자유의사를 존중하기로 합의하였다.

6·25 전쟁의 피해와 영향

6·25 전쟁을 거치며 한국과 북한의 군인 및 민간인 수백만 명이 죽거나 다쳤으며, 많은 •전쟁고아와 •이산가족이 생겨났다. 또 공장과 같은 산업 시설·학교·주택·도로·•교량(다리) 등이 파괴되어 한국과 북한 모두 몇 년 동안 복구에 온 힘을 쏟았다.

- 국제전 international war
- 6·25 전쟁 Korean War
- 공방전 see-saw battle
- 석방하다 to release; to set free
- 전쟁고아 war orphan
- 역전시키다 to reverse the situation
- 진영 camp; faction
- 정전 truce; armistice
- 정전 협정 Korean Armistice Agreement
- 이산가족 separated families
- 탈환하다 to regain
- 전열 battle formation
- 반공 포로 anti-communist prisoner of war
- 자유의사 free will
- 교량 bridge

또한 전쟁으로 인해 민족 공동체 의식이 약해졌으며, 한반도의 분단 체제는 더욱 •굳어졌다. 한국 사회에서 공산주의에 반대하는 '반공'은 무엇보다 중요한 가치가 되었으며, 한국 정부는 〈국가 보안법〉을 개정하고 반공 교육을 강화하였다. 한편, 북한에서는 김일성이 전쟁 실패의 책임을 물어 반대 세력을 •숙청하고 권력을 강화하였다.

6·25 전쟁은 동아시아 질서에도 큰 영향을 끼쳤다. 미국은 일본을 동아시아 정책의 핵심적인 협력국으로 만들기 위해 1951년 〈샌프란시스코 강화 조약〉을 통해 일본을 국제 사회에 복귀시켰다. 그리고 한국과 일본을 비롯한 아시아 여러 국가와 •상호 방위 조약을 맺고 군사적 •반공망을 확립하였다. 일본은 •전쟁 특수에 힘입어 심각한 경기 침체에서 벗어났고, 오늘날 •자위대의 •전신(前身)인 경찰 예비대를 창설함으로써 •재무장을 시작하였다. 중국에서는 공산당이 반대 세력을 •제압하고 체제를 안정화시켰다. 중국이 6·25 전쟁에 개입하면서 수많은 중국인이 죽거나 다쳤지만, 미국과 •대적하며 사회주의권 내 국가적 위상이 높아졌다.

◆ 6·25 전쟁 이후 한국의 변화는 어떠했을까?

전후의 한국 사회 복구와 세계의 원조

6·25 전쟁 이후 한국 정부는 파괴된 산업 시설들을 복구하고 사회 기반 시설을 재건하는 일에 집중하여 1957년에는 주요 산업 기반과 공장이 대부분 복구되었고, 국민 총생산과 국민 총소득도 늘었다. 한국의 전후 복구 사업에는 미국을 중심으로 한 세계 여러 나라의 원조가 큰 힘이 되었고, 한국에서는 •원조 물자를 가공하여 세 가지 흰색 제품(면·설탕·밀가루)을 만드는 •삼백 산업이 발달하였다. 세계 각국의 원조는 시멘트·비료 공장 및 발전소의 건설과 철도·항만 등 산업 시설의 복구 작업에도 큰 도움이 되었다.

한국은 식량과 의복·의약품 등 •생필품 중심의 •소비재 산업이 발전하는 반면, 철

Vocabulary

- 굳어지다 to harden; to solidify
- 반공망 anti-communist network
- 전신 predecessor
- 대적하다 to confront; to compete
- 생필품 daily necessities
- 숙청하다 to purge; to eliminate
- 전쟁 특수 war-time economic boom
- 재무장 rearmament
- 원조 물자 relief goods; aid supplies
- 소비재 consumer goods
- 상호 방위 조약 mutual defense treaty
- 자위대 Japan Self-Defense Forces
- 제압하다 to subdue; to suppress
- 삼백 산업 three white industries
- 생산재 capital goods

강·기계와 같은 •생산재 산업은 •부진하였다. 더구나 한국 정부는 경제 수익의 상당 부분을 •국방비에 사용해야 했으므로, 이를 산업 시설에 •온전하게 재투자할 수 없었다. 또 원조 물자의 분배 과정에서 정치계와 경제계가 관계를 맺고 부정부패를 저지르는 •정경 유착이 발생하기도 하였다.

한편, 미국의 농산물이 •대거 무상으로 들어와 한국의 농가가 큰 타격을 입었다. 1950년대 말 경제 상황이 나빠진 미국이 무상 원조 대신 자금을 빌려주고 갚게 하는 유상 차관을 실시하자, 원조에 의존하던 한국 경제는 위기에 빠졌다.

이승만의 장기 집권과 4·19 혁명

6·25 전쟁 직전인 1950년 5월, 한국에서 제2대 국회 의원 선거가 실시되었다. 선출된 제2대 국회 의원 가운데에는 이승만 정부에 비판적인 사람이 많았다. 이에 국회 간선제로는 대통령에 다시 •당선되기 어렵다고 판단한 이승만은 전쟁 중에 자유당을 창당하고, 1952년에 간선제에서 국민이 직접 대통령을 선출하는 •직선제로 바꾸는 •개헌안을 추진하였다. 이승만 정부는 계엄을 선포하고, 반대하는 국회 의원을 공산주의자로 몰아 •연행하는 등 •공포스러운 분위기를 조성하여 개헌안을 통과시켰다.

제2대 대통령에 당선된 이승만과 자유당은 장기 집권을 위해 '•초대 대통령에 한하여 중임 제한을 철폐한다.'라는 내용의 개헌안을 국회에 제출하였다. 당시 헌법을 개정하려면 국회 의원 203명의 3분의 2인 135.3명 이상이라 136명이 찬성해야 했는데, 135명만 찬성하여 개헌안은 •부결되었다. 그런데 자유당이 수학에서 4 이하의 수는 버린다는 •사사오입(반올림)의 논리를 내세워 135명의 찬성표만으로도 개헌안이 •가결되었다고 다시 선포하였다(사사오입 개헌).

제3대 대통령 선거가 치러진 1956년, 이승만은 또다시 대통령에 당선되었다. 이때 무소속의 조봉암이 총 •유효 투표의 30%에 해당하는 많은 표를 얻으며 강력한 도전자

- 부진하다 to be sluggish; to be weak
- 국방비 defense budget
- 온전하게 fully; completely
- 정경 유착 political-business collusion
- 대거 on a large scale
- 당선되다 to be elected
- 직선제 direct election system
- 개헌안 constitutional amendment bill
- 연행하다 to arrest; to detain
- 공포스러운 terrifying; frightening
- 초대 first
- 부결되다 to be voted down; to be rejected
- 사사오입 rounding half up
- 가결되다 to be passed; to be approved
- 유효 valid

로 떠오르자, 위기를 느낀 이승만 정부는 •간첩 혐의를 조작하여 그를 처형하였다.

1960년의 대통령·부통령 선거에서 •야당 후보가 갑자기 사망함에 따라 단독 대통령 후보가 된 이승만의 당선이 확실시되었다. 그럼에도 당시 84세였던 이승만의 건강에 문제가 생기면 대통령직을 이어받는 부통령에 •여당의 이기붕을 당선시키기 위해 이승만 정부는 온갖 부정 행위를 저질렀다(3·15 부정 선거). 이 때문에 부정 선거를 •규탄하는 시위가 일어났다. 이때 경찰이 발포한 •최루탄에 맞아 사망한 김주열 학생의 시신이 4월 11일 경상남도 마산 앞바다에서 발견되었다. 정부는 마산 시민들의 시위 •배후에 공산당이 있다며 탄압하였지만 시위는 전국으로 퍼져 나갔다.

4월 19일에 서울에서만 10만 명이 넘는 학생과 시민이 참가하는 등 전국적으로 시위가 격화되었다(•4·19 혁명). 이승만 정부는 계엄을 선포하고 강경하게 대응하였다. 이날 경찰의 발포로 서울에서 100명 넘게 사망하는 등 시위 참여자에 대한 탄압이 극심했지만, 민주화를 요구하는 시위는 계속되었다. 4월 25일 대학 교수단을 비롯한 국민들은 이승만의 퇴진을 요구하였고, 출동한 계엄군도 중립적 태도를 지켰다. 결국 이승만은 4월 26일 대통령직에서 물러났다. 4·19 혁명은 부패한 •독재 정권을 학생과 시민이 무너뜨린 민주 혁명으로, 한국 민주주의에 새로운 •전기(轉機)를 마련하였다.

4·19 혁명 이후 임시로 구성된 허정 •과도 정부는 국회 다수당을 중심으로 행정부를 구성하는 •내각 책임제와, 국회를 상·하원으로 구성하는 •양원제로 개헌하였다. 그다음 치러진 총선거에서 민주당이 승리하였고, 윤보선이 제4대 대통령에 당선되었다. 내각 책임제하에서 실질적 행정 •수반인 장면 총리가 여러 정책들을 주도적으로 실시하였다. 대표적으로 1960년에 지방 자치제를 실행하고 1961년에 경제 개발 5개년 계획의 초안을 마련하였으며, 국토 건설 사업도 추진하였다. 그러나 장면 내각이 부정 선거의 책임자와 부정 •축재자에 대한 처벌에 소극적인 데다가, 각계각층에서 민주화를 요구하는 목소리가 커지며 시위가 계속되었다.

Vocabulary

- 간첩 spy; agent
- 규탄하다 to condemn
- 4·19 혁명 April 19 Revolution
- 과도 정부 interim government
- 수반 head; leader
- 야당 opposition party
- 최루탄 tear gas
- 독재 정권 dictatorship
- 내각 책임제 parliamentary cabinet system
- 축재자 wealth accumulator
- 여당 ruling party
- 배후 mastermind
- 전기 turning point
- 양원제 bicameral system
- 무질서 chaos

5·16 군사 정변과 군정

박정희를 비롯한 일부 군인들이 장면 내각의 무능력과 사회의 •무질서 등을 이유로 1961년 5월 16일에 군사 정변을 일으켰다. 이로써 권력을 잡은 세력은 반공을 국정의 근본 방향으로 내건 〈혁명 공약〉을 발표하고, 전국에 •비상계엄을 선포하였다. 이들은 •국가 재건 최고 회의를 만들어 군정을 실시하였으며, 대법원장을 •해임하고 모든 정당과 사회단체를 해산하였다.

군사 정부는 •사회 정화 사업이라는 이름으로 •불량배를 소탕하고 부정 축재자를 처벌하였다. 또한 •농어촌의 •고리채를 줄여 주고 •중소기업에 대한 지원을 확대하면서 일시적으로 국민들의 호응을 얻기도 하였다. 그러나 군사 정부는 •중앙정보부를 조직하여 정치인, 학생 운동과 통일 운동의 지도자, 각계각층의 중요 인물을 통제하고 감시하였다. 이와 동시에 비판적인 언론을 탄압하고 언론인의 활동을 통제하였다. 이로써 민주화를 꿈꾸었던 4·19 혁명의 정신이 부정되고 말았다.

군사 정부는 비밀리에 민주 공화당을 만들었고, 국민의 직접 선거로 선출되는 •대통령 중심제로 헌법을 개정하였으며, 국회 의원 선거에 •전국구 비례 대표 제도를 도입하였다. 그리고 1963년에 치러진 대통령 선거에 민주 공화당 후보로 박정희가 •출마하여 제5대 대통령으로 당선되었다.

Q 다음 제시어와 알맞은 뜻풀이를 찾아 연결해 봅시다.

(1) 규탄하다 •   • ㉠ 빼앗겼던 것을 도로 빼앗아 찾다.

(2) 탈환하다 •   • ㉡ 잘못이나 옳지 못한 일을 잡아내어 따지고 나무라다.

A (1)-㉡ (2)-㉠

- 비상계엄 emergency martial law
- 국가 재건 최고 회의 Supreme Council for National Reconstruction
- 해임하다 to dismiss; to remove
- 사회 정화 사업 Social Purification Project
- 불량배 thug
- 농어촌 agricultural and fishing area
- 고리채 usurious loan; loan shark debt
- 중소기업 small and medium enterprise
- 중앙정보부 Korean Central Intelligence Agency
- 대통령 중심제 presidential system
- 전국구 비례 대표 제도 nationwide proportional representation system
- 출마하다 to enter the race (as a candidate)

유용한 표현 Expressions

1 N+을/를 내걸다 (to advocate; to promote)

- 한국은 북진 통일을 내걸고 국군을 창설하여 국방력을 강화하였다.
- 유명 연예인이 자신의 이름을 내걸고 음식점을 차렸다.
- 교육청은 '폭력 없는 안전한 학교'라는 목표를 내걸고 학교 폭력을 예방하기 위한 대책 마련에 힘을 쓰고 있다.

---

2 N+을/를 가공하다 (to process)

- 한국에서는 원조 물자를 가공하여 세 가지 흰색 제품을 만드는 삼백 산업이 발달하였다.
- 공장에서 철을 가공하여 다양한 제품을 만들었다.
- 농산물·축산물·수산물 등의 원재료를 가공한 식품은 보존 기간이 길고 조리가 간편하다는 장점이 있다.

---

3 V, Adj+(으)므로 (because; as; since)

- 한국 정부는 경제 수익의 상당 부분을 국방비에 사용해야 했으므로, 이를 산업 시설에 온전하게 재투자할 수 없었다.
- 그는 누구보다 부지런하므로 성공할 가능성이 크다.
- 기침이나 재채기를 할 때 나오는 침방울로 독감에 걸릴 수 있으므로, 마스크를 쓰는 것이 필요하다.

4 N+(으)로 떠오르다 (to emerge; to arise)

- 무소속의 조봉암이 총 유효 투표의 30%에 해당하는 많은 표를 얻으며 강력한 도전자로 떠오르자, 위기를 느낀 이승만 정부는 간첩 협의를 조작하여 그를 처형하였다.
- 관객 동원 순위 1위를 차지한 그 영화의 출연 배우가 차세대 스타로 떠오르고 있다.
- 선거를 앞두고 부동산 정책이 핵심 쟁점으로 떠올랐다.

---

5 V, Adj+(으)ㄴ 데다가, N+인 데다가 (in addition; as well as)

- 장면 내각이 부정 선거 책임자와 부정 축재자에 대한 처벌에 소극적인 데다가, 각계각층에서 민주화를 요구하는 목소리가 커지며 시위가 계속되었다.
- 배가 고파서 밥을 급하게 먹은 데다가 많이 먹어서 결국 배탈이 났다.
- 주말인 데다가 날씨도 좋아서 놀이공원에 사람들이 정말 많았다.

---

6 N+을/를 소탕하다 (to wipe out; to eliminate)

- 군사 정부는 사회 정화 사업이라는 이름으로 불량배를 소탕하고 부정 축재자를 처벌하였다.
- 신고를 받고 출동한 경찰이 은행 강도를 완전히 소탕하였다.
- 국내로 마약류를 밀반입한 판매 조직을 소탕한 경찰관이 공로를 인정받아 특별 승진하였다.

※ 본문을 읽고 다음 질문에 답해 봅시다.

1. 다음 자료를 읽고, 빈칸에 들어갈 알맞은 말을 써 봅시다. (　　　　)

〈8·15 □□〉

- 1945년 8월 15일, 한국이 일본의 식민지에서 해방되었다.
- 이는 한국인들이 끈질기게 독립운동을 벌이고 제2차 세계 대전에서 연합국이 승리함으로써 얻은 결과였다.
- 한국은 8월 15일을 기념하여 '광복절'로 지정하였다.

2. 다음 빈칸에 공통으로 들어갈 말을 써 봅시다. (　　　　)

- 광복 이후 개최된 모스크바 3국 외상 회의에서 한국에 민주적인 임시 정부 수립, 미·소 공동 위원회 설치, 최고 5년간의 (　　　　) 실시 등이 결정되었다.
- 우익 세력은 (　　　　)을/를 반대하는 반탁 운동을 전개하였다.
- 좌익 세력도 처음에는 (　　　　)에 반대하였다. 이후 좌익 세력은 입장을 바꾸어 모스크바 3국 외상 회의의 결정을 지지하면서 우익 세력과 대립하였다.

3. 다음 자료의 밑줄 친 '나'가 누구인지 골라 봅시다. (　　)

- 나는 일제 강점기에 한인 애국단을 조직하였다.
- 나는 광복 이후에 개인 자격으로 한국에 돌아왔다.
- 나는 통일 정부를 수립하기 위해 김규식과 함께 남북 협상에 참여하였다.

| ⓒ한국학중앙연구원

① 김구　　② 김일성　　③ 여운형　　④ 이승만

4. 다음 자료를 보고, ㉠에 들어갈 전쟁이 무엇인지 골라 봅시다. (　　)

〈사진으로 보는 (　　㉠　　)〉

폐허가 된 서울 시가지의 모습
© 한국학중앙연구원

맥아더 장군이 지휘한 인천 상륙 작전
© 한국학중앙연구원

① 신미양요　② 6·25 전쟁　③ 제2차 세계 대전　④ 아시아·태평양 전쟁

5. 다음 내용이 옳으면 ○, 틀리면 ×로 표시해 봅시다.

(1) 6·25 전쟁이 일어나자 한국을 돕기 위해 유엔군이 파견되었다. (　　)

(2) 광복 이후 북위 38도선 북쪽에는 미군이, 남쪽에는 소련군이 주둔하였다. (　　)

6. 다음 자료를 읽고, 빈칸에 알맞은 말을 써 봅시다. (　　　　)

〈(　　　　　) 혁명〉

1960년 3월 대통령과 부통령 선거에서 이승만 정부가 저지른 부정 선거로 인해 이를 규탄하는 시위가 전국 곳곳에서 일어났다. 이때 실종되었던 김주열 학생의 시신이 4월 11일 경상남도 마산 앞바다에서 발견되어 시위는 더욱 확산되었다. 4월 19일에는 전국적으로 수십만 명의 인원이 참가한 대규모 시위가 일어났다. 대학 교수단을 비롯하여 국민들이 이승만의 퇴진을 계속 요구하여, 이승만은 대통령 직에서 물러났다.

1. 광복 2. 신탁 통치 3. ① 4. ② 5. (1) ○ (2) × 6. 4·19

주제 1 역사와 기억 1

1. 다음은 서울 서대문구에 위치한 서대문 형무소 역사관의 자료입니다. 이를 참고하여, 세계 지역에서 고통의 역사를 기억하는 장소 중 하나를 조사한 후 그 장소가 후세에게 어떤 의미를 주는지 요약하여 써 봅시다.
Read the following information about the Seodaemun Prison History Hall in Seodaemun-gu, Seoul. Then, research another historic site somewhere in the world that commemorates the history of suffering. Write a summary explaining what that site represents and why it is meaningful to future generations.

지금의 서대문 형무소(서대문 형무소 역사관)의 외관과 내부 모습
© 국가유산청

서대문 형무소는 1908년 일본이 세웠던 교도소로, 1987년까지 사용되었다. 이곳은 일제 강점기의 수많은 항일 독립운동가들이 수감되어 고문당하고, 광복 이후에는 독재 군사 정권에 맞서 싸운 민주화 운동가들이 갇혔던 한국 역사의 가슴 아픈 장소이다. 이후 이곳은 역사의 현장을 보존하고 희생자들을 기억하기 위해 '서대문 형무소 역사관'으로 바뀌어 운영되고 있다.

▶

2. 1번을 친구들에게 발표해 봅시다.
Present your writing to the class.

주제 2 역사와 기억 2

1. 다음 자료를 참고하여 한국인들에게 전하고 싶은 이야기를 편지글로 써 봅시다.
Look at the pictures and compare them. Then, write a letter expressing what you would like to convey to the people of Korea.

경기도 파주시 도라산에 있는 도라 전망대에서 바라본 비무장 지대의 모습
ⓒ 경기도

독일의 동베를린과 서베를린 사이를 막고 있던 베를린 장벽이 무너진 모습
ⓒ 셔터스톡

▶

2. 1번을 친구들에게 발표해 봅시다.
Present your writing to the class.

14

현재와 미래의 한국

Korea's Present and Future

학습 목표
Learning Objectives

1. 정치적·경제적 발전과 함께 문화 강국으로 나아가는 현대 한국을 이해하고 설명할 수 있다.
2. 세계적으로 부상하는 K-컬처를 조사하여 쓰고 이야기할 수 있다.

생각 열기
Warm Up

1. 연표상 정치적·경제적 발전과 함께 문화 강국으로 나아가는 현대 한국과 동시대 세계사 항목을 비교하며 살핀 후, 여러분의 고향 혹은 알고 있는 나라에 대해 추가하고 싶은 내용을 표시해 봅시다.
2. 연표에 등장하는 정치적·경제적 발전과 함께 문화 강국으로 나아가는 현대 한국을 살펴, 알고 있는 항목이 무엇인지 말하고 친구가 말하는 항목은 별도로 표시해 봅시다.
3. 정치적·경제적 발전과 함께 문화 강국으로 나아가는 현대 한국을 이해할 수 있는 핵심 용어 중 알고 있는 것을 표시해 봅시다.

한국사 History of Korea	연표 Timeline	세계사 History of the World
제1차 경제 개발 5개년 계획	1962년	
〈한·일 기본 조약〉의 체결	1965년	
	1969년	[미국] 〈닉슨 독트린〉의 발표
〈7·4 남북 공동 성명〉의 발표, 〈유신 헌법〉의 제정	1972년	
	1973년	제1차 석유 파동
부마 민주 항쟁, 10·26 사태, 12·12 군사 반란	1979년	
5·18 민주화 운동	1980년	
6월 민주 항쟁, 〈6·29 민주화 선언〉의 발표	1987년	
서울 올림픽 대회의 개최	1988년	
	1990년	[독일] 독일 통일
남북한의 유엔 동시 가입, 〈남북 기본 합의서〉의 발표	1991년	소련의 해체
	1995년	세계 무역 기구의 출범
〈6·15 남북 공동 선언〉의 발표, 김대중의 노벨 평화상 수상	2000년	
	2001년	[미국] 9·11 테러 발생
한·일 월드컵 대회의 개최	2002년	
	2011년	[일본] 동일본 대지진 발생
평창 동계 올림픽 대회의 개최, 〈판문점 선언〉의 발표	2018년	
	2022년	러시아·우크라이나 전쟁
한강의 노벨 문학상 수상	2024년	

| 서울 올림픽 대회의 마스코트 호돌이 © 국립민속박물관

핵심 용어 Keywords

- ☐ 5·18 민주화 운동
- ☐ 금융 실명제
- ☐ 부마 민주 항쟁
- ☐ 유신 체제
- ☐ 〈6·29 민주화 선언〉
- ☐ 긴급 조치
- ☐ 비핵화
- ☐ 재벌
- ☐ 6월 민주 항쟁
- ☐ 남북 정상 회담
- ☐ 신군부
- ☐ 전태일 분신 사건
- ☐ K-컬처
- ☐ 민주화 운동
- ☐ 외환 위기
- ☐ 한류

K-컬처 K-culture

K-컬처란 세계에 전파된 '한국의 문화'를 뜻하는 말이다. 1990년대 후반부터 한국의 드라마가 아시아에서 인기를 얻었고, 2000년대 이후로는 한국 아이돌의 춤과 노래도 세계적으로 크게 유행하고 있다. 이외에도 게임·웹툰·식품·화장품 및 의류 등 한국의 다양한 문화 콘텐츠가 K-컬처로서 세계인의 관심을 모으고 있다.

K-culture refers to Korean culture that has spread across the world. Since the late 1990s, Korean dramas have gained popularity in Asia, and since the 2000s, the dances and songs of Korean idols have become popular worldwide. In addition, various cultural contents from Korea, such as games, webtoons, food, cosmetics, and clothing, are attracting global attention as part of K-culture.

긴급 조치 Emergency Measures

긴급 조치는 1972년 〈유신 헌법〉에 규정된 대통령의 권한으로, 국가 비상사태 시 헌법 질서를 정지시키고 국가 긴급권을 행사하는 것이다. 한국은 1970년대에 박정희 정부의 독재적인 장기 집권에 대항하는 민주화 시위가 빈번했는데, 정부는 사회 질서를 유지한다는 이유로 여러 차례 긴급 조치를 발동시켰다.

Emergency measures, a presidential authority specified in the "Yushin Constitution of 1972," refer to the suspension of the constitutional order and the exercise of national emergency powers during a national crisis. In the 1970s, Korea witnessed frequent pro-democracy protests against the dictatorship of President Park Chung-hee's administration, and the government invoked emergency measures several times to maintain social order.

민주화 운동 Democratization Movement

1960~1970년대에 걸쳐 한국에서 군정에 의한 독재 체제가 이어지자, 국민들은 민주화 운동으로 대항하였다. 1979년 10월 16일에 일어난 부마 민주 항쟁은 부산과 경상남도 마산의 시민과 학생들이 박정희 정부의 독재에 반대한 민주화 운동이었다. 정부의 강력한 탄압에 시위는 며칠 만에 진압되었으나, 직후 10·26 사태가 일어나 박정희가 사망하고 독재 정권도 끝이 났다. 그런데 12·12 군사 반란으로 권력을 잡은 신군부의 전두환 또한 독재 체제를 유지하려 들자, 1980년 5월 18일 전라남도 광주(지금의 광주광역시)의 시민과 학생들이 전두환 정부의 민주화 운동 탄압에 저항하며 시위를 벌였다. 정부의 무력 진압에 의해 많은 광주 시민들이 피해를 입었던 5·18 민주화 운동은 이후에 일어난 한국 민주화 운동의 밑거름이 되었다. 1987년에는 전국적으로 100만 명이 넘는 국민들이 참여한 6월 민주 항쟁이 일어났으며, 한국 정부는 전 국민의 강력한 민주화 요구에 따라 〈6·29 민주화 선언〉을 발표하였다.

As the dictatorship of the military government continued in Korea during the 1960s and 1970s, people protested through the democratization movement. The Busan–Masan Democratic Uprising, which took place on October 16, 1979, was a democratization movement in which citizens and students in Busan and Masan, Gyeongsangnam-do, opposed the dictatorship of President Park Chung-hee's government. The protests were suppressed within a few days due to strong government oppression, but shortly afterward, the October 26 Incident occurred, resulting in Park Chung-hee's death and the end of his dictatorship. However, Chun Doo-hwan of the New Military Group, who came to power through the December 12 Military Coup, also sought to maintain a long-term dictatorship. In response, citizens and students in Gwangju, Jeollanam-do, protested against the Chun Doo-hwan administration's suppression of the democratization movement on May 18, 1980. The May 18 Democratic Uprising, which caused severe suffering among Gwangju citizens due to government violence, laid the groundwork for the subsequent democratization movements. This ultimately led to the June Democratic Uprising in 1987, in which over a million people participated nationwide. In response to strong demands from across the nation, the government issued the "June 29 Declaration for Democracy."

재벌 Chaebol

재벌이란 여러 개의 기업을 거느리며 경제적으로 큰 영향력을 행사하는 자본가·기업가 집단을 말한다. 한국의 재벌은 1960~1970년대 정부 주도의 경제 개발 정책의 실시와 함께 빠르게 성장하여 2000년대 이후 글로벌 기업으로 성장하였다. 하지만 이들은 문어발식 경영 및 정경 유착 등과 같은 문제를 일으키기도 하였다.

Chaebol refers to a group of capitalists and entrepreneurs who wield significant economic influence through multiple companies. Korean chaebol grew rapidly with the implementation of government-led economic development policies in the 1960s and 1970s, and since the 2000s many have expanded into global corporations. However, they have also caused problems such as indiscriminate overexpansion and collusion between politics and business.

전태일 분신 사건 Jeon Tae-il's Self-immolation Incident

1970년에 공장 노동자인 전태일은 〈근로 기준법〉을 지켜 달라고 요구하며 스스로 몸에 불을 붙여 생을 마감하였다. 전태일 분신 사건은 당시 노동자의 열악한 근무 환경과 낮은 임금 및 인권 침해 문제를 사회에 알리는 계기가 되었고, 이후 한국 노동 운동의 발전에 큰 영향을 끼쳤다.

In 1970, Jeon Tae-il, a factory worker, ended his life by setting himself on fire to demand compliance with the "Labor Standards Act." The Jeon Tae-il's Self-immolation Incident served as a turning point, drawing society's attention to the poor working conditions, low wages, and human rights violations faced by workers at the time. It had a profound influence on the development of the labor movement in Korea.

1 '한강의 기적'이란 무엇일까?

◆ '한국의 급속한 경제 발전'을 의미하는 '한강의 기적'은 어떻게 가능했을까?

1960년대 이후 경제의 고도성장

박정희 정부는 1962년부터 제1차 경제 개발 5개년 계획을 추진하였다. 정부는 •수입 대체 산업을 •육성하여 •자립 경제를 •달성하려 목표하였으나, 자금 부족 등으로 어려움을 겪으며 1964년부터 •수출 주도형 •공업화 전략을 추진하였다.

박정희 정부는 일본과의 •국교 정상화 과정에서 식민 지배의 피해 보상에 대한 •청구권 문제를 경제 협력 방식으로 해결하려고 하였다. 이에 •굴욕 외교라는 •비난이 거세지며 1964년 6월 3일 대학생들이 대대적인 시위를 일으켰고, 박정희 대통령은 •비상계엄을 선포하고 군대를 동원해 시위를 진압하였다. 박정희 정부는 1965년에 〈한·일 기본 조약〉을 체결하고 일본으로부터 총 8억 달러의 경제 협력 자금을 받았다. 이를 통해 경제 성장을 위한 자금 부족이 해소된 면도 있었으나, 이 조약에 일본이 침략하여 한국을 식민지로 삼은 데 대한 사과와 배상의 내용을 •명시하지는 못하였다.

미국은 베트남 전쟁에 한국군을 파병할 것을 요구하였고, 주한 미국 대사인 브라운은 1966년 〈브라운 각서〉를 통해 한국군의 •현대화 지원과 한국의 수출 진흥을 위한 기술 원조를 강화하겠다고 약속하였다. 그 대가로 한국은 1973년까지 32만여 명의 한국군을 베트남으로 파병하고 •전쟁 특수를 누렸다. 그러나 베트남 전쟁에서 5천여 명의 한국군 희생자가 발생하였고, 지금도 이와 관련한 여러 문제들이 남아 있다.

이 시기 박정희 정부는 경제 개발을 위한 원조 및 •외화 획득을 목적으로 2만 명에 가까운 •광부와 간호사 인력을 •서독으로 파견하였다. 이들이 현지에서 일하며 받은 월급을 한국으로 •송금하면서 이 자금 역시 한국의 경제 발전에 큰 도움이 되었다.

Vocabulary

- 수입 대체 산업 import substitution industry
- 육성하다 to foster
- 자립 경제 self-reliant economy
- 달성하다 to achieve
- 수출 주도형 export-led; export-oriented
- 공업화 industrialization
- 국교 정상화 normalization of diplomatic relation
- 청구권 right of claim; claim right
- 굴욕 외교 humiliating diplomacy
- 비난 criticism
- 비상계엄 emergency martial law
- 명시하다 to specify; to stipulate
- 현대화 modernization
- 전쟁 특수 war-time economic boom

한국 경제가 성장하면서 •원자재와 •중간재 등의 수입이 매년 증가하자, 수출 기업의 •재무 구조가 악화되고 대규모 차관은 •외채의 증가로 이어졌다. 이에 정부는 수출 자유 지역을 설정하여 외국인의 투자를 유치하고, 모든 생산품을 국외로 수출하도록 하였다.

이와 같은 1960~1970년대의 수출 주도형 경제 개발에 국민들의 노력이 더해져 한국이 •고도성장을 이룬 것을 '한강의 기적'이라고 부른다. 한국의 경제는 제1·2차 경제 개발 5개년 계획을 실시하는 동안 각각 연평균 8.5%와 9.7%라는 높은 경제 성장률을 기록하였다. 이에 따라 수입에 의존하던 •경공업 산업 부문에서 국산화가 이루어졌다. 한국 경제는 중화학 공업 분야로 진출하였고, 재벌이 중요 생산재를 생산해 국가 산업의 기초가 되는 •기간산업의 •주역으로 등장하였다.

서울의 한강

© 셔터스톡

서울의 중심부를 동서로 가로지르는 한강은 한국의 중심지로서, 현대 한국의 급속한 경제 발전을 이에 비유하여 '한강의 기적'이라고 말한다.

박정희 정부는 1972년부터 시작된 제3차 경제 개발 5개년 계획에서 집중적으로 중화학 공업의 육성을 추진하였다. 이에 따라 석유 화학·조선·철강·전자·자동차 분야가 큰 발전을 이루었다. 이제 경공업보다 수출 비중이 높아진 중화학 공업은 한국 경제의 버팀목이 되었다.

정부 주도의 경제 성장 정책과 대규모 자본이 필요한 중화학 공업의 특성상 재벌의 규모는 더욱 커졌으며, 정경 유착의 문제가 발생하였다. 이러한 경제 성장의 과정에서 소외된 노동자와 농민은 자신들의 요구 조건을 내걸고 적극적으로 저항하였다.

한국 경제는 1973년 •중동 지역으로부터의 석유 공급이 부족해져 가격이 폭등한 제1차 석유 파동으로 위기에 •직면하였으나, 중동 지역의 건설 공사를 맡아 막대한 외화를 벌어들이며 이를 극복하였다. 1973년에서 1979년간 한국 경제는 연평균 9%의

- 외화 foreign currency
- 송금하다 to send money; to remit money
- 재무 구조 financial structure
- 경공업 light industry
- 주역 leading role
- 광부 miner
- 원자재 law materials
- 외채 foreign debt
- 기간산업 basic industries; essential industries
- 중동 Middle East
- 서독 West Germany
- 중간재 intermediate goods
- 고도성장 rapid economic growth
- 직면하다 to face

고도성장을 이루었을 정도였는데, 1978년 말에 일어난 제2차 석유 파동과 중화학 공업으로의 과잉 투자에 따른 •경기 불황으로 다시 위기를 맞았다.

3선 개헌과 유신 체제

1967년 제6대 대통령 선거에서 •재선에 성공한 박정희는 군사 동원 체제를 수립하기 위해 국가 비상사태가 발생하면 고향 땅이나 거주 지역 등의 향토 방위를 위해 소집되는 •향토 예비군을 1968년에 창설하고, 고등학교에서부터 •교련 교육을 확대 실시하였다. 이에 더하여 국민 모두가 •반공정신을 갖추고 국가에 충성하도록 요구하는 〈국민 교육 헌장〉을 제정하였다. 박정희 정부는 국가 •안보와 지속적인 경제 개발을 명분으로 야당과 시민의 반대를 억누르고, 대통령의 3선 •연임이 가능하도록 1969년에 헌법을 개정함으로써(3선 개헌) 장기 집권의 제도적 •장치를 마련하였다.

이 시기에 한국에서는 저임금·장시간의 노동 문제와 도시 개발 과정에서 밀려난 빈민 문제 등이 대두되었다. 더불어 장기 집권에 대한 국민들의 불만이 높아지는 가운데 1971년 대통령 선거가 치러졌다. 결과적으로 박정희가 제7대 대통령에 당선되었으나, 빈부 격차의 해소·한반도 안보의 보장·향토 예비군의 폐지 등을 주장한 야당의 김대중 후보에게 •근소한 표 차이로 이긴 힘겨운 선거였다.

다음 해인 1972년 10월 17일 박정희 정부는 국가 안보 위기와 체제 정비를 이유로 비상계엄을 선포하고, 국회를 해산함과 동시에 모든 정치 활동을 금지하였다. 박정희 정부는 '한국적 민주주의를 실현하고 평화 통일과 남북 대화를 뒷받침한다.'라는 명목으로 헌법 •개정안을 발표하였고, 11월 21일 •국민 투표를 통해 〈•유신 헌법〉으로의 개헌을 확정하였다. 국민 투표는 헌법 개정처럼 중요한 사항이나 핵심 정책에 대해 국민이 찬성과 반대를 표시하고 직접 내용을 결정하는 것인데, 비상계엄하에 이루어진 당시 국민 투표는 독재 정권의 정당성을 확보하는 수단으로 활용되었다.

Vocabulary

- 경기 불황 economic recession
- 교련 military training in high schools
- 안보 security
- 근소한 slight; marginal
- 유신 헌법 Yushin (Revitalizing Reform) Constitution
- 재선 re-election
- 반공정신 anti-communist spirit
- 연임 consecutive term
- 개정안 amendment
- 향토 예비군 Republic of Korea Reserve Forces
- 장치 mechanism; framework
- 국민 투표 referendum; national vote
- 영구적 permanent

박정희는 〈유신 헌법〉을 근거로 통일 주체 국민 회의에서 6년 임기의 제8대 대통령으로 선출됨으로써 •영구적 집권이 가능해졌다. 유신 체제의 대통령은 긴급 조치 권한으로 각종 법률의 •효력을 대통령 •임의대로 정지시킬 수 있었으며, •국회 해산권을 가졌고 국회의원 가운데 3분의 1을 추천할 수 있었다.

이러한 박정희의 유신 체제를 반대하는 움직임은 대학생들로부터 시작되어 1973년에 '개헌 청원 백만인 서명 운동'으로 이어졌다. 1974년부터 박정희 정부가 긴급 조치를 잇따라 선포하며 개헌 논의를 금지시켰으나, 사회 각계각층에서 유신 체제에 반대하는 민주화 운동이 끊임없이 이어졌다. 이에 박정희 정부는 여러 사건을 조작하여 민주화 운동을 탄압하였고, 1975년에도 긴급 조치를 선포하여 〈유신 헌법〉에 반대 또는 개정 요구를 하거나 이에 대해 보도하면 •영장 없이 체포·구속·압수·•수색이 가능하도록 하였다. 긴급 조치는 재판 없이 비상 군법 회의에서 국민을 처벌할 수 있어 국민의 기본권을 크게 제약하였다. 이에 •재야인사들은 긴급 조치의 철폐와 박정희 정권의 퇴진을 주장하는 〈3·1 민주 구국 선언〉을 발표하였다. 그러나 박정희 정부는 국내외의 비판에도 불구하고 권력을 강압적으로 유지하였다.

야당인 신민당이 1978년 총선거에서 여당인 민주 공화당보다 높은 득표율을 획득하자, 박정희의 정권 유지에 위기가 찾아왔다. 급기야 1979년 8월, 신민당 •당사에서 YH 무역 회사의 일방적인 •폐업 결정에 항의하던 여성 노동자들을 박정희 정부가 폭력적으로 진압한 'YH 무역 사건'이 발생하였다. 이때 박정희 정부는 이 사건과 관련하여 정부를 비판한 신민당의 김영삼 •총재를 국회 의원직에서 •제명하였다. 이에 김영삼의 정치적 근거지였던 부산과 경상남도 마산에서 박정희의 퇴진을 요구하는 •부마 민주 항쟁이 일어났다. 정부는 계엄령을 선포하는 등 강력하게 이를 진압하였다. 그 과정에서 정권 내부에 •균열이 생겨 박정희 대통령이 총에 맞아 사망한 10·26 사태가 발생하였고, 유신 체제도 막을 내렸다.

- 효력 validity
- 임의대로 at one's discretion; arbitrarily
- 국회 해산권 power to dissolve the National Assembly
- 영장 warrant
- 수색 search
- 재야인사 activist outside mainstream politics
- 당사 party headquarters
- 폐업 business closure
- 총재 party leader
- 제명하다 to expel
- 부마 민주 항쟁 Busan-Masan Democratic Uprising
- 균열 crack; rift

신군부와 '서울의 봄'

1979년 10·26 사태를 계기로 비상계엄이 선포된 가운데, 사회 곳곳에서 민주화를 위한 논의가 활발하게 일어났다. 통일 주체 국민 회의의 결정으로 대통령직은 최규하 국무총리가 이어받았으나, 곧이어 전두환과 노태우를 비롯한 •신군부 세력이 권력을 장악한 12·12 군사 반란이 발생하였다.

1980년 3월 새 학기가 시작되면서 대학생들은 •학내 민주화를 요구하고, 언론 자유의 보장·비상계엄의 철폐·전두환의 퇴진·민주 •헌정 체제의 회복을 요구하는 시위에 나섰다. 5월 15일, 10만여 명의 시민과 학생들이 모인 서울역 앞 시위를 비롯해 전국에서 비상계엄의 철폐를 요구하는 시위가 이어졌고, 유신 체제에 저항했던 민주화 세력과 대학교수들도 이들에게 •동조해 •시국 선언을 하였다. 이렇듯 1979년 10월 26일부터 1980년 5월 17일 사이에 활발하게 이루어진 민주화를 향한 희망적인 움직임을 '서울의 봄'이라고 부른다. 이는 1968년 체코슬로바키아에서 일어난 민주화 운동인 '프라하의 봄'에 •빗댄 표현이다. 신군부는 이러한 저항에도 불구하고 1980년 5월 17일에 비상계엄을 전국으로 확대하고 모든 정치 활동을 금지하였다. 또 국회와 대학을 •폐쇄하고, 민주화 운동을 하던 사람들을 체포하였다.

◆ 독재 체제에 저항하는 민주화 운동의 모습은 어떠했을까?

5·18 민주화 운동

전라남도 광주(지금의 광주광역시)의 학생과 시민들은 1980년 5월 18일부터 신군부의 민주화 운동 탄압에 저항하며 시위를 벌였다. 신군부는 광주에 •공수 부대를 계엄군으로 •투입하였다. 계엄군은 시위대를 •무차별적으로 폭행하였으며, 1980년 5월 21일 시민들에게 집단 발포를 하여 수많은 사상자가 발생하였다. 시위대는 이에 대응하기 위해 무장을 시작하였으며, 계엄군이 •외곽으로 철수한 사이 광주에 있던 전라

Vocabulary

- 신군부 New Military Group
- 학내 on-campus
- 헌정 constitutional politics
- 동조하다 to agree
- 시국 선언 declaration on the current state of affairs
- 빗대다 to compare metaphorically
- 폐쇄하다 to close; to shut down
- 공수 부대 airborne unit; airborne troops
- 투입하다 to deploy; to dispatch
- 무차별적으로 indiscriminately
- 외곽 outskirts
- 도청 provincial government building
- 성숙한 mature
- 시민 의식 civic consciousness

남도 •도청을 접수하였다.

광주 시민들은 시민 수습 대책 위원회를 구성하여 시내 치안을 유지하는 등 스스로 질서를 유지하고 치안을 확보함으로써 •성숙한 •시민 의식과 공동체 정신을 보여주었다. 시민 수습 대책 위원회는 평화로운 수습을 위해 계엄군과 협상을 벌였으나, 계엄군은 5월 27일 새벽에 도청에서 저항하던 시민군을 탱크와 헬리콥터까지 동원하여 •무자비하게 진압하였다.

•5·18 민주화 운동은 그 이후에 일어난 한국 민주화 운동의 •밑거름이 되었다. 또한 일부 대학생은 계엄군의 무력 진압에 대해 •군사 작전권을 가진 미국에도 책임이 있다는 •문제의식을 가지게 되었으며, 이는 한국에 •반미 운동이 나타나는 배경이 되었다.

6월 민주 항쟁

12·12 군사 반란 당시 주도적으로 역할한 전두환은 최규하 대통령을 •사퇴시키고 1980년 8월 통일 주체 국민 회의에서 대통령으로 선출되었다. 그는 곧 대통령 간선제 및 7년 임기를 내용으로 한 개헌을 추진하여 다시 대통령에 당선되었다. 1985년 제12대 총선거에서 야당 정치인들은 김대중과 김영삼을 중심으로 한 신한 민주당을 창당하여 돌풍을 일으켰고, 1986년에 직선제 개헌을 요구하는 '1천만 개헌 서명 운동'을 전개하였다.

1987년 1월에 서울 대학교 박종철 학생이 경찰에게 •고문(拷問)을 당하다가 죽음을 당하는 사건이 벌어졌다. 또한 4월 13일에는 전두환 정부가 모든 개헌 요구를 중단시키고 헌법을 그대로 유지하겠다는 〈4·13 •호헌 조치〉를 발표하여 직선제 요구를 거부하였다. 사회 각계각층은 개헌 수용과 민주화를 요구하는 성명서를 발표하였고, 이후 5월에 박종철 •고문치사 사건의 •진상이 •드러나면서 국민들의 분노가 폭발하였다. 엎친 데 덮친 격으로 1987년 6월 10일에 예정된 '박종철 군 고문 살인 •은폐

- 무자비하게 ruthlessly; brutally
- 밑거름 nourishment; foundation
- 반미 anti-American
- 고문 torture
- 진상 fact; truth
- 5·18 민주화 운동 May 18 Democratic Uprising
- 군사 작전권 operational control
- 사퇴시키다 to force to resign
- 호헌 maintenance of the constitution
- 드러나다 to reveal
- 문제의식 critical mind; awareness of a problem
- 고문치사 death by torture
- 은폐 concealment; cover-up

•규탄 및 호헌 철폐 국민 대회' 전날, 연세 대학교에서 열린 •출정식 시위에서 이한열 학생이 경찰의 최루탄에 맞아 •혼수상태에 빠졌다가 결국 사망하는 일까지 일어났다.

1987년 6월 10일 한국의 전국 18개 도시에서 호헌 철폐·독재 •타도·직선제 •쟁취를 요구하는 항쟁이 발생하였고, 6월 26일에는 100만 명이 넘는 국민이 시위에 참가하였다. 전두환 정부는 국민들의 강력한 민주화 요구에 •굴복하며 〈•6·29 민주화 선언〉을 발표하였다. 여기에는 여당 대통령 후보인 노태우의 이름으로 대통령 직선제 개헌의 수용, 국민 기본권의 보장 등 8개 항의 •수습안이 담겨 있었다. •6월 민주 항쟁을 통해 한국은 민주화에 한걸음 더 다가섰다.

1970~1980년대의 노동 운동

한국의 산업화는 민주화 운동이 한창이던 시기에 급속하게 진행되었다. 당시 도시의 노동자 수는 빠르게 증가하였고, 노동 운동도 활발하게 전개되었다.

1960년대 이후 정부는 •공단(공업 단지)을 건설하여 생산의 •효율성을 높이려고 하였다. 기업은 수출 주도 경제 정책하에 국제 시장에서의 가격 •경쟁력을 확보하기 위해, 노동자의 권리를 제한하고 저임금 정책을 •고수하였다. 노동자들은 산업 발전에 큰 역할을 하였지만, 낮은 임금과 •열악한 작업 환경에서 장시간 노동에 시달렸다.

1970년 전태일 분신 사건을 계기로 노동 조건에 대한 사회적 관심이 높아졌다. 여성 노동자들을 중심으로 노동자의 생존권 보장을 요구하는 투쟁이 늘고, 노동조합을 설립하려는 움직임도 일어났다. 박정희 정부는 노동자의 •단체 행동권과 •단체 교섭권을 제한하는 •특별법을 제정하고 노동 운동을 탄압하였다. 이에 따라 YH 무역 사건처럼 노동 운동이 유신 체제에 반대하는 민주화 운동의 성격을 띠기도 하였다.

1980년대로 들어서며 한국의 노동 운동은 중화학 공업 중심의 경제 정책에 따라 울산·경상남도 창원 등 대규모 •사업장이 •밀집된 지역의 남성 •생산직 노동자를 중심

Vocabulary

- 규탄 condemnation
- 출정식 send-off ceremony
- 혼수상태 coma; unconscious state
- 타도 overthrow; defeat
- 쟁취 securing; attainment
- 굴복하다 to yield
- 6·29 민주화 선언 June 29 Declaration for Democracy
- 수습안 settlement plan; recovery plan
- 6월 민주 항쟁 June Democratic Uprising
- 공단 industrial complex
- 효율성 efficiency
- 경쟁력 competitiveness
- 고수하다 to adhere to; to stick to
- 열악한 poor; inadequate

으로 전개되었다. 1987년의 6월 민주 항쟁은 7월부터 임금 인상, 노동 조건 개선, •인격적 대우 등을 요구하는 노동자 대투쟁으로 이어졌다. •이즈음부터 생산직 노동자뿐만 아니라 학교·금융 기관·병원 등의 •사무직 노동자도 노동 운동에 적극 참여하기 시작하였다. 노동자들은 전국 규모의 조직을 만들어 •단결과 •유대를 강화하였다.

Q 다음 빈칸에 들어갈 문맥상 가장 알맞은 단어를 골라 봅시다. (　　　)

- 박정희 정부는 1970년대에 수시로 긴급 조치를 발표하여 국민들의 (　　　)을/를 탄압하고 기본권을 제약하였다.

① 국민 투표　　② 국회 해산권　　③ 민주화 운동

③ A

2 세계적으로 뻗어 나가는 대한민국의 성장 과정을 알아볼까?

◆ 평화의 길로 나아가는 한국의 모습은 어떠했을까?

민주주의의 발전

한국은 1986년 서울 아시안 게임에 이어 1988년 서울 올림픽 대회를 •성공적으로 개최하였다. 서울 올림픽 대회는 이전에 개최되었던 두 번의 올림픽 대회에서 참가 거부 등으로 •얼룩졌던 세계의 •이념 갈등을 해소하였다는 점에서 큰 의의를 갖는다. 한국은 160개국 1만 3천 명 이상의 선수가 참가한 서울 올림픽 대회에서 종합 4위를 차지하고, 올림픽 대회를 성공적으로 개최함으로써 국제적 •위상이 높아졌다.

한편, 1987년 직선제로 치러진 대통령 선거에서 노태우가 당선되었다. 그는 군부

- 단체 행동권 right to collective action
- 사업장 business establishment
- 인격적 humane
- 단결 unity
- 얼룩지다 to be stained
- 단체 교섭권 right to collective bargaining
- 밀집되다 to be clustered
- 이즈음 at the moment
- 유대 bond; tie; connection
- 이념 갈등 ideological conflict
- 특별법 special law; special act
- 생산직 manufacturing; blue-collar
- 사무직 clerical; office job; white-collar
- 성공적으로 successfully
- 위상 status

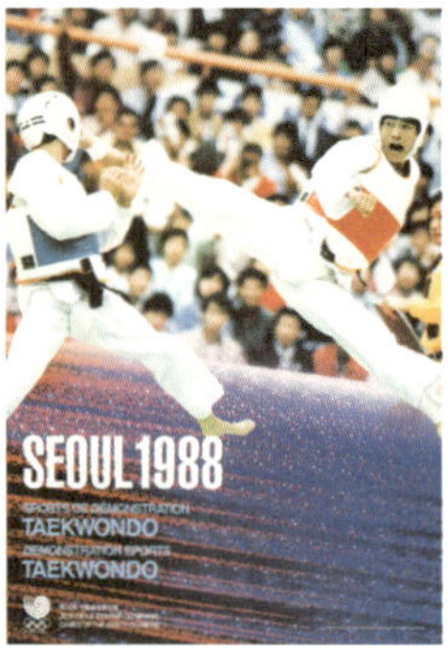

서울 올림픽 대회의 포스터
© 국립민속박물관

출신이지만 국회 청문회를 열어 과거를 청산하고자 하였으며, 북방 정책을 통해 소련·중국 및 동유럽 사회주의 국가들과 외교 관계를 수립하였다. 또한 여소 야대를 돌파하고자 야당의 김영삼·김종필과 '3당 합당'을 하였다.

1992년에는 5·16 군사 정변 후 처음으로 군인이 아닌 민간인 출신의 김영삼이 대통령에 당선되었다. 김영삼 대통령은 집권 초기에 과감한 개혁으로 국민의 지지를 받았다. 그는 금융 실명제와 부동산 실명제를 도입하였고, 전면적인 지방 자치 시대를 열었다. 그러나 임기 말에 국가의 외환 보유 금액이 부족해져 외환 위기를 불러왔다.

1997년에 치러진 선거에서 야당의 김대중 후보가 당선되면서 한국은 최초의 여당과 야당 간 평화적 정권 교체를 이루었다. 1998년에 출범한 김대중 정부는 외환 위기에 따른 경제적 혼란을 수습하고, 남북 간 화해와 협력의 시대를 열었다. 무엇보다도 김대중 대통령은 분단 이후 최초로 남북 정상 회담을 개최하고 〈6·15 남북 공동 선언〉을 발표하는 등 한반도의 평화에 기여한 공로로 노벨 평화상을 받았다.

2003년 취임한 노무현 대통령은 정경 유착의 단절, 권위주의의 청산, 과거사의 정리 등을 위해 노력하였다. 노무현 정부는 남북 경제 협력 사업으로서 북한의 개성에 공단을 조성하여 본격적으로 가동시키고, 남북 정상 회담도 성사시켰다. 야당에 의해 노무현 대통령 탄핵 소추안이 국회를 통과하였으나, 헌법 재판소의 판결에 따라 대통령 지위를 유지한 일도 있었다. 노무현 정부는 해외 파병과 한·미 자유 무역 협정(FTA: Free Trade Agreement)의 체결 등으로 논란을 겪기도 하였다.

2008년에는 이명박이 대통령에 취임하였다. 그는 서울 시장 재임 시기에 청계천 복원 사업과 대중교통 환승 제도 등을 실시하여 국민들의 호응을 얻기도 했지만, 대통령 취임 이후 미국산 쇠고기 수입에 따른 광우병 위험 논란과 한강·낙동강·금강·영산강 정비 목적으로 4대강 사업에 막대한 예산을 들이는 등의 논란도 따랐다.

2013년에 취임한 박근혜 대통령은 대한민국 헌정 사상 최초의 여성 대통령이었다.

Vocabulary

- 청문회 hearing
- 여소 야대 minority ruling party facing a majority opposition
- 과감한 bold; audacious
- 금융 실명제 Real-name Financial System
- 전면적인 full-scale; all-out
- 외환 위기 foreign exchange crisis
- 출범하다 to launch; to inaugurate
- 남북 정상 회담 Inter-Korean Summit
- 공로 contribution
- 권위주의 authoritarianism
- 과거사 past affairs
- 가동시키다 to start up; to launch
- 성사시키다 to accomplish; to negotiate
- 탄핵 소추안 impeachment motion

그런데 2016년 10월, 민간인에 의한 •국정 농단 •의혹 사건이 발생하며 •여론이 급속도로 악화되었다. 결국 2017년 3월 10일 헌법 재판소의 탄핵 •인용에 따라 박근혜는 •현직 대통령으로서 처음으로 •파면되었다.

박근혜 대통령 탄핵 이후의 대통령 선거에서는 문재인이 당선되었다. 2017년 5월에 취임한 문재인 대통령은 2018년 평창 동계 올림픽 대회를 성공적으로 개최하고, 세계적으로 확산된 코로나-19 •감염병 위기를 잘 극복해 냈다는 평가를 받았다.

2022년에는 윤석열이 대통령에 당선되어 취임하였다. 그는 2024년 12월 3일 •위헌·•위법인 비상계엄을 선포하였고, 이로 인해 국회로부터 탄핵 소추안이 가결되어 대통령 권한을 정지당하였다. 헌법 재판소에서 2025년 4월 4일 윤석열 대통령에 대한 탄핵 인용 결정을 •선고한 것에 따라 그는 파면되었다.

2025년 6월 3일 대통령 선거에서 이재명이 대한민국의 제21대 대통령에 당선되었다. 이재명 정부는 '국민이 주인인 나라, 함께 행복한 대한민국'을 국가 비전으로 제시하였다.

경제 성장의 지속과 위기 극복

1980년대 후반 석유 가격과 달러 가치가 하락하고 국제 •금리가 낮게 유지되면서 한국의 경제는 지속적으로 발전하여, 1995년에 1인당 국민 총소득이 1만 달러를 넘어섰다. 한국은 1989년에 아시아·태평양 경제 협력체의 설립에 참여하였고, 1996년에는 주로 선진국으로 구성된 경제 협력 개발 기구(OECD: Organization for Economic Cooperation and Development)에 가입하였다.

그러나 한국은 1997년 외국에 갚아야 할 외환이 부족해져 위기에 직면하였다. 이에 정부는 국제 통화 기금(IMF: International Monetary Fund)으로부터 긴급 •구제 금융을 지원받고, 국민들도 '금 모으기 운동'을 하여 외환을 갚는 데 힘을 보탰다. 이 시

- 헌법 재판소 Constitutional Court
- 국정 농단 abuse of state power
- 인용 upholding; acceptance
- 감염병 infectious disease
- 선고하다 to sentence
- 판결 ruling; judgment
- 의혹 suspicion; doubt
- 현직 current post; incumbent
- 위헌 violation of the constitution
- 금리 interest
- 파병 dispatching troops
- 여론 public opinion
- 파면되다 to be removed; to be ousted
- 위법 illegality
- 구제 금융 bailout; rescue financing

기 기업들이 강도 높은 •구조 조정을 추진하면서 한국 사회에 •정리 해고 제도가 본격적으로 도입되었고, 이로 인해 •실직자가 급증하고 •비정규직 근로자도 늘어났다. 그 결과 소득의 •양극화에 따른 빈부 격차 등 사회 문제가 확산되었다. 정부는 1999년에 〈국민 기초 생활 보장법〉을 제정하여 생활이 어려운 사람들의 최저 생활을 보장하였으며, 국민들 사이에서는 나눔을 실천하려는 자발적 움직임이 일어났다.

한편, 1993년 다국간 무역 협상인 우루과이 라운드가 •타결되어 새로운 무역 질서가 형성되었다. 1995년에 세계 무역 기구(WTO: World Trade Organization)의 출범에 발맞추어 한국 경제의 대외 개방 흐름은 더욱 확대되었는데, 2000년대의 한국은 •반도체·•액정 디스플레이·•선박 건조·자동차 등의 산업이 경쟁력을 갖추며 성장하였다. 또 한국은 2014년에 1인당 국민 총소득이 3만 달러를 넘어서며 선진국으로 진입하였다는 평가를 받았지만, 각종 복지 문제와 양극화 등의 사회 문제도 두드러졌다. 결국 한국 경제는 고도성장을 멈추고 •저성장 •기조로 전환되었고, 2019년에는 성장률이 2%대로 하락하면서 저성장 시대가 본격적으로 시작되었다. 이에는 •저출산·•고령화·제조업 중심으로 •편중된 산업 구조 등이 원인으로 꼽힌다.

2020년대 한국 경제는 반도체와 자동차 등 특정 산업에 치우친 수출 구조로 글로벌 시장의 변화에 취약하였고, 일부 국가에 수출 및 수입 의존도도 심화되었다. 그리하여 오늘날의 한국 경제는 저성장의 심화와 신기술 산업의 부진 속에서 경제의 •외형적 회복과 •내실의 •구축, 혁신 산업과 •친환경 산업의 성장, 사회적 안전망 확대 등 •복합적 과제를 안고 있다.

북한과의 관계

미국과 소련 사이에 형성되었던 •냉전 체제는 1991년 소련의 해체로 종결되었다. 이 무렵 한국과 북한은 고위급 회담을 진행하였고, 1972년 〈7·4 남북 공동 성명〉을 발표

Vocabulary

- 구조 조정 restructuring
- 정리 해고 layoff
- 실직자 unemployed person
- 비정규직 non-regular worker
- 양극화 polarization
- 타결되다 to be reached; to be concluded
- 반도체 semiconductor
- 액정 디스플레이 LCD; liquid crystal display
- 선박 건조 shipbuilding
- 저성장 low growth
- 기조 trend; stance
- 저출산 low fertility
- 고령화 population aging
- 편중되다 to be concentrated
- 외형적 superficial

한 이래로 1991년 유엔에 동시 가입한 후 〈남북 기본 합의서〉를 채택함으로써 서로의 체제를 인정하였다. 1992년에는 〈한반도 •비핵화에 관한 공동 선언〉도 채택하였으나, 북한이 핵 개발을 계속 추진하면서 분위기는 다시 급속히 •냉각되었다.

김대중 정부가 '햇볕 정책'이라는 이름의 대북 •포용 정책을 추진함에 따라, 분단 이후 처음으로 2000년에 남북 정상 회담을 개최하여 〈6·15 남북 공동 선언〉을 발표하였다. 이후 이산가족의 만남, 북한에 비료와 식량의 지원, 개성 공단의 조성, 남북 공동 체육 행사 등이 이루어졌다. 노무현 정부 때에는 2007년 〈10·4 남북 공동 선언〉이 발표되었다.

그러나 2008년 이후 북한의 미사일 시험 발사와 핵 실험 등이 계속되어 남북 관계는 다시 •정체에 빠졌고, 미국과 북한의 갈등도 고조되었다. 또한 북한의 핵 문제를 해결하기 위해 2003년부터 진행되어 온 남북한 및 미국·일본·중국·러시아가 참여하는 6자 회담도 중단되었다.

2010년대 이후 남북 관계는 군사적 긴장 •국면과 단기적 평화 국면을 번갈아 오가고 있다. 2010년에 발생한 천안함 •피격과 인천 연평도 •포격 등 북한의 무력 도발로 남북 관계는 •극도로 •경색되었다. 이로 인해 남북의 경제 협력과 민간 교류는 급격히 위축되고, 개성 공단도 위기에 처하였다. 이명박·박근혜 정부 시기에도 북한의 미사일 시험 발사와 핵 실험이 이어지면서 한반도는 사실상 신냉전 구도로 재편되었다.

2018년 평창 동계 올림픽 대회를 계기로 남북 정상 회담이 이루어졌고, 〈판문점 선언〉 등을 통해 비핵화와 평화 체제 논의가 활발하게 진행되었다. 그러나 2019년 베트남 하노이에서 열린 북·미 정상 회담이 결렬된 후 북한의 태도가 변화하였고, 평화 분위기도 약화되었다. 급기야 북한이 2020년 개성 공단 내 남북 공동 연락 사무소를 폭파한 이후 남북 관계는 급격히 악화되었으며, 이후 남북 관계는 •교착 상태로 현재까지 지속되고 있다.

- 내실 substance; internal stability
- 복합적 complex
- 냉각되다 to cool down
- 국면 phase; situation
- 극도로 extremely
- 구축 construction; establishment
- 냉전 체제 Cold War system
- 포용 embrace
- 피격 attack; strike; hit
- 경색되다 to be strained
- 친환경 eco-friendly
- 비핵화 denuclearization
- 정체 stagnation; standstill
- 포격 artillery fire; bombardment
- 교착 deadlock

◆ 문화 강국으로서 한국 사회의 원동력은 무엇일까?

K-컬처의 시작과 특징

한국은 •초고속 인터넷과 스마트폰 등 새로운 •소통 수단의 등장과 함께 •미디어 산업이 빠른 속도로 발전하였다. 특히 민주화로 인해 표현의 자유가 크게 늘어나자, 한국에는 다양한 소재를 바탕으로 우수한 문화 콘텐츠들이 나타났다.

K-컬처, 즉 '한국의 문화'에 대한 관심과 유행은 1990년대 중국·일본·동남 아시아 국가들에서 한국의 드라마들이 큰 인기를 얻으며 '•한류'라는 이름으로 시작되었다. 이후 한국의 •아이돌 음악이 전 세계적인 인기를 끌고 관련 문화 상품들의 •수출액이 큰 •흑자를 냄과 동시에, 게임·웹툰·방송 등으로 세계인들이 관심을 보이는 분야가 다양하게 늘어났다.

K-컬처가 세계적으로 유행하며 •독창적인 문화 콘텐츠로 자리 잡게 된 •주요한 •원동력으로 •정보 기술 산업의 발전을 기반으로 한 •대중문화의 확산과 한국인 특유의 •역동성과 •창의성을 들 수 있다. 오늘날 K-컬처의 인기에 힘입어 형성된 강력한 세계적 팬덤은 •민간 외교의 역할까지 담당하고 있다.

북촌 한옥 마을
© 셔터스톡
서울의 유명한 관광지이자 인기 영화에도 등장한 북촌 한옥 마을에는 한국의 전통적인 집인 한옥의 모습이 잘 보존되어 있다. 북촌 한옥 마을의 골목길 사이로 남산의 YTN 서울 타워도 볼 수 있다.

K-컬처의 확산

2020년대 이후 한국의 콘텐츠 산업은 •눈부시게 성장하였다. 이제 K-컬처는 다양한 분야에서 세계적인 영향력을 확립하고 있다.

한국의 영화가 세계의 여러 영화제에서 상을 받고, 글로벌 온라인 동영상 서비스(OTT: Over The Top)를 통해 한국의 많은 드라마들이 전 세계 시청자들에게 사랑을 받고 있다. 또 K-팝으로 불리는 한국의 •대중음악이 팝의 •본고장인 미국의 음악 차트 순위에서 1위를 차지하며 그 인기를 •증명하였다. 세계인의 관심은 식품과 의류, 화장품 등

Vocabulary

- 초고속 ultra-high-speed
- 소통 communication
- 미디어 산업 media industry
- 한류 Korean Wave
- 아이돌 idol; pop star
- 수출액 export value; export amount
- 흑자 surplus; profit
- 독창적인 unique
- 주요한 major
- 원동력 driving force
- 정보 기술 산업 information technology industry
- 대중문화 popular culture; mass culture
- 역동성 dynamism; vigor
- 창의성 creativity

낙산 공원의 한양 도성 성곽
© 셔터스톡
서울 종로구 낙산 공원에서 볼 수 있는 한양 도성(지금의 서울)의 성곽 모습이다. 2025년 화제작인 애니메이션 영화 〈케이팝 데몬 헌터스〉에 북촌 한옥 마을과 함께 배경지로 등장해, 외국인 관광객들이 많이 찾고 있다.

으로 늘어나 K-푸드·K-패션·K-뷰티 등으로 불릴 정도이다. 특히 한강 작가가 2024년에 한국 최초이자 아시아 여성 최초로 노벨 문학상을 •수상하면서 한국 문학 작품들도 주목받기 시작하였다.

K-컬처에 대한 세계인의 관심이 •다방면으로 높아짐에 따라 한국어에 대한 관심도 자연스럽게 증가하였다. 해외 대학의 한국(어)학과와 한글 학교, 세종학당 등 한국어 교육 기관도 K-컬처의 영향을 받으며 발전하고 있다. 직접 한국으로 와서 한국어를 공부하려는 외국인 유학생들도 많아졌고, K-컬처를 •체험해 보고 싶어하는 외국인 관광객도 급격하게 늘어났다. 한국 정부는 K-컬처가 관광 산업과 연계될 수 있도록 힘쓰고 있으며, 문화 도시의 육성과 국제 문화 교류 확대 등으로 문화적·경제적 측면 모두에서 •성과를 내고 있다. 그리하여 오늘날 한국은 •다변화된 콘텐츠와 지속적인 혁신으로 글로벌 대중문화의 중심에 •우뚝 서서, 미래 •문화 강국으로서의 •입지를 •공고히 •다지고 있다.

Q 다음 중 '한국의 문화'인 K-컬처와 관련 있는 단어를 모두 골라 봅시다.

(, ,)

① 석유 ② 한류 ③ 아이돌 ④ K-푸드

A ②, ③, ④

- 민간 외교 people-to-people diplomacy
- 본고장 place of origin; birthplace
- 다방면으로 in various fields
- 다변하되다 to diversify
- 입지 position
- 눈부시게 brilliantly
- 증명하다 to prove; to demonstrate
- 체험하다 to experience
- 우뚝 prominently
- 공고히 firmly
- 대중음악 popular music; pop music
- 수상하다 to win; to be awarded
- 성과 achievement
- 문화 강국 cultural powerhouse
- 다지다 to strengthen

1 N+이/가 거세지다 (to be intensified)

- 굴욕 외교라는 비난이 거세지며 1964년 6월 3일 대학생들이 대대적인 시위를 일으켰고, 박정희 대통령은 비상계엄을 선포하고 군대를 동원해 시위를 진압하였다.
- 바람이 거세지자 불길이 산 전체로 번져 나갔다.
- 파도가 거세지는 바람에 예정되어 있던 서핑 강습이 취소되었다.

2 버팀목이 되다 (to become a pillar of support; to serve as the backbone)

- 경공업보다 수출 비중이 높아진 중화학 공업은 한국 경제의 버팀목이 되었다.
- 가족은 언제나 내가 힘들 때 기댈 수 있는 버팀목이 되어 준다.
- 자원봉사자들이 건네는 도움의 손길이 재난 현장에서 큰 버팀목이 되었다.

3 N+을/를 억누르다 (to suppress; to oppress)

- 박정희 정부는 국가 안보와 지속적인 경제 개발을 명분으로 야당과 시민의 반대를 억누르고, 대통령의 3선 연임이 가능하도록 1969년에 헌법을 개정하였다.
- 19세기 제국주의 열강은 식민지 주민들의 삶을 억눌렀다.
- 그는 슬픔을 억누른 채 아무 일도 없다는 듯 행동하였다.

4 돌풍을 일으키다 (to create a sensation; to make a splash)

- 1985년 제12대 총선거에서 야당 정치인들은 김대중과 김영삼을 중심으로 한 신한 민주당을 창당하여 돌풍을 일으켰다.
- 이 드라마는 공개 직후 사회 전반에 큰 돌풍을 일으키고 있다.
- 전 세계에서 돌풍을 일으킨 K-컬처 소재의 애니메이션 영화 덕분에 한국의 국립중앙박물관을 찾는 관광객이 폭발적으로 증가하였다.

---

5 엎친 데 덮친 격 (to make matters worse)

- 엎친 데 덮친 격으로 1987년 6월 10일에 예정된 '박종철 군 고문 살인 은폐 규탄 및 호헌 철폐 국민 대회' 전날, 연세 대학교에서 열린 출정식 시위에서 이한열 학생이 경찰의 최루탄에 맞아 혼수상태에 빠졌다가 결국 사망하는 일까지 일어났다.
- 며칠 내내 계속되던 폭우로 농작물이 피해를 입었는데, 엎친 데 덮친 격으로 태풍까지 닥쳤다.
- 매출이 줄고 엎친 데 덮친 격으로 원자재의 가격까지 올라 식당은 위기에 처하였다.

---

6 발맞추다 (to keep in step with; to keep pace with)

- 1995년에 세계 무역 기구의 출범에 발맞추어 한국 경제의 대외 개방 흐름은 더욱 확대되었다.
- 정부는 국제 사회의 요구에 발맞추어 환경 정책을 개선하겠다고 발표하였다.
- 나는 팀의 속도에 발맞추는 동시에, 나의 역량을 키우기 위해 노력하고 있다.

확인 문제 Reading Comprehension

※ 본문을 읽고 다음 질문에 답해 봅시다.

1. 다음 자료의 내용을 포괄하는 한국의 1960년대 특징으로 알맞은 제시어를 골라 봅시다. (　　　)

- 경제 개발 5개년 계획의 실시
- 서독에 광부와 간호사 파견
- 베트남 파병과 전쟁 특수
- 〈한·일 기본 조약〉의 체결과 경제 협력 자금의 조달

① K-컬처의 확산　② 독재 정권의 성립
③ 민주화 운동의 발전　④ 한국 경제의 고도성장

2. 다음 자료를 읽고, 빈칸에 알맞은 말을 써서 '1줄 감상문'을 완성해 봅시다.

〈유신 헌법〉

제39조 ① 대통령은 통일 주체 국민 회의에서 토론 없이 무기명 투표로 선거한다.
제53조 ② 대통령은 제1항의 경우에 필요하다고 인정할 때에는 이 헌법에 규정되어 있는 국민의 자유와 권리를 잠정적으로 정지하는 긴급 조치를 할 수 있고, 정부나 법원의 권한에 관하여 긴급 조치를 할 수 있다.
제59조 ① 대통령은 국회를 해산할 수 있다.

▶ 박정희 정부는 〈유신 헌법〉을 제정하여 (　　　　　　)에게 권력을 집중시켰고, 장기 집권을 위한 독재 체제를 마련하였다.

3. 다음 자료를 읽고, 내용에 해당하는 한국의 민주화 운동을 골라 봅시다. (　　　)

1980년 5월 전라남도 광주(지금의 광주광역시)의 시민과 학생들은 민주화 운동에 대한 신군부의 탄압에 저항하며 시위하였다. 계엄군은 질서를 유지하고 민주 헌정 체제의 회복을 요구하는 광주 시민들을 무차별적으로 폭행하였다.

① 4·19 혁명　② 6월 민주 항쟁
③ 부마 민주 항쟁　④ 5·18 민주화 운동

4. 다음 ㉠에 들어갈 알맞은 말을 써 봅시다. (　　　　　)

호돌이
© 국립민속박물관

수호랑
© 국립민속박물관

한국 역사의 신화와 그림 등에서 자주 등장하는 (　　㉠　　)은/는 한국을 대표하는 동물로, 1988년 서울 올림픽 대회의 마스코트인 '호돌이'와 2018년 평창 동계 올림픽 대회의 마스코트인 '수호랑'으로도 활용되었다. 한국은 국제적인 체육 대회들을 성공적으로 개최하며 세계의 평화와 화합을 도모하고, 한국의 발전상을 국내외에 알려 국가의 위상을 드높였다.

5. 다음 자료의 밑줄 친 '그'가 누구인지 이름을 써 봅시다. (　　　　　)

1997년에 치러진 선거에서 그가 대통령으로 당선되며, 한국 최초로 여야 간 평화적 정권 교체가 이루어졌다. 그는 대북 포용 정책인 '햇볕 정책'을 추진하였다. 한국과 북한의 관계가 개선되어 분단 이후 처음으로 2000년에 남북 정상 회담이 개최되었고, 〈6·15 남북 공동 선언〉이 발표되었다. 그는 민주주의의 발전과 평화를 위한 공로를 인정받아 한국 최초로 노벨 평화상을 수상하였다.

6. 다음 기사문을 읽고, 빈칸에 들어갈 알맞은 말을 써 봅시다. (　　　　　)

〈문화의 힘으로 세계를 선도하다!〉

2025년 7월 한국의 문화 체육 관광부 장관은 취임사에서 문화가 곧 국제 경쟁력임을 강조하였다. 신임 장관은 K-팝·K-드라마·게임·웹툰·출판 등 한국의 콘텐츠 산업이 2023년을 기준으로 매출액 154조 원, 수출액 133억 달러를 달성하며 연평균 6%의 성장을 이루었음을 강조하며, 이를 더 발전시켜 '한국의 문화', 즉 '(　　　　　　)' 시장 300조 원 시대를 열겠다는 포부를 밝혔다. 또한 그는 K-푸드·K-패션·K-뷰티 등을 통해 새로운 가치를 창출하고, 한국어와 한국의 문화유산도 널리 알려 세계적으로 교류와 협력을 넓혀 나가겠다고 덧붙였다.

1. ④ 2. 대동법 3. ④ 4. 호랑이 5. 김대중 6. K-컬처

토의 활동 Writing & Speaking

주제 1 역사와 영화

1. 다음의 한국 현대 역사를 다룬 영화 중 하나를 골라 감상하고, 당시 사람들의 심정을 떠올리며 감상문을 써 봅시다.
Choose one of the following films that depict modern Korean history, and write a review reflecting how people felt during that time.

- 〈서울의 봄〉
- 〈택시 운전사〉
- 〈변호인〉
- 〈1987〉

▶

2. 1번을 친구들에게 발표해 봅시다.
Present your writing to the class.

주제 2 세계와 함께하는 K-컬처

1. 다음의 K-컬처 중 한 분야를 고르고, 그 분야에서 소개하고 싶은 아이템을 조사한 후 소개하는 글을 써 봅시다.
Choose one of the following K-culture content areas, research an item you would like to introduce from that area, and write an article about it.

- K-팝
- K-뷰티
- K-패션
- K-푸드
- K-드라마

▶

2. 1번을 친구들에게 발표해 봅시다.
Present your writing to the class.

색인

어휘

ㄴ

ㄷ

ㄹ

ㅁ

ㅅ

ㅇ

ㅋ

ㅌ

ㅍ

ㅎ

유용한 표현

한국어 사회·문화 도서 연계표

※ 이 책의 단원별 내용과 연계된 《사회 통합 프로그램(KIIP) 한국어와 한국 문화》(도서출판 하우, 2020), 《사회 통합 프로그램(KIIP) 한국 사회 이해》(박영스토리, 2020), 《세종 한국 문화》(도서출판 하우, 2024)의 내용을 정리·제시하였습니다.

이 책의 단원	이 책의 〈확인 문제〉와 연계되는 내용	이 책의 〈토의 활동〉과 연계되는 내용
1장 한국 최초의 역사	《한국 사회 이해: 기본》 200~203쪽 고조선의 건국 | 《세종 한국 문화 1》 60쪽 한국의 유물 | 《세종 한국 문화 2》 46~47쪽 단군 신화와 홍익인간 정신	《한국어와 한국 문화 중급 2》 60~69쪽 문화유산 | 《한국 사회 이해: 기본》 200~203쪽 고조선의 건국, 227쪽 한국의 유네스코 세계 유산, 248쪽 고인돌 유적지 | 《세종 한국 문화 1》 60쪽 한국의 유물 | 《세종 한국 문화 2》 46~47쪽 단군 신화와 홍익인간 정신, 70쪽 고인돌
2장 고대 국가의 성립과 발전	《한국 사회 이해: 기본》 93쪽 불교, 205쪽 삼국 시대 | 《세종 한국 문화 1》 58쪽 서산 마애 여래 삼존상	《한국어와 한국 문화 중급 2》 60~69쪽 문화유산 | 《한국 사회 이해: 기본》 205쪽 삼국 시대, 227쪽 한국의 유네스코 세계 유산 | 《세종 한국 문화 1》 58쪽 익산 미륵사지 석탑 | 《세종 한국 문화 2》 36~37쪽 역사 유적의 도시
3장 통일 신라와 발해	《한국어와 한국 문화 중급 2》 60~69쪽 문화유산 | 《한국 사회 이해: 기본》 93쪽 불교, 206쪽 남북국 시대 | 《세종 한국 문화 1》 52쪽 불교 | 《세종 한국 문화 2》 36쪽 역사 유적의 도시	《한국어와 한국 문화 중급 1》 80쪽 고향의 환경, 154~165쪽 전통 명절 | 《한국어와 한국 문화 중급 2》 46쪽 온돌 | 《한국 사회 이해: 기본》 82쪽 온돌 | 《한국 사회 이해: 기본》 88~91쪽 명절, 207쪽 가배 | 《세종 한국 문화 1》 119쪽 강강술래 | 《세종 한국 문화 2》 48~49쪽 한국의 명절, 102~103쪽 한국의 민속놀이, 118~119쪽 한옥
4장 고려의 성립과 발전	《한국 사회 이해: 기본》 208~211쪽 고려 시대	《한국어와 한국 문화 중급 2》 72~82쪽 국제화 시대 | 《한국 사회 이해: 기본》 175쪽 결혼생활, 210쪽 고려의 국제 관계, 221쪽 외교로 나라를 구한 고려의 서희 | 《한국 사회 이해: 심화》 64~67쪽 외교와 국제 관계
5장 무신 정변 이후 고려 사회의 변화와 국제 관계	《한국 사회 이해: 기본》 208~211쪽 고려 시대 | 《세종 한국 문화 1》 48~49쪽 한국인의 과학 정신과 인쇄술	《한국어와 한국 문화 중급 2》 36~47쪽 생활 속의 과학 | 《한국 사회 이해: 기본》 208~211쪽 고려 시대 | 《세종 한국 문화 1》 24~25쪽 한국 정보 통신 기술의 발전, 43쪽 '직지심체요절', 48~49쪽 한국인의 과학 정신과 인쇄술 | 《세종 한국 문화 2》 108~109쪽 세종대왕의 업적
6장 조선의 성립과 사회상	《한국어와 한국 문화 중급 2》 60~69쪽 문화유산 | 《한국 사회 이해: 기본》 18쪽 한국의 문자, 50쪽 한글날, 212~215쪽 조선의 건국과 발전, 221쪽 일본군을 물리친 조선의 이순신 | 《세종 한국 문화 1》 28쪽 세종 대왕, 34쪽 한국의 궁궐, 38~39쪽 한국의 문자, 62~63쪽 이순신과 거북선 | 《세종 한국 문화 2》 108~109쪽 세종 대왕의 업적, 122쪽 한양	《한국어와 한국 문화 중급 2》 56쪽 가족 행사 | 《한국 사회 이해: 기본》 76~79쪽 전통 가치, 86쪽 제사, 93쪽 유교, 158~159쪽/223쪽 화폐, 207쪽 길쌈 | 《세종 한국 문화 1》 29쪽 화폐박물관, 37쪽 제사, 42쪽 효도, 46~47쪽 한국인의 효 문화, 53쪽 유교 | 《세종 한국 문화 2》 52~53쪽 화폐
7장 전쟁 이후 조선 사회의 변화	《한국어와 한국 문화 중급 2》 60~69쪽 문화유산 | 《한국 사회 이해: 기본》 214~215쪽 조선 후기의 사회와 문화 | 《세종 한국 문화 1》 78~79쪽 판소리 | 《세종 한국 문화 2》 34~35쪽 한국 전통의 풍자와 해학의 문화, 101쪽 수원 화성	《한국어와 한국 문화 중급 1》 12~22쪽 대인 관계 | 《한국어와 한국 문화 중급 2》 206쪽 갈등 해결 | 《한국 사회 이해: 기본》 214~215쪽 조선 후기의 사회와 문화 | 《세종 한국 문화 1》 32~33쪽 한국의 박물관, 66~67쪽 글로벌 공동체인 한국, 78~79쪽/133쪽 판소리 | 《세종 한국 문화 2》 31쪽 탈춤, 34~35쪽 한국 전통의 풍자와 해학의 문화

이 책의 단원	이 책의 〈확인 문제〉와 연계되는 내용	이 책의 〈토의 활동〉과 연계되는 내용
8장 19세기 국제 사회와 조선의 개화 정책	《한국 사회 이해: 기본》 217쪽 근대 국가 수립을 위해 어떤 노력을 펼쳤을까?	《한국 사회 이해: 기본》 217쪽 근대 국가 수립을 위해 어떤 노력을 펼쳤을까? | 《한국어와 한국 문화 중급 2》 82쪽 국제기구
9장 근대 국가 수립 운동	《한국 사회 이해: 기본》 217쪽 근대 국가 수립을 위해 어떤 노력을 펼쳤을까?	《한국 사회 이해: 기본》 16~19쪽 한국의 상징, 117쪽 이야기 나누기 | 《한국 사회 이해: 심화》 27쪽 이야기 나누기, 37쪽 이야기 나누기 | 《세종 한국 문화 1》 64~65쪽 태극기와 독립운동
10장 제국주의의 침탈에 맞선 한국의 국권 수호 운동	《한국 사회 이해: 기본》 218쪽 한국인은 독립운동을 어떻게 펼쳐 나갔을까?	《한국 사회 이해: 기본》 218쪽 한국인은 독립운동을 어떻게 펼쳐 나갔을까? | 《세종 한국 문화 1》 28~31쪽 다양한 공간에서 배우는 한국 역사, 32~33쪽 한국의 박물관, 53쪽 서울 명동 성당, 66쪽 글로벌 공동체인 한국 | 《세종 한국 문화 2》 71쪽 한국의 과거에서 현재까지/74~75쪽 세계를 향해 처음 문을 연 한국
11장 1910~1920년대 일제 식민지 지배 정책과 민족 운동	《한국 사회 이해: 기본》 50쪽 5대 국경일의 유래와 의미, 218~219쪽 한국인은 독립운동을 어떻게 펼쳐 나갔을까? | 《세종 한국 문화 1》 56쪽 여행지에서 만난 사람과 역사 이야기	《한국 사회 이해: 기본》 218~219쪽 한국인은 독립운동을 어떻게 펼쳐 나갔을까?, 222쪽 3·1 운동 당시 한국의 독립을 외친 독립운동가, 유관순
12장 1930~1940년대 일제 식민지 지배 정책과 민족 운동	《한국 사회 이해: 기본》 218~219쪽 한국인은 독립운동을 어떻게 펼쳐 나갔을까?	《한국 사회 이해: 기본》 218~219쪽 한국인은 독립운동을 어떻게 펼쳐 나갔을까? | 《세종 한국 문화 1》 56쪽 독립운동가, 64~65쪽 태극기와 독립운동
13장 광복 이후 격동의 한국	《한국 사회 이해: 기본》 5대 국경일의 유래와 의미, 111쪽 한국의 주인은 누구일까?, 218~219쪽 한국인은 독립운동을 어떻게 펼쳐 나갔을까? | 《한국 사회 이해: 심화》 33~53쪽 대한민국의 역사와 발전	《한국 사회 이해: 심화》 33~53쪽 대한민국의 역사와 발전, 68~71쪽 남북통일을 위한 노력 | 《세종 한국 문화 2》 78~79쪽 한국 현대사의 생생한 현장
14장 현재와 미래의 한국	《한국어와 한국 문화 중급 1》 86쪽 문화생활 | 《한국어와 한국 문화 중급 2》 166쪽 한국의 선거 | 《한국 사회 이해: 기본》 80~82쪽 전통 의식주, 96~99쪽 대중문화, 110~133쪽 정치, 140~143쪽 경제 성장, 203쪽 이야기 나누기 | 《한국 사회 이해: 심화》 42~45 민주주의의 발전, 53쪽 한국의 민주화 운동, 62~63쪽 정당은 어떤 일을 할까?, 96~97쪽 한국의 경제 성장 | 《세종 한국 문화 1》 13~26쪽 한국인의 일상을 들여다봐요, 51쪽 한국 자연 상징물의 의미 | 《세종 한국 문화 2》 24~25쪽 한국의 경제 발전	《한국어와 한국 문화 중급 1》 103~104쪽 음식과 요리(읽기) | 《한국 사회 이해: 기본》 81쪽 한국 음식의 종류와 특징은 무엇일까?, 98~99쪽 세계인이 좋아하는 한국 대중문화에는 무엇이 있을까?, 260쪽 음식 이야기 | 《세종 한국 문화 1》 69~82쪽 한국의 맛과 멋을 즐겨요, 122~124쪽 한국의 세계화 | 《세종 한국 문화 2》 13~26쪽 한국 문화와 경제 발전의 현장을 확인해요, 86~87쪽 한국에서 보낸 여가 시간, 92~93쪽 한국인의 특별한 놀이 공간, 94~95쪽 K-콘텐츠 전성시대